KB230824

– 세계의 유신적 개념 –

# 관념적 신론

− 세계의 유신적 개념 −

# 관념적 신론

염기식 지음

# 머리말

## 신을 파악할 수 있는 가능성

神은 존재하지 않아서가 아니라 완전하게 파악하지 못해 신앙인들은 믿음으로 대처하였고 무신론자들은 존재하지 않는 것으로 결론을 내렸다. 그래서 이 연구는 神에 관한 유신적 개념을 정초하고 神의 실체성에 대해 원리적으로 근거를 추적하여 관념화에 그친 神의 실체를 파악하고자 한다. 지성들은 神에 관해 많은 질문을 던졌다. "神은 존재하는가(존재)? 神은 무엇인가(본체)? 神은 어떤 분인가(속성)?"[1] 나름대로 생각하고 개념을 설정하였다. 아퀴나스의 경우 자신이 어릴 적부터 해오던 질문, 즉 "神은 무엇입니까?"에 대한 답을 찾기 위해 스스로 몇 가지 원칙을 세웠다. 神은 어떤 식으로 있는지, 인식되는지, 이름 불러지는 것인지를 고찰했다. 그리하여 최종적으로 神은 '있는 자' 또는 '존재 자체'라고 결론지었다. 명칭, 즉 있는 자는 그 자체 안에 전체를 내포하며, 무한하고 무규정적인 실체의 거대한 바다와도 같다고 한 것이 이유인데,[2] 명칭도 이해하기 어렵

---

1) 『신론(하나님의 계획과 섭리)』, 김규승 저, 신한흥, 2001, p.34.
2) 『서양문명을 읽는 코드 신』, 김용규 저, 휴머니스트 출판그룹, 2010, p.75.

지만 설명한 것은 더 감을 잡을 수 없다. 神은 있는 자, 즉 존재하는 자라고 해놓고 개념만 나열시킨 것이 관념성을 극복하지 못한 이유이다. 그래서 이 연구는 神이 인류 역사에 직접 개입하고, 시공의 질서와 함께하며, 너와 나의 영혼을 감찰한 분명한 존재자란 개념에 걸맞게 실체성을 추적하였다. 그래서 주안을 둔 것이 神을 인식하는 문제이고, 존재를 판단하는 문제이며, 관념성을 극복하는 문제이다. 이것은 神에 관한 문제를 푸는 요체로서, 이것만 해결하면 전제한 대로 神을 파악할 수 있다.

이 연구는 앞서 지상 강림 역사란 대역사적 과제를 완수하였거니와 그 의미는 실로 창조주 하나님이 직접 강림한 사실과 함께 인류가 지닌 정신적 고뇌를 해결하게 되었다는 것이다. 형상 없는 하나님이 강림하였다는 것은 실감할 수 있게 모습을 드러내었다는 것이고, 이것은 여과 없이 하나님의 속성과 본성과 역사된 특성을 파악할 수 있게 되었다는 뜻이다. 하나님은 어떤 분인가? 이전까지는 믿었을 뿐인데 지금은 인식할 수 있게 되었다. 무형인 실체성을 확인할 수 있는 증거 도식이고, 만약 무엇이 무엇이라면 무엇이 어떻게될 것이라고 한 사전 논리 전개 방식이다. A의 역사가 실현되었다면 그로 인해 B의 역사도 실현된다. 하나님이 강림하였다면 마땅히 세상 가운데서도 확인되고 증거되어야 한다. 이전에는 불가능했는데 강림하였기 때문에 이후부터는 인식할 수 있다(『인식적 신론』).[3] 인식할 수 있다면 파악할 수 있고, 파악할 수 있다면 증거할 수 있다. 강림한 역사에 따른 차원적인 변화로서 강림→인식→파악→증거는

---

3) 『인식적 신론』은 하나님의 지상 강림 역사를 뒷받침한 인식적 원리로서, 하나님이 강림하였기 때문에 성립됨.

하나님이 세상 위에서 드러난 단계적 절차이다.[4]

헤겔은 "미네르바의 부엉이는 어두워져야 날기 시작한다"고 했다.[5] 지상 강림 역사는 증거하였지만 그것은 그렇게 역사된 내력을 밝힌 것이라 하나님이 어떤 분이고 무엇인가 하는 구체적인 각론이 없었다. 이 부분을 이 연구가 다루어 선천 신관을 혁신하고 지혜를 공급하리라. 세계를 변혁시키기 위해서는 인식을 혁신해야 하고, 인식을 혁신하기 위해서는 그 토대가 되는 원리 법칙을 세워야 하므로, 주된 근거를 강림 역사로부터 구했다. 무형인 하나님을 형상화시키고 실체성을 추적하며 개념을 정초하기 위해서는 충분한 관점을 확보해서 논리를 펴야 한다. 神은 예나 지금이나 파악하기 어렵지만 이것을 해명한 신론은 더욱 그렇다. 그러나 이전에는 본체가 드러나지 않아 어려웠지만 지금은 그렇지 않다는 점에서 바야흐로 하나님의 모습을 뵈올 수 있다. 하나님은 모습, 모양, 형태가 없는데 보고자 하니까 어려움이 있다. 어떻게 하면 하나님의 초월성을 추적해서 판단할 수 있겠는가? 방법을 강구하는 데 이 연구가 지닌 고민이 있다. 선천에서는 진리적으로 한계가 있었는데, 神을 파악할 수 있다는 선언은 선천 신관에 대한 대혁신이고 선천 문명에 대한 대반란이다. 큰 혼란이 예상되지만 인류가 펼칠 미래의 그날을 위해 반드시 부딪쳐야 하는 역사이다. 언젠가는 인류가 모든 진리 가운데로 인도되고 하나님이 완전하게 드러날 것이라고 했으므로(그날, 여호

---

4) 이 연구가 신론 시리즈 저술을 완수하면 그다음 단계로는 최대 권능 작업인 천지 창조 역사를 증거할 수 있다.

5) "부엉이는 해가 지고 밤이 되어서야 날기 시작한다. 그처럼 철학은 역사적 제 사건이 끝난 연후에야 그 뜻을 생각하고 거기 나타난 객관적 법칙성을 인식하기 시작한다." -『세계관의 역사(유물론과 관념론의 투쟁 역사)』, 고전 구 저, 두레, 1986, p.34.

와의 날), 그렇게 약속된 역사는 아무도 막을 수 없다. 하나님을 뵈옵고 영접할 그날이 완전한 구원의 날이고, 인류가 맞이할 시온의 영광이리로다.

경남 진주에서
염기식

# ❏ Contents

## Part 04 　신 관념론

# 유신적 개념 개설

유신적 신념에 대해 어떤 영역이 침해당해도 그런 유는 극복될 수 있지만 어떤 이유에서건 구원 문제에 대해 하나님이 침묵한다면 그런 하나님은 소용이 없고, 그런 神을 신앙한 종교 역시 아무런 필요가 없다. 어떠한 종교도 인간을 구원할 수 없게 되고, 그렇다면 종교가 인간 세상에서 굳이 존속할 이유가 없다. 정말 종교가 없이도 인간은 얼마든지 잘 살 수 있다고 단언하리라. 무신론은 어느 모로 보나 기독교가 쌓은 유신론적인 체제와 역사에 대한 반감에서 비롯된 만큼, 깊은 반성으로 이 땅에 새로운 유신의 세계를 정립해야 한다.

- 본문 중에서

# 제1장 개관(새로운 신관 대두의 당위성)

    유신론적인 개념은 神 내지 절대자의 존재를 인정하는 종교적, 철학적 입장만을 뜻하는 것이 아니다. 무신론을 포함한 철학적 사유와 神 개념에 대한 각종 정의들에 이르기까지 뜻을 생성시키고 대비를 이루게 한 역할을 했다. 특정 지역 내지 문화권에서만 다룬 개념이 아니다. 인류가 당면한 문제를 해결할 수 있도록 개념을 보편화시키고 역사를 이끄는 중심 개념으로 정착시켜야 한다. 그래서 이 연구가 유신적 세계를 이끈 서구 문명과 기독교가 가진 시대적 역할을 판단하고자 한다. 처한 상황을 직시해야 이 땅에 제3의 비전 문명인 유신의 나라를 건설할 수 있다. 한국인이 한국적인 문화 환경 속에서 사고하고 생활한다는 것은 지극히 운명적이다. 크리스천들은 기독교란 종교를 받아들여 놀라운 신앙 역사를 일으켰는데, 이런 일련의 역사 과정이 절대적이라고 보는 것은 재고되어야 한다. 유교가 동양적인 종교인 것처럼 기독교는 서양적인 종교이다. 동양에는 동양인들이 일군 전통 문화가 있듯이, 서양에는 서양인들이 일군 문화를 흡수한 기독교가 있었다. 그래서 "서양 문화의 지배적인 종교적 패턴들은 좋은 것이든 나쁜 것이든 간에 기독교에 의해 고취되고 성취되었다. 서양의 문화는 그 성취나 실패에 있어 기독교의 정신, 그리고 인간과 세계와 실재와 神에 대한 기독교적 이해와 분리해서 생각할 수 없게 되었다."[1] 기독교인들은 열기가 남달라 세계적인 선교화 목적을 어느 정도 달성한 고등종교이기는 하지만, 인류 모두가 다가설 수 있을 만한 보편적 종교는 아니다. 우리가 경험하고 이해한 기독교는 진리적으로 객관적이지 않다. 인류가 바란 구원 문제를 전적으로 의탁할 수 없다. 인류가 구원되는 과정에서 맡겨진 일부 소임을 담당한 것뿐이다. 맹자는 역성혁명(易姓革命) 사상을 통하여 민심을 잃은 왕조{姓}는 바꾸어 天命을 새롭게 해야 한다고 하였는데, 기독교가 정말 중국, 일본, 러시아, 북한 등 동양의 제민을 구하는 데 있어 더 이상 희망을 줄 수 없는 종교라고 한다면 담당했던 인류 구원 사명은 이제 걷어져야 한다.

　역사적으로 기독교는 팔레스타인에서 시작되었지만 그 발전은 그리스 문명을 배경으로 한 지중해 연안에서 이루어졌다. 아테네와 예루살렘이 무슨 상관이 있는가라고 반문했을 정도로(터툴리아누스) 기독교와 그리스 문명은 이질적인데, 실천적이고 비사색적인 기독교 복음이 사색적인 철학 문화와 만났을 때 그것은 변증적인 목적에서, 다른 한편으로는 전도의 목적으로 희랍 사색을 심각하게 취급하였

---

1)『신의 죽음』, 가브리엘 바하니안 저, 김기석 역, 청학, 1988, p.33.

다.[2] 기독교가 역사상 동양 문화가 아닌 그리스 문화와 만나게 된 것은 운명적이다. 기독교는 서구화된 것일 뿐이므로 절대적이지도 않고 전부일 수도 없다. 그러니까 기독교는 인류 영혼을 온전히 구원하지 못했고, 복음의 선교화마저 한계점에 도달했다. 동양의 영혼들을 구원하고 동양의 하늘 아래서도 역사해야 하므로, 이제는 동양인들이 일군 동양 문명을 기반으로 한 새로운 기독교가 세워져야 한다. 그리해야 하나님이 인류 모두를 구원하는 목적을 달성할 수 있다. 불가능하다고 보는가? 현 기독교를 유일한 하나님의 섭리 역사인 것으로 본다면 거기에 오히려 가망이 없다. 기독교가 그리스 문화를 만남으로써 드러난 특성과 부딪힌 한계성으로 볼 때, 그런 문화적 토양 위에서 기독교가 불같이 일어났던 것 이상으로 동양의 전통적인 문화를 통해서도 새로운 기독교가 충분히 등단할 수 있다. 기독교가 그리스 문화의 옷을 입게 된 것이 초기 단계에서는 긍정적으로 작용했는데, 지금은 걸쳐진 옷으로 인해 오히려 스스로를 옥죄버린 결과를 낳고 말았다. "예수는 우주의 유일한 제1원리를 말한 적이 없고, 그것은 모두 초기 기독교가 헬레니즘 세계로 편입되면서 생겨난 부차적인 이론 투쟁의 산물인 만큼"[3] 기독교가 철저하게 그리스화된 것이다.

그렇다면 서양 문명의 두 기둥인 헤브라이즘과 헬레니즘은 어떤 특성을 지닌 문명인가? 인류의 정신사가 신화에서 이성으로 급격하게 변화하면서 철학이 탄생했다고 할 만큼 그리스 철학은 냉철한 이성과 합리적인 사고방식으로 신화적인 세계관을 극복하기 위해 노

---

2) 『기독교인의 세계관』, 엘 칼스 베이끄 저, 황영철 역, 손봉호 감수, 성광문화사, 1992, p.1.

3) 『기독교성서의 이해』, 김용옥 저, 통나무, 2007, p.115.

력한 문명이다.[4) 기독교가 들어오기 이전부터 그들의 세계관적 관점은 이미 결정되어 있었고, 이런 전통은 이후의 서양 역사로까지 지속되었다. 르네상스를 거친 현대 무신 사상에 이르기까지 그들은 神을 추구하고 경배한 문명인데도 역설적으로 그렇게 걸어온 이성의 역사 뒤에는 철저하게 神을 배격한 발자취가 있었다. 아니 이성 앞에서 神이 버틸 만큼 버텼지만 결국 쓰러지고 만 것이다. 그런 문화 풍토 속에서는 더 이상 하나님이 뜻을 펼칠 수 없게 되어 기대한 희망과 가능성을 포기하고 말았다. 여기에 서양 문명이 지닌 어두운 종말성이 있다. "데카르트적이라는 형용사가 논리적 합리성과 지성적 명민성을 지칭하는 뜻"으로 통용될 정도로[5) 자연에서 일어난 현상들을 탐구하는 데는 적합할지 몰라도 무형인 神을 추적하는 데는 부적합했다. 근대 과학의 이상을 제시한 프랜시스 베이컨은 자연을 시험하고 관찰함으로써 자연에 대한 이용을 촉진하여 인류 제국의 영역을 확장할 수 있다는 자신감을 보였다(도구적 자연관).[6) 칸트는 『순수이성비판』을 통해 "수학과 자연과학적 인식의 정초 작업을 꾀하였고, 종래의 합리론적인 관점으로 形而上學을 철저하게 비판하였다."[7)

서양 철학은 인식 문제를 주요 과제로 삼아 발전하였지만, 초점을 외부 사물과 지각과의 관계성에 두다 보니 神이란 존재를 파악하는 문제와는 어긋나 버렸다. 서양 문화가 얼마나 철저하게 종교적 관념으로부터(기독교적 신앙 체제) 벗어나려고 몸부림쳤는가 한 것을 알

---

4) 『철학 갤러리』, 김영범 저, 풀로엮은 집, 2009, pp.14~15.
5) 『프랑스 철학』, 장 루이 비에이아르 바롱 저, 박임전 역, 숙명여자대학교출판국, 2007, p.60.
6) 『세계화 시대의 기독교 신학』, 장윤재 저, 이화여자대학교출판부, 2009, p.184.
7) 『칸트철학사상의 이해』, 한단석 저, 양영각, 1983, p.11.

수 있다.[8] 神은 존재적인데 관념적, 形而上學적으로 접근한 서양 문명은 상식적인 神의 특성마저 이해하지 못한 것이 아닌가 하는 우려를 낳았다. 잘못된 동행으로 "서구 문화는 기독교로부터 해방이 요구된다고 생각될 정도이다."[9] 서구 문명이 기독교로부터, 혹은 기독교가 서구 문명으로부터 해방되어야 하는 절실한 이유는 서구 문명이 역사를 통하여 보인 한계성에 있다. "그들이 일군 철학과 과학의 역사, 즉 아리스토텔레스에서 아우구스티누스, 토마스 아퀴나스, 다윈, 카뮈, 캘빈, 아인슈타인, 니체, 파스칼을 비롯한 철학자, 과학자에 이르기까지 神이란 존재가 가진 쟁점을 논리적으로 해결한 적은 단 한 번도 없었다(존 헤들리 브룩)."[10] "19세기 말 니체가 神은 죽었다고 한 선언처럼 인간은 정말 神의 지배로부터 벗어났고, 神에 대하여 새로운 시각을 갖게 되었다. 神은 우주의 기원부터 함께 존재한 것이 아니라 인간 정신의 발전 단계에 따라 왔다가 떠날 수 있다 하였고(돈 큐피트, 1999), 인간 문명의 발달에 따라 인간이 神을 만들었다고 하면서 기존 神에 대한 관념을 버리고 새로운 것이 출현할 것을 기대하였다(나카자와 신이치, 2005)."[11] 서양은 神이 존재한 특성에 맞도록 지혜를 강구한 것이 아니라 이해력과 관점의 퇴화 때문에 내리막길로 치달았다. "세계는 황폐해지고 대지는 파괴되었다. 神이 떠나 버린 곳에서 인간은 정체성과 인격을 잃고 대중으로 전락하였다. 기계화된 세계는 생명이 움트는 원천이 아니라 계산 가능한,

---

8) 『논술과 철학강의 1(논술편)』, 김용옥 저, 통나무, 2007, p.191.
9) 『신의 죽음』, 앞의 책, p.33.
10) 『현대과학·종교논쟁』, 앨릭스 벤틀리 엮음, 오수원 역, 알마, 2012, p.36.
11) 「삼일신고 신관연구」, 정춘희 저, 국제뇌교육종합대학원 대학교 평화학과, 석사논문, 2008, p.2.

이용해야 할 에너지 덩어리일 뿐이었다. 이성으로 말끔하게 표백된 세계에서 神이(경외의 대상) 깃들 자리는 사라지고, 경배하고 동경할 대상이 어디에도 없다."[12] 기독교는 복음의 세계화를 기도하였지만 역설적으로 복음이 세계화될 수 없는 중대 요인을 자체 안고 있었다. 기독교의 교리 체계는 세계의 진리들과 담을 쌓았고, 독선적인 선교 정책은 결국 선교의 세계화 이상을 좌절시켰다. 이 엄연한 현실 앞에서 기독교는 거듭나야 한다. 새로운 신앙 혁명을 단행해야 한다.[13]

슈펭글러는 "서구의 전통적인 문화가 앞으로 얼마 되지 않아서 몰락하고 말 것이란 불길한 예언"을 하였는데,[14] 그 예언은 새로운 신관의 대두로 인해 기독교 신관이 퇴진된 데 있는 것인지도 모른다. 여기서 새 신관은 오늘날 이 땅에 본체자로 강림한 보혜사 하나님을 중심으로 한 새로운 神의 문명 부활과 노력을 말한다. 세계는 그동안 서양에서 일으킨 과학 문명을 중심으로 움직여 왔다. 그렇지만 이제는 그렇게 해서 건설된 문명(물질문명)의 한계와 위기성을 절감하고, 침묵하고 있는 동양의 가치에도 눈을 돌려야 할 때가 되었다.[15] 그렇다고 神의 모습을 새롭게 해야 한다는 것이 전격 동양 문명으로 대처해야 한다는 뜻은 아니지만, 하나님이 창조주로서 동양이 일군 문명적 가치가 인류를 구원하는 데 활성화될 수 있도록 권능을 발휘하는 것이 새로운 신권 문명을 부활시키는 것이다. 기독교

12) 『철학 갤러리』, 앞의 책, p.287.
13) 보편적인 진리성에 근거하여 교리 체제를 확립하지 못함.
14) 『그리스도교와 문명』, 에밀 뿌룬너 저, 김관식 역, 문교부, 1960, 서론.
15) 『화엄의 사상』, 카마타 시게오 저, 한형조 역, 고려원, 1987, p.34.

가 동양 문명으로부터 에너지를 공급받아 새로워져야 한다는 주장에 대해 그 역사적 가능성이 생소한 것은 결코 아니다. "바울의 입장에서는 기독교의 복음을 유대교화할 수도 없었고, 유대교를 기독교화할 수도 없었다. 양자선택이란 기로에서 벗어날 길은 근원적으로 새로운 복음이어야 했다."16) 오늘날 무신론으로 도배된 과학적인 세계관과 기독교 문명이 지닌 한계성 속에서 초월적인 神의 문명을 부활시키기 위해서는 이것을 뒷받침할 수 있는 새로운 문명 건설의 당위성이 증대된다. 하나님은 불변한 神이지만 세계 안에서는 끊임없이 모습을 달리해서 임한다. "알타이저는 기독교의 하나님은 현존하는 존재가 아니라 변증법적 과정이라고 말했다. 하나님은 변하지 않고 움직이지 않고 무감각한 존재로 알려질 수 없다는 것이다. 하나님은 자체의 과거와 현재의 존재 양태를 부정해야 역사상 전진해 나갈 수 있다. 과거의 현현 방식을 버리고 부단히 새 형태를 입고 활동하고 실존해야 과거의 모습에서 안주하는 것을 막을 수 있다(절대 부정의 과정－헤겔)."17) 기독교 문명인들 예외가 될 수 있겠는가? 새롭게 태어나기 위해서는 전통적인 가치와 문명의 틀을 벗어나야 한다.

"神이 고대에는 神적 존재로서, 중세에는 形而上學적인 실체로서, 근세에는 관념론적인 절대자로서 필요하였고 유용했지만, 현대의 세속적인 인간들에게는 神이라는 말이 폐어(廢語)가 되어 버렸고 뜻이 공허해져 버린 만큼, 신학자 본 회퍼는 전 생애를 통하여, 특히 옥중 생활 속에서 앞으로 맞이할 새로운 시대를 예견하고 새로운 형태의

---

16) 『기독교성서의 이해』, 앞의 책, p.133.
17) 「19세기 무신론과 20세기 사신론의 비교연구」, 양윤희 저, 이화여자대학교대학원 기독교학과, 석사논문, 1993, p.56.

기독교를 요구했다(비종교적 기독교).”[18] 칼 마르크스를 위시한 수많은 사상가에게 영향을 끼친 요아킴은, 성서 해석을 통해 인류 역사는 세 개의 연속적인 단계를 거쳐 상승한다고 하였다. 하나님 나라의 첫 번째 형식은 성부의 시대로서, 이 시기는 율법에 대한 복종과 두려움, 종으로서의 예속의 시대이기도 했다. 두 번째 형식은 성자의 시대로서, 이 시기는 성자와의 사귐을 통해 인간이 율법으로부터 해방되어 하나님의 자녀로서 살아가게 되어 두려움이 하나님에 대한 신뢰로 변화된 시대이다. 세 번째 형식은 성령의 시대로서, 이 시기는 성령의 능력으로 말미암아 인간이 하나님과 함께하게 되어, 모든 사람의 마음속에 하나님의 지식이 직접 계시되는 사랑과 기쁨과 자유의 시대라고 하였다.[19] 성령의 시대는 충만한 하나님의 날이지만 아직 도래하지 않은 시대로서 깊게깊게 감추어져 있었는데, 오늘날 지상 강림 역사 완수로 비로소 도래했다(여호와의 날). 그렇기 때문에 지금은 새로운 신관이 대두되어야 할 때가 무르익었고(당위성), 신관을 다시 정립해야 할 때가 되었다. 하나님은 항상 새로운 모습으로 역사 위에서 현현하였나니, 그렇지 못한 神은 죽은 神이다. 그래서 이 연구가 선천에서의 모습을 갱신한 새로운 神의 모습을 인류 앞에 보이리라.

---

18) 위의 논문, p.98.
19) 『삼위일체론(전통과 실천적 삶)』, 곽미숙 저, 대한기독교서회, 2010, p.155.

# 제2장 유신의 세계관적 판단 기초

## 1. 세계의 진리관이 대립된 이유

세상만사가 원인이 있어 멸하고 인연을 따라 생겨나게 된다는 것은 佛陀가 깨달은 연기설을 통해서도 확인할 수 있다. 하지만 이것은 어떤 현상을 드러난 대로 보고 판단한 것이지 왜 어떻게 해서 그렇게 된 것인지에 대해서는 알지 못했다. 보다 근원된 우주의 생성 본질을 대관해야 한다. 만사와 진리와 인간은 우주의 생멸 현상과 연관되어 있는데, 인류 중 누구도 여기에 대한 실마리를 찾지 못하였다. 하나님이 존재하고 창조된 사실을 주장만 했지 근거를 추적하지 못했다. 이것은 뭇 사상·제도·진리가 대립된 것, 궁극적인 알파를 찾지 못한 것, 하나님을 보지 못한 것과도 연관이 있다. 나라는 존재와 진리와 만상이 神에 근거한 것은 의심할 것이 없는 참이므로 무조건 믿으라고 했다. 그래서 神과 세계에 대해 판단할 안목을 세우는 것은 이 시대에 참으로 요청되는 지적 작업이다. 문화 간 교류가 거의 없었던 과거에는 크게 문제될 것이 없었지만, 오늘날은 각 문명권이 활짝 개방되어 있어 각자 믿은 진리성에서 큰 차이가 발견된다. 같이 겪은 사건도 기억하고 진술하는 것이 다른데 하물며 각자가 절대적이라고 믿은 세계관에 있어서랴? 이런 문제는 있지만 인간은 진실로 참된 진리를 구하고 신뢰하며 수호한 거룩한 영혼의 소유자이다. 그렇다면 지난날 세계가 대립 상황을 벗어나지 못한 것은 인간이 아니라 세계 자체에 문제가 있다고도 볼 수 있다. 이 연구가 일찍이 완수한 진리 통합 역정은 본인이 발휘한 진리 탐구 의욕이기 이전에 태초로부터 간직된 본질적인 통합 요구이다. 세계 자체가 삼세 간을 초월하여 운위된 거대한 생성 과정 속에 있다. 창조를 모르면 발견할 수 없었을 지적 통찰이다. 우리는 공기를 호흡하면서 살고 있어도 그 속에 산소가 있다는 사실을 몰랐듯, 지성들은 세계가 지닌 생성적 특질을 진리로서 파악하였지만 대수롭지 않게 여겼다. 하나하나 포착한 것은 진리인 것이 맞는데, 생성 과정을 대관하지 못한 관계로 고착화되어 버렸다. 이 연구도 통합적인 관점을 확보하기 이전에는 이런 사실을 깨닫지 못했다. 세계가 완성될 수 없었는데 완성되었다고 여긴 것이 문제이다. 세계의 알파성을 규명하지 못해 생명, 물질, 인간, 우주의 기원을 유추했다.[20] 그래서 종교 진리는 철저하게 절대성으로 무장한 요새가 되어 버렸고, 학문적인 영역

---

20) 우주의 생성 본질을 대관하지 못하므로 우주의 본질을 드러내는 데는 구구한 설명이 필요하였고, 확실한 초점을 부각시키지 못해 언어의 기나긴 만리장성을 쌓았다. 인류는 나름대로 세계의 본질에 대해 설을 펼쳤지만, 그들이 붙들고 있는 것은 끝내 피상으로서의 껍질 외 아무것도 아니었다.

들은 타협을 허용치 않은 채 현세적인 권위를 휘둘렀다. 선천에서는 어떤 영역도 생성 과정을 완료하지 못함으로써 창조되었지만 창조 목적은 실현하지 못했다. 이런 상태인데 진리의 절대성만 주장한 것은 세계에 대한 독단이고 허구일 뿐이다. 道 일원이고 하나인 본체에 대해 각자가 달리 말하고 해석한 것은 시대 상황에 따른 차이도 있지만, 핵심은 세계가 지닌 본질의 생성 여부에 달렸다. 인류가 애써 완성된 진리의 모습을 보고 싶어도 세계가 생성 중에 있어 그런 노력들은 오히려 분열을 촉진시킨 결과를 낳았다. 드러난 현상 작용을 파악하기 위해서는 세세하게 분석하는 절차가 필요한데, 칸트가 인식에 대해 말하고 헤겔이 절대 정신을 관념적으로 체계 지은 것은 철학적인 분야에 있어 세계의 본질을 분열시킨 것이다. 철학, 과학, 종교 등 제반 영역이 분열되어야 그것을 바탕으로 세계가 통합될 수 있다. 따라서 분열 중인 세계 안에서 우리가 지녀야 하는 진리적 태도는 전체적인 본질을 포괄하지 못한 상태이므로 타 영역들을 수용해야 하는데, 거부한 것이 인류 역사를 대립과 분쟁으로 몰아넣었다.

그러나 이 연구는 이전과 태도를 달리해 통합 관점을 확보하기 위해 길을 추구하였다.[21] 태초로부터 세계는 완성을 위해 끊임없이 분열하였는데, 그런 역사를 확인하기 위해서는 보다 성숙된 통찰과 본질을 직시할 수 있어야 했다. 이것을 본인은 진리 통합과 세계 통합이란 역정을 통해 달성했거니와, 제반 과정을 완수한 관점에서 보니

---

21) 세계가 대립된 분쟁의 발단은 인간이 진리를 파악함에 있어서 보인 견해와 인식과 가치의 차이에 기인하는 바 크다. 이것은 진리 세계를 전체적으로 통관한 안목을 확보하지 못해서이다. 그래서 이 연구는 세상 진리가 지닌 가치들도 중요하지만 그것만으로 세계를 이해하기에는 역부족인 생성 본질과 한계성을 지적하여 그 무엇도 카리스마적인 독단이 될 수 없다는 것을 밝히려 한다.

세계의 진실상에 대한 초점이 명확해졌다. 세계는 이해할 수 없는 것이 아닌데 어렵게 본 것은 정말 누구도 생성 본질을 대관하지 못했기 때문이다. 우리가 바라보는 하늘은 때와 장소에 따라 다르지만 하늘 자체가 그런 것은 아니듯 철학, 사상, 종교, 학문을 통해 바라본 진리의 하늘 역시 마찬가지이다. 지성들이 진리를 탐구한 것은 만상의 본질을 드러내기 위해서인데 설정한 목적을 달성하지 못한 것 역시 같은 이유이다. 인류가 풀지 못한 정신적 고뇌에는 이유가 있었다. 시대적인 요구에 따라 혼란한 사회상을 제도하기 위해 발원된 것이 사상과 진리들이지만 그것은 진리로서 갖춘 전부가 아니었다. 그러니까 흑백 논리로서만 진위를 판단하였다. 각 문화권에서 구축한 진리관이 일률적이지 못하여 佛陀, 노자, 공자, 예수 같은 성인들도 궁극적인 문제들에 대해서 답을 내리지 못했다. 분열이 완료되지 못한 상태에서는 누구도 맺어진 열매를 볼 수 없다. 그래서 이 연구는 선천의 분열적인 한계성을 극복하고 제 영역에 걸쳐 진리 세계를 완성시키기 위해 주력한 것이나니, 대립된 세계를 극복해야 분열될 대로 분열된 세계를 통합할 수 있고, 만세전부터 주재된 창조섭리를 완수할 수 있다.

## 2. 서양 정신의 사상사적 한계

한 인간이 제한된 지적 안목으로 거대한 문명권인 서양의 정신적 특성을 판단하는 것은 쉬운 일이 아니다. 사상적인 맥락을 더듬기도 어려운데 본질적인 한계성까지 가늠한다는 것이 더욱 그러하다. 그렇다만 이 연구는 그런 서양 정신의 본질성을 논할 수 있는 관점을 확보하였는가? 핵심 본질을 규명하고 알파 상태를 추적하며(창조 진리) 동서 간의 분담된 진리적인 역할을 간파한다면 가능하다. 자체 문명권 안에서는 어려웠는데 진리 세계를 통합함으로써 얻게 된 관점이다. 서양은 개척한 학문을 통해 문명을 진보시켜 비합리적, 신화적인 요소를 제거했다고 자부심을 가졌지만 여기에는 어떤 문제가 있는가? 동양에서 일군 진리적 가치를 무시해 버렸고, 그로 인해 야기될 파멸성을 예견하지 못했다. 우리가 확인한 서양 정신의 원류는 고대 그리스에 있는데, 그들은 개성 있는 사고방식으로 진리 세계를 탐구하였다. "서양에서 최초의 철학자로 알려진 탈레스는 만물의 근원을 물로 보았을 정도로"[22] 사물의 근원적인 본질(아르케)에 대해 크게 관심을 가졌다. 무엇이든지 첫 시작은 중요하다. 이후의 철인들도 유사한 질료들을 다수 제시하여 심화시켰다. 이런 추구는 무형의 본질적인 道를 일군 동양과는 다른 것이다. 서양은 자연 가운데서 일어나는 현상에 대해 지대한 관심을 가졌지만, 동양은 현상 이전인 본질에 대해 관심을 가졌다. 서양도 形而上學적인 추구는 하였지만 그것은 사물의 본질 영역에 국한되어 순수한 본질 영역과는 거리가 있었다. 철학은 보다 근원적인 본질 영역을 파고든 기초 학문인데도 사실은 현상적 본질을 탐구한 것 이상을 벗어나지 못하였고, 관념론도 진리적인 이상은 높았지만 본체는 드러내지 못하였다. 이런 문제 때문에 과학적인 방법으로 일군 진리는 확고한데 이르는 곳마다 불가지한 한계에 부딪혔고, 진리 세계를 완성시키지 못했다. 이런 결과는 학문, 사상, 종교 영역도 예외가 없다. 서양 철학이 플

---

22) 『철학의 이해』, 한전숙·이정호 저, 한국방송통신대학교출판부, 1996, p.27.

라톤 철학의 각주에 불과했던 것처럼(화이트헤드)…….

그렇다면 정말 제반 사물들의 궁극적인 본질은 무엇인가? 그것은 어떤 영역에 국한된 본질이 아니고 전체 세계를 이룬 근원된 본질이다. 그러니까 사물의 영역만 파고들어서는 순수 본질의 작용 실상을 알 수 없다. 사물의 구조는 결정적인 것이지 결정되게 한 순수한 본질이 아니다. 만상을 이룬 근원된 실체라 우리가 지닌 존재 의식을 인식 수단으로 삼아야 파악할 수 있다. 그래서 동양인들은 의식을 도야하기 위해 수행을 쌓았고, 서양인들은 현상의 이치성을 가늠하기 위해 이성적인 사고 기능을 활성화시켰다. 서양 인식론은 사물이 지닌 제반 특성, 즉 원리성, 결정성, 인과성, 법칙성을 확인하는 데 관심을 집중했다. 하지만 그렇게 하여 그들은 무엇을 규명하였는가? 도달하여 얻은 결론은? 칸트의 견해를 빌린다면, "그는 철저한 인과 법칙이 지배하는 현상계에 대하여는 알 수 있지만 인과 법칙이 적용되지 않는 물자체(본체계)는 절대로 알 수 없고 오직 생각만 할 수 있다"고 하였다.[23] 여기서 '물자체'는 의미심장한 말인데, 정말 물자체는 파악될 수 없는 그 무엇인가?[24] 그들이 취한 인식 수단으로서는 파악할 수 없는 것이 사실이다. 궁극은 현상적으로 분열하기 이전인 차원적 세계이므로 이성의 배를 타고 그곳에 도달하기는 어렵다. 어떻게 "종합적인 아프리오리(apriori-연역적인, 선험적인)한 판단이 가능한가란 문제에 대해 경험으로부터 나온 지식으로서는 찾을

---

23) 『서양종교철학 산책』, 황필호 저, 집문당, 1996, p.295.

24) 존재하는 것은 확실히 실재적인 것이지만 본질은 다분히 내재적이다. 그런데도 서양 인식론은 실재하는 사물의 현상에 대한 지각에 초점을 두고 원리와 법칙을 발견하려 한 관계로 핵심된 본질을 보지 못하였다. 법칙과 원리는 그럴 수밖에 없는 근원 요소이기는 하지만, 그것이 핵심적인 것은 아니다.

수 없다. 칸트는 종합 판단과 분석 판단을 구별하여 종합 판단과 아프리오리한 판단을 결합시킨 공은"있지만,[25] 그것은 근세 자연과학적인 지식의 진리성을 인식론적으로 뒷받침한 정도에 그친다. 칸트가 생존했던 때는 뉴턴의 고전 물리학과 같은 학문이 든든한 기반을 이루었던 시대로서 칸트가 인식론을 세우는 데 큰 영향을 끼쳤다. 그는 당대까지 이룬 학문적인 성과에 근거해 순수 이성을 통하여 사물과 현상에 대한 선험적 원리론과 방법론을 세운 것인데, 동원한 사례를 살펴보면 수학의 기하학이나 삼각형의 개념 등을 논리적으로 파고든 것이다.[26] 즉 "현실과 현상의 시간, 공간, 대상에 대한 학문 성과에 근거했다."[27] 동양인들이 일군 현상적 질서를 초월한 궁극 실재에 대한 직관 인식과 대조된다. 근세를 일으킨 서양 철학은 제반 인식을 확실히 하기 위해 진리 세계를 탐구하였다. "인간 의식의 원천을 이성과 경험으로 이해하고, 두 원천 중 어느 것을 보다 근원적인 것으로 보는가에 따라 이성론(합리론)과[28] 경험론으로[29] 나누었다."[30] 그러니까 이성론과 경험론도 순수 본질을 규명하는 문제

---

25) 『기독교 사상』, 김광식 편저, 종로서적, 1984, p.90.

26) "······수학은 기하학에서처럼 외연량을 구성할 뿐 아니라, 대수학에서처럼 양도(수량) 구성한다. ······ 이에 삼각형을 철학적으로 사고한다는 것, 즉 삼각형을 추리적으로 사고한다는 것은 ······."-『순수이성비판』 I, 칸트 저, 최재희 역, 박영사, p.509.

27) 서양의 철인들과 대부분의 진리 탐구자들이 관심을 가진 것은 당면한 현실 세계요 파고들어도 진전이 없는 본질 세계가 아니었다. 그들이 추구한 학문적 방법과 축적한 지식과 지혜로서는 의식과 본질의 작용 상태를 밝히는 데 한계가 있었다. 그들은 자신들이 지닌 사고방식의 특성으로 인하여 사물의 사실적 현상을 밝히는 데는 적합하였지만 의식과 세계의 생성 본질을 파악하는 데는 부적합하다.

28) 이성은 추리·판단·직관·연역의 형식으로 수행되는 사고 활동인 만큼, 이성의 근원과 척도는 이성 안에서 발견되어야 하며, 이성적 인식의 확실성은 곧 자기 확실성이 된다.

29) 경험은 감각적인 경험을 일차적인 것으로 생각하고 언제나 관념의 형태로 인식하는 것이므로, 경험론은 결국 관념의 기원·구조·변형·실재성을 분석하는 데 치중한다.

30) 『절대의 철학』, 신오현 저, 문학과 지성사, 1993, p.328.

와는 거리가 있다. 방법을 위한 방법이고 수단을 위한 수단이다. 학문은 전체성에 있어 진실하고 명증적인 인식이라고 한 것처럼(데카르트), 그것은 사물을 탐구하기 위한 합리적 안목 외 아무것도 아니다. 학문을 구성하는 명제는 당연히 진리적인 것이고, 진리에 대한 인식은 명증적인 자각에 기초한다. 틀린 말은 아니지만 궁극적인 본질과는 여전히 거리가 멀다. 하이데거가 『존재와 시간』을 통해 강조한 것도 "현존재의 현상학이고 현존재의 해석학이며 한편으로는 실존 상태에 대한 분석론"이지 본질은 아니다.[31] 그래서 '실존이 본질에 앞선다'라고 한(샤르트르) 실존주의가 서양 사상사에서 표면화될 수 있었다. 어떻게 실존이 본질보다 앞서는가? 본질의 선재성을 보지 못한 판단이다. 본질은 통합적이라 한꺼번에 드러날 수 없었던 것일 뿐, 실존이 본질보다 앞설 수는 없다. 실존은 당연히 본질을 전제하는 것이고, 본질은 당연히 뭇 실존을 뒷받침한다.

한편 헤겔은 "모든 존재와 사유 속에는 모순이 존재한다고 했다. 그가 세운 논리학은 변증법적 방법 혹은 모순적인 진행 방법으로, 일체의 현실에서 모순의 필연성을 인식한 칸트의 공적을 완성시킨 것이다."[32] 본질을 인식하지 못한 한계성이 세계관적인 한계성으로까지 확대되었다. 사고는 인간이 지닌 의식적 도구라, 사고를 통해 자연력을 더 많이 사용할 수는 있지만[33] 주어진 제한성 때문에 세계에 가로 놓인 본질 구조를 가려버리기도 한다. 데카르트는 물심이원론(物心二元論)을 주장하여 物과 心이 하나 될 수 없는 구조로 되어

---

31) 위의 책, p.278.
32) 『헤겔의 신개념』, 박영지 저, 서광사, 1996, p.64.
33) "이른바 과학적 의식이란 인간의 사고가 이룩해 낸 존재 세계에 대한 가장 체계적이고도 보편적인 반영물이다." - 『철학의 이해』, 앞의 책, p.109.

있다고 했지만, 동양에서는 하나인 道, 太極으로부터 만물이 생성되었다고 보았다. 세계는 본래 하나인데 분열되다 보니 독립된 것으로 알았다. 과학과 종교가 대립되고 종교 영역이 분파된 이유도 여기에 있다. 종교는 神이 존재한다고 말한 것 외는 아무것도 神에 관해 설명하지 못했다. 어떤 사상도 본질을 보지 못하면 사상누각과도 같아 대립 상황을 피할 수 없다. "서양 사상사를 회고할 때 현상계를 넘어서는 본질과 실체 세계를 탐구한 철학은 形而上學적인 체계를 산출하는데 그쳤고,"[34] 그렇게 하여 내세운 합리론의 면모는 세계의 본질이 분열하므로 형성된 일부 모습일 뿐이다. 그들은 수많은 사상의 웅덩이를 팠고, 진리를 모아 인류에게 필요한 생명수로서 공급하였지만, 그것은 본류도 근원도 아니었다. 진정한 본류를 밝혀야 정신적 고뇌가 해소되고 영혼도 구원될 것이므로, 이 연구가 관념론의 역사를 추적하여 일체의 근원이 하나님으로부터 비롯되었다는 사실을 논거하리라.

## 3. 동서 사상의 추구 본질

현대는 서양과 동양 문화를 포괄한 하나의 커다란 세계 안에 속해 있다. 그런데도 서양은 자기중심적인 문화 우월주의를 벗어나지 못하여 동양이 일군 진리적 가치를 인정하지 않았다. 토인비는 지적하길, "세계적인 상황 중에서도 특히 유럽이 그들 중심적인 견해를 벗어나지 못한다. 분출시킨 문명의 힘으로 다른 나라들을 세계의식으

---

34) 『철학의 철학』, 신오현 저, 문학과 지성사, 1989, p.227.

로 묶기는 하였지만, 정작 자신들은 한정적인 관점에 머물러 있다"고 했다.[35] 예를 들어 "사회학의 창시자 콩트가 세운 실증적 철학은 인간 정신의 발달에 대한 역사적 연구를 통해 생겼는데, 여기서 말한 인간 정신은 곧 유럽인의 정신이었다. 그는 인도와 중국이 인간 정신 발달에 전혀 공헌한 바 없다고 하였다."[36] 현재 서양의 여러 나라들은 동양이 부러워하는 경제대국이자 복지국가이고 과학기술을 발달시킨 선진국이지만, 이제는 자신들이 건설한 물질문명의 폐해에 대해 대가를 지불하고 있는 중이다. 주된 이유는 그들이 가진 진리관이 완전할 수 없었다는 데 있다. 동양은 제국 침탈 과정에서 어쩔 수 없이 서양을 배울 수 있었지만, 그들의 문화 우월주의는 그런 기회를 가로막았다. 동양 자체도 아직은 자체의 진리적 가치를 파악하지 못하고 있는 실정에서 문화 교류가 활발해진 요즘은 어느 정도 대등한 입장에서 동서 사상들을 비교하고 있다. 절대적이라고 생각하는 극한 오류는 잦아들었다. 이해하고 보면 서로 간에는 각자 지닌 특성이 있다. 하지만 안타깝게도 아직까지는 누구도 동서양의 진리적 가치를 연결시키지 못하였다. 그 이유는 무엇인가? 인간은 남녀가 합쳐야 후세를 잉태시킬 수 있는 것처럼, 동서양이 나뉘어 있는 것도 세계가 존재하기 위한 필연적 구조이다. 특성이 다른 것은 목적을 가지고 창조된 증거이다. 한쪽 문명만으로는 세계에 가로놓인 궁극적인 문제를 해결할 수 없다는 뜻이다. 그렇다면 서양과 달리 동양에서 일군 진리의 본질은 도대체 무엇인가? 주자학은 700

---

35) 『불교의 공과 하나님(불교와 기독교의 진정한 만남을 위하여)』, 한스 발덴펠스 저, 김승철 역, 대원정사, 1993, p.25.
36) 『기독교 사상』, 앞의 책, pp.170~171.

년 간 동아시아를 지배했는데 이런 역정이 인류에게 남긴 것은? 조선의 유학자라면 당연히 理氣적 우주론에 대해 자기 견해를 피력했는데, 이런 지성을 갖춘 민족이 서양 문물의 침투 앞에서는 지리멸렬하고 만 이유는? 서양도 여건은 마찬가지로서 우월적인 진리관으로 세계를 개조하였지만 오히려 멸망할 수도 있는 위기의식을 조장시킨 이유는?[37] 여기에 동서 문명이 합쳐져야 하는 이유가 있고, 그 여부는 인류를 구원할 수 있는 관건이다. 동서 간이 합쳐져야 진리 세계도 완성되고, 완전한 진리 안에서 인류가 완전한 하나님의 백성이 될 수 있다.

"서양 철학사와 기독교의 전통을 등에 입고 등장한 헤겔의 절대 관념론은 공·맹 계열의 유학을 계승하고자 한 송·명 이학과 철학적 내용에 있어서 동질적이지 못하다."[38] 일상적 삶에서 확인하기 어려운 太極이란 개념을 서양인들은 이해하기 어렵고, 학자들도 가치를 증거할 수 있는 근거를 제시하지 못했다. 동양 사상을 이해할 수 있는 디딤돌이 없었다. 겨우 해낸 성과라고는 동서 사상을 비교한 정도이다. "칸트가 속한 서양적 합리주의에는 직관적 세계상이 결여되었고, 용수가 속한 동양의 직관적 세계관에는 그것을 분별·희론이라고 하여 제거하므로 과학적 합리성이 결여되었다."[39] 그렇다고 용수더러 과학자가 되라고 할 수 없는 것처럼 칸트보고 道를 닦으라고 권유할 수도 없다. 동양은 진리를 추구한 방법이 종합적·

---

37) 동양은 道를 일구었지만 그러한 道의 작용에 대한 근원을 찾지 못하여 원한 만큼의 세계 본질에 대한 궁극적 실상을 볼 수 없었다. 서양 역시 그들이 사유한 방법대로 로켓을 만들어 우주 시대를 개척하였지만, 백날을 연구해도 그것만으로는 궁극적인 실상을 볼 수 없었다.

38) 『헤겔연구(7)』, 한국헤겔학회 편, 청아출판사, 1997, p.46.

39) 『불교사상과 서양철학』, 에드워드 콘즈 외 저, 김종욱 편역, 민족사, 1994, p.313.

전체적·직관적이었고, 서양은 분석적·분별적·개념적이다. 왜 이런 차이가 생긴 것인지를 알아야 문제를 풀 수 있다. 이 연구는 일찍이 세계의 천지 창조 사실을 증거하는 과정에서 그렇게 바탕된 본질이 통합성에 기인한 사실을 알았다. 세상 위에 나타난 현상은 규칙적으로 분열하지만 본질은 그런 규칙성이 있기 이전의 상태이다. 그래서 드러난 현상은 이성으로 분석하는 것이 용이하지만, 이전인 본질은 직관으로 직시하는 수밖에 없다.[40] 직관을 종합하는 것은 차후 문제이다. 서양은 사물의 규칙적인 질서 법칙을 밝히기 위해 학문을 발달시켰고, 동양은 만상을 생성시킨 바탕 근거, 즉 본질을 직시하기 위해 현실적인 삶과는 동떨어진 道를 구했다.[41] "열반은 인도인들의 사색에서 주관과 객관을 초월한 심적 상태이다."[42] "선(禪)은 주도 객도 넘어서는 존재의 본체론적 인식(깨달음)이라고" 규정한 것처럼,[43] 질서 정연한 법칙을 인식의 근거로 삼고, 이치의 정합성 여부를 진리 기준으로 내세운 서양인들로서는 이해할 수 없는 진리 세계였다. 그렇다면 동양은 동양대로 일군 道에 대해 그것이 만상의 근원적인 본질인 것을 증거해야 했는데 그렇지 못한 것은 하나님의 본체가 드러나지 못해서이다. 만물과 본질은 함께 밝혀야 진리로서 지닌 가치를 상호 확인할 수 있다. 그렇지 못하면 아무리 과학을 통해 물질세계를 파고들어도 궁극적인 실상을 파악할 수 없다. 道도 만물을 구성한 설계도라고 할 수 있지만, 만물이 가진 구조와의 일

---

40) 분열 이전인 실체이므로 순차적으로 인식할 수 없다.

41) 서양 지성들은 직접 사물과 현상을 두 발과 손으로 파 헤집고 돌아다닐 감각적인 체계로서의 인식론이 필요하였지만, 동양의 선현들은 모든 것을 초월한 의식 자체를 통하여 대 본질적인 근원 세계를 통찰하고 覺하였다.

42) 『동양의 마음 서양의 영성』, 이기반 저, 큰빛, 1994, p.51.

43) 위의 책, p.66.

치는 과학이 발달한 오늘날이 되어서야 확인할 수 있는 문제였다.[44]

사실은 어느 모로 보아도 명백하다. 서양은 자신들이 건설한 문명 세계가 옳다고 믿고 진리적인 승리를 장담했지만 동양이 일군 道의 가치를 모른다면 세계를 모두 보았다고 할 수 없다. 서양이 神을 증거하는 데 실패한 것은 초월적인 神을 담아내지 못한 세계관적 한계성 때문이다. 사차원적인 본체 문명으로 무궁한 神을 담아낼 수 있는 그릇이 동양 측에 예비되어 있었다는 사실을 어찌 알았겠는가? 그러므로 어느 모로 보나 본말 영역을 담당한 동서 문명이 합치되어야 세계의 진상을 파악할 수 있다는 것은 자명하다. 동서양은 아직도 서로가 지닌 가치를 모르고 있지만, 언젠가는 깨달을 수 있는 길이 이 땅에 준비되어 있다. 이것이 이 연구가 밝혀내어야 하는 形而上學적 추구의 당위성이다.

## 4. 기독교 진리의 본질과 한계

세상에는 많은 기독교인들이 있어 신앙을 지켜왔지만 수천 년이 지났는데도 불구하고 하나님은 증거하지 못하였다. 굳이 증거할 만한 필요성이 없어서이기는 하겠지만, 어떤 이유이든 증명하기 위해서는 조건이 객관적, 원리적, 보편적이어야 한다. 무신론자, 이교도, 기독교도를 막론하고 시인할 수 있어야 하는데, 기독교의 노력만으로는 요원한 바람이다. 과연 기독교인들은 믿고 있는 만큼 하나님을 규명하였는가? 기독교의 대답은 간단하다. 예수 그리스도를 통하면

---

44) 동서 사상의 본질과 만물과의 관계는 동서 사상을 연구하는 이들에게 가장 근원된 거대 관점을 제공할 것이다.

하나님을 알 수 있다. 그러나 예수 사후 이천 년이 지났어도 기독교 교리는 현대인이 지닌 상식과 다른 점이 많다. "추세로는 열렬한 찬미의 대상이 되지 못하고 있고, 무엇을 하도록 명령할 수도 없다. 말라비틀어진 빵처럼 딱딱한 교회의 교리 문답은 오늘날 누구에게도 먹혀들지 않는다."[45] 신권 질서로 시대를 풍미했던 중세 때는 문제될 것이 없었지만, 지금은 광범한 영역에서 내부적인 도전과 함께 각종 무신 사상과 대치 중이다. 당대 최고의 지성인 영국의 물리학자 뉴턴조차 "神을 기계론적 세계관에 종속시키는 신비주의적인 기독교 신앙을 거부하였다."[46] 현대의 "대다수 기독교인은 우주 체계 내에서 神의 존재 여지를 인정하지 않는 스티븐 호킹 같은 과학자의 우주론에 대해 당혹감을 감추지 못하고 있다."[47] 앞으로도 기독교가 과학을 포용할 수 있으리라는 기대는 없다. 지난날 기독교가 휘두른 권위의 핍박 속에서 의연하게 진리성을 확보시켰던 것이 과학이 아닌가? 그러니까 기독교 안에서조차 합리적인 잣대를 들이대어 "기독교의 신화성을 제거하려고 한 불트만 같은 신학자를 낳았다."[48] 그는 1941년『신약성서와 신화론』을 써 신학계를 깜짝 놀라게 했다. 신약 성서의 세계관은 신화론적이고, 메시지의 핵심도 신화적이라고 했다.[49] 합리성에 근거한다면 기독교는 당연히 신화적일 수밖에 없고, 신화적인 세계관이라면 폐기처분되어 마땅하다. 하지만 그럴 만

---

45)『현대의 신』, N. 쿠치키 편, 진철승 역, 범우사, 1996, p.13.

46)『신의 역사(Ⅰ)』, 카렌 암스트롱 저, 배국원·유지황 역, 동연, 1999. p.535.

47) 위의 책, p.675.

48)『선과 종교철학(종교 철학의 새로운 지평을 열기 위하여)』, 아베 마사오 저, 변선환 엮음, 대원정사, 1996, p.146.

49)『신의 죽음』, 앞의 책, p.248.

한 이유가 있었다는 것을 안다면 신화적으로 본 몰이해도 해소된다. 확보한 관점이 절대적인 것이 아니란 사실을 알면 얼마나 편협한 생각이었는가 하는 사실을 깨닫는다. "기독교 진리의 근간인 성서의 기록에 역사적인 배경이 결여되었다"고 해서[50] 근간이 흔들리는 것도 아니고, 교리가 불합리한 것처럼 여겨진다고 해서 예수가 그리스도로서 완수한 구원 사역이 퇴색되는 것도 아니다. 문제는 기독교 진리의 본질을 꿰뚫지 못해서이므로, 이런 문제만 풀면 불합리하다고 여긴 요소들을 정상화시킬 수 있다. 그렇다면 기독교 진리의 본질은 과연 무엇인가?

기독교는 "가장 이성적인 신학을 지니고 있고 많은 철학자들이 뒷받침하였지만, 신체의 부활을 신조로 내세운데 대해서는 많은 사람들이 곤혹스러워하고 있다."[51] 왜 이성을 통한 것인지에 대해서는 의문을 가진 사람이 없는데, 이성적인 신학이 정작 神을 보위하는 데 있어서는 결격 사유를 지녔다. 그 주된 이유는 바로 천지가 창조되었다는 사실에 있다. 하나님이 창조주인 이상 모든 비밀을 간직한 기독교 진리는 세상 진리와 격차가 있다. 합리성은 피조된 세상 진리를 판별하는 기준이지 창조를 성사시킨 근원성을 가늠하는 잣대가 아니다. 그런 만큼 기독교 진리는 진리성을 듬뿍 담고 있기 때문에 여타 종교 진리들처럼 신비적인 측면에서 공통성을 지녔다. 과학이 발달한 현대 사회에서 기적 이야기는 복음을 전파하는 데 있어 장애물이 될 우려가 크다.[52] 하지만 이런 우려는 당치 않은 일이다.

---

50) 『마르크스·엥겔스의 종교론』, 라인홀트 니버 엮음, 김승국 역, 아침, 1988, p.266.

51) 『종교의 철학적 이해』, 김형석 저, 철학과 현실사, 1992, pp.171~172.

52) 이 같은 논리 관점에 의해 기독교가 장래 살아남을 수 있는 길은 그 속에 포함된 비과학적, 전근대적, 신화적인 요소를 제거시키는 것임을 주장하기도 함-『서양종교철학 산책』, 앞의 책,

만사 본질의 진리성을 내포한 기독교 진리가 과학적인 인식 체제를 만족시키지 못한 것은 본질과 만물이 연결된 고리를 찾지 못한 것이 주된 이유이다. 본질이란 실체를 규명하지 못한 문제일 뿐이다. 진리적인 작용이기는 한데 세계관의 미비로 이성으로서는 기독교 진리를 이해할 수 없었다. 기독교 신앙을 고수한 위대한 사도, 교부, 主의 종이라도 세계관적 여건은 마찬가지이다. 하나님은 존재함, 현현함, 역사함이 초월적, 동시적, 통합적인데 분열적인 인식으로서는 이런 존재성을 파악할 수 없었다. 예수의 수육(受肉) 내지 화육론에 대해서 세인들은 숱한 의구심을 자아냈지만, 천지가 명화(命化)된 창조 절차를 알았더라면 일체 의혹을 풀었으리라. 천지는 化로서 창조되었고 그래서 우리도 인간화되었다. 인간화된 것처럼 하나님의 아들도 원리대로 화육되었다. 化는 진화적 개념이 적용될 수 없는 차원적 변화이다. 모든 것을 갖춘 통합 본체로부터 천지 만물이 일시에 창조되었다. 어제도 계셨고 오늘도 계시고 내일도 동일한 하나님에게 있어서 십자가에서 숨을 거두었다 삼일 만에 부활한 예수의 기적 사건은 대수롭지 않은 일이다. 인간이 가진 삶에 대한 기준을 가지고 부활로 인식하였지만, 하나님은 그런 삶과 죽음 전체를 초월해 계신다. 神은 만사와 우주를 주재한 실체자이다.

한계만 인식할 수 있다면 본질은 절로 부각된다. 끝 간 데까지 가버린 인식이 오히려 본질을 규정한다. 기독교는 구약에 대한 약속의 성취로서(신약) 속죄양으로 바쳐진 그리스도의 고난에 대한 동감과 부활에 대한 신념을 주축으로 한다. 기독교 교리는 하나님과 예수

---

p.213.

그리스도의 존재 의의와 가치 및 神적 본질을 규명하고자 한 과정의 결과물이다. 세상 한가운데서 하나님의 아들이 사역을 펼치므로 이것을 목격한 사람들은 그 역사에 대해 의미를 부여하고 신앙하지 않을 수 없었다. 복음을 땅 끝까지 전파하고자 하였다. 이것이 기독교가 지닌 전부이므로, 목적을 이룰 때까지 영혼을 바쳐 헌신하였다. 이런 기독교에 대해 우리는 무엇을 더 바랄 수 있겠는가? 약속된 대로 재림 역사만 완수되면 기독교 신앙은 완성되고 진리로서 증명된다. 부활 사건에 대해 아무리 궁구해도 자연적인 원리로서는 이해할 수 없다. 예수 그리스도가 희생으로 인류의 죄악을 대속한 사실이 과학적이고 합리적인 방식으로 증명되어야 할 필요까지는 없다. 하나님의 역사는 인류가 걸어 온 섭리적 맥락 위에서 끝내 확신될 뿐이다. 그런데도 무신론자들은 적합하지 못한 조건을 내세워 거룩한 믿음을 뒤흔들었다. 포이엘 바흐는 기독교 진리가 가진 가장 취약한 부분을 꿰뚫었다고 장담했다. "기도란 인간이 자기 자신과 자기의 심정과 대화하는 것 외 아무것도 아니다"고 지적했다.[53] 관점은 일관성이 있지만 겨냥한 초점은 빗나갔다. 그럼에도 불구하고 기독교는 정말 대책 없이 교리를 절대의식화해 버려 포이엘 바흐 같은 대적자의 비판을 막지 못했다. 교리가 지닌 허점을 틈타 무신론자들이 마구 공격을 가했다. 본질을 명확히 했더라면 마르크스·엥겔스 같은 무신론자들이 맹위를 떨쳤겠는가? 도전과 위협에 대해 기독교가 한계성을 시인하지 못한다면 신앙적 혁신은 있을 수 없다. 기독교의 세계 복음화 기대와 천국 건설 약속은 한편의 드라마틱한 영화를 보

---

53)『기독교의 본질』, 루드비히 포이엘 바흐 저, 김쾌상 역, 까치, 1993, p.223.

는 것과도 같은데, 야기된 문제는 풀지 못하면서[54] 확증이 필요한 신도들에게 믿음의 부족분만 다그쳤다. 이런 상태로서는 자체 본질을 해명할 수 없어 인류의 영혼을 제도하는 데 무리가 따랐다.

그렇다면 부각된 기독교 진리의 한계성은 정말 어디서부터 비롯된 것인가? 기독교 문화권 안에서는 도무지 해결할 만한 기미가 보이지 않으므로 이 연구가 근본적인 문제점을 파헤치고자 한다. 끝없는 정열을 가지고 진리 세계를 탐구한 지성들이 어떻게 여태껏 이룬 하나님의 실존 역사를 밝혀내지 못했는가? 그 주된 원인은 기독교가 희랍 사상으로부터 결정적인 영향을 받았다는 데 있다. 예수의 사역을 기독교라는 종교로 정착시킨 사람은 사도 바울이다. 그는 희랍 사상의 대가로서 히브리 사상으로 전해진 기독교를 헬레니즘화하는 데 주도적인 역할을 했다. "기독교에 대한 희랍 사상의 절대적인 영향은 신약 성서가 희랍어로 기록되었다는 사실에서도 나타나 있다."[55] "학자들은 플라톤과 아리스토텔레스가 기독교 신학 발전에 중요한 역할을 한 것을 지적하였다. 아우구스티누스는 많은 사상을 플라톤에서 얻었고, 토마스 아퀴나스는 기초적인 철학을 아리스토텔레스를 통해 발견했다."[56] 이후에도 프로텐스탄트는 플라톤과 플로티노스의 사상을 받아들인 아우구스티누스의 사상을 강조하였고, 가톨릭도 아리스토텔레스의 사상을 받아들인 토마스 아퀴나스의 사상을 강조했다. 그래서 일부 학자들은 "기독교 사상이 희랍 철학이 준 영향인 것을 인정하면서, 기독교의 진정한 본질을 찾고자 한다면 다시

---

54) 유물론, 무신론자들의 도전에 대응할 진리관의 극복 과제, 이들이 교회의 문턱까지 침식해 들어와 음침한 그림자를 드리우고 있는데도 말이다.

55) 『서양종교철학 산책』, 앞의 책, p.40.

56) 『영원한 지혜를 찾아서』, 모오티머 J. 애들러 저, 최혁순 역, 경영문화원, 1997, p.61.

히브리적인 요소를 찾아야 할 것을" 주장했다.[57] 정말 "플라톤과 아리스토텔레스의 자연과학은 창조와 섭리, 속죄를 말하는 기독교 본연의 학설을 포함하지 않아"[58] 무궁한 神의 본질을 관념화시켜 버렸다. 하나님의 초월적인 본성과 예수 그리스도의 사역과 성령의 임재 역사를 담아내지 못했다. "기독교의 아이디어는 희랍 철학의 테두리 안에서 형성된 것일진대"[59] 기독교가 처한 곤궁의 원인이 어디서 비롯된 것인가는 명약관화하다. 왜 이천 년 동안 기독교가 세운 교회의 철옹성 밖에서는 버려진 음식에 파리 떼가 모이듯 무수한 이설이 들끓었고, 이단이 가지를 쳤으며, 수많은 교파들이 분열하였는가? 애초부터 세운 교리 틀이 편협해서가 아닌가?

기독교가 각처로부터 제기된 정당한 진리적 과제들에 대해 직접 대처하지 못한다면 미래의 기독교는 장담할 수 없다. 그런데도 기독교가 여기에 대해 자체 안에서는 더 이상 해결할 능력이 없다는 것이 문제이다. "기독교는 하나님을 믿지만 그리스도를 통하여 하나님을 알고 하나님께로 나아가고자 한 종교이다. 그리스도를 통하지 않으면 누구도 하나님께로 나아갈 수 없다. 공자, 소크라테스, 부처를 통하는 길은 없다고 거부했다. 그리스도만 유일한 길이라고 강조한 여기에 기독교의 편협한 신관, 인생관, 종교관이 있다."[60] 숨도 제대로 쉴 수 없는 신관이다. 기독교는 하나님이 밝힌 인류를 하나 되게 하고자 한 창조 목적을 망각한 듯하다. "기독교는 모든 사람을 무차

---

57)『서양종교철학 산책』, 앞의 책, p.39.

58)『영원한 지혜를 찾아서』, 앞의 책, p.64.

59)『종교철학개론』, 존 H. 힉 저, 황필호 편역, 종로서적, 1980, p.200.

60)『철학과 종교의 대화』, 채필근 저, 대한기독교서회, 1973, p.152.

별적으로 받아들이는 종교가 아니다. 합당한 도덕적 기질, 불만의 감정, 선에 대한 의식, 구속에의 열망을 지닌 사람들만 받아들인다.'[61] 하나님은 만유의 主라고 부르면서 신앙과 구원을 교리관에 따라 선택한 것은 모순이다. 우리는 자신의 의도와 상관없이 "만일 인도에서 태어났다면 힌두교인이 되었을 것이고, 이집트에서 태어났다면 이슬람교인이 되었을 것이며, 씨일론에서 태어났다면 불교도가 되었을 것이다. 그렇다면 그들은 오직 기독교국인 나라에서 태어났기 때문에 기독교인이 된 것뿐이다."[62] 기독교적인 신앙만 절대적이라는 믿음은 강대한 문화 우월심이 남긴 자만적 환각이다. 정말 원하는 바로는 인류 구원에 대해 절대적인 독점권을 주장하기 이전에 수용적인 태도를 가지는 것이고, 그것이 올바른 기독교이다. 바울은 유대교의 경직된 계율을 풀어 뭇 이방인들에게 빗장을 제거하는 가르침을 펼쳤기 때문에 진정한 사도로서 추앙받았듯, 오늘날까지도 복음으로 구원하지 못한 마지막 남은 자들에게 구원의 빛을 던지기 위해서는 배타적인 신관을 허물어야 한다. 하나님은 무소부재한 주재자로서 만유 위에서 역사하고 싶은데 기독교가 가로막고 있는 교리의 편협성 때문에 온전한 주재의 자유를 펼치지 못하고 계시다. 기독교는 하나님을 모신 종교이지만 급변한 시대 상황에 대처하지 못해 하나님이 활동하기에 너무 비좁은 세계가 되어 버렸다. 제 민족과 인류 전체의 하나님이 될 길을 막아버렸다. 혹자는 "기독교가 진정한 세계적 종교가 되기 위해서는 현재의 서양적 형태가 갖는 한

---

61) 『벌코프 조직 신학(上-서론, 신론)』, 루이스 벌코프 저, 권수경·이상원 역, 크리스천다이제스트, 1998, p.191.

62) 「성경과 신학」, 전호인 편집인, 한국복음주의신학회, 논문집, 11권, 기독지혜사, 1992, p.21.

계를 뚫고 나가야만 한다"고 지적했다.[63] 바야흐로 "헬레니즘화된 기독교 정신이 막을 내림과 함께 새로운 기독교 정신이 동양에서 나올 가능성을 열어야 한다."[64] "아우구스티누스와 토마스 아퀴나스가 그들의 방법을 희랍인들로부터 빌렸던 것처럼"[65] 기독교는 지극히 희랍적인 문화 특성을 받아들임으로써 형성된 변증적 종교이다. 하나님은 무궁한 神인데 무엇이 이런 하나님을 틀 좁은 교리관 속에 가두어 버렸는가? 세계관을 보다 폭넓게 하기 위하여 보혜사 하나님이 지존한 본체자로 이 땅에 강림하였다. 그 무엇도 하나님을 완전히 자유롭게 할 수 없고 무궁한 존재 속성을 담아둘 수 없지만 우리가 지닌 관념만큼은 그 경계 없는 속성들을 다 포괄할 수 있다. 관념은 인류가 지금까지 쌓아 올린 세계관적 집인데, 그 안에 강림한 하나님이 진리의 성령으로서 안주할 수 있다면 관념, 즉 본체로서 지성들이 규정한 神의 속성들이 그대로 실체인 사실을 확인하게 되리라.

---

63) 『선과 종교철학』, 앞의 책, p.307.

64) 『선과 기독교 신비주의』, 윌리암 존스톤 저, 이원석 역, 대원정사, 1993, p.19.

65) 『철학과 신』, 에테엔느 질송 저, 김규영 저, 성바오로출판사, 1972, p.116.

# 제3장 무신의 세계관적 판단 기초

## 1. 무신론의 태동 근거

　서양의 사상사는 한 마디로 유신론과 무신론의 대결 역사이다. 무신과 유신만큼 상극적인 입장을 지닌 개념도 드물다. 기원전에는 헤브라이즘과 헬레니즘의 사상에서도 나타났고, 중세 시대에는 유신론이 압도적인 승리를 거두었지만, 근대에 접어들면서부터는 기독교 세력이 여러 영역에서 후퇴하고 무신론이 본격적으로 대두되었다. 니체, 마르크스, 과학 등이 가세하여 무신론의 지배가 강화되었다.[66] 무신론이 없는 시대는 없었다. 그러나 모든 神, 모든 神적 실재를 부정한 현대적 무신론이 등장한 것은 계몽주의와 프랑스 혁명을 거치면서부터였고, 하나님에 대한 신앙과 기독교를 뿌리째 위협한 하나

---

66) 「19세기 무신론과 20세기 사신론의 신관 비교연구」, 앞의 논문, p.4.

의 세계관으로 부상한 것은 19세기의 포이엘 바흐, 마르크스, 니체, 프로이트, 실존적 무신론이 대두된 때로부터이다.[67] 이렇듯 무신론이 사상사를 주름잡게 된 이유는 무엇인가? 그것은 크게 세계관적인 문제와 함께 기독교 역사가 보인 작태에 기인한다. 무신론이 시작된 것은 언제부터인가? 그것을 알기 위해서는 고대 그리스인들이 가진 자연주의의 기원부터 알아야 한다. 무신론은 서양 문명의 여명기인 고대 그리스에서부터 시작되었다. 세계를 바라보는 데 있어 우리는 하나인 세계만 존재하고 그 세계가 자연 세계라는 견해를 가질 수 있다. 이런 유는 단순한 神 거부가 아니며, 자기 충족적인 체계를 신뢰한 무신론이다. 자연주의는 기원전 6세기 소크라테스가 태어나기 이전의 밀레투스학파 철학자인 탈레스, 아낙시만드로스, 아낙시메네스 등에서부터 시작된다. 이들은 처음으로 신화적인 설명을 거부하고 자연주의적인 설명을 지지하였다. 이전까지는 세상의 기원과 기능을 신화를 통해 이해하였는데, 이들 철학자들은 자연을 이성으로 이해할 수 있는 법칙에 따라 운용된다고 본 자기 충족적인 체계로 접근하였다. 그리고 이런 사고는 당시로서는 혁명적인 견해였다. 자연 자체 안에서 모든 해답을 발견할 수 있다고 보고 자연이 가진 작용을 이해하기 위해서는 자연 이외의 것을 전제할 필요가 없다고 하였다.[68] 무신론과 유신론은 극도로 대립된 관점 차를 가진 것인 만큼, 유신론은 꼭 神이 존재한 사실만 주장해서는 안 되고, 무신론이 가진 입장과 근거, 즉 자기 충족적인 자연 체계를 설파해야 공고해진다. 무신론이 거친 역사를 살펴볼 때, 고대 그리스의 합리적 자연

---

67) 『신의 세속화』, 박봉랑 저, 대한기독교출판사, 1990, p.74.
68) 『무신론이란 무엇인가』, 줄리안 바기니 저, 강혜원 역, 동문선, 2007, pp.118~119.

주의는 후에 태동된 계몽주의 시대의 합리주의 발달과 연관이 있다. 움튼 씨앗이 18세기 들어 사상적으로 체계를 갖춘 세계관으로서 성장했다. 이런 무신론은 인류가 취한 미신들을 합리적인 설명으로 대체하였다고 믿었고, 초자연 세계에 대한 환상에서 깨어나 자연 세계 안에서 사는 방법을 배운 인류 문화 진보사의 일부라고 긍정하였다.[69] 그러나 그렇게 하여 건설한 세계가 오늘날 어떤 모습을 보이고 있는가 하는 것은 현대 문명이 맞닥뜨린 종말성과 한계성이 정답을 대신한다. 초자연 세계는 왜 버려야 할 환상이 아니고 추적해야 하는 세계인가 하는 것을 안다면, 무신론을 타파해야 하는 이유도 알게 된다.

흔히 현대의 무신론과 사신론은 모두 기독교 유신론에 반대하여 나온 것으로 알지만, 이면을 살펴보면 각자 세운 세계관적 대립각이 선명하다. 유신론은 초월적인 세계를 인정하면서 그것을 더 실재적인 세계로 파악한 반면, 무신론과 사신론은 현실의 삶을 더 실재적으로 보고, 공간적으로 표상화된 초월 영역을 인정하지 않고 있다. 나아가 현대적인 무신론과 사신론에서는 모든 종류의 초월을 부정한다. 왜 기를 쓰고 거부하는가? 살펴보면 유신론이 내세운 신관에 원인이 도사렸다. 일반적으로 "유신론(有神論, Theismus)은 무신론(無神論, Atheismus)에 대해 반대된 개념으로 이해하지만, 사실은 단순하게 무신론과 대조된 것이 아니다. 유신론은 헬라 철학과 기독교 신앙이 결합하여 형성된 形而上學적·철학적 신론을 뜻한다."[70] 구약 속에서는 하나님이 직접 역사하고 말씀하였다면, 예수를 중심으로

---

69) 위의 책, p.140.
70) 『삼위일체론(전통과 실천적 삶)』, 앞의 책, p.120.

성립된 기독교는 헬레니즘 문명과 만남으로 形而上學화되었다. 체험적으로 접한 하나님이 인간의 철저한 사고 과정을 통해 관념화되었다. 이것이 유신론이다. 유신론은 神이 존재한 것을 당연한 전제로 하고, 여기서 말하는 神, 곧 하나님은 무한하고 인격이 있고 초월적인 동시에 내재하고 전지전능, 선한 분이다.[71] 그런데도 이 같은 神이 사실은 인식적, 논리적으로 파악되지 않는 문제가 있어 오랫동안 서양 사회를 지배한 유신론이 18세기 초부터는 점차 약화되었고, 또 다른 신관인 이신론이 등장하여 19세기 무신론과 20세기 사신론의 태동을 부추겼다. "19세기에는 반기독교적, 저항적 무신론이 본격적으로 나타나 전통적인 기독교 유신론의 허를 찔렀다. 그런데도 기독교 유신론은 形而上學적으로 치장된 옷을 걸치고 정말 해결해야 할 교리상의 난해성은 미루어 둔 채 神의 권능을 빌미로 인간을 노예화, 비인간화시킨 우상 노릇만 일삼았다. 그래서 무신론자들이 급기야 전통적인 기독교 유신론을 거부하고 나서 神의 비존재와 神의 죽음을 선언하기에 이르렀다."[72] "니체가 神은 죽었다고 선언한 것은 하나님과 성서의 神에 대해서가 결코 아니다. 헬라 철학으로 무장된 유신론에 대해 죽음을 선언한 것이다. 바울 이래 기독교는 헬라 정신과의 융합으로 形而上學적 실재에 대한 강조가 계속되었고, 오늘날도 같은 맥락 속에서 영과 육, 초월계와 현상계, 교회와 세상을 극단적으로 분리시켜 탈세계화, 탈역사화시켰다."[73] 그래서 이 연구가 새로운 신론 대두의 당위성을 주장하여 나섰고, 모든 요구에 부응한

---

71) 「과학적 무신론과 신 죽음의 사상에 대한 신학적 비판」, 김수한 저, 장로회신학대학교대학원 기독교문화전공, 석사논문, 2010, p.67.

72) 「19세기 무신론과 20세기 사신론의 비교연구」, 앞의 논문, p.4.

73) 위의 논문, p.39.

하나님이 동양의 하늘 아래서 모습을 나타내었다. 어찌하여 선하고 사랑이 충만하고 인류를 구원하기 위해 태초 때부터 노심초사한 하나님이 뭇 영혼들에게 내민 손길을 거부하고 말았는가? 헬라화한 기독교가 교회와 성서 안에서만 하나님을 만날 수 있도록 못 박아 "신자는 그의 일상적인 체험 속에서 神의 발자취를 발견하는 일이 적어지게 되었고, 자기가 믿은 바를 일상생활 속에서 거의 검증할 수 없게 되었다."[74] 神을 실감하지 못하는 생활에 익숙해져 버려 이제는 신앙 없이도 충만하고 행복한 인간 존재를 발견하려는 사람들의 수효가 증가하였다. 하지만 무신론자들이 神을 거부한 보다 실질적인 이유는 기독교가 역사를 통해 저지른 작태에 있다. "초월 세계에 있는 전능한 분이 하나님이라는 유신론적 개념은 세상을 전횡적으로 지배한 가부장적인 독재자 神, 인간의 해방과 자유를 억압하는 神으로 비쳐졌다."[75] "초기 기독교인들은 고귀한 신앙을 지키기 위해 수많은 희생을 감수했지만 로마제국의 기독교인들은 그 몇 천 배, 몇 만 배의 야만적 파괴를 일삼았다. 3세기 동안 감내했던 박해 상황을 타종교에 그대로 재현시켰고, 그보다 몇 천 배 더 악랄하게 되갚았다."[76] 동서양 간 문화적 세력의 균형을 깨고 서양의 열강들이 세계로 진출한 것은 복음을 세계화할 수 있는 절호의 기회였다. 하지만 이런 기대를 저버리고 그들은 근·현대를 피비린내 난 죄악의 역사로 도배해 버렸다.

"1492년 콜럼버스의 신대륙 발견을 기점으로 서구 문명이 일으킨

---

74) 『현재와 미래를 위한 신앙』, W. 카스퍼 저, 심상태 역, 분도출판사, 1985, p.30.
75) 위의 논문, p.4.
76) 『도올의 도마복음이야기』, 김용옥 저, 통나무, 2011, p.144.

자본주의 문명은 남유럽, 특히 스페인과 포르투갈을 중심으로 전개된 중남미 식민지화를 통해 본격적으로 확대되었다. 16세기 스페인과 포르투갈은 중남미에 사는 원주민들을 대량학살하고(콜럼버스 이후 70년간 남미에서 약 7천만 명의 원주민들이 학살당한 것으로 보고), 그들의 종교와 문화를 강제로 이식하였다."[77] "식민지 팽창에 힘입어 근·현대 기독교 선교 성과가 없었던 것은 아니지만, 서구 백인 선교사들은 개인 구원과 교회 설립을 선교의 주요 목표로 삼은 관계로 전체 세계 안에서의 하나님의 구원 섭리와 활동에 대해서는 무관심한 경향이었다. 그래서 서구의 많은 교회들은 하나님의 복음을 선포하면서도 한편 불의한 식민주의 세력과 타협하거나 이것을 침묵으로 방관한 죄악을 범하였다. 이러한 상황 속에서 당시 아프리카 대륙으로부터 강제로 착출되어 유럽의 식민지에 팔린 흑인 노예들이 대략 2천만에서 4천만에 이르는 것으로 추정된다. 20세기에 들어와 시작된 일련의 전쟁과 혁명의 소용돌이 속에서는 무려 1억 명이 사망한 것으로 추산되는데, 이러한 전쟁과 혁명은 모두 기독교 문명권에서 발발함으로써 기독교의 주요 본거지에 엄청난 파국을 초래했다."[78] 인류의 죄악 가운데서 기독교가 저지른 죄악이 거의 태반일진대,[79] 하나님은 정말 살아 계신 神인가 하는 유신적 신념에 대해 극도의 자괴감을 피할 수 없다. 이런 기독교가 어떻게 역경과 난국을 이기고 재기할 수 있을 것인지 회의적인 분위기에서 무신론이 확산되었다.

77) 『삼위일체론(전통과 실천적 삶)』, 앞의 책, p.208.

78) 위의 책, p.7.

79) 기독교가 인류를 구원한 자보다 기독교로 인해 죽음을 당한 자가 더 많은 것인지도 모름.

유신적 신념에 대해 어떤 영역이 침해당해도 그런 유는 극복될 수 있지만, 어떤 이유에서건 구원 문제에 대해 하나님이 침묵한다면 그런 하나님은 소용이 없고, 그런 神을 신앙한 종교 역시 아무런 필요가 없다. "어떠한 종교도 인간을 구원할 수 없게 되고, 그렇다면 종교가 인간 세상에서 굳이 존속할 이유가 없다. 정말 종교가 없이도 인간은 얼마든지 잘 살 수 있다"고 단언하리라.[80] 무신론은 어느 모로 보나 기독교가 쌓은 유신론적인 체제와 역사에 대한 반감에서 비롯된 만큼, 깊은 반성으로 이 땅에 새로운 유신의 세계를 정립해야 한다. 슈펭글러가 한 예언처럼 서양의 기독교 문명은 인류를 구원하는 문제에 있어 대의를 잃어버렸고 역사적으로 부여된 기회를 상실당하고 말았지만, 그것이 기독교 자체가 아예 종말을 맞이하였다는 의미는 아니다. 새로운 인류 구원 사명과 진리력을 갖춘 기독교가 동양 문명을 통해 다시 재건될 수도 있다. 하나님이 인류 사회에 새로운 모습으로 등단하시리라.

## 2. 무신론의 억측적 견해

"구약의 神은 모든 소설을 통틀어 가장 불쾌한 주인공이라고 할 수 있다. 시기하고 거만한 존재, 좀스럽고 불공평하고 용납을 모르는 지배욕을 지닌 존재, 복수심에 불타고 피에 굶주린 인종 청소자, …… 인종을 차별하고 유아를 살해하고 대량 학살을 자행하고 자식을 죽이고 전염병을 퍼뜨리고 과대망상증에 …… 변덕스럽고

---

80) 『논술과 철학강의 1(논술편)』, 앞의 책, p.173.

심술궂은 난폭자……."[81] 이것은 『이기적 유전자』, 『만들어진 신』 등을 저술한 리차드 도킨스가 남긴 말이다. 그의 안목을 빌린다면, "神은 정말 미치고 착각에 빠진 사람들에 의해 발명된 정신병적 비행을 저지르는 존재"로 착각하기 쉽다.[82] 현대 진화생물학적 입장에선 과학적 무신론은 지성들이 선호한 합리적인 근거를 가지고 기독교의 전통적인 창조 신앙에 큰 도전과 타격을 안겼다. 그런데도 전통적인 유신론은 속수무책으로 방관만 하고 있는 실정인데, 지상 강림 역사를 완수한 이 연구가 양산된 온갖 형태의 무신론적 주장에 대한 억측성을 도출시키고자 한다. 도킨스 같은 지성들은 현대의 개명된 문명 수준에 걸맞게 부각된 무신적 상황에 대해 나름대로 합리적인 근거를 가지고 논증하고 있지만, 알고 보면 자신들이 오히려 神을 크게 잘못 알고 있고, 잘못 내린 결론이 태반이다. 도킨스는 사악하고 말도 안 되는 폭군을 명청한 사람들이 神으로 부른다고 하지만, 그는 정말 그런 神을 경험해 보고 한 말인가? 그가 말한 神은 성경 속에 기록된 내용들이 아닌가? 하지만 성경에서도 하나님은 도킨스가 취사선택하여 본 그런 모습으로만 존재한 神이 아니었다. 그는 시공간 속에서 살아 역사한 하나님을 경험해야 했다. 이것을 무시하고 장엄한 우주를 설계한 초자연적인 지성은 가설로서 미루어 버리고, 그 자리에 자신이 견지한 입장만 가득 채웠다. "무엇인가를 설계할 정도로 복잡성을 가진 창조적 지성은 오직 확장되는 점진적 진화과정의 최종 산물로 출현할 수밖에 없다. 그래서 진화된 존재인 창조적 지성은 우주에서 맨 나중에 출현하여 우주를 설계하는 일을 도

---

81) 『이기적 유전자』, 리차드 도킨스 저, 홍영남 역, 을유문화사, 1993, p.50.
82) 『도킨스의 망상』, 알리스터 맥그라스 · 조애나 맥그라스 저, 전성민 역, 살림, 2008, p.29.

무지 말을 수 없다"고 판단했다.[83] 하지만 이런 생각은 사전에 그렇게 전제한 논리 틀 안에서 그렇게 결론날 수밖에 없었던 것이다. 결코 합리적인 통찰이 아니다. 진화론에 근거하면 神은 우주에서 맨 나중에 출현하게 되지만, 창조 역사는 이 같은 전제들을 일소한다. 그것을 무신론자들은 알아야 한다. 그 실질적인 사례는 무신론적 세계관 구축에 기여한 진화 메커니즘의 억측성을 통해 확인할 수 있다.

상식상 과학은 자연 현상 가운데서 인과성을 밝히고 결정된 법칙을 발견하는 것을 주요 목적으로 삼는다. 그런데 진화론자들은 "세계가 불변하고 현명하고 자비로운 창조주에 의해 설계되어 창조되었고, 그중 인간은 독특한 위치를 차지하고 있다는 믿음을 거부했다. 나아가 본질주의, 결정론, 목적론 같은 전통적 철학 이론들을 철저히 잘못된 것으로 낙인찍었다. 반본질주의, 비결정론, 무목적론, 유물론을 기본적인 특성으로 삼았다."[84][85] 그렇다면 세상에 존재하는 수많은 생명체들은 어떻게 해서 존재한 것인가? 진화론자들은 유전자 재결합과 돌연변이 등으로 인해 유전자 변이가 일어났고, 그들 중 자연선택과 적자생존 법칙에 의해 진화된 것이라고 했다. 태초로부터 수많은 세월에 걸쳐 일어났는데, 이유를 꼬집는다면 '우연'밖에 내세울 것이 없다. 지극한 우연에 의해 결과가 주어졌다.[86] 이치적, 감각적으로 보아도 세상 돌아가는 현상과 상반된다. 반본질주의, 비

---

83) 「과학적 무신론과 신 죽음의 사상에 대한 신학적 비판」, 앞의 논문, p.24.

84) 『신론(하나님의 계획과 섭리)』, 김규승 저, 신한홍, 2001, p.34.

85) "진화의 세계는 결정론적 세계가 아니다. 뿐만 아니라 진화에는 진화의 과정이 추구하는 어떤 목적이 있는 것도 아니다. 필연적인 방향성도 필수적인 과정도 최종적인 목표도 없다."—위의 책, p.126.

86) "우리는 생명의 초월적 기원을 받아들일 수 없기 때문에 불가능한 것을 믿는 쪽을 선택한다. 즉 생명은 물질에서 우연히 저절로 생겨났다."—『존재하는 신』, 앤터니 플루 저, 홍종락 역, 청림출판, 2011, p.100.

결정론, 무목적론은 진화론이 오히려 적극적으로 창조 원리를 도용한 상태이다. 그것은 삼라만상이 창조되기 이전의 근원된 본체 상태가 아닌가? 이런 사실을 거부하고 존재할 종과 사물과 법칙은 없다.[87] 그들은 세계의 불변성과 초월적인 神을 극구 부인하였지만, 그것은 창조 본의를 이해하지 못한데서 온 억측적 오해이다. 세계는 끊임없이 변화하는데, 그 이유는 하나님이 작정한 창조 목적을 주재된 섭리 역사를 통해 이루고 있는 중이기 때문이다. 그렇지만 바탕된 본체는 어떤 변화도 없다(불변). 단지 창조되었기 때문에 세상 가운데서 수없이 생멸하는 시스템으로 불멸을 유지하고 있다.[88] 관찰할 수 있는 변화는 불변성을 유지하기 위해 생성 중인 과정일 뿐, 바탕된 본질체는 그대로이다. "도킨스는 찰스 다윈과 알프레드 러셀 월리스를 초자연적인 존재의 역할을 완전히 배제시키고 인간의 존재를 설명한 최초의 인물"이라고 추켜세웠지만,[89] 창조는 자연 질서를 초월한 창조자가 아니면 도무지 실현할 수 없는 역사이다. 창조 이전에는 초월이랄 것도 없는데, 창조로 인해 엄밀한 결정성과 질서성과 대비된 神의 초월성이 부각되었다. 초월이 없다면 세상 질서와 존재와 결정된 법칙도 없다. 그런데도 확인 가능한 질서만으로 세상을 이해한 데 진화론이 지닌 억측의 원인이 있다. 이 연구의 지적 이전에는 "다윈의 진화론이 이용 가능한 증거들에 대한 최선의 설명임을 믿는데 아무런 걸림이 없었다. 그렇다고 진화론이 전적으로 옳다

---

87) 우주의 법칙은 창조로 인해 결정된 것인데, 어떻게 진화론자들은 생명이 진화하고, 진화에 의해 존재하게 되었다고 생각하는가? 진화를 통해서는 어떤 원리도 법칙도 추출할 수 없다. 적자생존과 자연선택은 결정적인 법칙이 아니다.

88) 창조=化=시스템=차원.

89) 『유신론과 무신론이 만나다』, 필립 존슨·존 마크 레이놀즈 저, 황병룡 역, 복 있는 사람, 2011, p.66.

는 뜻은 아니다."90) "도킨스와 그 추종자들은 다윈주의를 완전히 이
해하면 우리 세계에 창조자도 없고 초월적인 목적도 없다는 것을 깨
닫게 되리라"91)라고 하였는데, 진실이 아니라면 그것은 거울을 통해
자신의 망상적인 무지를 되비춘 것일 뿐이다. 이것은 무신론을 신봉
한 철학자, 과학자를 막론하고 해당된다. "합리주의자들은 이성은
당연히 초자연적인 존재가 실재한다는 것을 배격한다고 가정하였는
데"92)93) 사실은 만상을 이룬 바탕체로 존재하고 있기 때문이란 이유
를 안다면, 실재한 神을 배척한 무지도 깨달을 수 있다. 그것이 정말
합리주의자라면 취해야 하는 올바른 태도이다. 19세기 중엽 "신학은
인간학"이라고 하면서 무신론의 포문을 연 포이엘 바흐는 "철학의
개혁은 神과 인간의 위치를 바꾸고 신학을 인간학으로 대치할 때 성
취된다"고 했다.94) 그럴 수 있는 가능성은 충분하다. 인간이 창조되
므로 인간에게는 神적 요소가 다분한데, 본질을 보지 못하여 본말이
전도되었다. "갈릴레이가 지지한 지동설은 인간을 우주의 중심으로
부터 추방했고, 다윈의 진화론은 인간이 창조의 면류관이 아니라 우
주의 모든 생명체와 연관된 존재임을 지적하였다. 그래서 인간이 우
주의 중심이라고 믿었던 서구 문명의 숭고한 자존심에 깊은 상처를
안겼다."95) 그러나 그 같은 지적도 세계 자체가 아니라 미숙한 지성
들이 저지른 오판이다. 우주는 예나 지금이나 여여할 뿐이니, 성숙

90) 『도킨스의 망상』, 앞의 책, p.42.
91) 『유신론과 무신론이 만나다』, 앞의 책, p.76.
92) 위의 책, p.44.
93) "온 세상이 과학적 합리주의, 곧 자연만이 존재하는 전부이고, 따라서 하나님은 합리성으로 배
격해야 할 환상에 불과하다." - 위의 책, p.16.
94) 「독일 관념론과 실천적 유물론의 사회철학」, 노인석 저, 인문논총, 19집, p.101.
95) 『세계화 시대의 기독교 신학』, 앞의 책, p.325.

된 우주론이 등장하면 그때 인간의 존재 가치도 우주론적으로 격상
되리라.

> "화학자들과 생물학자들의 연구에 의하면, 지금으로부터 약 30~
> 40억 년 전 지구의 표면을 덮고 있던 원시바다 속에 떠다니던 각
> 종 유기물들이 태양으로부터 내리쬐는 자외선 등의 에너지에 의
> 해 점점 더 커다란 분자들로 합성되던 중 우연히 자신의 복사체들
> 을 만들어내는 능력을 지닌 분자, 즉 DNA가 탄생하면서 지구상
> 에 생명의 역사가 시작된 것이다. 그 후 보다 정확히 말해 지금으
> 로부터 6백만 년 전, DNA는 자기 복제를 보다 더 효과적으로 수
> 행해 줄 근육, 심장, 눈 등의 생존 기계들을 만드는 데 성공한다.
> 태초에는 보잘 것 없는 단순한 화학물질에 지나지 않았지만, 단세
> 포 생물을 거쳐 급기야는 인간을 비롯한 복잡한 다세포 생물들이
> 분화되어 나온 것이다."[96]

진화론이 엮어낸 생명의 역사 기원 서술은 과학의 권위를 등에 입
고 각색한 현대판 신화이다. 이것을 지성들은 분별해야 한다. 예측
에 의할 것 같으면 인류가 맞이할 미래 역사에는 神이 없을 것이라
고 하는데, 그것이 사실이라면 그렇게 된 하늘 아래에서는 인류 역
사도 함께 사라져 버릴 것이다.

## 3. 무신적 상황의 극복 과제

니체가 神의 죽음을 선포한 후 '神의 죽음'이라는 주제는 신학과
철학은 물론 문학과 예술의 영역에서도 중요한 주제가 되었다. 神이
죽은 시대로 보아 현대인들은 내재적인 실재밖에 없다는 부류, 그리

---

96) 『붓다와 다윈이 만난다면』, 안성두 외 4인 저, 서울대학교출판문화원, 2011, p.100.

고 하나의 은유로 여긴 부류도 생겼다. 차이는 있지만 이 시대를 神 죽음의 시대라고 본 점은 일치한다. 여기서 神 죽음의 시대란 神에 대한 신앙이 사람들의 삶에 대한 규정력을 잃어버린 시대, 즉 기독교 이후의 시대를 뜻한다.[97] 조사에 따르면, "미국인 가운데는 전통적 의미의 기독교인들이 압도적인 데도 불구하고 새로운 유형의 공격적인 과학적 무신론자들이 쓴 책들이 깜짝 놀랄 만큼 엄청난 판매량을 기록하는 것을 보면 성경을 믿는 신자들조차 무신론을 옹호하는 입장에 대해 매력을 느끼는 것 같다."[98] 특별한 신념과 믿음이 없는 상태에서 조성된 분위기상 무신적 주장들에 혹한 것이다. 유신론자들이 신앙적 선택을 종용했던 것처럼 지금은 무신론자들이 앞장 서 선택을 강요하고 있다. "무신론이 왜 옳고 유신론이 왜 틀린 것이며, 진리에 관심을 가진 사람이라면 어떻게 무신론자가 되어야 하는가에 대해 답변하려고 노력했다. 자신만만하게 이성을 가지고 합리적인 사고를 하는 지성들이라면 어느 편을 지지하겠는가? 지성인으로서 선택해야 할 태도는?"[99] 그들은 적극 무신론을 추천하였다. 이런 지경에 이르도록 유신론자들은 무엇을 하였는가? 무신론을 철저히 타파하기 위해서는 합리성을 가장한 무신적 논거들을 물리칠 神에 대한 확실한 인식 근거, 역사, 존재, 권능성을 세워야 한다. 세계의 무신적 상황을 극복하기 위해서는 무엇보다도 세계의 유신적 상황을 증거하는 것이 우선이다. 그렇다면 유신론자들은 필경 神은 이렇게 존재하고 이렇게 살아 계시기 때문에 믿어야 한다고 하겠

---

97) 『신의 죽음』, 앞의 책, p.1.
98) 『유신론과 무신론이 만나다』, 앞의 책, p.15.
99) 『지성인을 위한 무신론』, 다니엘 하버 저, 유원기 역, 이제이북스, 2002, p.34.

지만, 살펴보면 정작 그렇게 말하는 자들의 神이 동일하지 않다. "힌두교인과 기독교인은 동일한 神에게 예배하지 않는다. 기독교인은 그리스도를 구세주로 생각하지만 이슬람교는 그렇게 생각하지 않았다."[100] 통상 神 하면 기독교의 하나님을 떠올리지만, 그렇게 간주한다면 만연된 무신론 문제는 끝까지 풀 수 없다. 神을 증거하고자 한다면 어떤 神을 증거해야 하는가? 기독교가 세운 神의 조건을 충족시키는 것만으로는 부족하다. 세계적인 神을 증거해야 한다. 제 민족과 영혼들이 제각각 神을 믿고 있고, 남이 믿는 神은 인정하지 않는 상황에서 무신론을 질타한다는 것은 잘못이다. 이 같은 태도가 오히려 무신론을 양산시킨 온상이다. 神을 믿기로 결심했다면 어떤 神을 믿을 것인가? 어떤 神을 추천할 만한가? 세상 가운데서 존재하는 神 가운데서는 마땅한 神이 없다. 이런 처지인데 어떻게 무신론을 극복할 수 있겠는가? 임진왜란 당시 논개가 의암 바위에서 왜장을 안고 투신했을 때 절대로 놓치지 않기 위해 열 개의 가락지를 끼었다고 하는데, 곰곰이 생각해 보면 가락지를 열 개까지 끼어서는 깍지를 낄 수 없다. 사람들이 생각하는 神이 모두 다른데 어떻게 유신을 증거하고 무신을 극복할 수 있겠는가? 세계적인 조건이 미비되어 있으므로 이런 문제를 적극적으로 풀어야 한다. 생각해보면 "전혀 예배하지 않는 사람보다 틀린 방법으로 틀린 神에게 예배하는 사람에 대한 神의 노여움이 더 크지 않겠는가?"[101] 유신론자가 말한 神과 무신론자가 말하는 神이 다르고, 이 연구가 내세운 神도 다를 수 있다. 따라서 우리는 신앙인들이 무조건 神을 옹호하는 태도와 무신론자들

---

100) 『무신론이란 무엇인가』, 앞의 책, p.53.

101) 위의 책, p.61.

이 神을 폄하하는 태도를 비판만 하지 말고, 공통적으로 적용될 수 있는 神의 모습과 판단 기준을 세워, 神이 확실하게 존재한다는 것을 증거해야 한다. 무신적 상황을 극복하기 위해서는 아예 새로운 신관 정립이 불가피하다.

신앙인들은 항상 창조주 하나님의 유일성을 증거하기 위해 노력하였다. 그리고 이 같은 노력은 예나 지금이나 변함이 없다. 물론 神을 믿지 않는 사람들도 어디서나 있지만, 모세가 이스라엘 백성에게 하나님을 각인시키기 위해 당면했던 과제는 오늘날 이 연구가 이루고자 하는 무신론의 극복 과제와 양상이 다르다. 모세가 한 분인 하나님을 증거하고자 했을 때는 바알 神과 같은 우상숭배 관습이 만연해 있었다.[102] 놀랍게도 "하나님 자체도 자기 외 이방의 神들이 존재한다는 사실을 인정하였다. 구약 자체가 다신론적인 환경 속에서 하나님의 약속을 유일한 계약으로 지켜간 역사이다."[103] 모세는 자신이 믿는 하나님이 유일한 神이라는 것을 증거하기 위해 각종 우상과 비교되는 기적을 일으켰다. 사도 바울이 복음을 증거하기 위해 아테네에 갔을 때 그곳은 신상으로 가득 찬 다신론적 분위기였다.[104] 이처럼 많은 神들 가운데서 유일신을 증거하여 하나님이 어떤 분인가를 알리는 것과[105] 사상적으로 철저히 무장한 무신론자들이 나타나 조직적으로 神을 거부한 상황과는 神을 증거하는 방식이 전혀 다르

---

102) 출애굽기 20:3~4, 신명기 5:7~9.

103) 『기독교성서의 이해』, 앞의 책, p.113.

104) "사도 바울은 다신론적인 아테네의 분위기를 지적했다. 신상으로 가득 차 있는 아테네의 거리를 보고 우선 헬라 사람들이 신앙심이 강한 사람들이라고 칭찬해 준다. 그러나 神들이 하도 잡다하게 많아 미처 알 수 없는 神들에게까지도 제사지내고 있는 그들 신앙의 그릇된 상황을 지적한다." -위의 책, p.54.

105) 엘리야 선지자는 참 神과 거짓 神을 기도로 시험함.

다. 그래서 유신 상황을 증거하고자 한 문제의식이 다르기는 하지만, 그래도 모세 때 이방의 神이 인정되었던 상황은 시대만 다를 뿐 본질은 지금도 유효한 상황이다. 그때가 그러했듯 지금도 변한 것은 없다. 그런데도 상황이 다른 것은, 그때는 세계적인 여건상 한계를 어찌할 수 없었지만 지금은 극복할 수 있다. 오늘날 드러난 무신론의 특징은 과학적인 지식을 기반으로 하나님이 이룬 절대적인 창조 권능에 대해 도전장을 던졌다는 데 있다. 하나님의 존재성을 거부하는 것과 하나님이 이룬 창조 권능을 거부하는 것은 양상이 다르다. 유신론이 유효하고 유의미한 성찰이 되기 위해서는 필연적으로 무신론이 던진 도전과 회의적인 반응에 대해 지성적 차원에서 논박할 수 있어야 하는데,[106] 문제는 주된 대처 근거인 기독교 창조론이 신앙 수준에 머물러 원리적으로 아무런 진척을 보이지 못한 데 있다. 그런 와중에 무신론은 "神 죽음의 신학이 범주를 넘어 과학적 지성이라는 도구를 통해 神의 존재성까지 회의적으로 파고들었고, 과학적 무신론을 정당화시켰다."[107] 이런 문제를 해결하기 위하여 이 연구는 神의 초월성과 존재성과 포괄성을 신관 정립의 전면에 내세웠다. 창조 권능을 밝히는 것이 하나님을 증거하는 성업 역사란 사실을 만인 앞에서 확인시키리라.

---

106) 「과학적 무신론과 신 죽음의 사상에 대한 신학적 비판」, 앞의 논문, p.37.
107) 위의 논문, p.2.

# 제4장 관념론의 세계관적 판단 기초

## 1. 관념론의 관념적 근거

"일반적으로 철학의 근본적인 물음은 '만물의 근원이 무엇인가?' 이다. 이에 대한 답으로 철학은 크게 두 방향으로 갈라졌는데, 유물론적 방향과 관념론적 방향이 그것이다. 관념론(Idealismus)은 유물론 (Materialismus)과 상반된 입장을 가지고 만물의 근원이 물질이 아닌 정신적인 어떤 것이라고 답한다. 더 정확하게는 정신 혹은 의식과 물질을 대비시키고, 전자에게 우위를 부여했다. 이념, 정신, 의식, 영혼, 지각 등을 존재 및 인식의 근원으로 삼아 물질이란 이 같은 근원으로부터 발생한 2차적인 현상이라고 본 모든 철학적 방향을 통틀어 관념론이라고 한다."[108] "세상 만물은 궁극적으로 관념과 정신,

---

108) 『독일 관념철학과 변증법』, 앞의 책, p.9.

혹은 이성으로 환원시킬 수 있고, 모든 물질적인 것은 정신 혹은 자아발현과 자아발전에 지나지 않는다는 철학 이론이다. 이런 관념론 중에는 이데아의 객관성과 절대성을 주장한 플라톤식 관념론, 물질적인 외부세계를 부인하고 정신이 유일한 실재라고 주장한 버클리식 관념론, 외부세계의 형식적·구조적인 면과 그 속에서 작용한 법칙들은 다 인간의 의식 구조에서 유래한 것이라고 주장한 칸트의 선험적 관념론이 있다."[109]

관념론과 대비된 유물론의 개념을 살펴보면, 선천이 처한 진리적 실상이 고스란히 투영되어 있다. 무언가 궁극적인 근거를 찾고 바르게 내세우고는 싶은데 해결하지 못하여 어떤 것이다, 부여한다, 근원으로 삼는다란 주장을 앞세웠다. 왜 관념이 일차적이고, 만물이 관념으로 환원될 수 있고, 물질적인 것이 정신의 자아발현에 지나지 않는 것인지에 대한 이유는 설명하지 못했다. 그들은 과연 무엇을 말하고 무엇을 보이고 싶었던 것일까? 관념 하나로 일체를 설명할 수 있는 창조적인 근거를 찾은 것이 아닌가? 그런데 초점이 맞지 않아 플라톤식, 버클리식, 칸트식 관념론이 되고 말았다. 여건상 관념의 근원성에 대해 부분적으로만 보았다. 서양 관념론의 원조인 플라톤은 관념의 순수하고 절대적인 이상적 측면을 부각시켰다. 그것을 일명 '선의 이데아'라고 하는데, 이 이데아는 지극히 선험적이고 초월적이다. 감각으로는 지각할 수 없다. 사실 우리가 접하는 사물은 변하고 소멸해 버리므로 참 실상이 아니다. 하지만 이면에는 정말 불변한 이데아가 있기 때문에 "플라톤은 이 이데아의 세계야말로 진

---

109) 「독일 관념론 연구(1)」, 김종두 저, 논문집, p.249.

정한 실재이다. 눈으로 확인하는 현상적 세계는 이데아를 흉내 낸 모조품이다"라고 했다.[110] 하지만 아무리 살펴보아도 핵심된 근거는 없다. "관념이 곧 이상이고 이상이 곧 관념이다"라고 하지만,[111] 개념만 돌고 돌아 관념성을 벗어나지 못했다. 물질로부터는 인간성이 나올 수 없는데 어떻게 관념으로부터 만물이 나올 수 있겠는가? 어떻게 이념, 정신, 의식, 영혼, 지각이 존재와 인식의 근원이 되는가? 제대로 설명하기 위해서는 이데아(관념)와 현상적 세계 사이에 정확한 창조방정식을 세워야 한다. 아무리 재료가 싱싱해도 칼이 없다면 원하는 요리를 할 수 없듯, 진정한 관념의 관념적 근원은 관념의 창조성에 있다.[112] 이데아는 왜 참 실재이고 현상 세계는 그림자에 불과한가? 이데아는 뭇 창조를 있게 한 근원적인 본질체인 반면 만물은 창조된 관계로 이데아는 진정한 실재가 되고 현상적인 세계는 모조품이 된다. 신학에서는 삼라만상을 피조물로서 구분하듯, 만물은 창조된 관계로 결국 가상이고 그림자이다. 창조된 하늘 아래서 영원한 것은 없으며 언젠가는 생멸한다. 이런 관념의 창조적인 특성을 알아야 막힌 진리의 혈로가 트여 생명력을 발휘한다. 플라톤으로부터 지금까지 관념론의 역사 중에서 궁금했던 문제, 즉 왜 마음, 자아, 정신 등 관념적인 요소들이 실재이고, 또 그렇게 믿은 것인지에 대해 답할 수 있는 단초가 된다. 특히 유물론자들의 집중적인 공격을 받았는데도 불구하고 어떻게 "모든 관념들은 神으로부터 오고, 또 관념들을 일으키는 지각과 감각이 神으로부터 나온다"[113]라고 주

---

110) 『철학 갤러리』, 앞의 책, p.10.

111) 『논술과 철학강의 2(철학강의편)』, 김용옥 저, 통나무, 2006, p.248.

112) 관념의 실체성은 관념의 창조성에 있다. 물질성에 있지 않다. 그래서 더욱 관념적임.

장할 수 있었던 것인지 이유를 안다.

한편 버클리는 관념이라는 용어에 대해 "우리가 지각하는 모든 것을 가리키는 것으로 사용하였다. 그래서 존재한다는 것은 지각되는 것이라고 말했다. 의식과 독립적으로 실재하는 대상이라는 개념은 순전한 허구에 불과하고, 어떤 경우에도 인식하는 한에서만 무엇인가에 대하여 권리 있게 말할 수 있다"고 했다.[114] 이런 주장은 주관론(主觀論)이라고도 할 수 있지만, 관념을 근원적인 실재로 보고 의식과 독립적으로 실재하는 대상을 순전한 허구로 여긴 것은 플라톤이 현상 세계가 모조품이라고 한 것과 인식 구조가 비슷하다. 어폐가 있어 보이지만, 대상에 대하여 관념적 인식의 우선성을 주장한 것은 현실 속에서도 확인할 수 있는 관념의 근원성에 대한 일례이다. 그래서 버클리는 자신감 있게 "객관적인 우주의 지식에 대한 유일한 근원은 神이고, 무한한 정신이고, 세상 모든 물질의 존재는 지각에 따른다"고 했다.[115] 충분한 설명은 아니지만 정말 관념이 만물을 낳은 궁극적 근원이라면 관념 없이 일체 사물은 존재할 수 없다. 칸트가 모든 법칙은 인간의 의식 구조에서 유래하는 것이라고 한 것은 믿기 어려운 것 같지만, 관념이 태초의 창조 역사에 관여한 것이 사실이라면, 법칙성을 규정한 일체의 관념적 범주 틀은 우리의 의식 속에서 이미 묘사되어 있었다고 할 수 있다.[116] "플라톤이 참된 지

---

113) 「체육철학에 있어서 관념론에 대한 고찰」, 이규동 저, 교육논총, 16집, 1991, p.88.

114) 「흄의 철학에서 관념과 실재의 문제」, 이은진 저, 서울대학교대학원 철학과 서양철학전공, 석사논문, 2006, p.6.

115) 「체육철학에 있어서 관념론에 대한 고찰」, 앞의 논문, p.88.

116) "칸트가 오성의 순수 개념이라고 일컬은 Kategorie는 우리의 의식 속에 원래부터 내재하는 순수사유활동 양식이자 인식의 주체인 인간 의식의 사유 법칙이다." -「독일 관념론 연구(1)」, 앞의 논문, p.254.

식으로서 이데아에 대한 인식의 과정을 설명하기 위하여 제시한 상기설(想起說, anamnesis)의 요체는 '지식은 상기'라는 것이다. 생전에 우리는 이미 이데아에 대한 완성된 인식 내용을 갖고 있고, 현생에 태어나면서부터 갖게 되는 감각의 경험적 활동과 함께 그것들을 하나둘씩 떠올리게 된다(상기)."[117] 왜 우리는 생전에 이데아에 대한 완성된 인식 내용을 갖게 되는가? 쉽게 설명할 수 없는데, 그렇다면? 창조된 것이다. 창조 역사와 함께한 만상은 경험한 창조 역사를 자체 안에 영구히 간직하였다. 그것이 소프트웨어적인 이치를 통해, 혹은 하드웨어적인 존재 구조를 통해, 혹은 진리 인식 과정을 통해 부단하게 표출되었다. "우리가 대상이라고 부르는 것은 우리의 인식 속에 선천적인 형식이 있고, 주관적인 인식 형식에 의하여 비로소 질서 있게 구성된다고 한 칸트식 주장은 바로 플라톤적 인식을 각색한 것이다. 물론 지식은 경험을 통해 주어지지만 그렇게 해서 얻는 감각적 정보는 전적으로 무규정적인 잡다(雜多)성이라 이것을 다시 질서 있게, 이른바 대상일 수 있게 하는 것은 결국 우리가 갖춘 선천적 인식 형식이다."[118] 인간은 태초의 창조와 함께한 장본인으로서 창조 시 결정된 법칙과 본질적으로 융화되어 있다. 그런데도 세계의 진리상을 관념을 통해서만 표현하여 지성들이 관념 안에 내포된 제한성을 극복하지 못한 것은 무엇인가? 본질이 분열을 완료하지 못한 관계로 진리를 개념으로 설명할 수는 있었지만 본체는 드러내지 못해서이다. 그래서 선천의 진리가 인식상 관념성을 벗어나지 못했다.

---

117) 「플라톤에 있어서 이데아론의 기본 구조」, 노형신 저, 전남대학교대학원 철학과 서양철학전공, 석사논문, 1983, p.32.
118) 『칸트철학사상의 이해』, 앞의 책, p.13.

神이라고 해서 예외가 될 수 있겠는가?

## 2. 관념의 형성 근원

관념에 대한 논의는 근대 서양철학 일반의 공통적인 주제이고 출발점이며 가장 큰 화두였다.[119] 엥겔스는 말하길, 모든 철학의 근본은 사고와 존재, 정신과 자연과의 관계 문제에 대하여 무엇이 근원된 것인가? 정신인가 아니면 자연인가에 대해 어떻게 대답하는가에 따라 철학자들이 두 개의 진영으로 분열되었다고 했다. 여기서 자연에 대해 정신이 근원적이라고 본 사람들이 관념론의 진영을 형성했다. 그중 플라톤은 물질적인 존재보다 정신적인 존재가 근원적이라는 것을 이론적으로 긍정한 최초의 인물로서, 그를 철학적 관념론의 시조라고 부른다. 그래서 관념이 근원이라는 것을 입증하기 위해서는 관념이 지닌 작용 메커니즘을 밝혀야 했다. 하지만 플라톤이 말한 이데아론은 상식과 달리 사물의 역립성이 분명하다. 역립은 이데아론의 특징이기도 한데,[120] 이런 특징을 정당화시키는 작업에 관념론의 관념성을 극복한 진리적 성과가 있다. 관념의 근원은 인식을 수행하는 기본적인 능력이 선험적으로 갖추어져 있다고 본 합리론과 감각 중에는 있지 않는 것은 어떤 것도 관념 중에 없다고 본 경험론, 인식의 선험성을 주장한 초월론 등이 있거니와, 대부분 서양의 근대 철학자들은 우리의 마음이 대상 자체를 받아들이는 것이 아니라 대상을 표상해주는 관념을 통해서 대상이 우리에게 간접적으

---

119) 「흄의 철학에서 관념과 실재의 문제」, 앞의 논문, p.5.

120) 『세계관의 역사』, 앞의 책, p.30.

로 알려진다는 것을 철학 탐구에 있어 기본적인 입장으로 택했다.[121] 어떤 대상에 대해 인식 기능을 가진 정신 작용이 어떻게 정보를 수용하고 전에 없었던 지식을 가지게 된 것인가에 대해 깊은 관심을 가졌다. 진리는 본성 가운데 잠재된 본질을 일군 것이기도 한데, 관념과 본질이 어떻게 연관된 것인가 하는 문제에 대해서는 전혀 착안하지 못했다. 그러니까 관념에 대해 관념을 관념이게 한 핵심 작용에 대해서는 근접조차 하지 못했다. "근대인식론에 의하면, 외부 대상은 우리에게 직접 드러나는 것이 아니다. 대상을 표상해주는 관념에 의해서만 간접적으로 알려지므로 관념은 우리와 대상을 연결해주는 유일한 통로로서 마음의 구성단위를 이룬 근대 철학 일반의 중요한 주제이다."[122] 아리스토텔레스는 구체적인 개별자가 인식의 대상이지만, 그것을 정말 인식할 때는 일반적으로 개념(관념)을 통할 수밖에 없다고 했다.[123] 관념을 인식을 위한 수단으로서만 보므로 관념론이 관념론인 범주 이상을 벗어나지 못했다. 왜 관념과 대상을 독립된 존재로 생각하는가? 관념도 얼마든지 실체를 형성하는 작용이 있고, 존재한 본질 상태를 표출시키기도 하는 데 말이다. 그래서 서양 인식론은 세계의 진상을 드러내는 데 기여함과 동시에 한계성도 함께 보였다. 문제점이 있는데 이것을 간파해야 한다.

칸트는 무엇보다도 인간의 인식 능력인 이성을 새롭게 검토하지 않으면 안 된다고 생각했던 비판철학자이다. 그는 인간의 이성이 무엇을 어디까지 인식할 수 있는 것인가에 대해 고찰하였다. 종래의

---

121) 위의 논문, p.5.

122) 위의 논문, p.1.

123) 『헤겔의 정신현상학』, 강순전 글, 김양수 그림, 삼성출판사, 2011, p.51.

합리론과 경험론은 대상이 주관에서 독립하여 존재한다고 보고, 인식은 대상을 있는 그대로 파악해야 한다고 했다. 그는 우리의 인식속에 선천적인 형식이 있어 우리가 대상이라고 부르는 것은 사실 주관적인 인식 형식에 의하여 질서 있게 구성된 것이라고 했다. 일명코페르니쿠스적 전회를 통해 이루고자 한 목적은 결국 수학과 자연과학적 인식이 확실성을 가질 수 있는가에 대하여 해답을 제시하는것이었다.124) 인간은 과연 어떤 사고 능력을 가지고 대상을 인식하는가? 칸트에 의하면 인식은 직관적인 능력인 감성(Sinnlichkeit)과사유하는 능력인 오성(Verstand)과의 협동 작업으로 이루어진다. 감성 속에는 시간이란 선천적 직관 형식이 있고, 오성 속에는 12개의선천적 개념, 즉 카테고리가 있다. 우리에게서 인식이 성립하는 것은 감성에 의하여 대상이 주어지고, 오성에 의하여 그것을 사유함으로써 양자가 협동 작업으로 이루어진다. 그래서 내용 없는 사유는공허하며, 개념 없는 직관은 맹목이라고 하였다.125) 이로써 칸트는종래 제기된 인식론의 문제를 극복했다고 장담하였지만, 사실은 존재가 지닌 본질적 문제와는 거리가 멀어지게 된 결과를 야기했다.물자체를 인식할 수 없다고 선을 그은 것은 서양 인식론이 철학적으로 내세운 대전제에 따른 결론이다. 칸트는 우리의 인식 속에 선천적인 형식이 있다고 했지만, 정작 자신은 "선험적 지식(wisen a priori)이 실존한 것을 증명하지 못했다."126) 선험적 지식은 내면적인 의식으로부터 추출되는 것인데, 이것을 확인하기 위해서는 코페르니쿠스

---

124) 『칸트철학사상의 이해』, 앞의 책, p.34.

125) 위의 책, pp.94~95.

126) 『신의 나라 인간 나라』, 이원복 글, 그림, 두산동아, 2004, p.168.

적 전회만으로는 어렵다. 인식 수단과 인식 메커니즘을 다시 설정해야 한다. 정신 속에 원래 갖추어져 있다고 한 생득관념(生得觀念)이 어떻게 해서 실재하고 어디서부터 유래한 것인지 밝혀야 한다. 무조건 神에게 속해 있다고 하는 것은 관념성을 탈피하지 못한 것이다. 정신 가운데는 가장 완전하고 무한한 것을 뜻하는 神이란 관념이 존재하는데, 이것은 감각을 통해 주어진 것이 아니라 관념을 통해서 존재할 수밖에 없다는 판단이다. 생득 관념이 본유된 것은 창조 시 인류가 하나님과 함께해서이고, 하나님의 존재 본체로부터 창조되어서이다. 과거에 풀리지 않았던 진리적 문제는 창조와 연관이 있고, 존재 일체와 현상의 근원도 창조에 원인이 있었지만 지성들은 여기에 대해 어떤 정보도 제공받지 못했다. 그런데 이 연구는 일련의 해명 근거를 서양 철학이 규정한 관념의 근원 내지 기원을 통해 제시할 수 있다. "神은 있으며 또는 존재한다는 것과 神은 완전한 존재라는 것, 그리고 우리 안에 있는 모든 것은 神으로부터 온다. 진리도 神으로부터 온다."[127] 그렇다고 해서 그렇게 여긴 관념이 무조건 神으로부터 주어진 것이라고 생각한다면 이런 유가 바로 관념성을 벗어나지 못한 판단이다. 관념, 진리, 삼라만상은 어떻게 神으로부터 주어진 것인가? 어떻게가 문제인데 그 정답이 창조에 있다.

관념의 기원은 여러 가지 설이 있다. "영국의 경험론자 존 로크는 『인간오성론』 중 관념의 기원을 다루는 장에서, 감각(sensation)과 반성(reflection)에 의해 관념이 생긴다"고 했다.[128] 관념은 생각하거나

---

127) 『프랑스 철학』, 앞의 책, p.88.
128) 「칸트의 초월적 관념론에서 경험적 실재성에 관한 연구」, 이기정 저, 전남대학교대학원 철학과, 석사논문, 1997, p.2.

지각, 상상, 의욕할 때 작용하는 대상, 즉 마음이 작용할 때 마음에 떠오르는 모든 것을 대변하는 말이다. 우리가 지닌 관념이 어디서부터 비롯된 것인가에 대해 그는 모든 관념은 경험(experience)에서 비롯된다고 하였다. 알다시피 그는 대륙의 합리론자들이 주장한 본유관념설을 부정하고 유명한 백지설을 내세웠다. 백지 상태로부터 오성의 수동성과 능동성에 따라 단순 관념과 복합 관념이 생긴다고 보았는데, 문제는 그런 관념을 생기게 한 경험적인 수단과 함께 복합 관념을 생기게 한 의식이 백지 상태라는 것이다. 필름은 캠코드로 촬영을 해야 온갖 영상물을 담는데, 이것은 영상을 기록할 수 있도록 만든 인간의 지혜 발명품이다. 관념이 100% 경험을 통해서만 주어지는 것이 아니란 것은 칸트도 지적하였지만, 관념의 기원 문제에 있어 정말 살펴야 하는 것은 필름에 해당한 의식의 백지 상태, 즉 인간의 의식 자체에 있다. 온갖 관념을 생성시키고 기억하고 복잡한 개념까지 엮는 의식의 근원과 존재 상태를 밝혀야 했다. 관념 형성의 수단을 감각과 경험에 둔 서양 철학이 아직도 착안하지 못한 과제이다. 경험은 지식을 일깨우고 축적시키지만, 정신이 그렇게 작용을 일으키는 것은 마치 그릇이 물건을 담아두는 것과도 같다. 의식은 백지와 같은데 어떻게 경험을 통해 관념이 형성되는가? 이에 경험은 관념을 생기게 하는 촉매 역할로서 관념을 생성시킨 본체가 아니다. "흄은 사물을 보고 생긴 것을 인상(impression)이라 하고, 인상들이 서로 결합하거나 기억되면서 관념(idea)을 만든다"고 하였는데,[129] 이것은 로크보다 조금 더 숙고된 이론일 뿐이다. 정신은 관념

---

129) 『철학 갤러리』, 앞의 책, p.228.

과 인상의 다발이 아니다. 관념을 생성시키는 정신 자체의 기능이다. 그래서 칸트는 정신이 자체의 본질 상태에 대해 선험적인 범주 틀이 결정되어 있다고 한 것이다. 관념은 경험적인 자각을 통해 의식 자체로부터 생성한 것이다. 관념은 의식의 분열과 직결되어 있어 경험을 통한 자각이 없으면 분열되지 않아 백지와 같은 상태로 있다. 그러나 백지처럼 보인다고 해서 관념이 의식 안에 없는 것은 아니다. 분열되지 않았고, 인식으로 표출될 만큼 촉발되지 못해 백지와 같은 상태로 보인 것이다. 왜 이런 선험적 관념이 백지 상태로 존재하게 되었는가? 관념의 근원은 창조에 있고, 궁극적인 근원은 하나님의 뜻에 있다. 그러니까 관념이 백지 상태로 의식 안에 존재할 수도 있고, 만유도 태초 이전에 실체 없이 하나님의 뜻 안에 존재하였다. 천지가 뜻과 관념에 근거하였기 때문에 우리가 현실 가운데서도 관념적인 사고로 온갖 꿈을 구체화시킬 수 있다.130) 왜 헤겔의 철학을 절대적 관념론이라고 하는가? "이성적인 것은 현실적이요 현실적인 것은 이성적이다"라고 하여,131) 이성으로 뒷받침한 관념의 절대적인 영향력을 확신하였는가? 세계를 주재하는 위대한 힘이 하나님의 뜻에 근거한 관념에 있었다. 관념적인 지각은 온갖 인식을 주도하는 주체 작용으로서 눈으로 볼 수 있는 무형의 작용력이다. 관념이 창조와 직결되어 있어 인류가 온갖 세계를 구상할 수 있었고, 대우주와 교감한 위대한 사고력을 발휘할 수 있었다.

---

130) "우리의 의식이 자연의 입법자(칸트)" - 「독일 관념론 연구(1)」, 앞의 책, p.254.
131) 『헤겔철학의 분석적 입문』, M. 리델 저, 정필태 역, 청목서적, 1987, 뒤표지 글.

## 3. 관념의 실체 작용

본체란 무엇인가? 본체는 존재하는가? 철학자들은 본체를 쉽게 말하고 쉽게 규정하는데, 이것은 사람들이 神을 입버릇처럼 말하는 것과 비슷하다. 神은 아무도 본 사람이 없고 아직도 존재자로서 증명되지 않은 상태인데 말이다. 본체도 마찬가지이다. 어쩌면 神이 지닌 인격성만 빼면 神＝본체라고 해도 무방할 정도로 공통성이 많다. 본체 역시 파악하기 어렵고 베일에 가려져 있는 묘체이다. 이런 특성 때문에 "근세 독일의 사상가인 슈레겔(Friedrich Schlegel, 1772~1829)은 인간은 태어나면서부터 플라톤주의자(내세 내지 이상주의자)가 되든지 아니면 아리스토텔레스주의자(현세 지향적 내지 현실주의자)가 된다"고 했다.[132] 본체 유의 갈래에 속한 관념, 사고, 의식, 정신, 의지, 믿음 등은 작용 상태가 무형이므로 인식할 수 없는 것은 존재하지 않는다고 한 부류와 실증 여부와 상관없이 존재성을 믿는 부류로 갈라졌다. 무엇이 옳고 그른 것인지 판결은 나지 않았지만, 좀 더 유리한 조건은 아무래도 아리스토텔레스주의자들에게 있다. 무형인 실체는 추적해도 확인하기 어렵고, 실증하기 위해서는 세계가 더 성숙해야 한 반면, 현실주의자들은 감각을 기준으로 하고 있어 존재 여부를 곧바로 감지한다. 하지만 확인된 실체도 일정 시기가 지나면 소멸하지만 본체는 불변, 영존한 실체라는 데 대해 양자 간 힘겨루기가 만만찮다. 그런데도 아직까지는 현실주의자들의 공격에 대해 이상주의자들이 고전을 면하지 못하고 있다. 본체계에 속한 관념 철

---

132) 『신플라톤주의의 역사』, 전광식 저, 서광사, 2004, 서론.

학이 얼마나 허구적이고 현실과 동떨어져 있는가를 알 수 있는 부분이다.

20세기의 가장 영향력 있는 행동주의자인 하버드 대학교 교수 스키너(B. F. Skinner)는 정신과 관념은 존재하지 않는 실체라 보고, "그것은 오로지 허구적인 설명을 하려고 꾸며 낸 것이다. 정신적인 사상(事象)은 물리과학의 연구 대상이 될 요건을 갖추지 못했으므로 배척해야 한다(1953)"고 일격을 가했다.[133] 이들은 완벽한 무신론자들로서 자연 세계만 인정하고 초자연 세계는 존재하지 않는다고 생각했다. 유물론자들도 가세하여 유일한 재료는 물리적인 것이고, "사고 혹은 관념 같은 것은 존재하지 않는다. 정신은 물질의 부수적인 작용으로서 단순한 뇌의 기능이다"라고 거들었다.[134] 본체를 보지 못하면 누구라도 참된 지혜를 획득할 수 없다. 얼마나 불행한 일인가? 이것은 돈이 은행에 예탁되어 있는데 통장만 보고 실감하지 못하는 것과 같다. 본체 내지 神에 대해 한갓 된 개념만으로는 믿을 수 없고, 반드시 경험된 직관과의 결합을 조건으로 내세웠다. 하지만 그것은 오히려 神의 현실적인 인식을 어렵게 한 조건이다. 神은 경험적인 직관으로서는 확인할 수 없다.[135] 그런데도 불구하고 근본적인 잘못은 神에게 있지 않다. 경험을 앞세운 인간의 신관 이해에 있다. 무형인 神에 대해 실체적인 직관을 요구한 것은 절대적인 무지이다. 神은 감각이 아니라 지혜로 가늠되어야 하므로, 그런 측면에서 神에 대한 인식 수단과 방식만 개선할 수 있다면 인류는 이성을

---

133) 『과학과 불교의 실재인식』, 앨런 월리스 저, 홍동선 역, 범양사출판부, 1991, p.205.

134) 위의 책, p.135.

135) 『칸트철학사상의 이해』, 앞의 책, p.204.

통해 얼마든지 神의 본체성을 확인할 수 있다.

그렇다면 다시 말해 본체란 무엇인가? 희랍철학에서는 본체를 'Ousia'라고 하였다. 본체는 감각적 세계의 원인이 되는 것으로서 形而上學의 주요 내용을 이룬다. 변화를 규정하는 그 무엇이고, 현상계의 근거가 되며, 인식과 무관한 세계의 참모습이다. 이런 본체에 대해 전통적으로 서양철학에서는 '자기 원인'으로서 이해하였다. 자체로서 완전함을 전제하며, 形而上學적인 기초로서 자기 동일적 불변성이다. 동양에서 일군 본체 개념과 표현 방식은 다르지만 오십보백보인데, 문제는 동양에서는 그런 본체성을 직관을 통해 지혜 형태로 일구었지만, 서양은 플라톤을 시발로 하여 경험 세계보다 완벽하고 시공에 따라 변하지 않는 관념의 체계로부터 도출하고자 하였다는 것이다.[136] 이유를 불문하고 동서양은 공히 본체에 대해 자기 원인적이고 완전하며 불변한 특성이 있다고 했는데, 이런 특성도 분열 중인 현상계 안에서는 파악할 수 없다. 신플라톤주의의 고향인 초월적 一者 세계(본체계)는 神의 세계에 대해 깊은 향수를 지닌 자들이 상정한 절대 세계가 아니다.[137] 동양에서는 만물의 근원이고 서양에서는 현상계의 근원이라고 했듯, 지혜를 다하면 파악할 수 있다. 선천에서는 본의를 알지 못해 본체계를 인정하지 못했지만, 지상 강림 역사를 완수한 지금은 삼라만상 존재와 현상계의 원인으로서 본체가 있다는 것을 확인할 수 있다.

즉, 본체 자체는 아무런 원인도 없는데 이런 존재가 어떻게 현상

---

136) 「노자의 도에 대한 본체론적 이해비판」, 이신성 저, 성균관대학교대학원 동양철학전공, 석사논문, 2009, p.1.

137) 『신플라톤주의의 역사』, 앞의 책, p.8.

계를 일으킨 원인이 되는가? 그 대답은 창조밖에 없다. 살펴보면 현상계는 반드시 원인을 필요로 하는데, 이것은 자기 원인적인 본체와 구조적으로 꼭 맞아 떨어진다. 볼트와 너트는 서로 결합하기 위해 제조된 것처럼, 구조적으로 일치된 본체계와 현상계는 원래 하나인 본질체였다. 그런데 왜 분리되었는가? 본체계로부터 현상계가 창조된 관계로 본체가 발산시킨 존재 조건과 사물이 요구하는 존재 조건이 일치된다. 자족적, 자기 원인적인 존재는 자족적, 자기 원인적이지 못한 피조체가 그런 조건을 발산한 본체로부터 창조된 것이다. 플라톤은 이성을 통해 본체를 알 수 있다고 했지만, 그것은 직관이 아닌 사고를 통한 이치 통찰 방식이다. 여기에 존재 조건 충족을 위한 요구가 있다. 본체와 현상과의 관계 면에서 보아도 현상계는 본체계의 생성적 표상이다. 그래서 생성된 과정을 대관하면 본체계와 현상계를 아우른 전모를 파악할 수 있어 현상계로부터 도출한 조건을 통해서도 본체계를 알게 된다. 그 미묘함은 창조된 본의인 化된 본질 메커니즘을 통하면 풀 수 있다. 즉, 현상계와 본체계는 化로서 창조되었기 때문에 둘이 아니다. 不二인데도 선천에서는 그런 상황을 선언만 했지만, 지금은 그 미묘함을 풀 수 있다. 본체계는 자기 원인으로서 비창조체이고 一者, 불변, 영존한 존재이므로 현상계와는 어떤 부분도 일치된 면이 없다. 하지만 化된 메커니즘 체제를 대입시키면 즉각 不二인 상황을 확인할 수 있다. 본체자인 神은 一者이고 一元인 절대자이므로 현상계 안에서는 존재할 수 없다. 원인과 결과가 함께하고 알파와 오메가가 하나인 통합성 상태인데 어떻게 존재할 수 있겠는가? 그래서 극이 나뉜 것이고 二元, 상대, 多元화되었다. 생성 시스템 구축방식을 통해 化되었다. 절대적인 본체가 세계 안에서 존재한 형태를 달리하여 불변한 본성을 재현시켰다(창조 역사 시스템). 플라톤이 말한 '선의 이데아'는 어느 편에도 의존하지 않는 자립, 자족적인 절대자이고, 스스로 만족한 세계인 반면,[138] 노자가 말한 변화 속에 함께한 道는 창조로 인해 절대적인 본체가 만물의 바탕 본체로 이양된 것이다. 본체가 제 현상계의 근원으로서 원인성을 제공하였다. 자체는 불변하지만 현상계 안에서 불변성을 유지할 수 있도록 생성 과정을 주도하였다. 동양의 覺者도 본체가 가진 제반 특성을 엿보지 않은 것은 아니지만, 창조 시스템을 알지 못한 것은 아쉬움이 크다. 화엄철학은 관계의 그물의 변증법을 통해 본체적인 세계와 현상적인 세계를 두루 직시하였는데, 특히 많이 사용한 논법은 '갑은 곧{卽} 을이다'란 방식이다. 여기서 '곧'이란 갑과 을이 불가분한 관계에 있다는 동일성을 강조한 것이다. 이것은 서로 대립하는 대립물이 상호 불가분리한 관계를 맺고 있으면서도 일정한 조건 속에서는 상호 전화(轉化)하여 통일되는 변증법을 나타내었다. 一卽多 多卽一 명제가 그것이다. 一은 곧 十(一卽十)이라고 함에, 一이 어떻게 十이 되는가? 一과 十은 지닌 모습이 다른데(대립) 불가분하고 통일까지 이루는가?[139] 이런 변증 역사에 창조가 있고, 생성은 일체의 변화, 통일을 주도한 요체이다. 一과 十 사이에 본체가 빠져 있는데, 이곳에 관념의 숨겨진 비밀 고리가 있다. 찾을 수 있고 확인할 수만 있다면 관념이 가진 본연의 실체 작용을 밝히는 것은 시간문제이다. 현상과 본체는 송대 성리학자인 주자가 밝힌 氣와 理와의 관계를 통해서도 확인된다. 그는 理氣二元論的 입장에서 "理는 形而上의

---

138) 위의 논문, p.21.
139) 「화엄철학의 철학적 범주에 관한 소고」, 조성렬 저, p.95.

道이니 物을 生하는 본질이고, 氣라는 것은 形而下의 器이니 物을 生하는 도구이다"라고 하였다.[140] 단도직입적으로 만물이 生한 데는 무형의 본체적인 바탕과 작용이 있다는 뜻이다. 본체가 만물을 生할 수 있는 존재감을 부각시킨 논거로, 여기서 理는 物을 생겨나게 한 所以然(관념적 본체=形而上)적 근본이고, 氣는 生한 物을 구체적으로 형성시킨 所然적 도구이다(질료적 본질=形而下).[141] 理氣 공히 결정적, 질서적, 생성적, 물질적인 것은 아니지만, 제반 특성을 결정짓는 데 참여한 본질체이다. 그렇기 때문에 理氣는 본래 하나인데 천지를 生하게 한 작용으로 인해 현상계 안에서 불가피하게 분리하여 인식은 하지만, 실질적으로는 절대 떨어질 수 없는 관계이다. 본래는 하나인데 物을 生할 수 있도록 하기 위해 역할을 나눈 것이다. 이런 측면에서 보면 관념은 절대 관념만으로는 존재할 수 없는 것이 원칙이다. 그 이면에 작용된 본체가 있다. 컴퓨터는 하드웨어만으로 구성되어 있지 않다. 운용할 수 있는 소프트웨어가 함께 있어야 하듯……

중세 시대에는 실재론과 유명론이 대립 각을 세웠는데, 이것을 일명 '보편논쟁'이라고 한다. "유명론은 개별적인 것이야말로 참된 실재이고, 보편적인 것은 개별적인 실재로부터 추상된 이름에 지나지 않는다는 견해이고, 실재론은 보편적인 관념이 개별적인 것에 앞서는 참된 실재라는 관점이다."[142] "초기 스콜라철학에서는 보편이 개

---

140) "天地之間 有理有氣 理也者 形而上之道也 生物之本也 氣也者 形而下之器也 生物之具也."-『주자대전』, 권 58, 「答黃道夫」.

141) 「송대 이기론의 물리학적 탐구」, 심규하 저, 성균관대학교대학원 유학과 유교철학전공, 박사논문, 2007, p.83.

142) 『철학 갤러리』, 앞의 책, p.166.

체보다 앞서 그 자체가 독립적으로 실재한다는 플라톤의 보편실재
론이 강세를 보였다. 기욤에 따르면 인간다움과 같은 보편적인 개념
이 먼저 실재하고, 이 개념이 개체 안에 들어온 것이라고 했다. 이에
맞선 로스켈리누스는 개체야말로 실재이며, 보편은 단지 목소리의
울림이나 이름으로서, 인간 이성이 만들어 낸 개념적 산물이라고 본
반실재론 또는 유명론을 세워 오랜 기간 동안 논쟁을 벌였다."[143]
보편적인 관념은 생각으로 구상해 낸 개념적인 산물인가? 개별적인
개이고 일반적으로 부르는 개라고 하여 개념만으로 논거하므로, 실
재론이 수세에 몰려 주관적인 아킬레스건을 떨쳐버리지 못했다. 보
편의 뒤에는 본체가 있는데도 보지 못했다. 본체를 확인한다면 논거
전개가 달라질 수 있다. 이것은 닭이 먼저냐 달걀이 먼저냐 하는 문
제와도 비슷하다. 원인과 결과가 서로 꼬리를 물고 있어 끝까지 판
별하기 어려운 것 같지만 본체의 전체성, 구유성, 창조성을 간파한
다면 해결할 수 있다. 그것이 무엇인가? 개체는 없어도 전체는 존재
할 수 있지만, 전체가 없다면 개체는 존재할 수 없다. 태양은 자체로
서 빛을 발산하지만 그림자는 물체가 없으면 사라진다. 그것이 보편
실재론이 지닌 창조성이다. 빵 조각(개별)은 빵 덩어리(보편)로부터
나뉜 것이다. 그래서 빵의 원 모습은 사라져도 빵 조각은 빵 덩어리
에 대한 정보를 담고 있다. 개체는 개체인 정보만 가진 것이 아니다.
전체에 대한 정보를 함유하고 있다. 이런 특성을 가늠하기 위해서
지혜가 필요하다.

　진리의 일반적인 정의는 무엇인가? "진리란 사태를 있는 그대로

---

143) 위의 책, p.166.

파악한 인식, 판단, 명제가 갖는 특질을 말하며, 관념(사고)과 사물(존재)과의 일치를 일컫는다."[144] 선천에서 진리가 관념성을 벗어나지 못한 것은 개념만으로 정의한 데 문제가 있었던 것이다. 사물에 대한 관념의 일치이든(유물론), 관념에 대한 사물의 일치이든(관념론), 일치 여부를 진리인 기준으로 삼는다는 것은 어폐가 있다. 관념과 사물이 일치하는 이유를 알아야 하는데, 일치되는 정확한 이유는 양자가 본래 하나인 때문이다. 이것이 정합성을 성립시킨 근거이다.[145] 데카르트는 "나는 생각한다. 고로 나는 존재한다"고 했는데, 이것이 순수하게 생각만으로 추적한 진리 인식이겠는가? 생각을 통한 자체 존재 상태의 판단이다.[146] 사유 자체가 이치를 지니고 있어 그것을 발견하는 것은 사유가 이룬 실질적인 실체 작용이다. 이런 사유 방식으로 공리도 세우고, 진리도 추적하고, 본체적인 모습도 표출시킨다. 관념화된 진리는 바로 존재가 지닌 구조를 인식한 것이다. 본체는 무형인 실체이기 때문에 관념을 통해 대신 이치를 표출시켰다. 관념은 진리성을 본유한 실체인데 세계와 동떨어져 관념화에 그친 것은 무슨 이유인가? 서양의 지성들은 감각을 인식의 주요 수단으로 삼은 관계로[147] 그런 루트를 통해서는 본체를 인식할 수 없는 제약이 있었다. 이런 이유로 안셀무스는 神의 현존을 神의 관념으로부터 도출한 '존재론적 증명'을 철학사에서 최초로 시도하였지

---

144) 「신은 진리이다」, 신희준 저, 가톨릭대학교신학대학대학원 신학과 종교철학전공, 석사논문, 1998, p.4.

145) 관념적 이치가 사실상 자연계의 현상 질서 내지 원리와 일치하는 것은 관념이 세계화되어서이다. 본체와 현상이 일치함으로 본래 하나인 관계를 입증하는 것임.

146) 생각하는 나는 개념만으로 존재하지 않는다. 자아란 존재와 연관되어 있고, 자신의 존재 상태를 인식한 것임.

147) 동양=의식=직관=본체를 직시함.

만, 그런 노력만으로는 神을 증명할 수 없었다.[148] 칸트는 우리의 지식 규정이 주관적인 형식 작용으로 가능하다고 했지만, 그렇게 규정하였다고 해서 관념론이 진리적으로 우위성을 확보할 수는 없다. 칸트가 세운 관념적 범주 틀은 오히려 세계의 관념적인 성향을 촉발시켰다. 실질적인 작용성을 추적하지 못했다. 관념은 실체, 본체 개념과 대비시키는 데만 관심을 두지 말고 정말 실체화시켜야 한다. 그 실체성을 확인하기 위해서는 반드시 본체가 지닌 창조성을 알아야 한다. 영국의 경험론과 독일의 관념론은 사물을 인식한 결과로서 관념이 형성되는 것으로 보았지만, 이제부터는 관념이 실체로서 이룬 작용력을 감지해야 한다. 사고를 주축으로 한 의식 가운데는 관념적인 요소(기도, 믿음, 의지, 사고)가 잠재된 본질을 일구고, 세계의식을 변화시켜 근본을 형성한다는 사실을 알아야 한다. 이것이 곧 무형인 존재 본질에 영향을 끼치는 관념의 실체 작용이다. 믿음은 우리가 바라는 것들의 실상으로서, 믿음이 의식과 본질에 미치는 영향력은 관념의 실체성을 확고히 한다. 일체유심조(一切唯心造物)이듯, 心이 일으킨 작용이 존재한 본질의 氣적 에너지를 충전시켜 세계를 변화시킨다. 관념은 사고 작용이기 이전에 존재하는 의지로 뒷받침된 실체 작용으로서, 이에 대한 최상의 확인은 하나님이 뜻으로 창조한 만물에 있다. 뜻→존재→창조→神은 관념의 실체성과 시원성을 모두 입증한다. 하나님은 확실한 말씀으로 존재하나니, 말씀에는 하나님의 존재 의지가 포함되어 있어 말씀은 존재 자체이다. 하나님이 태초에 말씀으로 존재하였고 말씀으로 창조하였으므로 이보다 더

---

148) 존재론적 증명: "神이 그것보다 더 큰 것이 아무 것도 생각될 수 없는 어떤 것" -「데카르트의 존재론적 증명에서 신의 관념」, 손홍국 저, 전남대학교대학원 철학과, 석사논문, 2013, p.2.

확실한 말씀의 생명력, 진리력, 창조력은 없다. 하나님이 말씀으로 천지를 창조한 것은 관념의 최대 원리적인 작용이다. 관념은 궁극적인 존재자의 표상이다. 만상보다 앞서 존재한 것은 오직 말씀으로 존재한 하나님이다. 선천에서는 하나님이 강림하지 않아 실체가 관념으로 표상되었지만, 강림한 지금은 관념이 일시에 실체로 전환된다.

## 4. 유물론과 관념론의 대립 이유

"지난 이천 년 동안 철학의 역사는 유물론과 관념론 간의 투쟁, 종교와 과학 간의 투쟁 역사이다. 19세기 이후 자연과학의 급속한 발전과 유물론, 변증법적 세계관과의 결합은 모든 形而上學적 관념론과 종교적 맹신을 타파하고 인간과 자연과 역사를 꿰뚫는 과학적 세계관을 탄생시켰다."[149] 기나긴 대립과 투쟁 역사 중에서도 현 시점에서는 관념론이 퇴조한 것처럼 보이지만, 그렇다고 사상적으로 결론이 난 것은 아무것도 없다. 유물론과 관념론 간의 대립 문제는 역사상 가장 큰 정신적 고뇌 중 하나인데, 이것을 누가 어떻게 해결할 것인가? 바로 이 땅에 강림한 하나님이 풀 수 있는 명확한 주제이고 진리적 과제이다. 하나님이 본체를 드러내어 세상을 심판하는 것은 그것이 곧 인류를 정신적 고뇌로부터 구원하는 길이다. 기준을 명확히 하여 얽히고설킨 실타래를 풀어 판결하실 것인데, 그것이 곧 유물론과 관념론의 대립 이유를 밝히는 것이다. 본인이 일련의 신론시리즈를 저술하고자 하는 것도 지상 강림 역사를 증거하고 진리의 성

---

149) 『세계관의 역사』, 앞의 책, 뒤표지 글.

령으로서 강림한 보혜성을 밝히기 위해서이다. "독일의 철학자 피히테는 오직 두 가지 종류의 철학만 가능하다고 보았다. 곧 물질을 만물의 뿌리로 보는 유물론과 정신을 만물의 뿌리로 보고 만물이 정신의 자아변용에 불과하다고 믿는 관념론인바, 우리는 이중 하나를 선택해야 한다"고 했다.[150] 진리를 선택해야 하는가 하는 것은 문제인데, 선택해 버리면 세계의 진영이 반반으로 갈라질 것은 기정사실이다. 그런데도 대립된 데는 무슨 이유가 있는가? 유물론은 "물질이나 물질적인 것이 세계의 근본 원리 혹은 실재라는 생각이고(경험론, 물리주의, 자연주의), 관념론은 정신이나 정신적인 것이 세계의 근본 원리 또는 실재라는 생각인데(유심론, 이상주의),"[151] 옳고 그른 것을 가리기 위해서는 무엇보다 어떻게 만물이 존재하게 되었는가 하는(창조) 문제부터 풀어야 한다. 무엇이 근본적이고 실재인가 하는 것을 판단하는 것은 지극히 수동적이다. 보다 능동적인 창조 메커니즘을 밝혀야 진리적인 요구를 충족시킬 수 있다. 이런 상황인데 서로가 근본성만 앞세우므로 대립이 격화되었다. 세계를 구성하는 요소로서 물질과 정신을 내세웠지만, 제삼의 요소인 본질도 있다. 이 본질을 대입시키면 비로소 지금까지 대립된 구도도 획기적으로 달라진다. 알고 보면 조건을 잘못 설정하고 보아야 할 것을 보지 못한 관계로 뚜렷한 입장차와 일방통행적인 주장이 난무했다. 찾을 것을 찾지 못하고 볼 것을 보지 못하면 정신적 방황과 고뇌가 있다. 그리스 최초의 철학자들은 세계의 유일한 근원이 대부분 어떤 질료에서 비롯된 것이라고 믿었다. 탈레스(B.C. 624~546 경)는 이런 사고방

---

150) 「독일 관념론 연구(2)」, 앞의 논문, p.55.
151) 『3일 만에 읽는 철학』, 에케와 아키리 외 저, 고선윤 역, 서울문화사, 2004, p.68.

식의 첫 문을 연 자연철학자인데, 그는 근원을 '물'이라고 하였다. 하지만 아낙시만드로스(B.C. 611~547)는 물은 다양한 물질 가운데 하나이기 때문에 만물의 아르케(arche, 근원, 원리)를 구체적인 물질에서 찾는 것은 무리가 있다고 생각했다. 그래서 물 대신 다른 물질과 대립되지 않으면서 양적으로도 무한한 '아페이론(apeiron)'을 내세웠다. 아페이론은 무한정성, 무규정성 등으로 이해한다. 물론 구체적인 경험을 하여 이런 개념을 얻은 것은 아니다. 논리적으로 추론했다. 이후 아낙시메네스(B.C. 585~525)는 탈레스가 물을 아르케로 본 자의적이고 편협한 생각과 아낙시만드로스의 아페이론은 논리적으로 추론할 수는 있어도 딱히 손에 붙들 수 있는 개념이 아니라고 비판하고, 한층 경험적이고 구체적인 원리인 '공기'를 제시하였다.

고대 그리스의 철인들이 찾아 나선 만물의 근원은 언급한 세 가지 아르케, 즉 물, 아페이론, 공기가 지닌 특성으로 대변된다. 관념론과 유물론이 대립된 사유의 단초가 여기에 있다. 장단점이 있는데도 보완하고자 한 노력 없이 각자 외골수 길로 치달린 것이 문제이다.[152] 이후 플라톤과 아리스토텔레스에게 있어서도 상황은 반복되었다. "플라톤이 이데아라고 한 것은 인식상 갖가지 개별 속에 내재해 있는 보편적(일반적)인 것을 뜻한다. 현실적으로 존재하는 이 집, 저 개는 참된 실재가 아니고 집 일반, 개 일반만 참된 실재라고 했다. 이런 주장에 대해 아리스토텔레스는 '그것은 분명 이상한 이야기'라 보고 이 개, 저 집이라는 개별적인 것이 바로 제1의 실재라고 못 박았다. 일반적인 것은 개별적인 것 속에서만 실재한다. 이로써 아리

---

152) 『철학 갤러리』, 앞의 책, pp.20~27.

스토텔레스는 현실과 동떨어진 이데아계의 환상을 분쇄하였다. 이데아로부터 초현실적인 요소를 제거한 것을 에이도스{形相}라 부르고, 현실 세계에 실재하는 개개 사물을 질료(質料=물질적 소재)와 형상의 결합체로서 설명했다."[153] 아니 정말 이상한 것은 무엇인가? 이 집, 저 개가 하늘로부터 뚝 떨어져 나온 것인가? 집 일반, 개 일반이 왜 존재한 것인가? 개개의 집과 수많은 개를 있게 한 전체성이 아닌가? 어떻게 이데아는 초월적인가? 현실을 낳았기 때문에 만물을 낳은 바탕체는 초월적이다. 바탕 없이(일반, 보편, 전체) 개개 존재를 상정한 것이 오히려 환상이다. 이데아계는 현실 세계와 결코 동떨어져 있지 않다. 환상 같지만 순서는 바르게 인식했다. 이와 반대인 유물론이 오히려 근본적인 터전과 단절되어 창조 세계와 동떨어져 있다. 아리스토텔레스가 초현실적인 요소를 제거하고 실재하는 개개 사물을 질료와 형상의 결합체라고 한 것은 부모 없이 자식이 홀로 태어났다는 주장과 같다. 형상과 질료의 결합물인 사물이 세계에 존재하게 된 사실은 이러한 것이니, 초월적인 바탕 본체로부터 삼라만상이 창조된 관계로 개개 사물도 형상과 질료의 결합체로서 존재하게 되었다. 세상 구조와 존재한 이유가 꼭 맞아 떨어진다.

유물론은 고대의 데모크리토스(B.C. 460~370년경, 원자론)를 거쳐 근세의 홉스(1588~1679, 영국), 18세기의 라 메트리(1709~1751), 19세기의 포이엘 바흐(1804~1872), 마르크스(1818~1813, 사적유물론)에 이르기까지[154] 아리스토텔레스가 생각한 초현실적인 관념 제

---

153) 『세계관의 역사』, 앞의 책, p.33.

154) "마르크스는 학문의 대혁신을 창도한 프랜시스 베이컨을 가리켜 영국 유물론과 모든 근대적 제과학의 진정한 조상으로서 유물론의 제1창시자라고 불렀다." —위의 책, p.64.

거 노력을 충실하게 따랐다. 그러니까 중요하게 여길 것은 물질 혹은 정신뿐이다. 그중 "유물론은 물질이 의식보다 근원적이고 일차적이라는 명제를 기본 원리로 삼았다. 물질이 의식보다 시간적으로 앞서 존재한 것으로 믿었다. 의식은 물질의 발전적 산물이다. 의식의 내용은 물질세계로부터 온다. 의식은 물질세계를 변혁하는 필수적인 요소(수단)라 보고"[155] 물질 우선 관점을 견지했다. 그러니까 이에 대처하기 위해 관념의 선험성(초월성)을 중요한 논거 과제로 삼았지만 관념론 역시 이 문제를 완전하게 해결하지는 못했다.[156] 유물론이 물질을 근원적이고 일차적인 것으로 본 것은 일체의 지적 구성체제를 부인한 것이지만, 관념론은 대안 책을 세우지 못했다. 그런데도 양론 공히 서로의 우선순위만 따진 것은 대립 상황을 피할 수 없게 만들었다. 근원성과 일차성을 따지다 보니 아이러니하게도 양론은 공히 본체적인 요소를 도용하고 말았다. 아리스토텔레스는 탈레스를 철학의 아버지로 지목하고 "만물은 단 하나의 원리로 설명되어야 한다"고 했지만,[157] 제시한 조건을 보면 애써 찾은 물질이 아니라 근원적인 본체였다. 천지를 낳았기 때문에 본체는 세상의 다종다양성을 하나인 단일 원리로 꿰뚫을 수 있다. 그들이 원한 것은 본체인데, 이것을 진리계에서 제거해 버린 상황에서는 해결할 방도도 사라져 버린다. 혹자는 "통섭은 가능할지 몰라도 과학과 종교는 결코 하나의 단위로 융합될 수 없다"고 했는데,[158] 그 이유를 누가 알

---

155) 「철학, 철학사, 철학의 근본문제」, 김재기 저, 경성대학교 논문집, 11권 3, 1990, p.191.

156) 만물이 창조된 것이라면 이데아가 원형인 것이 맞음.

157) 『철학 갤러리』, 앞의 책, p.21.

158) 『붓다와 다윈이 만난다면』, 앞의 책, p.120.

앉겠는가? 인류가 일군 일체의 문화적 양식은 파생된 것이지 본체가 아니다. 창조주 하나님만 절대적인 통합 권능을 발휘한다. 본체가 지닌 창조 권능의 부각으로 유물론과 관념론이 대립된 이유도 명확해졌다. 이것은 비단 양론 간에만 적용되는 것이 아니다. 선천 역사가 온통 분열과 대립으로 점철된 만큼 하나님의 본체가 강림한 사실은 선천과 후천을 가르는 대역사적 사건이다. 시대가 전환된 상태를 주시해야 하는데, 삼라만상을 규합할 제3의 통합 본체가 드러나지 못했던 것이 선천 역사가 대립으로 점철된 주된 이유이다. 이 말은 물질과 정신은 창조를 낳은 궁극적인 본질체가 아니라 파생된 피조체란 뜻이며, 피조체이기 때문에 서로의 우선적인 순서를 따졌다. 물질과 정신은 창조를 이룬 통합 본체로부터 극이 나뉘었다. 그러니까 성질이 상대화되고, 상대적인 유물론과 관념론은 끊임없이 대립되었다. 대립은 창조되었기 때문에 가지게 된 피조체로서의 주요 특성이다.

반면 본체는 본체답게 창조→분열→통합→귀환하는 특성을 가진다. 하나인 극이 나뉘고 분열한 것은 창조를 실현하기 위해서이다. 창조상 극이 나뉜 것이지만 본래는 하나이기 때문에 생성을 완료하면 다시 하나로 통합된다. 선천 질서가 대립된 것은 극이 나뉘어서인데, 분열을 완료하면 다시 통합된다. "생명의 본체인 하나와 화현체인 삼라만상은 體가 둘이 아니기 때문에 모두 一心法이다. 불연기연(不然其然) 논리는 眞과 俗, 理와 事, 染과 淨, 空과 色, 一과 多의 상호 대립하는 범주들을 각각 체와 용이라는 불가분의 관계로 화쟁회통(和諍會通)시킨 것이다."[159] 그래서 본체만 드러나면 일체의 대립된 이유가 밝혀지고, 칸트가 분리 인식한 물자체와 현상계란 구조도 명백해진다. 하나로부터 나뉜 이원적인 구조가 왜 모순인 것처럼 보이는가 하면, 본체를 모른 채 결과만 보아서이다. 헤겔은 대립물 간의 모순된 투쟁이 正·反·合이란 변증법적 절차를 거쳐 통일에 이른다고 하였다. 단지 본체를 보지 못한 관계로 현상계가 지닌 결과적 양상들을 파악하지 못했던 것이므로, 본체만 드러나면 일체가 해결된다. 세계의 본질이 관념화된 것은 관념성을 뒷받침한 본체가 드러나지 못해서이다. 본체만 드러나면 관념성이 즉시 실체로 전환된다. 관념은 실체가 아니라서 관념적이었던 것이 결코 아니다. 본체가 지닌 존재성과 창조성 규명 여부가 관건이었던 만큼, 이와 같은 문제를 해결하기 위해 하나님이 보혜사 진리의 성령으로서 강림하였다. 선천 역사를 점철시킨 대립과 분열 역사를 마감하고 인류의 영혼을 방황된 고뇌로부터 구원하는 획기적인 시대를 열리라. 선천은 하나님이 본체자로 강림하지 않아 실체가 관념화에 그쳤다면, 후천은 강림했기 때문에 관념이 실체화되고 진리 세계를 완성할 수 있게 되었다.

---

159) 「천부경의 연구」, 정수근 저, 원광대학교동양학대학원 동양학과, 석사논문, 2012, p.80.

# 제5장 신 개념의 세계관적 판단 기초

## 1. 신의 개념 정의

神은 우리가 주변에서 흔히 듣는 단어이지만 막상 존재된 상태를 말하라고 한다면 막연하다. 神은 일반적으로 기독교에서 말하는 하나님으로 알고 있는데, 같은 유일신 계통이라도 유대교는 야훼, 기독교는 하느님, 이슬람교는 알라라고 부른다. 神의 이름을 부른 개념 역사가 결코 일률적이지 않다. 神 하면 모두 같은 神을 믿는 것으로 아는데, 이름만 다른 것이 아니라 신관도 다르다. 이렇게 보면 "지난 4000년간에 걸친 유일신 역사는 神의 역사가 아니라 인간이 神을 명명하고, 필요에 따라 어떻게 神을 규정해 왔는가 하는 개념 규정 역사라고 할 수 있다. 실제로 유대교·기독교·이슬람교 역사 속에는 神에 대한 어떤 객관적인 견해가 존재하지 않았다."160) 신앙생활만 중요하게 여겼고, 정작 자신들이 믿는 神에 대한 개념 정의 작업은 등한시하였다. 확실한 규정 역사가 없다 보니까 神 개념이 가지를 쳐 오늘날은 매우 복잡해졌다. 神 개념이 당대의 문제를 해결하는 데 부응했지만, 20세기 이후 급속히 발전·변모하는 소용돌이 속에서 점차 힘을 잃었다. 神은 어쩌면 과거의 유물로 전락할 운명에 처한 것인지도 모른다. 모든 形而上學적 명제와 윤리적 명제까지 동원하여 경험으로 검증하거나 반증되지 않는 명제는 무의미하다고 여겼다.[161] 神 개념이 神의 실질적인 권능으로 뒷받침되지 못하고 유명무실해져 버린 것일진대, 세계원리적인 작용성과 연관 짓지 못한다면 정말 관념적인 神으로 전락해 버릴 우려가 있다. 神의 개념을 확실하게 정의해야 할 필요성이 대두된다. 神의 개념을 정의하는 것은 그대로 神의 모습을 부각시키는 것이다.

그렇다면 대비책은? 神이 神다울 수 있게 神을 세상 피조체와 확실하게 구분시키는 것이다. 피조체의 피조체적인 특성을 입증해야 神도 神다운 것이 입증된다. 이런 구분을 제대로 하지 못한 관계로 선천에서는 피조체가 창조주의 몫까지 점거하여 혼선을 초래했다. 무엇이 근원적인 것인지 분간하지 못해 독단이 횡행하였고 실재론과 유명론, 경험론과 합리론, 관념론과 유물론, 이기이원론과 기일원론, 진화론과 창조론, 유위법과 무위법, 영혼불멸론과 사멸론 등이 대립되었다. 그래서 神 개념을 확실하게 정의하는 것은 정말 神을 神답게 하고, 선천에서 헤어나지 못한 진리 세계의 혼선에 대해 종지부를 찍는 것이다. 이에 神을 바르게 정의하기 위해서는 神이 본유한

---

160) 『종교철학 에세이』, 황필호 저, 철학과 현실사, 2002, p.132.
161) 위의 책, p.135.

본성과 비교되는 속성을 파악해야 한다. 하나님의 본성은 피조물과의 관계를 떠나 하나님 자체로서 지닌 성격을 의미하고, 속성은 피조물과의 관계를 통하여 가진 성격을 나타낸다. 일반적으로 이런 속성 문제를 신론으로 부각시켜 신학적으로 다루기 시작한 것은 기독교 복음이 헬레니즘과 조우한 때로부터 보인다.[162][163] 하나님이 존재하는 것과 별도로 하나님이 무엇인가에 대해 정의하는 것은 그대로 하나님의 본체성을 증거하는 일환이다. 내외적인 인식과 존재를 확실하게 파악해야 해결할 수 있다. 신인동성동형론은 인간을 기준으로 한 신관으로서, 神이 가진 인격성은 神의 속성에 속한다. 품성이랄까? 하나님은 정말 인간에 대해 자애롭고, 은혜가 충만하고, 충분히 경배받아 마땅한 선하고 공의롭고 인자하고 진실하고 지혜롭고 전지하고 전능한 분이다. 무엇을 더 보태도 형언할 수 없는 만유의 主이요 어버이이시다. 그렇기 때문에 인간은 하나님과 충분히 교감하고 함께하고 합일된 신인동형을 이룰 수 있었다. 따라서 神이 지닌 속성은 神과 인간을 구분시키는 특성이 아니라 합일을 가능하게 하는 본질이다. 하지만 이와 달리 神의 본성은 언급한바 피조체와 인간으로서는 지닐 수 없는 하나님의 절대적인 본성이다. 웨스트민스터 소요리문답에 의하면, "하나님은 그의 존재와 능력과 거룩과 공의와 진리에 있어서 영적이며, 무한하시며, 영원하시며, 불변하신 분이다"라고 정의하였다.[164] 다른 일견으로서는 비공유적인 속성으로서도 표현하여 자존성, 불변성, 무한성, 단일성으로 집약하기도 하

---

162) 『신론(하나님의 계획과 섭리)』, 앞의 책, p.126.
163) 속성: 무엇을 부가한다. 혹은 지정한다는 관념을 가짐.
164) 웨스트민스터 소요리문답, 4문의 답.

는데,[165] 이것은 그렇게 존재할 수 없는 피조체와 비교된 특성으로서 상대성이 없는 유일한 본성이다.[166] 이것이 神의 본성이기 때문에 창조도 실현할 수 있었고, 삼라만상을 존속시켰다. 神의 본성을 총화시킨 합작품이 삼라만상이다. 전 본성을 투여한 관계로 그냥 보면 자존적인 神과 그렇지 못한 천지, 불변한 神과 끊임없이 변화하는 만물, 무한한 神과 유한한 인간, 단일한 神과 다양한 세계상이 짝을 이루고 있는 것처럼 보이지만,[167] 사실은 神이 지닌 본성을 재현해 낸 것이 우주적인 원리이고 법칙이고 질서이며, 그런 본성을 그대로 이어받은 것이 인간이다. 인간은 결코 무한할 수 없다. 그런데도 태초로부터 지금까지 존속한 존재자이다. 하나님은 결코 불가해, 불가시적이지 않다. 언젠가는 드러날 것인데, 그 시발이 곧 神의 개념을 정의하는 작업으로부터이다. 하나님이 영원, 무궁, 무한하기 때문에 유한한 인간도 영생을 보장받을 수 있는 가능성을 지녔다. 최대의 본성은 바로 영이시니 영이기 때문에 영원, 무궁, 무한성을 아우른다. 영인 하나님으로부터 말미암게 된 인간은 살아생전에 영생을 희구하고 하나님과 함께해야 한다. 그렇다면 내세는 다름 아닌 육신이 소멸된 이후에 펼쳐지는 영적 존재로서의 삶이다. 이런 삶의 지속 형태가 불가능하다고 보는가? 근원된 본향 자체가 영적인 바탕체로

---

165) 위의 책, p.156.

166) "인간은 하나님의 절대적 본성에 동참할 수 없다. 인간은 어떤 의미에서건 자기 자신의 존재의 근원일 수 없으며, 또 불변, 영원, 편재, 단일할 수 없다." -『변증학』, 코넬리우스 반틸 저, 신국원 역, 기독교문서선교회, 1994, p.20.

167) "토마스 아퀴나스는 神에 대해 무한자, 초월자, 무소부재, 무시간적 존재 등으로 규정한 일체의 표현은 사실 유한한 인간이 인식하는 한계를 벗어나 있음을 의미하는 것에 불과하다고 보고, 神은 이런 방식으로 현실의 유한성 또는 유한한 인식이 찾아낼 수 있는 모든 종류의 유한한 표현을 부정하는 방식으로서만 표현할 수 있다고 주장했다." -『아퀴나스의 신학대전』, 김상현 글, 박태성 그림, 삼성출판사, 2011, p.46.

부터 잉태된 것이 아닌가? 영혼이 불멸할 수 있는 바탕과 가능성은 결국 영원한 실존자인 하나님이 존재해서이다. "하나님은 영원한 분이고, 참된 실재는 영원불변하다. 복음서에서도 영원한 생명을 약속하고 있지 않는가?"168) 하나님은 형태가 없고 무한하지만 파악할 수 없는 존재가 아니다. 하나님은 세계 안에 존재하고 함께하고 있다. 인류가 하나님을 알 수 있는 것은 하나님이 우리에게 뜻을 계시하고 나타내어서이다. 그것이 주재된 인류 역사이고 존재하는 삼라만상이며 인도된 영혼들이다. 단지 창조 목적을 완수하지 못한 관계로 神에 관한 본성을 완전하게 파악하지 못한 상태일 뿐이다.

하나님에 대한 개념을 파악하기 위해서는 먼저 하나님의 본성과 속성부터 파악해야 하고, 천지가 창조된 특성을 알아야 한다. 하나님을 파악하기 위해서는 피조체가 피조체답고 창조주가 창조주다워야 하거니와 하나님다운 불변성과 무한성과 영원성은 하나님이 이룬 창조 본체가 부각됨과 함께 확고해진다. 그렇지 않다면 관념성을 면할 수 없다. 본체만 부각되면 본성을 꿰뚫을 수 있는데 그것이 무엇인가? 창조성이다. 창조성이 본성과 속성을 구분 짓고, 피조체적인 특성을 결정지었다. 이런 관점을 근거로 神이란 무엇인가를 종합적으로 정의 내리면, 神은 천지를 지은 창조주로서 전 우주와 만생명과 뭇 영혼의 본향이다. 인류가 神을 받들고 영접한다면 영원한 생명을 보장받을 수 있다. 인류가 나아가야 할 방향과 추구해야 할 목적과 이루어야 할 과제는 확실하다. 神은 명실상부하게 만유를 있게 한 알파요 오메가로서 지성들이 정의내린 개념과 일치하는 본체자이다.

---

168) 『그리스도교와 문명』, 앞의 책, p.60.

## 2. 신의 이름 정의

이름은 그 존재를 대표한다. 우리는 이름을 예사롭게 부르지만 한 번 정해진 이름은 지극히 운명적이다. 우리가 가진 이름이 그러할진대, 천지를 창조한 하나님에 대해서랴? 하나님은 무궁한 것인데도 그 의미를 깨닫지 못했다. 존재, 본성, 이름 중 확실하게 정의를 내린 것은 하나도 없다. 그 이유는? 하나님이 무엇인지 알아야 이름도 걸맞게 명명할 수 있다. 이름과 본체가 일치해야 이름이 존재를 대표할 수 있기 때문에, 지성들이 부단하게 노력을 경주하였다. 서양의 철학자인 라이프니츠는 "神은 실체로서 만물의 원인이다. 그 실체는 실재의 근거를 자기 자신 안에 가지며, 그 때문에 필연적이고 영원하다"라고 했다.[169] 사물은 가질 수 없는 특성이다. 즉 실재의 근거를 자기 자신 안에 두었다는 것은 그렇지 못한 피조체와 구분된 창조주적 특성이다. 피조체와 구분된 관계로 하나님은 근원된 창조주인 것이 맞다. 실재의 근거를 자체 안에 가진다는 것은 더 이상 존재 원인을 발생시키지 않는다는 뜻으로서, 천지 가운데 그런 조건은 오직 한 분만 지닌다. 유일한 존재자가 될 수밖에 없다. 神은 합성물일 수 없고 간단하다고 본 견해와 같다(토마스 아퀴나스).[170] 창조된 삼라만상은 다양한 합성물이지만 창조를 실현한 神은 그렇지 않다. 창조주와 피조체가 정확하게 짝을 이룬다는 점에서 神은 그냥 존재하지 않는 것이다. 神다운 조건을 갖추고 있다. 창조주다운 조건을 갖추어야 하므로 이런 조건을 충족시킨 존재자가 곧 神이다. 조건을

---

169) 『철학자의 신』, 발터 슐츠 저, 이정복 역, 사랑의 학교, 1995, p.25.
170) 『아퀴나스의 신학대전』, 앞의 책, p.50.

갖추어야 자격도 가지므로, 일체 조건을 완비한 분이 神이다. 조건 자체가 유일성을 시사한다. 스피노자는 실체(substance)란 개념을 가지고 철학을 펼쳤는데, 그가 말한 실체는 "모든 사물의 근저에 자리 잡으면서 일체의 존재를 자체 내에 융합, 포괄한 一者, 혹은 무한자이다. 실체는 그 무엇에도 의지하지 아니하고, 자기 원인에 의하여 존재하는 영원하고 무한한 것이며, 실체를 떠나서는 어떤 사물도 존재할 수 없다."[171] 실체는 모든 사물의 근저로서 다양한 사물을 포괄하는 것은 하나님이 이들을 창조했다는 사실을 피할 수 없게 한다. 일체를 자체 안에 포괄하므로 둘이 있을 수 없는 一者이다. 아무리 우주가 거대해도 품안에 품는 무한자이므로 神은 단일이고 하나이다. 궁극적인 실체로서 갖춘 조건이 고스란히 창조주가 필요로 하는 조건들뿐이다. 스피노자가 내세운 실체 개념은 결국 神의 개념과 일치하고, 그것은 창조주로서 지녀야 하는 당연한 자격 요건이다.

그다음, 神은 일체를 융합하고 포괄해야 하므로 이것이 가능하기 위해서는 무한성 안에서 벗어날 길 없는 삼라만상이 어떻게 변화무쌍한가 하는 창조변증법을 알아야 한다. 스피노자는 "세상의 모든 변화는 실체인 神이 변화된 것이고, 이 변화는 자연의 총화 안에서 이루어진다"고 했는데,[172] 그렇다면 그 진리성 여부는 어떻게 판가름하는가? 세상에서 실체는 오직 하나뿐이므로, 삼라만상이 존재한 것은 하나로부터의 변용인 것이 맞다. 아무리 다양해도 하나님의 존재 테두리 안이라 일체가 하나인 실체, 곧 神 안에 있다. 천지가 창조되지 않았다면 이런 논리는 성립될 수 없다.[173] 확실하게 선을 긋

---

171) 「19세기 무신론과 20세기 사신론의 신관 비교연구」, 앞의 논문, p.10.
172) 위의 논문, p.11.

거니와, 태초에 하나님이 존재 자체와 아무런 관련 없이 無로부터 천지를 창조했다는 주장은 하나님의 이름을 망령되게 한다. "神은 대부분의 철학사와 신학사에서 중심 주제가 되어 온 말인데"[174] 아직도 관념성을 벗어나지 못한 주된 원인은 '無로부터의 창조' 교리를 잘못 이해한 데 있다. 사실은 또 다른 창조 요건을 충족시키기 위해서인데, 그 이유를 간파하지 못했다.

그런데 한민족이 전승시킨 『천부경』이란 경전 속에서는 하나님의 창조 역사에 대한 놀라운 비밀을 간직하고 있다. 만말을 대신한 창조변증법으로서 하나님이 강림함으로써 정확하게 해석될 역사를 기다리고 있었다. "동양철학에서는 고대부터 우주만물의 가장 궁극적인 것에 대한 명칭을 '一'이라고 불렀거니와(道, 太極, 理, 氣, 本, 體, 元 등으로도 불림), 『천부경』에서도 '一'에 대해 인간을 포함하여 우주만물의 가장 궁극적인 것으로 말하였다."[175] 조건 면에서 본다면 서양의 철인들이 내세운 실체 개념과도 비슷하다. 一을 충족시키는 조건인 인격성만 제한다면 창조주인 神 개념과 일치한다. 神은 존재자로서 본성과 본질을 가지는 만큼, 인격성만으로는 완전한 모습을 갖출 수 없었다는 사실을 감안할 때, 一이 내포한 존재 조건 충족은 시사하는 바 크다. 그중에서도 『천부경』은 一로 시작하여 一로 끝나는 경전이라고 할 정도로 전체 논거를 一을 중심으로 하여 펼쳤다. 하나=天=神으로서, 그 하나가 우주만물의 근원이다. 일시(一始), 즉 천지만물이 하나에서 시작되었다는 것은 無로부터의 창조 교리를 일

---

173) 하나님만 하나인 것이 아니라 세계도 하나임.
174) 위의 논문, p.11.
175) 「천부경의 '一'에 관한 연구」, 이근철 저, 국제평화대학원대학교 평화학과, 석사논문, 2004, p.14.

축한다. 一卽有이다. 그런데 이 하나는 숫자 개념인 一이 아니다. 一로부터 무궁한 변증 논거를 펼쳤다. "一始無始一 析三極 無盡本"이 그것이다. 즉, 천지만물은 하나에서 비롯되지만 그 하나는 시작이 없는 하나이고, 하나로부터 天·地·人 삼극이 나뉘어도 근본인 하나는 다함이 없다. 하나로부터 천지만물이 비롯되었다고 하면서 정작 그 하나는 왜 시작이 없다고 했는가? 시작이 없기 때문에 하나로부터 시작이 있을 수 있다. 시작된 것 안에서는 이제 더 이상 시작이 없다. 無로부터의 창조가 바로 이런 사실을 강조하고자 한 의도였는데, 논거 초점을 잘못 잡아 자가당착에 빠졌다. "아리스토텔레스는 세계의 운동, 변화의 근원에는 만물이 지향하는 목적으로서 어떤 질료도 갖지 않는 순수한 형상, 즉 스스로는 움직이지 않으면서 다른 모든 것을 움직이게 하는 '부동의 동자'인 神이 존재한다"고 했다.[176] 이것도 구조상 비슷한 논리인데, 피조물이 질료와 형상을 갖춘 것이라면 그 바탕인 근본은 질료와 형상이 없는 순수한 그 무엇이어야 한다. 시작이 없다는 말과 같다. 자체는 움직임에 대한 원인이 없으면서(無) 다른 모든 것을 움직이게 하는 부동의 동자는 창조로 원인을 가진 피조물과 하나님을 차원적으로 구분시키고자 한 인식적 조처이다. 시작이 있었는데 시작된 세계 안에서는 어디서도 시작이 없다는 생각과 동일하다. 이런 유의 논리 구조는 한결같이 천지가 창조된 것을 시사한다. 시작이 없다면 끝인들 있겠는가? 一은 無始無終이고, 不生不滅이며, 향상도 상하사방도 없다. 그런데도 일체 처에 머물렀고, 有無의 상대성을 초월했다(절대성).[177] 동양은 道를 통해, 서

---

176) 『세계관의 역사』, 앞의 책, p.35.

177) 위의 논문, p.15.

양은 神을 통해 초월적인 절대 본체를 개념 지었다고 해도 과언이
아니다. 그래서 동양은 神 없이도 神에 버금간 본체 개념을 논거할
수 있었다. 서양에서 神의 궁극적인 실체성을 논거한 것은 동양인들
이 일군 본체 개념과 같다. 기독교가 형성된 이면에는 유대교와 헬
라란 양 배경이 있거니와, 유대교는 지극히 존재적이었고 헬라는 지
극히 원리적, 이론적이었다. 神을 하나로서 표현한 것은 이론적인 것
이므로, 헤브라이즘이 헬레니즘과 조우한 데는 깊은 섭리적 이유가
있다. 헬라가 존재적인 하나님을 이론화한 것 이상으로 동양이 하나
를 통하여 본체론을 펼친 것은 유사한 추구 역사이다. 이런 동서 간
의 사상이 통합되면 그때 하나님이 진정한 창조주로서 모습을 나타
내고, 본체를 완성하며, 이름을 확정 짓게 되리라.

하나는 근원적인 一者이고 궁극적인 실재로서, 이것은 하나인 유
일신을 그렇게 명명한 것이다. 참본성은 분리될 수 없는 하나인데,
이것을 강조하여 유일신이라고 한 것이다. 우주만물은 다 지기(至氣)
인 하늘{天}의 화현(化現)이다.[178] 하나에서 천지인 삼극으로 나뉘었
지만 근본은 다함이 없다. 아무것도 줄어 든 것이 없는 無盡本이다.
삼극으로 나뉜 것은 삼라만상이 창조된 것을 상징한 것이고, 우주만
물이 일즉 삼(一卽三) 삼즉 일(三卽一)로 化한 메커니즘에 기초했다.
기독교의 유일신 개념을 완벽하게 뒷받침했다. 一은 천지를 창조한
근본이고, 三은 化된 만물이다. 무궁무진하게 나뉘었고 변화하였지
만 본체 자체가 달라지고 변화한 것은 없으며, 근본은 그대로 하나
이다. 현상계 안에서는 성립이 불가능한 논리이다. 하나, 그것이 너

---

178) 위의 논문, p.124.

무 신령스러워 神이라 불렀고, 지극히 맑고 청정해 光明, 지극히 미묘하여 極이라고 한다.[179) 아무리 나뉘어도 근본이 하나인 것은 그것이 지극한 창조 원리이기 때문이다. 하나님의 절대 본체이다. 이것을 지성들이 한{천도교), 道{도가}, 理{유가}, 空{불교}으로 불렀는데, 근원체로서 갖춘 조건과 진배없다. 하나란 우주만물의 근원이고 생명의 본체이며 처음과 끝인데, 단지 부른 이름이 다르다는 이유만으로 존재까지 다르다고 할 지성들은 없으리라. 우주 만물은 본래 하나인 하나님의 본체로부터 창조되어 따로 뗄 수 없는 한 덩어리인데, 이것을 분간하지 못할 지성은 없다. 우주만물이 다양하게 구성되고 변화하였지만 근본은 오직 하나뿐이다. 하나이라 만물이 서로 통하고, 꿰뚫어져 일체가 밝아진다. 『노자도덕경』에서 밝힌 道生一 …… 三生萬物은 하나로부터 시작된 창조 과정을 도식화한 것이다. 道生一은 천지창조의 위대한 근원처이다. 一로부터 만물 간에는 무궁한 생성 과정이 있었다. 선천에서는 절대자, 창조주, 유일신, 알라, 道, 佛, 브라흐만 등으로 불렀지만, 우주만물의 근본은 오직 혼원일기(混元一氣)일 뿐이다.[180) 세계 원리적인 근거를 분명하게 밝혀야 하나님을 부르는 이름도 분명해진다. 상징적인 一이 아니다. 삼라만상이 변증된 과정과 변화무쌍한 존재를 일관시키고 불변성, 영원성, 창조성을 인격화, 존재화, 원리화시킨 그분에 대해 인류는 확실하게 "하나+님"으로 명명하여 부르는 것이 마땅하다. 하나를 굳이 창조주라고 강조하지 않더라도 그 속에는 우주의 창생 원리가 내포되어 있다. 이 사실을 깨닫는 자 하나님을 대우주로부터 분간하게 되리라.

---

179) 위의 논문, p.15.
180) 위의 논문, p.120.

## 3. 신의 본체 정의

불교 경전인『법화경』은 묘법(妙法)을 설한 경전으로 불리는데, 묘법으로 비친 것은 설한 法이 기묘해서가 아니라 근거한 法이 세상 가운데서는 파악하기 쉽지 않은, 일상적인 상식으로서 가늠하기 어려운 세계를 지침하고 있어서이다. 그런데도 불구하고 절대로 부서지지 않는 영원한 진리를 法이란 모습으로 나타내었다고 한 것처럼,[181] 묘법은 천지 우주를 지탱한 근원적인 무엇이다. 神을 불가해(不可解)한 존재자로 규정한 것도 法을 묘법으로 묘사한 것과 같다. 앞서 정의한 神의 본성(자존성, 불변성, 무한성, 단일성)은 존재자로서 갖춘 본체적 특성에 근거했다. 본체적이란 밝힌 바대로 자존적인 그 무엇인데, 사실은 그 반대인 그 무엇이다. 본체가 본체만으로 존재한다면 본체라고 구분 지을 것도 없고 참존재로 여길 이유도 없는데, 모종의 역사를 이루다 보니 정작 자체는 뒷전으로 밀려나 무대막(현상계)에 가려져 버리고, 배우들에 의해 묘사된 현상적 실체만 사실적인 것으로 인식되었다. 그 모종의 역사가 과연 무엇인가? 본체자로서 실현한 천지 창조 역사이다. 神이 불가해하고 묘법으로 인식된 法의 정당한 근거이다. 이런 神을 본체적인 관점에서 정의를 내린다면 神은 초월적, 절대적, 영성적, 근원적인 존재자이다. 지난날은 이런 정의가 확실하게 내려지지 못했는데, 그 이유는 판단 기준인 창조 작용과 권능 역사에 대해 무지했기 때문이다. 그런데 神의 불변한 본체성과 무궁한 창조성을 규정할 수 있게 된 것은 묘법으로

---

181)『화엄의 사상』, 앞의 책, p.29.

파악된 神이 강림해서이다. 세상 위에 드러난 다양한 모습과 神에 대한 관점 주장들을 헷갈리지 않게 판단할 수 있다.

그 기준의 첫 문을 여는 神의 초월적인 특성은 창조된 세계 안에서 부각된 본체적 특성이다. "서양 고대 철학에서는 본체계를 시공을 초월한 개념으로 이해하였는데, 플라톤이 말한 '선의 이데아'나 아리스토텔레스가 말한 '부동의 동자'는 시공간을 초월한 실체이다."182) 어떤 방식으로 초월할 수 있는 것인지는 지금도 궁금한 실정인데, 창조를 기준으로 해서 선을 긋고 보면 지칭된 초월성을 곧바로 이해할 수 있다. 시공간을 초월한다는 것은 시공간이 이룬 생성 질서, 곧 창조된 전체 세계에 대해 초월한다는 뜻이다. 이것은 지극히 독립적인 초월성이다. 또한 神은 창조 역사를 실현한 관계로 창조된 세계 안에서도 내재된 방식으로 초월하는데, 그것은 神이 전체자이고 바탕을 이룬 본체자이므로 가능한 것이다.183) 神이 세계와 동떨어진 절대자로서 존재해서는 부각될 수 없는 특성이다. 바탕체로서 존재한 관계로 무소부재, 편재, 편만함을 이룬다. 神이 초월적인 동시에 내재적이라는 것은 자칫 전지전능함으로 비칠 수도 있지만, 실상은 神이 창조 역사를 실현한 창조주이기 때문이다. 神의 불멸성과 불변성은 시공간을 초월한 개념과 관련되어 있거니와, 이런 특성을 지닌 神이 건재하는 한 이 세계는 영원무구하리라.

두 번째 본성인 절대성이란 특성은 자체가 그대로 창조주인 것을 뜻한다. 절대란 상대가 없다는 것이며, 상대가 없는 절대자는 창조되지 않는 자, 곧 절대신 뿐이다. 오직 一者만 존재하므로 無라고 보

---

182) 「노자의 도에 대한 본체론적 이해비판」, 앞의 논문, p.79.
183) 神의 본체적인 특성은 한결같이 神이 창조주인 것을 드러낸다.

아도 무방하다. 極이 분열되기 이전에 존재한 확실한 神의 자리이다. 상대가 발생하기 이전이고, 삼라만상이 창조되기 이전인 유일자이기 때문에 神은 이후 존재한 우주 만상을 창조한 당사자인 것이 맞다. 극이 분열하므로 뭇 존재가 발생하였고, 상대가 생겼기 때문에 그 이전은 절대성 상태로 존재한 것이 당연하다. 『주역』에서는 "易에 太極이 있으니 그로부터 양의(兩儀)가 生한다"고 했다.[184] 양의가 太極으로부터 生했다. 生한 근거가 있었는데, 단지 현재의 모습과 양상이 다를 뿐이다. 이것이 창조로 인해 이행된 변증법이다. 지금 존재한 것은 이전에는 그렇지 않는 본체로부터 생겼다. 그것이 곧 창조 이전인 절대적 無이다. 창조는 차원적인 변화이며, 천지가 시작된 것은 대창조를 있게 한 절대 無盡本이다. 왜 神은 사차원적인 존재인가? 시공간을 초월한 본체이기 때문이다.

세 번째로 神은 유형무형인 만상을 규정하고 결정한 창조자이므로, 본체 자체는 무규정적이고 비결정적이다. 그런데도 세계 안에서는 창조 역사를 실현한 근거인 이법, 이치, 진리를 남겼다. "플로티노스는 우주의 이성적 원리를 로고스(Logos)로 부르고, 빛으로 규정하여 암흑인 물질세계와 대비시켰는데"[185] 이것은 우주에 내재한 모종의 지적 존재성을 감지한 것이다. 태초에 뜻으로 존재하였고, 처음 하늘을 열면서 하나님이 말씀으로 천지를 창조하였듯, 우리는 그렇게 해서 드러난 뜻, 말씀, 존재 의지를 함축한 무형의 작용 형태를 일컬어 영성(성령)이라고 부른다. 神은 영적으로 존재하기 때문에 결정성과 비결정성 세계를 넘나들었고, 온갖 존재를 결정할 수 있었으

---

184) "易有太極 是生兩儀." ―『주역』, 계사상, 11장.
185) 『기독교성서의 이해』, 앞의 책, p.94.

며, 거대한 우주를 氣적 에너지로 채웠다. 본체는 결코 관념적인 실체가 아니다. 뭇 존재를 있게 한 바탕체로서 진리, 지혜, 의지, 주관, 감찰, 심판 권능을 총체적으로 주관한 존재이다. 그래서 하나님의 본체는 영이시라, 영성적인 바탕 위에서 무한하고 불변하고 영원할 수 있다.

네 번째로 만물이 지닌 질료성은 無로부터 창조된 것이 아니다. 하나님이 전격 제공한 것인데, 그것이 다름 아닌 神의 근원적인 본체성이다. 물질을 있게 한 근원은 지극한 본질체이다. 현대물리학에서는 물질이 곧 에너지란 사실을 밝혔거니와, 결정된 물질은 비결정적인 본질로부터 化되었다. 이런 차원적인 변화 상태를 일컬어 창조라 하거니와, 형태상으로는 차원화되었지만 본체적으로는 달라진 것이 없다. 神은 만상의 시종을 관장하지만 차원화되었기 때문에 세계 안에서는 無始無終인 것이 맞고, 영원한 생성으로 有한 세계를 창출하였다. 이것은 지극한 지혜로 구안된 시스템이다. 하나님이 관여하지 않은 창조 역사와 神적 본질에 근거하지 않은 삼라만상은 하나도 없다. 神은 세상없이 존재할 수 있지만, 세상은 神 없이 존재할 수 없다. 神은 스스로 존재할 수 있지만, 세상은 神이 있어야 존재할 수 있다.[186] 혹자는(Rosenzweig) "神은 진리이다. 그러나 진리는 神이 아니다"라고 했지만,[187] 그것은 사실이 아니다. 神이 진리인 것은 당연

---

186) 神으로 지칭된 스피노자의 일원론적 실체관: 그 개념이 형성될 수 있기 위해서는 어떠한 다른 사물의 개념을 필요로 하지 않는 것, 바꾸어 말한다면 스스로 존재하며, 그 자신을 통해서 인식되는 것으로서 그 자체 내에 자기 원인을 가지고 있는 것이다「라이프니츠의 개별적 실체관에 대한 고찰」, 나영옥 저, 이화여자대학교대학원 철학과, 석사논문, 1989, p.6). 즉 창조된 피조체와 구분된 창조되지 않은 창조주로서, 그런 존재 조건을 갖춘 자존자란 결국 창조주를 지칭한 것임.

187) 「신은 진리이다」, 앞의 논문, p.81.

하고 神적 본질에 근거한 관계로 진리로서 구성된 총체적인 전모는 그것이 그대로 神의 모습이다. 단지 과거에는 진리의 전모가 드러나지 못해 神의 모습을 온전하게 구성할 수 없었다. 진리는 神을 구성한 본체적 요소로서 神 안에 거한 내재적 본질이다. 神은 절대적으로 무한한 존재로서 영원하고 무한한 본질을 가진 실체임에(스피노자), 이런 특성은 바로 천지가 창조되었기 때문에 하나님이 피조체와 대비된 특성으로서 부각된 것이다. 동서양 공히 초월적인 절대자를 본체적으로 추구한 것은 그 근거가 오직 창조에 있다. 이런 사실을 깨달아야 인류는 진리를 통해 표출된 神의 실체를 분간하고 강림한 본체성을 완전하게 파악할 수 있는 지상 강림 시대를 열게 되리라.

# PART 02

신 종교론

설사 神이 인간 본질의 투영물에 불과한 존재라 하더라도 인간 자체는 종교와 神과 세계가 간직한 무궁한 본질성을 반영할 수 없다. 神은 어떻게 규정되든 세상 가운데는 원리와 법칙이 엄존한 실정인데, 이들이 존재한 이유와 법칙 원리는 어떻게 처리해야 하는가? 포이엘 바흐가 神의 본질적인 실상을 만천하에 폭로하였다고 하는 것은 사실상 인간이 지닌 비참한 한계성을 적나라하게 노출시킨 결과라고 할 수 있다. 인간의 독선과 편견과 몰이해는 능히 진상을 뒤집어 놓을 수 있다는 것, 그리하여 神의 존영은 무너뜨릴 수 있었지만 정작 파괴되고만 것은 인간성 자체이다. 무너진 신상의 잔해 밑에 깔려 버린 인류가 더 이상 희망의 빛을 보지 못하고 지금 고통스럽게 신음하고 있다. 허물어뜨렸으면 그 위에 다시 새로운 세계관을 건설해야 하는데, 파괴된 터 밑에서 헤쳐 나온 자가 없으므로, 세상 가운데는 더 이상 대업을 이룰 자가 없다. 神 없는 세계 질서의 허무성을 주장할 것이 아니라 어떡하든 神의 실재성을 추적해서 새로운 신권 질서를 재건시키는 것이 현실적으로 더 용이한 일이다.

- 본문 중에서

# 제6장 개관

종교란 무엇인가? 종교는 언제부터 시작되었는가? 종교는 진실로 인간에게 필요한 것인가? 종교는 선택되어야 하는가? 우리는 왜 종교를 가지는가? "인간은 왜 초월적인 것에 대해 관심을 갖는가? 종교는 전통적으로 어떻게 규정되어 왔는가? 종교적 신앙은 실재적인 근원이 있는가?"[1] 나약한 인간이 요구한 정신적인 위로 현상인가? 인간으로 하여금 종교적이게 하는 근거인 神은 진실로 존재하는가? 神은 종교의 본질을 규정하는 데 얼마나 관여되었는가? 이와 같은 질문들은 인류가 언젠가는 해결해야 한 지적 과제로 본인이 일찍이 품었던 의문이다. 왜 종교는 종교학이 담당한 과제를 넘어 인류 전체가 지닌 과제인가? 이에 대한 답을 이 연구가 제시하고자 한다. 오늘날은 종교가 지닌 자체 문제에 보태어 종교를 원칙적으로 부정

---

1) 『철학의 이해』, 한전숙·이정호 저, 한국방송통신대학교출판부, 1996, pp.357~358.

하는 이데올로기와 철학적인 학파들까지 나타났다. "종교는 진실로 인간에게 필요한 것인가? 인간은 종교 없이 자기의 삶을 영위할 수 없는 존재인가? 종교는 인간의 진보를 가로막는 장애물은 아닌가?"[2] 회의적인 물음들이 끊이지 않고 있다. 현실을 둘러보면 종교가 일상생활사에서 소용이 있는가? 인간은 경제적인 동물이므로 의식주만 넉넉하면 족하고 예술, 철학, 종교 등은 보다 여유를 가지게 된 인간들이 거드름을 피운 가식이 아닌가? 그런데 인간의 내면 상황을 들여다보면 전적으로 그렇지만은 않다. 인간은 사고하는 동물이고 정신과 영혼을 가진 존재로서 육신인 두 다리는 땅을 밟고 있지만 가없는 관념을 가진 정신은 안주할 만한 마땅한 곳이 없다. 그리하여 영혼의 고향과 지지 기반을 찾아 나설 것은 당연한 삶의 추구 본질이다. 인간이 가진 유구한 종교적 행위 역사를 등한시할 수 없는 이유이다. "종교는 원시 신앙의 형태로부터 고등종교에 이르기까지 거의 모든 인간 사회에서 보편적으로 발견되는 사회 현상이고 문화 양태"로서 표출되었다.[3] 이 같은 사실은 종교를 연구한 학자들이 역사와 문화를 통하여 확인한 객관적 자료에 근거한다. "일련의 조사 연구에서 나타난 분명한 사실은 인류의 오랜 역사 가운데서 종교의 흔적을 간직하지 않은 민족과 부족은 단 하나도 발견되지 않았다"는 것이다.[4] 종교는 인류의 사회 체계를 형성한 중요한 요소 중 하나이고, 인간 삶의 구조 속에서 확고하게 틀 잡은 사회적 실재이다. 그런데도 반종교적인 이론들, 이를테면 진화론적 종교 이론과 유물론적

2) 『선과 종교철학』, 아베 마사오 저, 변선환 엮음, 대원정사, 1996, p.268.

3) 『철학의 이해』, 앞의 책, p.358.

4) 『신은 존재하는가(Ⅰ)』, 한스 큉 저, 성염 역, 분도출판사, 1994, p.413.

종교 이론, 심리학적 종교 이론 등이 대두된 데는 나름대로 이유가 있다. 이것은 결국 종교라는 실체가 존재함으로써 드리우게 된 음영이다. 종교는 여태껏 추구하고자 한 대상 영역이 분명하였고, 존재 이유도 확실하다. "종교는 넓은 의미에서 인간이 그가 관계하는 우주, 자연과 사회에 대한 끊임없는 물음에서 시작하여 그런 물음에 대해 답변하는 과정을 통하여 성장하였다."[5] 이런 물음에 대한 해결 노력은 사고하는 인간으로서는 피할 수 없고, 일련의 성향을 묶어서 종교가 역할을 대신하였다. 그런데도 종교를 부정하는 여러 이데올로기들과의 만남이 흔하게 된 것은[6] 인간의 근원적인 물음에 대해 종교가 해답을 제시하지 못해서이다. 그렇다고 종교가 지향한 원천적인 탐구 목적인 인간과 세계의 존재 이유를 밝히고자 한 것이 소실된 것은 아니다. 종교가 부정된 추세에는 그만한 이유가 있은 것일진대, 이제부터는 그렇게 된 이유까지 파고들어 인류가 끝내 종교를 버리지 못한 이유를 밝히려 한다. 종교는 오히려 가장 현실적인 진리관과 직접적인 세계성을 시사한다. 단지 본질을 규명하지 못한 관계로 "기독교 근본주의자들에 의해 유태인과 무슬림은 지옥에 떨어질 것이라든지, 동양의 종교들은 악마에게 영향을 받은 것이란 주장들을 서슴지 않았다."[7] 세계의 종교들이 처한 현 상황은 정말 밝혀내어야 한 근원적인 문제를 풀지 못하여 가치를 인정받지 못하고 있는 상태이다. 그리하여 종교 부정의 이데올로기들이 거세게 확산되어 종교 실종을 우려하는 실정이 되었다. 이런 처지 속에서 강림

---

5)『종교와 인간』, 서광선 저, 이화여자대학교출판부, 1995, p.6.
6) "오늘날 종교를 부정하는 이데올로기는 니힐리즘, 마르크스주의, 과학주의, 정신분석학 등이 있다." ―『선과 현대철학』, 아베 마사오 저, 변선환 역, 대원정사, 1996, p.10.
7)『신의 역사(Ⅱ)』, 카렌 암스트롱 저, 배국원·유지향 역, 동연, 1999, p.669.

한 하나님의 본체성을 증거하기 위해서는 먼저 종교가 진리로서 지닌 특성과 담당한 영역을 확고히 해야 한다. 종교는 예나 지금이나 하나님이 만유의 주재자인 사실을 확인할 수 있게 하는 든든한 기반이다. 종교 진리의 본질을 규명함으로써 이 땅에 강림한 하나님의 실체성을 확고히 할 것이다.

# 제7장 종교 진리의 본질

## 1. 종교의 기원

종교는 역사상 언제부터 발생되었는가? 왜, 무엇 때문에 생겨났는가 하는 것은 비단 종교를 전문적으로 연구한 학자들만의 관심사는 아니다. 문화사적으로도 연구 대상이다. 그런데 종교의 기원은 각자 지닌 관점에 따라 발생 이유를 다르게 본다. "종교학자들은 만일 인간에게 고통이 없고 죽음이 존재하지 않았다면 종교가 발생했을까? 인간적 삶의 완성과 자기 초월을 원하지 않았다면 종교가 발생하지 않았을 것"이라 보고,[8] 인간이 처한 내면의 실존성에서 이유를 찾았다. 그러나 이것도 근본적으로는 만물이 존재한 과정에서 발생한 일반적인 현상일진대, 이 연구는 종교 발생의 기원을 삼라만상이 창조

---

8) 『종교의 철학적 이해』, 김형석 저, 철학과 현실사, 1992, p.169.

된 데서 찾고자 한다. 다양한 접근에도 불구하고 천지가 창조된 것은 인류가 종교라는 행위를 발생시키게 된 주된 근거이다. "종교는 인간 삶의 궁극적인 관심사로서 인간 경험의 행위에 관한 물음과 답이다. 이와 같은 행위가 사회화되고 제도화된 것이 종교를 이루었다."[9] 그렇다면 인간의 세계에 대한 궁극적인 관심사란 정말 무엇인가? 바로 존재와 현상에 대한 의문인데, 당시의 미분화된 세계에 대한 이해가 제단을 쌓고 신전을 지어 그곳에서 초월적인 존재와 관련을 맺어 초월적인 힘을 숭배하려고 했다. "배물교(拜物敎-fetishism), 자연숭배, 토테미즘(totemism), 샤머니즘(shamanism), 신인동형동성론, 유대교적인 유일신론, 기독교적인 유일신론 등등 숭배한 행위 형태가 다르게 나타난 것일 뿐"[10] 창조와 관련해 보면 종교는 인류의 보편적인 활동이다. "종교는 지정학적 특성과 민족들이 가진 특수성과 조화될 수밖에 없어"[11] 지역에 따라 갖가지 형태로 만발하였다. 자연발생적인 정신 현상이 아니라 어떤 형태로든 추구될 수밖에 없는 당위 행위이다. 여기서 어떤 종교가 참되고 절대적인 것인가를 판가름하려 든다면 그런 시도는 종교의 본질을 밝히는 목적을 무색하게 만든다. 이 연구는 역사상 나타난 종교 발생의 기원과 이유를 밝히려는 것이므로, 어떤 종교 현상이든 그것은 나름대로 발생한 근거가 있고 존재한 가치가 있다는 것을 확인시키고자 한다. 전통과 모습은 달라도 세계에 가로 놓인 보다 근본적인 행위로서 창조로 인해 인류 사회가 나름대로 종교 발생 형태를 갖추었다. 이런 사실을 혹자는

---

9) 『기독교 사상』, 종교교재편찬위원회, 계명대학교출판부, 1984, p.13.

10) 위의 책, p.13.

11) 『동양의 마음 서양의 영성』, 이기반 저, 큰빛, 1994, p.178.

조상 숭배 사상으로 이해하기도 하였고, "영국의 인류학자이자 현대 인류학의 개조로 불린 E. B. Tylor는 배물론(animism)이 종교 출발의 가장 기본이 되는 형태라고도 하였다."[12] 신령 내지 정령에 관한 관념이 생겨난 사상의 기초에는 물활론처럼 천지가 창조됨으로 인한 생명력을 어떤 형태로든 확인하고자 한 노력이 있었다. 아직도 실체를 규명하지 못한 상태이므로 숭상한 제의(祭儀) 형태와 대상이 일률적이지는 않지만, 범상치 않은 창조력을 인류가 종교를 통하여 교감하였다. 창조력을 공감하는 방식에 있어 과거에는 샤머니즘적인 요소를 택하였다면, 오늘날은 과학적인 방법으로 확인하고 있는 차이이다. 창조 사실을 확인하는 데 있어서는 과학도 인간이 추구한 종교 행위의 변형된 형태에 속한다. 따라서 "자연의 물리적인 힘에 대해서 과학적으로 인식할 수 없었던 시대이기 때문에 영력(靈力), 기력(氣力), 주력(呪力) 등으로 접근한 종교가 발생했다"는 견해는 잘못이다.[13] 현대 물리학이 발견한 자연계에 존재하는 네 가지 힘인 전자력·중력·약력·강력은 천지가 그냥 존재하는 것이 아니란 것을 뜻한다. 창조력에 근거한 것일진대, 인간은 당연히 종교와는 성격이 다른 과학적인 탐구 방법을 강구하게 되어 있었다. 즉, 인간은 천지의 활성적인 능동성에 대해서 공포와 위기의식을 느끼기는 하지만, 종교는 그 같은 순수 자연력을 본질적인 문제로까지 여기지는 않았다. "인간의 삶과 죽음의 모든 문제를 자연의 물질적 영기로 인하여 접신, 공감하는 통과제로서의 다신적 샤머니즘 요소에 종교 발생의 근거가 있다."[14] 종교 발생의 원인 가운데는 현존재의 물질적, 현상

12) 『기독교 사상』, 앞의 책, p.14.
13) 『종교는 무엇인가』, 최광열 저, 학우사, 1980, p.227.

적 규명보다 더 궁극적이고도 초월적이며 영원한, 정신적이고 관념적이며 신령적인 것에 초점을 두었다. 종교는 인간이 궁구하고자 한 근원적인 문제를 해결하고자 함으로써 인류가 삶을 시작함과 함께 병행된 행위 형태를 이루었다. 이런 문제의식은 다른 영역에서는 다루기 어려운 과제이다. 여기에 종교 진리가 담당한 막중한 사명이 있다.

## 2. 종교의 개념 정의

종교란 무엇인가? 인간은 어느 곳, 어느 시대를 막론하고 종교를 추구하였지만 종교를 정의하라고 한다면 곧바로 표현하기 어렵다. 왜 그런가? "종교학을 하는 데 있어서 종교를 정의하는 것은 본질적인 물음의 바탕 위에 서지 않으면 종교의 범주에 상당한 혼란을 가져오기 때문이다."[15] 고래로부터 종교적인 현상을 객관적인 입장에서 체계 짓고자 했던 서양은 그들이 체험한 문화 양식적인 범주 안에서 종교를 정의함으로써 인류가 가진 전체 문화 양식을 포괄하지 못하였다. 이 같은 폐단을 비판 없이 받아들인 동양도 별다른 이론적 대안 없이 종교의 가치를 속단, 오해하는 등 종교 자체를 부정한 추세이다. 관념론 철학의 대가인 헤겔은 "종교의 대상은 神이라고 하였다. 종교의 주체는 神을 향한 인간적 의식으로서 세 가지 계기, 즉 神, 神에 대한 인간적 의식, 예배 혹은 제의가 종교의 본질을 형성한다"고 했다.[16] 결론과 견주면 틀린 말은 아니지만 神이 종교라

14) 위의 책, p.227.
15) 「동양 천관념의 종교학적 연구」, 정한균 저, 원광대학교대학원 불교학과, 석사논문, 1994, p.30.

는 문화 양식을 배태시키는 데 있어 주체적인 역할로 전면에 서지는 못했다. 알다시피 전통적인 종교 양식 가운데는 헤겔이 말한 것처럼 인격신적인 관념의 발달이 이루어지지 못한 경우가 태반인데, 특히 동양 종교를 살펴보면 불교와 유교 같은 전통 종교는 여러 가지 측면에서 결격 사유가 생겨 종교 아닌 종교가 되어버리는 웃지 못할 사태가 발생한다. 神을 지향하지 않았으므로 도덕이나 수행을 위한 행동 철학이지 종교가 아니란 관점이다.[17] "헤겔은 철학이 종교보다 더 높은 단계에 있다고 보았을 정도로 종교에 대한 이해 수준을 낮게 잡았다."[18] 종교는 심원한 본질성을 간직하였지만 자체로서 진리성을 변호할 만한 체제를 갖추지 못하다 보니까 곡해가 생긴 것인데, 이런 상황을 고려한다 해도 궁극적으로는 일체 결과를 神에게만 귀속시킨 한계가 있었다. 종교는 전적으로 形而上學적인 것도 아니고 자연과학과 윤리학의 부속물도 아니다. 문화적인 현상보다 더 본질적이다. 주격적인 입장을 고조한 측면에서 보더라도[19] 종교의 내용은 유한한 인간이 무한하고 영원한 神을 향한 직관적, 감정적 관계에 있다.

종교학자들 중에서도 종교를 '절대자에 대한 인간의 신앙'이라고 정의한 부류는 주지주의(主知主義)적인 것으로서, 원한 바 종교에 대한 포괄적인 개념 정의가 아니다. 절대자에 대하여 인간이 어떤 감

---

16) 『헤겔 연구(7)』, 한국헤겔학회 편, 청아출판사, 1997, p.120.

17) "만약 우리가 크리스트교의 주장 논리에 의거하여 종교문화를 운위한다면 종교에 대한 우리의 관심으로부터 불교는 배제되지 않으면 안 된다. 불교는 종교이지 않기 때문이다." -『종교문화의 이해』, 정진홍 저, 서당, 1992, p.27.

18) 『철학의 의미』, 조셉 G. 브렌넌 저, 곽강제 역, 학문사, 1997, p.252.

19) 종교는 인간 의식의 본질적, 주격적인 감정에 깊은 근저와 기초를 둔 것으로, 의식의 현상적이요 빈격(賓格)적인 이지에 의존한 철학이나 자연과학보다 더욱 인간 사회에 중요한 관계가 있는 것이라고 봄 -『철학과 종교의 대화』, 채필근 저, 대한기독교서회, 1973, p.108.

정을 가지는가 하는 것을 주장한 주정주의(主情主義)라든지, 종교를 인간의 도덕적 실천과 결부시켜 규명하려 한 주의주의(主意主義)도 神을 향한 그늘 안에 머문 것은 마찬가지이다.[20] 한 측면만으로는 도무지 본질적인 개념 정의에 도달할 수 없어 상존한 종교 인식들 중 정의한 개념들을 종합하는 방법을 통하여 공통된 본질을 추출해야 한다. 그렇다면 종교란 영역에 대해 선각들은 어떤 시각을 가지고 개념을 추출하였던가? 스펜서(H. Spencer)는 "이 세계의 존재는 한 신비로서 우리의 해석을 요구한다"고 하였다.[21] 종교를 일련의 궁극적인 것에 관한 신조 내지 신념 체계로 볼 때, 인간이 궁극적인 실체를 인식하는 데 있어 신비 운운한 것은 종교가 처한 상황에 대한 정확한 진단이다. 하지만 그렇다고 우리가 구하고 있는 정답에 대한 지혜 빌림은 아니다. 종교는 궁극적인 실체를 찾아내어야 하는 사명을 가진다. 밀러(M. Muller) 같은 이는, 인간으로 하여금 여러 가지 이름과 모양으로 무한자를 인식할 수 있게 하는 능력, 혹은 성향이 종교라고 하였다. 무한자 외도 우리의 주변에는 무한자가 이룬 수많은 창조 업적과 흔적이 널려 있기 때문에 이것을 두루 수용할 수 있는 포괄적인 인식 틀이 필요하다. 슐라이어마허(F. Schleiermacher)는 종교를 "절대 의존의 감정"이라고 하였고, 칸트(I. Kant)는 "우리의 모든 의무를 神의 명령으로 받아들이는 것"이라고 했다. 神, 무한한 것에 대한 의식, 초월적인 것에 대한 인간관계와 태도 등등 다양한 관점들을 나열하고 보면 무언가 말하려고 한 것은 맞는데 꼬집어 낼 수가 없는 무엇이 있다. 종교는 神과 연관되어 있지만 표현하지

---

20) 『기독교의 이해』, 한중식 저, 숭실대학교출판부, 1990, pp.18~23.
21) 『철학의 이해』, 앞의 책, p.360.

못한 부족분이 있다는 것, 그것을 충족시켜야 한다. 신비롭고 초월적이고 무한한 것, 규정적인 것, 절대 의존, 한계적인 것을 神의 명령으로 보았지만, 그런 개념적 밝힘은 그야말로 개념으로 치장된 말 조작일 수 있다. 따라서 종교 진리에 대한 개념은 종교가 지닌 진정한 본질을 밝혀내어야 정의할 수 있다.

## 3. 종교의 위기와 비판 관점

종교는 거룩하고 성스러우며 가장 이상적인 것의 현실적인 구현을 위해 지상에 쌓아 올린 세계관의 총화이다. 인간이 본성적으로 요구하는바 고뇌로운 삶을 극복하고자 한 실존적인 삶의 추구이다. 하지만 그 이상과 지향 과제가 너무 웅대하다 보니 인류는 무수한 세월을 보내고서도 무엇 하나 제대로 이룬 것이 없다. 거둔 성과는 없는데 원하는 것은 많아 과대망상증에 걸린 환자처럼 보인다. 종교의 본질을 밝히기 위해서는 반드시 짚고 넘어가야 하는 문제이다. 흔히 종교적인 대상들은 그것이 진리이든 인격이든 道이든 현실적인 인식과는 차이가 있다. 감히 접근할 수 없는 궁극적 실체는 피안인 저곳에 있고, 도달할 수 있는 가능성도 결단을 내린 믿음이 필요한데, 설상가상 상상을 초월한 맹신과 비합리적인 허구까지 도사렸다. 어떤 종교적인 천재가 나타나 관념의 왕국을 건설하면 누구도 사실적으로 검증할 수 없다. 종파가 난립되어 세뇌된 믿음이 은연중 삶의 건전한 가치까지 파괴시켜 멀쩡한 정상인을 눈뜬 환각자로 만들어 버린 병폐를 안겼다. 주어진 상상력으로 어떤 대상을 신격화하면 숭배되지 않을 대상이 어디 있겠는가? 종교도 알고 보면 확실한 인식과 실체적 기반 위에 설 수 있는데도 핵심된 본질을 밝히지 못하다 보니 종교를 빌미로 하여 혹세무민한 자들이 나타났다. 종교 진리는 참된 믿음과 삿된 믿음이 뒤엉켜 있어 분간하기 어렵게 되었다. 그리하여 근래에 와서는 신앙의 고귀함을 저버리고 부정한 이데올로기들이 본격적으로 나타났다. "비종교적이고 반종교적인 입장들이 나타나 종교를 자명한 것으로 받아들이는 행위에 대해 역사적 상황을 모르고 일반적 기대에 반하는 것"으로 생각했다.[22] 종교를 거부한 시대사조에 따라 지성들의 혁명적 선언들이 뒤따랐다. "과학주의, 정신분석학, 마르크스주의, 니힐리즘 등이 종교를 부정하고 나섰다."[23] 확산된 이 같은 사조는 모든 종교들에 대해 심각한 도전이다. 종교는 이런 문제점을 회피할 수 없다. 극복할 수 없는 종교 지상주의는 말만의 구호에 불과하다. "종교는 민중의 아편이다."[24] "기독교를 포함한 모든 종교는 하나의 사기극에 불과하다."[25] "종교는 인간의 강박관념에서 비롯된 것이다"란 혹평을 서슴지 않았다.[26] 이런

---

22) 『선과 종교철학』, 앞의 책, p.134.

23) 위의 책, p.282.

24) "마르크스주의자들은 종교란 원시 시대에 있어서는 직업적 종교 계급이 대중을 억누르려는 세력 획득의 수단이었고, 그 후에는 자본주의 제도 아래에서 종교 계급이 하류 계급의 불만과 불평을 달래기 위하여 천국의 보상을 약속하여 주는 것으로 만들었다고 보고 있다. 즉, 종교는 지배계급, 특권계급이 피지배 계급을 마취시키기 위하여 만들어낸 것이란 주장이다." — 『기독교의 이해』, 앞의 책, p.17.

25) "이 견해는 중세의 자유사상가들로부터 시작되어 18세기의 계몽사상가들에게 전해졌다. 자유사상가들이란 17~18세기 초반에 영국과 프랑스에서 나타났던 일군의 사상가들. 영국에서는 종교를 비판하면서 합리적 사고방식을 강조하였으며, 대체로 무신론이나 이신론으로 발전하였다. 콜린스(Anthony Collins, 1676~1729)나 톨란드(John Toland, 1670~1722) 같은 사람이 있었다. 한편 프랑스에서는 16세기 몽테뉴에서 시작된 회의론적 입장을 취하면서 종교적 무관심을 주장한 생에브르몽(1614~1704)과 같은 사람이 있고, 다른 한편으로는 가톨릭과 군주의 유착을 비난한 유물론자 가상디(Pierre Gassendi, 1592~1655) 같은 사람이 있다. 이외에도 넓은 의미에서 종교비판에 가세했던 사상가들도 여기에 포함된다." — 『마르크스·엥겔스의 종교론』, 라인홀트 니버 엮음, 김승국 역, 아침, 1988, pp.148~149.

26) "현대 심리학에 따르면 자연의 위협과 공포에 대한 정신적 방어가 바로 종교라는 것이다." — 「신 존재 증명, 철학강의(대화편 7)」, 인터넷자료.

부정 논리 중 전후 사조에 있어서 가장 충격적인 영향을 끼친 인물은 포이엘 바흐이다. 그는 『기독교의 본질』을 통해 '인간론적 무신론'을 선언하였다. "神을 인간의 투사물로 보고, 神은 인간 지성의 보편적 본성을 객관화한 것이다. 이것이 사실이라면 인간의 神에 대한 인식은 자의식이고 자기 인식이 되고 만다."[27] "종교는 인간의 본질이 자기 자신 안에서 반성되고 반영된 것" 외 아무것도 아니다.[28] 인간은 神에 대해서 늘 자기만의 짝사랑, 절대 의식화 행위가 아닌가 하는 회의감이 들 때가 있다. 하나님은 보이지 않는 대상이고, 기도에 대한 응답은 우연적인 일치일 수도 있는 것이라, 깊숙한 곳에 도사린 잠재된 의문을 과감하게 끄집어내었다. 자신을 통해 바라본 神에 대해서 급기야 神과 자신을 전도시켜 버린, '神을 인간의 투사물'로서 결론 내렸다. "종교의 본질을 인간의 본질로 환원함으로써"[29] 도달한 기독교 본질은 神이 아닌 인간 본질을 반영한 것이다. 참으로 충격적인 선회이고 혁명적인 선언이다. 하나님이 태초에 자체 본체를 본으로 삼아 인간을 창조하므로 神=인간일 수 있는 가능성은 항상 있다. 세상 가운데서 말하는 자는 오직 인간뿐이므로 인간이 자신의 본질을 주체로 내세운다면 그렇게 생각할 수도 있다. 그래서 세인들은 "종교와 神으로부터 인간의 해방을 선언한 것이고 신학을 인간학으로 바꾼 것"으로 평가했다.[30] 神에 대한 이해가 자기 자신에 대한 이해이고, 인간에 대한 이해라는 생각은 탁견이다.

---

27) 「한스 큉의 신론연구(현대 무신론을 중심으로)」, 박성주 저, 한신대학교신학대학원 조직신학, 석사논문, 1995, p.4.

28) 『기독교의 본질』, 루드비히 포이엘 바흐 저, 김쾌상 역, 까치, p.152.

29) 『마르크스・엥겔스의 종교론』, 앞의 책, p.54.

30) 위의 책, p.4.

하지만 문제는 그렇게 규정함과 동시에 神이란 실체는 지워져 버렸다는 데 있다. 더 나아가서는 神과 세계의 정점에 존재한 궁극적 실체마저 지워버린 결과를 초래했다. 설사 神이 인간 본질의 투영물에 불과한 존재라 하더라도 인간 자체는 종교와 神과 세계가 간직한 무궁한 본질성을 반영할 수 없다. 神은 어떻게 규정되든 세상 가운데는 원리와 법칙이 엄존한 실정인데, 이들이 존재한 이유와 법칙 원리는 어떻게 처리해야 하는가? 포이엘 바흐가 神의 본질적인 실상을 만천하에 폭로하였다고 하는 것은 사실상 인간이 지닌 비참한 한계성을 적나라하게 노출시킨 결과라고 할 수 있다. 인간의 독선과 편견과 몰이해는 능히 진상을 뒤집어 놓을 수 있다는 것, 그리하여 神의 존영은 무너뜨릴 수 있었지만 정작 파괴되고 만 것은 인간성 자체이다. 무너진 신상의 잔해 밑에 깔려 버린 인류가 더 이상 희망의 빛을 보지 못하고 지금 고통스럽게 신음하고 있다. 허물어뜨렸으면 그 위에 다시 새로운 세계관을 건설해야 하는데, 파괴된 터 밑에서 헤쳐 나온 자가 없으므로, 세상 가운데는 더 이상 대업을 이룰 자가 없다. 神 없는 세계 질서의 허무성을 주장할 것이 아니라 어떡하든 神의 실재성을 추적해서 새로운 신권 질서를 재건시키는 것이 현실적으로 더 용이한 일이다.

　마르크스주의, 프로이트, 니힐리즘 등으로 이어진 종교비판이 뚜렷한 계보성을 지녔다. 알다시피 "마르크스가 종교를 비판했던 주안점과 논거는 대체로 헤겔 좌파의 사상가들, 그중에서도 포이엘 바흐로부터 영향을 크게 입었다."[31] 그는 인간 해방의 문제와 관련하여

---

31) 『무신론』, 박종대 저, 유니텔 자료.

사회 개조를 계몽, 의식의 변화, 종교적, 도덕적 강제로부터 자유를 통해 성취하고자 하였는데, 마르크스도 경제적, 정치적, 이데올로기적인 관점에서 사회 혁명을 통해 철저하게 사회를 개조하고자 하였다. 철학자들은 세계를 다만 상이하게 해석해 왔을 뿐, 중요한 것은 세계를 변혁시키는 일이라고 주장하였다. 세계를 변혁시키는 데 가장 큰 걸림돌은 종교가 지닌 뿌리 깊은 위세(威勢)였으리라. 그래서 공격 목표를 정확하게 포착한 그들은 그 목표물을 넘어뜨리기 위해 포문을 활짝 열었다.

> "종교는 억압받는 사람들의 고난의 표현이며, 이러한 고난에 대한 항거이다. …… 그 마취적 결과는 인간의 정당한 유산인 지상에서의 '진정한 행복' 대신에 '환상적인 행복'을 받아들이도록 자극하는 데서 나타난다. 종교는 고통을 멈추게 하지만 병을 치료할 수는 없다. 그러므로 종교는 폐지되어야 할 필요가 있다."[32]

인간 본질과 종교의 본질 문제, 혹은 神의 존재 문제에 대해 진지하게 학문적으로 파고들었더라면 피상적, 왜곡된 비판 관점은 가지지 않았을 텐데, 마르크스는 외향적이고 사회적인 추구 성향에 심취하여 이론적인 사상가 입장에서 일체의 종교 가치를 와해시켰다. 정신 분석의 창시자인 프로이트도 인간의 잠재의식과 심층심리 문제를 연구한 학자로서 종교의 본질 문제를 심도 있게 다룰 만한 여건을 갖춘 상태였지만, 쏟아낸 것은 종교에 대한 날선 비판뿐이었다.

---

32) 「폴 틸리히의 신론에 대한 연구」, 윤강수 저, 장로회신학대학교신학대학원 신학과 석사논문, 1996, p.12.

"종교란 성숙하지 못한 인성이 지닌 유아기적 강박 노이로제이
다."[33] "종교란 하나의 환상이며 결코 충족되지 않을 신경증적인
반응이다. 종교는 유아기적 퇴행 현상이다."[34] "지진, 홍수, 폭풍,
질병, 죽음같이 잔인하고 어김없이 찾아오는 자연의 위협에 대한
심리적 방어 체제이다."[35] "유일신, 혹은 성부에 대한 신앙인 유신
론은 인간 욕구에서 기인된 환상이다."[36]

"종교는 인간이 바라고 소원한 것에 의하여 나타난 착각이고, 종
교적 교리 역시 착각의 산물이다."[37] "세계를 환상으로 대하지 않고
실증적인 과학 지식으로 대하면 종교는 스스로 사라질 것이다"라고
하였다.[38] 이것을 일컬어 오이디푸스 콤플렉스에 근거를 둔 정신분
석학적 무신론이라고 하거니와 이 같은 관점도 사실은 인간의 종교
의식과 심리적인 작용 원인을 관념적으로 접근한 데 따른 취약점이
노출된 것이다. 그런 식으로 보면 그렇게 보일 수도 있다는 것, 하지
만 그것이 진실이 아니라면 종교 현상의 본질을 밝혀야 하는데 쉽지
않은 것은 과학이 부상함과 함께 종교적 위상(位相)이 존폐가 거론될
지경에 있다. 각처로부터의 도전 때문에 종교란 거인이 기진맥진한
상태이다. 과거에는 세계에 대해 종교가 영향력을 끼친 시대였다.
단비가 내리는 것은 天神의 은총이고 천둥은 하나님의 진노인데, 이
러한 영역이 과학으로 이양되어버려 이제는 진리 영역을 과학이 장
악하여 버렸다. "르네상스 이후로 세계에 대한 지식은 천문학·지질

---

33) 『종교문화의 이해』, 앞의 책, p.30.
34) 「무신론에 대한 연구」, 박만 저, 장로회신학대학신학대학원, 석사논문, 1986, p.51.
35) 『종교철학개론』, 존 H. 힉 저, 황필호 역, 종로서적, 1980, p.71.
36) 『선과 종교철학』, 앞의 책, p.275.
37) 「한스 큉의 신론 연구(현대 무신론을 중심으로)」, 앞의 논문, p.5.
38) 『종교철학개론』, 앞의 책, p.71.

학·동물학·화학·물리학 분야에서 괄목하게 발전하여, 과학과 상반된 기독교 교리의 수정이 불가피하게 되었다. 이런 추세로 인해 과학 만능주의자들은 미래의 언젠가는 종교가 이 땅에서 완전히 사라진 후기 종교 사회가 도래할 것이라고 예견하기도 하였다."[39] "종교가 원칙적인 과학주의에 의해 부정되고 과학적인 사고방식이 만연하면 종교는 자연히 존속할 수 없게 되고 만다."[40] 근대과학의 눈부신 발전이 고래의 자연관을 일변시켜 각종 무신론을 양산하게 되었다. 어떻게 하여 과학은 종교와 결별하고 지상의 권능자가 되었는가? 대처할 방도는 없었는가? 과학만능주의 때문에 위축된 종교적 실상을 직시해야 한다. 정말 벼랑 끝에 몰린 것으로 보이지만, 이런 처지 속에서도 종교는 난관을 극복할 수 있는 본질력을 발휘할 수 있다. 그 가능성을 자각해야 전세를 역전시킨다. 종교를 부정한 이데올로기들이 종교에 대해 치명적인 상처를 입혔지만, 그런 아픔을 털어내고 오히려 전격 포용할 수 있겠는가? 이 연구는 종교에 대한 실질적인 본질성 추적을 통해 종교 존립의 가치를 확인하고 뭇 形而上學의 본체적인 진리성과 관념적인 실체성을 인류 앞에 제시할 것이다.

## 4. 종교 진리의 특성과 본질

종교는 다양한 영역에 걸친 본질과 함께 아직도 핵심된 알파를 규명하지 못한 상태이다. 따라서 개념을 정의한 사례를 보아도 다양한

---

39) 『서양종교철학 산책』, 황필호 저, 집문당, 1996, p.214.
40) 『선과 종교철학』, 앞의 책, p.275.

의미를 내포하고 있다. 진리란 무엇인가? 존재란 무엇인가? 본질이란 무엇인가? 무엇하나 제대로 규정하지 못했다. 하지만 종교 진리가 다른 영역과 다르게 특별한 것은 당면한 과제들 중에서도 가장 본류적인 영역을 담당하고 있다는 데 있다. "인간의 종교적 관심은 세상을 궁극적으로 뒷받침하고 있는 실재가 과연 무엇인가 하는 것이고,"[41] 인간 자체의 궁극적인 면을 표현하고자 했다. 이것은 유리수가 무엇이고 조수간만의 차가 어떻게 해서 생긴 것인지를 아는 것과는 다르다. 하지만 "종교가 궁극적인 실재를 구하고 거룩한 가치를 추구하는 전인적인 과제라고 해서"[42] 그것을 학문적으로 탐구할 수는 없다. 학문적인 입장은 "종교를 연구하는 방법에 있어서 신학적인 접근 방법, 종교학적인 접근 방법, 철학적인 접근 방법 등이 있지만"[43] 종교 진리의 특색을 파고들기에는 부족한 방법들이다. 굳이 이런 점을 지적하는 것은 서양의 사상가들이 이와 같은 방법으로 종교 진리의 특성을 규정했기 때문이다. 헤겔은 『종교철학강의』에서 "종교학이란 철학에 있어서 하나의 궁극의 학이며, 그런 한에서 다른 철학적 분과들을 전제하고, 또한 철학적 분과들의 결과이다"라고 하였다.[44] '궁극의 학'이란 그럴듯한 지위는 부여하였지만, 순수 종교가 아니라 종교 철학에 있어서 절대 정신의 한 표현인 종교에 관한 철학이라고 하여, 근원된 뿌리는 철학에 두었다. "종교는 절대자를 표상하고 묘사하지만 철학은 절대자를 파악하고 사유함으로써

---

41) "틸리히에 의하면 종교는 인간의 궁극적인 관심이며 인간의 가장 근본적, 혹은 궁극적 가치라고 했다." -『종교와 인간』, 앞의 책, p.107.

42) 『종교의 철학적 이해』, 앞의 책, p.158.

43) 『기독교의 이해』, 앞의 책, p.11.

44) 「헤겔의 종교철학 연구」, 이부현 저, 부산대학교대학원 철학과, 철학박사논문, 1991, p.1.

개념상 최고이고 궁극적이기 때문에 철학이 종교를 능가한다"라고 이유를 밝혔다.[45] 종교를 격하시켜 정작 중요한 특성 앞에서는 본말을 전도시켰다. 종교의 본질을 들여다볼 수 있는 안목을 잃어버렸다. 그에 앞선 칸트도 비슷한 주장을 하였다.

칸트는 서양 철학사에서 인간 이성의 한계를 지적한 철학자이다. 이성을 철저한 인식 도구로 삼아 세계에 가로 놓인 形而上學적인 문제를 판단하였다. 따라서 종교도 '이성의 한계 내에서의 종교'인 안목으로 보았다. "종래의 계시 종교가 지닌 미신적인 요소와 비도덕적인 요소에 대해 맹렬하게 비판을 가했다."[46] "이런 영향으로 기독교 교의는 인기를 잃어버렸고, 현상계를 초월하는 것들에 대한 이론적 지식의 획득이 부인되었으며, 神적인 것에 대한 지식의 가능성들도 모조리 부정하는 결과를 초래했다."[47] 어떻게 "종교 문제를 이성의 영역 안에서만 취급하는 것이 타당하다고 주장한 것인가? 이에 대해 현대 철학의 주류를 이룬 실증주의적 사고와 분석 철학에서는 과학적인 사고와 합리적인 논증의 대상이 되어야 한다"고 했다.[48] 이것은 종교 진리의 본질에 반한 판단인데도, 그렇게 생각한 주된 원인은 종교를 연구한 학문적 입장에 있다. 종교 진리는 그것을 구하고 체득하려는 자들의 목적에 따라 이미 개념으로 표현된 상태이다. 종교가 집대성한 경전이 그러하고 동양의 사상이 그러하며, 覺者들의 인식이 그러한데, 이런 성과들을 곡해했다. "종교는 이성과 도

---

45) 『기독교 사상』, 앞의 책, p.93.

46) 『세계철학대사전』, 고려출판사, 1992, 칸트 편.

47) 「칸트의 신관에 대한 기능적 유신론 이해」, 윤종한 저, 전남대학교대학원 철학과, 석사논문, 1992, p.72.

48) 『종교의 철학적 이해』, 앞의 책, p.156.

덕성이 핵심이다."[49] "종교는 주관적인 믿음의 여부와 관련된 것이지 인식된 앎과는 아무런 관계가 없다."[50] 그런데 살펴보면 종교 진리는 엄연히 자체로서 진리를 인출한 당당한 인식적 근거를 지녔다. 단지 오감을 통해 포착할 수 있는 실체가 아니다 보니 체득된 종교 진리가 "체험자 이외에는 본질적으로 파악이 불가능하다"는 오해가 있었다.[51] 이런 결과를 불러일으킨 종교적 대상들이란 과연 무엇인가? 종교 안에서 절대적인 진리는 궁극적인 목적을 요청하므로, 대상도 여기에 대해 해답을 줄 수 있는 궁극적인 그 무엇이어야 한다. 그런데도 과거에는 조건 면에서 "논리적 객관성보다 실천적 주관성이 강하여 종교의 내용인 신앙이 보편성을 지닐 수 없었다."[52] 체득한 진리도 현실적인 인식과는 차이가 있어 도무지 객관성을 확보할 수 없었다. "종교의 중심을 감정과 직관과 절대적인 실재에로의 귀의성으로 본 슐라이엘 마흐 같은 종교론도 대두되었다."[53]

이렇듯 서양에서는 종교의 궁극적인 추구 성향에 있어 대상을 처음부터 끝까지 절대적 의존자인 神에게 두었지만, 이 연구는 종교 진리의 특성을 추출하기 위해 그 초점을 근원된 본질성 위에 두었다. 종교가 세상의 알파 영역을 담당하므로 시원에 관한 고를 풀 열쇠를 지닌 것이라면, 그 열쇠는 바로 창조의 바탕체인 본질이 지니고 있다. 그런데도 서양에서는 이 같은 대상(본질)을 무시하고 곧바로 물질(자연) 혹은 神으로부터 실마리를 찾았다. 그래서 이 연구는

---

49) 위의 책, p.14.
50) 『종교문화의 이해』, 앞의 책, p.15.
51) 『종교는 무엇인가』, 앞의 책, p.25.
52) 『종교의 철학적 이해』, 앞의 책, p.11.
53) 위의 책, p.14.

먼저 세계의 본질이 지닌 특성 작용을 간파하였고, 그를 통해 세계의 궁극성을 엿보았다. 궁극적인 본질은 神과 별개가 아니라는 것, 본질은 태초의 창조 비밀은 물론이고 神이 존재한 비밀까지 함재하였다. 하나님이 마련한 본질이 곧 만물을 이룬 시원이고 바탕이란 사실을 확인하기 위해 인류의 선각들이 애를 썼다. 본질 영역을 종교가 담당하고 수호했다. 다양한 진리 형태로 각출하기는 하였는데 본질은 공통적이다. 우주와 인생을 섭렵한 종교 진리는 바로 세계적인 본질에 근거한 창조력을 절대 의식으로 형상화시킨 것이다. 그래서 覺者들은 한결같이 체득한 진리에 대해서 진리성을 확신한 믿음을 가졌다. 종교 진리는 무형의 본질에 대한 실체성을 공감한 진리로서, 사실적인 법칙을 인식한 학문적 진리와는 차이가 있다(원리, 법칙, 이치). 과학이 탐구하여 발견한 진리는 객관성, 정합성, 실증성에 근거를 두었지만, 그것만으로 우주의 실상을 통관할 수는 없다. 제반 법칙을 결정한 것은 본질 가운데 있기 때문에 지성들은 시대를 막론하고 종교 진리가 간직한 궁극성에 대해 신뢰를 아끼지 않았다. "종교 진리는 인간의 진리 탐구 요구를 충족시키고자 한 과정에서 각출되었고"[54] 전 시대에 걸쳐 "세계관적인 역할을 대행했지만 어떤 측면에서는 전도된 세계관으로서"[55] 진리의 근본을 밝히지 못해 오해된 세계관이다. 현상을 근거로 한 현실적인 세계관이 아니고 원인과 관련한 창조적 세계관이다. 종교는 만물을 창조한 근거인 본질 세계로 진입하기 위한 관문 역할을 했다. 그래서 종교 진리는 본질 세계를 보존하고 그곳에 이르는 방법적인 길을 제시하며 인식된 본

---

54) 『종교와 인간』, 앞의 책, p.39.
55) 『헤겔 법철학비판 서론』, 마르크스 엥겔스 선집, 1권, p.1.

질 세계를 정형화시키고자 했다. 본질적인 진리를 경전화시킨 것이 대부분이다 보니, 현실 속에서는 신비주의라는 형태로 치장되었다. 유교, 도교, 불교, 기독교 등등 이들 종교는 만물의 근원된 본질을 근거로 하여 구축되었다. 만물의 시종을 관장한 관계로 인생과 우주와 세계에 대해 절대적인 권능을 발휘하였다. 소태산은 "모든 성현들이 여러 가지 다른 이름으로 종교의 문을 열었으나, 각 성현들이 깨우치려고 한 궁극의 진리는 바로 일원(一圓)의 진리 자리이다. 만일 종교라 이름하여 이러한 진리에 근원을 세운 바가 없다면 그것은 곧 사도이다"라고 하였는데,[56] 그 의미가 비로소 꿰뚫어진다. 일찍이 이 연구는 동양의 선현들이 갈파한 道·太極·理氣·梵·일원상 등이 창조의 근원인 본질 세계를 인식한 것이란 사실을 확인하고 이것을 만물과 연결시켜 증거한 적이 있거니와 이것이 명백한 것이라면 종교가 존재한 이유와 규명한 본질은 확고하다. 종교 진리는 비합리적, 신비적 요소들이 접합되어 있지만, 그렇게 된 이유 역시 지극히 종교적이다. 물론 종교는 여전히 이치적으로 가늠하기 어려운 비합리적 요소를 포함하고 있지만, 살펴보면 이와 같은 모습은 현대에 발흥된 신흥 종교조차 지니고 있다. 본질 세계에 근거하다 보니 현실적인 인식과는 거리가 있었다.

인간이 있는 곳에는 항상 종교가 있었다고 하는 개연적 사실은 인류 문화가 지닌 보편적인 현상이기 이전에 인간이 대우주의 근원을 알고자 한 사고적 노력이다. 그런데도 "종교 진리를 비합리적으로 단정하고 본향적인 진리에로의 길을 가로막은 것은"[57] 합리성은 천

---

56) 「원불교의 일원상 진리 연구」, 박정자 저, 원광대학교원불교학대학원 원불교교화학과 원불교학전공, 문학석사논문, 1995, p.20.

지가 창조된 결과 결정된 법칙적인 질서이기 때문이다. 그래서 지성들이 일체를 결정지은 본질 진리를 볼 수 없었다. 숱한 지성들이 종교 진리의 불합리성을 거론하였지만 원칙적으로 종교 진리는 그렇게 합리적인 인식 틀 안에서 이해될 필요가 전혀 없다. 종교 진리는 질서 차원이 전혀 다르기 때문이다. "과학적 사고방식이 모든 이에게 포용될 정도까지 진척되면 종교는 자연스럽게 사라질 것"이란 극언까지 있지만,[58] 앞으로도 과학은 영원히 종교 영역을 대신할 수 없다. 이렇듯 서양은 쌓아 올린 문화적 특성상 종교가 지닌 깊은 본질 세계를 파고드는 데는 무리가 있었고, 동양 역시 만상의 근원적인 본질 세계를 포착하기는 하였지만 그것이 창조를 이룬 작용 세계라는 것까지는 간파하지 못하였다. 이런 문제점을 파악함으로써 이 연구는 강림한 하나님이 밝힌 무궁한 보혜성(본질 진리=창조 진리)을 증거하리라.

---

57) 『파스칼 연구』, 이환 저, 민음사, 1975, p.71.
58) 『선과 현대신학』, 아베 마사오 저, 변선환 엮음, 대원정사, 1996, p.76.

# 제8장 종교 진리의 세계 원리화

　인간의 지적 수준이 높아지고 학문이 널리 보급됨에 따라 제반 현상에 대해서도 이치를 따지고 합리적으로 연구하여 진리 여부를 검증하고자 한 태도가 생겼다. 하지만 각 종교의 신앙 태도와 교리 체계는 구태의연하여 큰 불합리성을 나타내었다. 종교 진리의 특성과 본질을 이해하지 못한 상태에서는 누구라도 종교를 합리성이란 저울대 위에 놓고 비판하지 않을 수 없다. 종교적 기반이 각처로부터 도전받아 흔들리고 있다. 개명된 지성과 경이로운 진보 앞에서 위기를 맞이하였다. 이와 같은 시대적 변화에 따라 신흥종교들은 한결같이 종교 진리의 과학화를 부르짖고, 방법 면에서도 과학적인 이론과 지식들을 대폭 수용하여 자신들이 최고의 진리성을 갖춘 종교인 것처럼 자랑하고 있다. 그러나 종교 진리의 진정한 과학화는 교리 체제가 진리를 생성시킨 기반 위에 있어야 한다. 깊은 베일에 가려있는데 테두리만 과학적인 모습으로 덮어 씌워서는 안 된다. 교리는 원리화되어야 하고 객관적인 방법으로 증명되어야 한다. 만인이 판단할 수 있는 안목을 무시하고 믿음만 앞세워서는 안 된다. "지적 호소력이 없는 종교는 주관적이며, 그렇게 강요된 진리는 결국 힘을 잃고 만다. 종교는 인간의 지적 관심에서 생겨났고, 그것을 충족시키고자 한 것인 만큼, 좀 더 발전시켜 객관적인 기준에 부합한 모습을 보여야 한다."[59]

그런데도 전통적인 종교들은 모습을 변신시키고자 한 노력이 부족하였다. "하등 종교와 고등 종교, 과학화, 현대화된 종교와의 차이를 경서(經書)나 바이블, 혹은 교리를 어떻게 유식한 사상과 철학으로 재구성하는가에 두었다. 교리를 문학적으로, 혹은 철학적으로 강조하기 위해 사변적인 연구를 거듭하여 자기 합리화의 무기로 삼았다."[60] 종교가 자연에 대해 관심을 가졌다고 해서 근본적인 문제까지 해결되는 것은 아니다. "무슬림은 이성을 부인하지 않고 온 정신을 기울여 진지한 호기심을 가지고 세계를 바라다보았다. 자연 과학을 종교에 대한 위협으로 보지 않았다. 기독교인과 달리 무함마드 시대 이후 자연 과학의 탁월한 전통을 세운 원인이 되었다고 자랑하였는데"[61] 무슬림 종교의 근저인 코란을 과학적으로 해부한 것은 아니다. 불트만은 종교가 지닌 일체의 불합리한 요소, 즉 "비과학적인 요소, 신화적인 요소, 전근대적인 요소를 제거하는 것이 현대 사회에서 생존하는 처방"이라고 했지만,[62] 그것은 아예 종교의 뿌리를

59) 『종교와 인간』, 앞의 책, pp.196~197.
60) 『종교는 무엇인가』, 앞의 책, p.29.
61) 『신의 역사(I)』, 카렌 암스트롱 저, 배국원·유지황 역, 동연, 1999, p.256.

파헤쳐 버리는 것이다. 뿌리가 뽑혀버린 종교는 갱생할 수 없다. 그렇다면 종교 진리의 세계 원리화는 어디에 근거를 두어야 하고 어떻게 해야 원리화시킬 수 있는가? 일찍이 이 연구가 증거한 창조 역사를 원리화시키는 것이 종교를 과학화하는 것이다. 시공간 안에서 일어나는 제반 현상을 동일한 관점 안에서 객관적으로 드러내어야 한다. 그동안 세계는 설정된 창조 목적을 이루는 과정에서 일련의 작용 원리를 밝히지 못한 상태였지만 때가 되니까 이해하게 되었다. 하나님이 창조 시 뜻과 계획을 만물 가운데 새겨놓으심으로 창조 원리는 반드시 객관적으로 판단될 수 있다. 이것이 세계를 구성한 바탕으로서 진리의 근간을 이루었다.

예를 들어 교부 철학이나 기독교 신학이 다루고 있는 주된 주제는 오직 예수 그리스도가 하나님의 아들인 것을 증거하는 데 맞추고, 정작 중요한 창조 문제는 믿음의 문제로 처리해 버렸다. 하지만 세계가 정말 창조된 것이라면 이것은 기독교 신학이 우선적으로 밝혀야 하는 탐구 과제이다. 창조 역사를 원리적으로 체계 짓는 것이 종교 진리를 세계 원리화시키는 길이다. 종교는 세계의 알파를 지향한 인류의 지적 욕구를 세계관화시켰거니와 나아가 창조 역사를 세계 원리화시키는 것은 창조 목적을 이 땅에서 구현시키는 과정이다. 창조 역사의 원리화는 세계의 궁극성을 엿보아야 하는 것인데, 그런데도 이 같은 작업을 성사시킬 수 있다면 그것은 진리의 성령이 이 땅

---

62) "불트만은 포도주를 만든다거나 죽은 사람을 부활시킨다는 기적이나 보리수 밑에서 벌어졌던 모든 기적적인 이야기는 이제 종교적인 이야기가 아니라 봉건주의적인 잔재에 불과한 것이므로, 이러한 요소를 하루라도 빨리 제거시키는 것이 종교인의 사명이라고 믿게 되었다. 그리하여 비신화화된 종교, 가장 합리적인 종교, 가장 인간적인 종교가 오늘날 종교의 이상형이 되었다." - 『서양종교철학 산책』, 앞의 책, p.189.

에 강림한 사실에 대한 확인이다. 창조 원리는 시사한 바 지극히 주관적인 하나님의 뜻이 창조로 인해 법칙으로 결정된 것이다. 이것이 만물을 뒷받침한 원리, 질서, 구조, 규칙, 법칙이고, 다시 객관적인 진리로 이행된 수순을 밟았다. 만인이 납득할 수 있는 종교 진리는 물리적인 현상처럼 실험하고 관찰하면 확인할 수 있는 법칙이 아니다. 창조 원리는 만물 안에 공통으로 내포되어 있어 꿰뚫어 볼 수 있는 관점을 확보하는 것이 중요하고, 만인이 공유할 수 있으면 된다. 표방된 이상은 큰데 교리를 살펴보면 이율배반적인 모순이 도사렸다. 만유의 근간인 창조 역사를 원리화시켜야 하는 과제를 외면해서는 안 된다. 극대화된 가치관과 절대적인 세계관을 표방한 종교는 합당한 원리성도 함께 갖추어야 한다. 언제까지 홀로 고고함을 주장하고 있을 수는 없다. 다시 강조하거니와 종교는 하나님이 천지를 창조한 창조 원리와 운행 의지를 원리화시켜야 한다. 알고 보면 지성들이 학문을 탐구한 것도 이 같은 목적을 보좌하기 위한 행위이다. 그런데도 끝내 본질을 깨닫지 못한 것은 하나님이 창조된 본의를 계시받지 못해서이다. 그래서 세상 진리를 하나님과 연관 짓지 못했다. 기적까지 포함해서 시공간 안에서 일어난 일체 현상은 하나님과 연관이 있나니, 인류가 파악한 질서, 원인, 본질, 인과 현상의 이면에는 하나님의 주재 의지가 도사렸다. 이것을 알아야 우리는 여태껏 밝혀내지 못한 세계의 존립 근거와 시원을 추적하고, 상정된 알파 상태를 판단할 수 있다.

따라서 종교 진리의 세계 원리화는 과거에 종교가 전체 우주관을 대신했던 역할을 재현하고자 함도 아니고, 특정한 종교를 두둔하고자 함도 아니다. 제반 현상 가운데서도 종교 진리가 지닌 근원성만 확인하면 세계 원리화 작업이 불가능한 일이 아니란 사실을 주장하기 위해서이다. 종교가 현대의 치밀한 합리주의 추세에 밀려 기세가 꺾인 것은 문제가 아니다. 천지를 창조한 본의만 통찰할 수 있다면 종교 진리를 원리화하는 것은 시간문제이다. 만 세상을 지은 창조 원리가 세계를 이룬 근간이라, 이런 역할을 담당한 종교 진리는 세계의 진리를 통합해야 하는 수장 위치에 있다. "神을 알고 있을 때 모든 것을 알 수 있다"는 말처럼,[63] 창조 역사를 원리화시키면 뭇 이치는 자연스럽게 통달된다. 너와 나의 인생 의미와 구원 문제를 해결할 수 있다. 종교 진리의 결정체인 종교적 세계관이 만상을 이룬 세계 구조와 일치하므로 세계 원리를 포괄할 수 있게 되는, 종교 진리의 세계 원리화를 달성하게 된다. 形而上學적인 관념의 왕국은 결코 허상이 아니다. 인류가 건설한 나라 중 가장 아름다운 나라, 곧 지상 천국이 되리라.

---

63) 『기독교의 본질』, 앞의 책, p.426.

# 제9장 종교 진리의 통합

"세상에 많은 종교들이 건재한 것은 사실이다. 그런데도 종교가 각자 절대적인 진리를 주장하고 있다는 것 역시 사실이다."[64] 이것은 명백히 모순(矛盾)된 사실인데도 뚜렷한 해결 방도가 없다. 이것이 현 세계가 당면한 실상이다. 배타주의, 카리스마적인 도그마(教條), 맹목, 극단적인 자기주장들이 종교인들 사이에 팽배해 있다. 세상 어디를 둘러보아도 유일함은 없고 절대성도 확인할 수 없는데, 종교는 교세를 넓히는 데만 관심을 쏟았다. 단군 상을 파괴한다든지, 불상 앞에서 절하는 행동을 우상 숭배로 몰아세운다. 이런 신앙이라면 미래에는 특정 종교 하나만 존재해야 한다는 것인데, 이런 일은 절대로 불가능하다. 그런데도 현실적으로는 "기독교, 이슬람교, 동양의 여러 종교들에 대해 그들을 이을 선이 거의 없다."[65] 시간이 흐

---

64) 『서양종교철학 산책』, 앞의 책, p.95.

를수록 만날 수 없으리란 판단이 지배적이다. 비교할수록 동질성보다는 이질성이 두드러진다.[66] 굽힐 줄 모르고 배척하는 행위를 오히려 신앙을 수호하는 행위로 미화시키고 있는데, 이 같은 태도는 무덤까지도 이어지리라. 그런데도 이 연구가 종교 진리의 통합 가능성을 타진 중이라면 그 가능성은 어디에 있는가? 부정적인 인식을 전환시키기 위해서는 종교 현상을 개괄적으로 판단할 수 있는 안목을 가져야 한다.

살펴보면 "세계사는 무수한 종교가 생성하고 소멸한 과정을 증언하는 실증적 자료이다."[67] "유사 이래 종교가 오직 하나였던 때와 하나만인 종교를 지녔던 곳은 없었다."[68] 그런데도 자기 종교의 우월성만 내세우는 것은 마치 자기 가족, 자기 학교, 자기 민족을 소중하게 여기는 것과 같다. 이 같은 생각이 종교라는 문화 현상에서도 적용되어 절대적인 신념으로 굳혀졌다. 고등 종교는 세력 판도가 방대하다 보니 문명적으로도 거의 자족하였다. 한 종교가 발전하여 세계화된 과정을 살펴보면 결코 표방한 교리가 세계적인 진리성을 함유해서인 것만은 아니다. 교세를 확장하는 과정에서 국가의 특정 정치권력과 결탁하여 특정 문화권 안에서만 보편성을 획득하였다.[69]

---

65) 『동양의 마음 서양의 영성』, 앞의 책, p.50.

66) "기독교와 불교에 있어 부정할 수 없는 사실은 현 형태에 있어 기독교는 서양적인 세계 종교이며, 불교는 동양적인 세계 종교라는 점이다. 우리는 현 위치의 불교와 기독교를 역사적 형태의 필연을 인지하면서도, 현 위치의 불교와 기독교를 역사적 형태의 최종 찰전 단계로 기술하는 점에 대해서는 더 이상 동의를 표할 수 없는 역사상의 한계점에 다가가고 있는 중이라고 확신한다. 즉 현 형태의 기독교와 불교는 세계 종교의 서양적 형태와 동양적 형태에서 한 걸음도 더 앞으로 나가지 못하고 있다." —『선과 종교철학』, 앞의 책, p.308.

67) 『종교문화의 이해』, 앞의 책, p.41.

68) 서구학자들은 종종 종교를 분류하길, "윤리적 종교와 자연적 종교, 예언적 종교와 신화적 종교, 유일신적 종교와 범신론적 종교라는 유형으로 대립시켜서 논하였다. 전자는 유대교·기독교·이슬람교이고, 후자는 동양의 주요 종교인 힌두교·불교·유교·도교 등등이다." —『선과 현대철학』, 앞의 책, p.448.

한때는 그 실세가 세속 권력을 능가할 정도이다.[70] 하지만 세계에는 항상 다양성이 상존하는 것처럼, 현대에도 다양한 종교적 실체들을 인정하고자 한 노력이 나타났다. "종교다원주의 현상은 지성들이 진지하게 고려해야 하는 중요한 진리적 과제이다."[71] 독자적인 종교 제도권 안에서 칩거한 종교인들 사이에서는 생겨날 수 없는 문제가 다원주의 사회에서는 수없이 도출되었다. 왜 서로 다른 종교들이 다양하게 존재하는가? 그들은 동등하게 참된 것인가, 아니면 어느 것 하나만 참된가? 어떻게 서로 관련된 것인가? 사실상 하나인가? 이런 의문은 전통적인 신앙을 지키는 자들에게는 한결같이 거슬리는 문구들이지만, 이 시점에서 반드시 짚어보아야 하는 과제이다. 무작정 특정 종교만 내세워서 될 일이 아니다. 반목할 것이 아니라 종교 통합의 기치를 적극적으로 세워야 할 때이다. 처한 상황을 직시하고 도사린 모순을 해결할 수 있도록 과감한 시도를 해야 한다. "신앙의 주관적인 절대성과 종교의 객관적인 상대성을 함께 인정함에 있어"[72] 갈등을 느끼지 않을 종교인은 없겠지만, 종교 통합을 이루는 방향으로 적극 선회해야 한다. 상대적인 입장밖에 없어 보이지만 본질적으로는 공통적인 분모도 있다. 이런 점은 발흥된 신흥종교들이 앞선 의식을 가졌지만, 하나님의 강림 본체가 드러나기 이전에는 그 무엇도 시기상조적인 문제였다.

---

69) 불교의 경우는 개개인에 의하여 다른 국가로 전파되어 국가 지배 세력과 결탁하여 여러 나라로 진출하자 중생 구제라는 인류 보편적 과제를 내세워 세계 종교로 발전하였음—『종교는 무엇인가』, 앞의 책, p.34.

70) "종교 문화는 하나의 실재이다. 그것이 그렇다고 정의되든 정의되지 않던 그것은 힘의 현실이기 때문이다."—『종교문화의 이해』, 앞의 책, p.288.

71) 「성경과 신학」, 전호인 편집인, 한국복음주의신학회, 논문집, 11권, 기독지혜사, 1992, p.251.

72) 『서양종교철학 산책』, 앞의 책, p.95.

이제는 지상 강림 역사를 완수함으로써 선천의 분열적인 안목을 벗어나 세계를 전체적으로 판단할 수 있는 통합 관점을 확보하였다. 하나님이 강림했기 때문에 분열된 제 종교를 통합할 수 있다. 진리는 한 근원으로부터 말미암은 관계로 때가 되면 다시 하나인 창조 원리로 꿰뚫어진다. 본의를 몰랐기 때문에 조화로운 창조주에 대해 인격신, 추상적인 우주의 形而上學적 에너지, 우주와 인간을 지배하는 비인격적인 法(dharma)으로 이해했다. 이것을 깨달아야 하나님의 존재 영역이 광범위하게 확대된다. 아브라함의 하나님이 이삭의 하나님이고 이삭의 하나님이 야곱의 하나님이었듯, 그런 하나님이 이제는 佛陀의 하나님, 철학자의 하나님, 과학자의 하나님이 될 수 있다. 하나님은 당연히 타종교를 신앙한 제민들 가운데서도 역사하였고, 열방의 하나님이 되기 위해 인류 역사를 주재하였다. 그들이 일군 진리를 통해 창조성을 각인시켰다. 보편적인 섭리는 특정인과 특정 종교에만 국한된 역사일 수 없다. 기독교, 혹은 교회만이 구원의 방주 역할을 한다는 것은 통합을 기치로 내세운 대세 섭리에 크게 어긋난다. 종교 진리가 갖춘 본질은 만유를 포괄하고도 남음이 있는데, 특정 영혼들의 구원만 담당하고 타 영혼, 타 민족, 타 진리 영역에 대한 구원과 통합 역할을 포기하고서 하나님이 뜻한 통일적 지혜 기반은 다져질 수 없다. 천지의 시원성과 바탕성을 본유한 종교 진리의 특성을 감안할 때, 종교 진리는 만세 전부터 만상, 만영혼, 만진리를 하나 되게 하기 위해 본질적인 양식을 확보해왔다. 소태산은 말하길, "각 성현들이 깨우치려고 했던 궁극의 진리는 一圓의 진리 자리이다(하나님이 천지를 창조한 바탕 본질). 이 자리를 예수는 하나님이라 하였고, 석가는 열반이라 하였으며, 공자는 하늘, 노자는 무위이화경(無爲而化境)이라고 하였다."[73] 이 覺者의 통찰을 이제는 그 누구도 선문답으로 치부할 수 없다. 깨닫는 만큼 종교 통합이 목전에 다다랐고, 각고의 노력 끝에 실질적인 기반도 다졌다. 강림한 하나님의 본체성을 보위하기 위하여 제 종교는 반드시 통합되어야 하며, 성업을 이루어 하나님이 강림한 사실을 입증하리라.

---

73) 「원불교의 일원상 진리 연구」, 앞의 논문, p.20.

# 신 형태론

神이 존재하는가 않는가 하는 문제는 생성 본질의 제한된 여건 속에서는 결론
이 나기 어려운 문제이고, 그럼에도 불구하고 굳이 神을 규명하지 못한 원인을
지적한다면 그것은 神의 본질적인 요인과 생성 중인 세계적 측면을 참작하지
못한 데 있다. 그래서 세계의 유신적 개념 정초는 진리의 완성, 세계의 완성,
神의 실체가 현현된 이후에나 가능한 일이었다.

# 제10장 개관

인류는 역사상 神을 바라본 다양한 관점을 개진해 왔다. 어떻게 바라보는가에 따라서 바위 덩어리가 神이 되기도 하고(자연신들과 신화의 神들, 곧 다신론), "이신론(神을 자연으로부터 초월시킴), 무신론(초자연적·신비적·인격적 神을 부정함), 회의론(神에 관한 것은 알 수 없다는 부정적 태도를 고수함), 기독교의 유신론(적극적으로 인격적 유일 절대의 창조신을 주장함) 등등 다양한 형태로 나타났다."[1] 어떤 신론·신관·믿음이 옳은 것인지 판가름하지 못해 대치된 상태이다. 진리성 여부를 숫자로 결정한다면 기독교 유신론이 오히려 불리하다. 유일신론은 일체의 유사 유신론까지 배척하는 상태이므로 무신론이 거느린 광범위한 판도와 비교하면 일부 영역에 속할 따름이다. 이 연구도 유신적 개념을 정초하고 있는 중이므로

---

1) 『헤겔의 신개념』, 박영지 저, 서광사, 1996, 서론.

유신론 영역에는 속하지만, 현재와 같은 유신론은 아니다. 그동안 모색된 신관을 개관하여 불거진 미비점을 보완하고 원인을 들추어 내어 세계 통합적인 판도를 구축하고자 한다. 그러기 위해서는 판단 관점과 인식을 객관화시키고, 범세계관적인 영역을 확보해야 한다. 자체로서는 철저해도 과거에 지성들이 논한 신관과 교감이 없다면 객관성을 확보할 수 없기 때문이다. 지상 강림 역사가 증거되어야 세계의 유신적 개념을 정초할 수 있다.

역사상 神을 바라본 관점은 하루 이틀 만에 확보한 것이 아닐진대, 실타래가 복잡하게 얽혀 있다. 왜 인류는 神을 다양하게 보고 다양한 형태로 말하였는가? 답하기 위해서는 진리·종교·세계 등 각 영역에 걸쳐 있는 본질적 문제부터 해결해야 한다. 세계를 조망할 만한 전망대 위에 서야 얽히고설킨 신관을 풀 수 있다. 하지만 아직까지는 마땅한 전망대가 없다 보니 神이 존재한 사실을 확신할 수 없다. 부분적으로는 진리성을 확보하였지만 이것마저도 객관화, 보편화되지 못했다. 그 주된 원인은 핵심된 본질을 밝히지 못해서이다. 관점이 미비되어 있으므로 이것을 해결하는 것이 이 연구의 과제이다. 상존한 관점을 더 확고하게 하고자 하는 것이지 전격 비판하고자 하는 것은 아니다. 제 영역은 神의 본질을 규명하는 데 기여하였기 때문에 이 연구도 이 같은 추세를 따르리라. 그렇다면 제기된 문제를 풀고 가로 놓인 장애를 극복할 수 있는 관점은 도대체 무엇인가? 생성 본질에 근거한 유신론적 판단이 그것이다. 규명하지 못한 것과 규명이 안 된 것은 결과적으로 같다. 세계의 본질을 드러내지 못한 눈높이는 하나님이 자체 본질을 드러내지 못한 것과 같다. 인간은 믿을 만한 것을 믿고 본 것은 형상화시키는데, 神과 진리가 불투명한 것은 인간보다는 세상 자체의 원인 비중이 크다. 누가 세상 앞에서 완전한 진리를 드러내었는가? 하나님이 모습을 나타내었는가? 고뇌하고 있는 영혼 앞에서, 무한성을 지향한 존재 앞에서, 고뇌를 풀어 주고 충족시켰는가? 완전한 진리는 제시하지도 않고 부족한 진리를 믿음으로 채우려 했는가? 神의 본질과 실존성을 드러내지 못한 것은 창조는 이루어졌지만 창조성이 미처 분열을 다하지 못하여 만상의 원인자인 하나님도 모습을 드러낼 수 없었기 때문이다. 분열을 완료하면 일체 문제가 풀린다. 진리와 세계와 하나님은 생성적인 측면에서 공통적인 본질을 가졌다. 진리는 창조와 연관이 있는데 이런 사실을 알아야 神을 규명할 수 있다. 그래서 진리 통합 과정이 필요했다. 창조된 본의를 모르면 세상 어디서도 세계를 완성시킬 수 없다.[2] 문명의 진보는 세계의 생성·분열·섭리 맥락과 함께한다. 세계가 생성 중인 상태에서는 그 무엇도 부분적일 뿐이므로 그 부족분을 믿음으로 채웠다. 범신론, 이신론, 무신론은 세계 원리를 밝히지 못한 상태이므로 전격 이단으로 매도할 수 없다. 이런 측면이라면 기독교도 한계는 있다. 하나님은 세계의 근원자로 존재하는데 이런 사실을 얼마만큼 진리화시켰는가? 신념은 확고하지만 확증할 근거를 찾지 못하여 전전긍긍하였다. 그래서 神의 존재성 여부는 세계가 생성 중인 여건 속에서는 결론이 날 수 없었다. 세계의 유신적 개념은 결국 하나님이 본체자로 강림해야 정초할 수 있다. 그 판단은 명백하다. 이전까지는 누구도 神을 완전하게 파악할 수 없었다. 神과 세계에 대한 인식이 불완전하였다. "유신론은 초월적이며 동시에 내

---

2) 진리가 규명되면 같은 논리로 당연히 神의 실체도 규명됨.

재적인 神을 마음으로 믿었던 것이라 더 이상 발전이 없었다. 이신론은 세상으로부터 神을 배제시키고 내재성 대신 초월성을 강조하였지만 초월성에 대한 세계 작용적인 메커니즘이 없었다. 범신론은 하나님과 세계를 동일시하였지만 피조물과 구별되면서도 고귀한 神을 부각시키지 못한 문제점을 남겼다."[3] 방법적인 접근 문제에 있어서 神을 합리적으로 이해하고자 하면 한 사람도 이해할 수 없고, 신비주의 신앙으로 접근하면 소수는 이해해도 만 사람은 격리되어 버렸다. 그래서 이 연구는 세계의 생성적인 바탕 위에서 유신적 개념을 정초하고 미비된 신관을 보완하여 난립된 설들을 통합하고자 한다.

---

3) 『벌코프 조직신학(상)』, 루이스 벌코프 저, 권수경·이상원 역, 크리스천다이제스트, 1998, p.211.

# 제11장 유신적 신론 형태

## 1. 유신론

어떤 사물이 존재한다 혹은 존재하지 않는다 하는 것은 크게 쟁론할 문제가 아니다. 있으면 있는 대로 없으면 없는 대로 확인하면 된다. 하지만 神이란 존재는 그렇지 않다. 존재성 유무가 신론 관점을 결정한다. 존재 여하에 따라 신론이 복잡하게 가닥 지어진다. 존재한다 해도 형태에 따라서 다시 관점이 틀리고, 알 수 없다고 하면 그것대로 불가지론이 된다. 神과 상관없는 진리라면 범신론으로도 분류된다. 유신 상황을 조직적으로 거부하면 무신론이 되는데, 유물론은 무신론을 뒷받침한 세계 바탕적인 근거이다. 유신론도 전체적으로 놓고 보면 神에 대해 완전한 눈높이를 확보하지 못했다. 그러다보니 유신론(Theism)은 神의 존재를 인정하는 철학적·신학적 입장이기는 하지만 어디까지나 입장일 뿐이다. 神에 대한 주장·사상·관점들을 판단하는 기준은 될 수 있지만 神을 부각시킬 세계관적 근거를 제공하는 데는 한계가 있다. "유대교, 기독교, 이슬람교 같은 종교 문화적인 분위기 속에서 성장한 서양 철학이 유신론적이라든지 플라톤과 아리스토텔레스가 이끈 지배적인 形而上學적 전통이 유신론적인 특성을 지녔다면"[4] 그와 같은 입장은 이해되지만, 중요한 것은 이해보다는 神을 보편타당한 원리로서 설명할 수 있는 이론 정립이 우선이다. 그동안 철학적·신학적인 개념을 통해 존재 문제를 거론하지 않은 것은 아니었다. "우주·영혼의 존재에 대한 플라톤의 증명 시도와 우주론적 증명의 원형인 아리스토텔레스를 원류로 하여, 아우구스티누스·안셀무스·토마스 아퀴나스를 거친 현대에 이르기까지 많은 설들이 있었다."[5] 하지만 그런 유의 주장들이 한결같이 논증성에 머문 것은 세계적인 작용 원리에 입각하지 못했다는 뜻이다. 논증만으로는 神을 증명할 수 없다. 본체, 본성과 세계와의 관계를 밝혀야 했다. 신학도 세계적인 인식 기반을 확보하지 못해 神에 관한 문제를 총체적으로 포괄하지 못했는데, 여기에 유신적 신관이 지닌 한계가 있다. 神의 존재 유무를 따진 신론은 많지만 神의 인격성과 시공간 안에서의 존재 방식·형태 문제까지 파고들면 손을 들고 만다. "유신론은 神을 인격적인 존재로서 인식하였고(인격적인 神性을 믿은 신앙),"[6] "천지는 창조했지만 세계와는 다른 神이 존재한다는 것을 이의 없는 출발점으로 삼고 있다."[7] 그래서 神이 세계

---

4) 『철학의 의미』, 조셉 G. 브렌넌 저, 곽강제 역, 학문사, 1977, p.294.

5) 『두산동아 세계대백과사전』, 유신론 편.

6) 『철학과 종교의 대화』, 채필근 저, 대한기독교서회, 1973, p.143.

로부터 떨어져 세계를 초월함(범신론과 대립)과 동시에 세계나 인간 정신 속에 내재하여 작용한다(이신론과 대립)는 믿음을 견지했다. 이런 神을 합리적, 현실적인 감각으로 이해하고자 하니까 어려움이 있었다. 神의 인격성(이신론과 대립)과 존재 방식(범신론, 이신론과 대립)과 인식적인 측면에서(불가지론과 대립) 확고한 작용 근거를 밝혀야 한다. 이 연구가 이런 과제를 해결하고자 한다. 神이 초월되면서도 내재하는 이유, 왜 神이 인격적인 존재자로서 경배되어야 하는가는 만물과 인간이 어떻게 창조되었는가 하는 사실을 알면 풀 수 있다. 만물과 인간은 神에 근거해서 다양화되었으므로 神도 당연히 세상 가운데서 다양한 모습으로 드러난다. 그중 神은 인간과의 교감 관계로 인격화되었다. 神은 자신을 닮은 존재 창조를 인간을 통해 실현시켰다. 삼라만상을 창조하였지만 가장 이상적인 창조 작품은 바로 인간이다.

## 2. 다신론(교)

神은 존재하지만 어디서 어떻게 존재하는가에 따라서 다양한 신관이 있는데, 神이 존재한 수에 따라서도 다신론, 일신론,[8] 단일신론[9] 등이 있다. 그중 "다신론(교)은 원시 사회에서 흔히 나타나고, 고대 희랍·로마 시대에 절정에 도달했는데, 다수의 인격적인 神이

---

7) 『철학의 의미』, 앞의 책, p.294.

8) 일신론(Monotheism): 많은 神이나 이원론을 거부하고 오직 한 神만 인정하고 경외하는 종교나 철학에서 일원론적인 주장을 하는 것이다.

9) 단일신론(Henotheism): 여러 神의 존재를 승인하면서도 그중 한 神을 최고의 지배자로 여기는 사상이다.

있어 분야마다 전문적인 神이 존재했다."[10] "인도의 베다 경전, 고대 중국, 희랍 신화, 히브리인의 종교 사상, 그리고 아브라함 때도 다수의 神 내지 우상을 위하는 풍습이 있었다."[11] 하지만 이 연구가 거론할 것은 왜 "자연종교와 고대의 신화종교들이 대개 다신교적인 형태를 띤 종교인가 하는 점이다."[12] 대체로 다신에서 일신으로 발전한 형태를 띤 것을 보면 "고대 사회가 진보함에 따른 영향일 수도 있다."[13] 즉, 원시 부락은 여러 종족이었고 추장, 神도 하나가 아니었으므로, 이것이 다신교가 생긴 주된 이유이다. 이후 종족들이 점차 통일되고 지상에 전제 군주가 출현하자 다신적인 세계가 통일되고, 인간 사회의 통치 구조처럼 역할도 세분화되었다. 각자 내세운 神이 전적으로 완전한 역할을 한 것은 아니지만, 당시의 사회 환경에 대한 반영인 것은 틀림없다. 다신 상황이 점차 통일적인 최고신 형태로 전환된 것은 당시의 사회와 국가가 그렇다는 것일 뿐, 神 자체가 분열되거나 통일된 사실은 없었다. 유일하고 절대적인 神은 다신에서 일신으로 변화되는 과정을 겪지 않는다. "고대 동양사회에서 神이라고 지칭한 대상을 보면 풍백우사(風伯雨師), 하백(河伯), 지백(地伯)이라고 하여 자연적인 대상에 인격적인 명칭을 붙인 것을 알 수 있고,"[14] "고대 희랍사회에서 아폴로 神이 맡은 직무는 상업과 문예이고 헤라 神은 결혼과 생산이다."[15] 문제는 어떻게 세상 가운데 존

---

10) 『종교철학개론』, 존 H. 힉 저, 황필호 역, 종로서적, 1980, p.26.
11) 『철학과 종교의 대화』, 앞의 책, p.144.
12) 『종교는 무엇인가』, 최광열 저, 학우사, 1980, p.31.
13) 『신의 기원』, 하신 저, 홍희 역, 동문선, 1993, p.21.
14) 『종교는 무엇인가』, 앞의 책, p.31.
15) 『철학과 종교의 대화』, 앞의 책, p.144.

재하고 있는 대상들인데 神이란 명칭을 지녔는가 하는 점이다. 아마 인간으로서는 어쩔 수 없는 운명적인 것, 결정적인 것, 절대적인 권능 같은 범상치 않음을 감지해서이리라. 물론 단순한 자연 현상인데도 神으로서 숭배한 것은 자연에 대한 이해력이 부족한 탓도 있겠지만, "고대 자연 종교의 밑바탕을 깔고 있는 토테미즘·애니미즘·샤머니즘의 신앙 형태를 보면"[16] 다신 상황은 세계의 살아 있는 생성력과 창조력{神性}을 표출한 것이다. 자연적인 사물과 현상을 통해 정령을 인식한 것은 이 연구가 밝힌 창조성의 미분화 인식이다. 사물과 현상 가운데는 항상 神이 존재한다. 삼라만상에 대해 창조 역사가 관여되지 않은 것은 하나도 없다. 그래서 우리는 다양하게 표현된 神적 대상 가운데서도 본래 모습을 볼 수 있어야 한다. 인간이 바라본 神의 모습은 다양할 수 있다. 이런 다신 상황은 고대 사회에서만 있었던 것이 아니다. 현대 사회에서도 "많은 민족이 있는 한 다신교는 실존한다."[17] 알고 보면 다신은 다신 자체로서 이유 있는 신관이다. 세계가 미분화된 고대 사회에서는 다신관이 神의 존재성을 표출시킨 당연한 방식이었다. 神이 존재한 것은 변함없지만 관점이 미분화되어 있다 보니 통합적인 神을 다신적 방식으로 인식하였다. 다신화된 神을 통해서 완전한 神의 모습은 볼 수 없지만 神性은 간직하였다. 이것을 통합하는 것이 문명화된 사회에서 다신 현상을 극복할 수 있는 길이다.

---

16) 『종교는 무엇인가』, 앞의 책, p.30.
17) 『기독교의 본질』, 루드비히 포이엘 바흐 저, 김쾌상 역, 까치, 1993, p.297.

## 3. 일신론(교)

  "일반적으로 일신교라 하면 유일 절대의 神을 신앙하는 유일신교로서 유대교·기독교·이슬람교가 있다."[18] "인격적 및 도덕적으로 지고한 존재는 하나뿐이며, 피조물인 인간으로부터 전체적이고 절대적인 복종을 요구한다고 믿는 신앙이다."[19] 살폈듯이 "구약 시대에는 세계 어디서나 다신론이 자리 잡고 있었다. 그런데 히브리 민족의 신앙적 선조인 아브라함이 갈대아 우르 지방에서 가나안으로 하나님의 지시를 받아 떠난 것은 자연적인 다신교를 버리고 정신적, 역사적인 유일신의 명령으로 차원 높은 신앙을 위해 떠났다는 뜻이다."[20] 그리고 "모세가 시나이 산에서 야훼와 맺은 계약을 통해 일체 다른 神을 거부하고 오직 야훼만 경배하겠다고 약속함으로써"[21] 하나님의 존재성을 부각시키는 신앙 역정이 시작되었다. 이런 선상에서 야훼신은 "십계명을 통해서도 알 수 있듯 다른 神들의 존재와 특별히 구분된 神은 아니다."[22] 그러나 시간이 지나고 역사가 쌓여감에 따라 유일하게 살아 계신 神이고 세계와 우주를 초월한 분이면서 역사를 섭리한 절대자로서의 면모를 유감없이 나타내었다. 이스라엘은 다른 神들의 존재를 인정하지 않았으며, 우상으로 보고 타파하였다. 다신교적인 신앙과 단절하기 위해 700년 이상의 세월을 보냈다. 유일신 신앙은 이스라엘 민족을 결속시키고 국가를 통일하기

---

18) 『세계철학대사전』, 고려출판사, 1992, p.916.

19) 『종교철학개론』, 앞의 책, p.26.

20) 『종교의 철학적 이해』, 김형석 저, 철학과 현실사, 1992, p.43.

21) 『신의 역사(Ⅰ)』, 카렌 암스트롱 저, 배국원·유지황 역, 동연, p.58.

22) 위의 책, p.59.

위한 정치적 요소도 내포하고 있지만, 시종일관 꺾이지 않은 믿음은 하나님을 드러낸 기반이 되었다. 첫 계명인 "너는 나 외에는 다른 神들을 네게 있게 말지니라"는 유일성을 강조한 것이고, 둘째 계명인 "너를 위하여 새긴 우상을 만들지 말고 …… 아무 형상이든지 만들지 말며"는 창조주로서의 참상을 드러내기 위해서이다. 그래서 기독교인들은 하나님을 유일신으로 받들면서 우상 숭배를 최대의 죄악으로 여겼다. 왜 하나님은 어떤 형상도 만들지 말라고 하였는가? 노자는 이렇게 말하였다. "말해질 수 있는 道는 영원한 道가 아니요, 이름 붙여진 이름이란 것도 저 그대로의 이름은 아니다."[23] 道와 名처럼 하나님도 어떤 모습으로 드러나면(우상) 더 이상 근원이 아니다. "창조주를 '하나님'으로 부른 것은 오직 한 분뿐인 유일신, 유일자라는 개념도 포함되어 있지만"[24] 한편으로는 이교도들에게 둘러싸인 상황에서 신앙을 지키고자 한 경계의식도 있다. 그러나 하나님이 강림한 지금은 오히려 세계를 온전히 장악하지 못한 사실에 대한 증거도 된다. 물론 오랜 기간 동안 우상을 배척한 것은 신앙을 지키는 데 기여하였지만, 세계가 지구촌을 이룬 오늘날은 "자신의 神만이 유일한 神이고 다른 神들이 망상이라는 것은 엄청난 독선이다."[25] 아브라함의 시대처럼 신앙을 지키기 위해 야훼 神의 유일성을 강조하고 있을 때가 아니다. 자연과 세계를 초월한 절대신보다는 다신론을 통합한 신관이 필요하다. 세상 가운데서 오직 한 분뿐인 하나님이 아니라 전체를 통합함으로써 하나가 된 하나님(하나=전체), 곧

---

23) "道可道非常道 名可名非常名."-『노자도덕경』, 1장.
24) 『종교의 철학적 이해』, 앞의 책, p.43.
25) 『신의 역사(Ⅰ)』, 앞의 책, p.170.

유일신이 아니라 통합신이어야 한다. 일신론, 혹은 유일신교는 유신론 중 대표격인 신론이지만 유신에 대한 개념은 온전히 정초하지 못했다. 현 시공간에서 살아 계신 모습을 부각시키지 못했다.

# 제12장 인격성이 배제된(신의 화된) 신론 형태

## 1. 이신론

이 연구가 부각시키고자 하는 신론 형태는 神의 존재 상황에 대한 인식 문제를 재조명하는 것이다. 동일한 조건인데도 생성하는 본질에 따라 갖가지 관점이 형성되므로, 정립된 신론을 재평가하는 것은 이전까지 해결하지 못한 미비점을 보완하고 하나님을 다각도에 걸쳐서 판단할 수 있는 기회이다. 그중 神이 가진 인격성 여부는 신론 형태를 가름하는 기준이다. 유신론은 인격성을 갖추지 못한 신론을 단호하게 배척하였지만, 그렇다고 해서 지닌 문제가 해결되는 것은 아니다. 하나님이란 존재가 만물화된 마당에서는 유신론도 마땅히 작용된 근거를 제시해야 한다. 하지만 기대에 크게 못 미쳐 종교 간 갈등이 증폭되었다. 그래서 이 연구는 신론 형태를 논거함에 있어

‘化된 신론 형태’를 부언한 만큼 하나님은 인격성을 포함하여 다양한 형태로 化됨이 가능하다는 사실을 지적하고자 한다. 진리, 원리, 법칙, 지혜, 이치를 통해서도 하나님의 존재성을 파악할 수 있다. 그중 이신론은 인격성이 배제된 상태로 神을 형태지은 신론 중 두드러진 신관이다. 왜 배제된 것인가 하면, 神은 세계의 창조자로서 "태초에는 직접 우주를 관할했지만 그 후에는 우주로부터 떠나버린 부재신이 되어 버려 우주가 자체 법칙에 따라 운행되고 있다"고 본 것이다.[26] 천지는 창조되었지만 피조물은 하나님과 독립하여 자체적으로 운행되고 있다. 그러니까 하나님은 만물로부터 초재되고 만물과도 단절되어버려(기적 또는 계시의 존재를 부정하며 세계를 합리적으로 창조한 후 더 이상 관여하지 않음), 세상을 통해서는 神을 판단할 수 있는 근거가 없다. 神을 철저하게 관념화시켜 버린 선두에 이신론이 자리 잡고 있다. 자연신론, 혹은 초월신교라고도 하는 합리성을 띤 이성적 신관이 대두된 배경은 17세기 중엽에서 18세기에 걸쳐 "자연과학의 괄목할 만한 성과와 함께 새로운 세계관에 부합하는 神 이해 관점의 필요성 때문이다."[27] 자연의 질서와 법칙은 합리적인 이성으로 통찰되는데, 神은 여전히 이해할 수 없는 그 무엇으로 남아 있었다. 그래서 차라리 자연 질서로부터 초재되면 만사도 神이란 걸림돌 없이 이해할 수 있다. 그렇다면 세상의 질서와 법칙 자체가 그대로 神인가? 질서, 원리, 법칙을 만든 주체는 神이 맞지만 神은 최초의 원인을 제공한 것일 뿐, 이후부터는 어디서도 원인자를 찾을 수 없다. 스스로 운행되는 것처럼 되는데, 이것이 神의 초재(超在)를 앞

---

26) 『종교철학개론』, 앞의 책, p.25.
27) 『니체와 현대철학』, 강대석 저, 한길사, 1988, p.78.

세운 이신론의 결함이다. "神에게 간구하고 기도하면 이미 만들어 놓은 질서와 법칙이 있는데 무슨 행사가 또 필요한가라고 외면할 수 있다."[28] 우리는 질서와 법칙만으로 살 수 있는가? 神과 인간과의 관계를 그런 식으로 엮어 놓아서는 안 된다. "하나님은 창조주이기 때문에 피조물과 차이가 있지만 그렇다고 동떨어져 있지는 않다. 한 분자와 한 물질과 한 치의 공간이라도 세상 가운데 존재하기 위해서는 하나님의 무량한 뒷받침이 있어야 한다."[29]

창조주처럼 세계를 포괄해야 한다는 측면에서 본다면 이신론은 결코 하나님에게 가까이 접근한 것이 아니다. 세속적인 견해에 따라 神을 이해하고자 한 관점이다.[30] "기독교의 신앙 내용을 오로지 이성적인 진리에 한정시킨 신관이다."[31] 어떤 경우에도 神이 이신론이 세운 조건대로는 존재할 수 없다. 그런데도 神과 세계는 충분히 이신론적인 관점으로 바라볼 수는 있다. 그래서 이 연구는 神이 이신적으로 존재하지 않는다고 하여 무시하지 않고 그렇게 볼 수도 있는 가능성을 수용하였다. 하나님이 창조를 통해 만물화된 것이다. 이 같은 가능성 때문에 이신론은 神을 바라본 나름의 특성적인 창구 역할을 할 수 있었다. 그렇다면 지식의 총집산체인 백과사전이 하나님의 모습을 온전하게 구성한 화신체일 수도 있겠지만, 사실은 분열

---

28) 『종교의 철학적 이해』, 앞의 책, p.34.

29) 『개혁주의 신론』, 헤르만 바빙크 저, 이승구 역, 기독교문서선교회, 1992, p.239.

30) "계몽주의 시대 이후 서구 기독교인도 점차 神의 영역을 벗어난 세속화의 도상에 발을 옮겨 놓기 시작했다. 그러한 세속화 시도의 기독교 신앙 형태가 이신론이다. 그것은 신비주의나 신화라는 상상력을 요하는 훈련을 위해 시간을 보내지 않았다. 그것은 계시라는 신화에 등을 돌렸고, 삼위일체라는 전통적 신비에도 등을 돌렸다. 그 대신에 이신론은 인간의 노력에 의해 발견할 수 있는 비인격적 神과의 동맹을 선언했다."-『신의 역사(Ⅱ)』, 카렌 암스트롱 저, 배국원·유지황 역, 동연, p.546.

31) 『동아세계대백과 사전』, 동아출판사, 1995, p.189.

중인 세계 안에서 요소화된 신론 형태이다. 존재성은 내포했지만 아직까지는 어느 누구도 化된 요소들을 하나님과 연관 짓지 못했다. 하지만 하나님이 강림한 지금은 부각된 요소로 하나님을 볼 수 있게 되었다.

## 2. 이원신론

세계의 근원적인 실재와 우주를 형성한 근본 원리를 추적한 사상 중에는 유심, 혹은 유물 중 하나만을 주체로 여기고 나머지는 파생된 것으로 본 일원론이 있지만, "이원신론(Dualismdm)은 우주가 두 가지의 요소로 성립되었다고 본 철학과 높은 神을 양분해서 위하는 종교에서 통용된 관점이다."[32] 이런 이원성은 세상 가운데서도 흔히 찾아볼 수 있다. 천지·음양·남녀·명암·선악·화복 등등 양상으로서는 대립된 것 같지만 形而上學적으로는 원래 하나인 본체가 양분된 것이다. 아리스토텔레스는 형상과 질료, 피타고라스는 우수와 기수, 데카르트는 物과 心, 칸트는 현상계와 물자체, 『주역』은 음과 양, 주자는 理와 氣로 나누었는데, 종교도 "조로아스터교(페르시아)는 善神 올무즈와 惡神 아리만을 대립적으로 내세웠다."[33] 이원화를 통해 세계의 본질적인 성향은 어느 정도 결정적인 것 같은데, 끝까지 궁금한 것은 이원화된 이유이다. 세상적인 질서와 법칙을 통해 세계를 포괄적으로 이해하려고 했지만 안 되니까 神의 초재성을 내세운 것처럼, 이원신론도 단독으로서는 세계를 이해하기 어려운 미

---

32) 『철학과 종교의 대화』, 앞의 책, p.144.
33) 위의 책, p.146.

완성 관점이다. 이원화 구조를 결정한 창조 메커니즘의 뒷받침이 필요하다. 이원성은 다름 아닌 창조 시 통합적인 창조 본체가 세상 가운데서 존재하기 위한 구조적 방식이었다는 것, 그래서 세계의 이원성은 그렇게 구조화된 것 자체가 창조를 시사한다.[34] 이를 통해 우리는 하나님의 인격성이 배제된 상태에서도 세계가 갖춘 구조를 통해서 神의 실재성 여부를 감지할 수 있다. 그렇지만 이원성 자체만으로는 통합적인 본체를 추적할 수 없는 관계로 세계는 보다 완숙된 하나님의 본체 강림 때를 기다려야 했다.

## 3. 범신론

일반적으로 기독교가 말하는 창조주는 "우주가 아닌 다른 세계에 있으면서 초인적, 불가사의한 능력으로 인간은 물론이고 만유와 우주까지 창조하고 조화를 부리고 인간 위에 있으면서 인간에게 화와 복을 내리는 최상의 神이다."[35] 그러니까 우리로서는 일상생활 가운데서 쉽게 접할 수 없다. 성경 속에 등장하는 인물을 제외하고 나면 역사상 과연 몇 명이 하나님과 조우하였을까? 난제인 것은 틀림없지만 그래도 가능성이 있다면 그것은 자연 혹은 세계와 함께하는 神에 대해서이리라. 자연 가운데 존재하면서 활동하는 하나님, 즉 초월성 같은 복잡한 조건을 없애고 세계 안에 내재한 神이다. 그렇게 되면 "초자연적인 존재를 무리하게 가정하면서까지 모든 것을 설명해야

---

34) 현상계의 이원성은 본체계의 일원성을 상정하게 함. 본래부터 두 가닥은 있을 수 없다. 이치상 한 가닥으로부터 나뉜 것임.
35) 『우리 민족의 고유사상』, 안창범 저, 국학자료원, 1997, p.85.

하는 어려움을 피할 수 있고"36) 神과 세계를 분리시켜서 자연적인 질서와 대조된 초자연적인 질서를 내세울 필요도 없다. 감지할 수 있는 질서만 가지고 판단하면 된다. 간단하게 자연은 곧 하나님이란 등식을 성립시킬 수 있다. 어차피 神을 규명하지 못한 상태에서는 유신론자라도 믿음 외는 뚜렷한 근거가 없으므로, '신즉 자연'은 성립 가능한 신관일 수도 있다. 자연현상의 경이로움과 신비·질서·살아 숨 쉬는 유기체성·아름다움은 神이 지닌 빼어난 속성의 표출일 수도 있다. 초월성은 애써 믿음을 통해서라도 붙들지 않으면 사라져버릴 염려가 있지만, 자연이 거룩한 神性을 지니고 있다는 신념은 동서 간에 걸친 사상들 속에 널리 스며 있다. "애니미즘, 토템신앙 등 원시적인 종교 형태로부터 자연의 일부나 자연 속에서 神적인 본성을 찾고자 한 생각들이 있었다."37) 세계 어디서도 있었고 옛날에도 있었고 서양의 고대 신앙, 동양의 철학과 종교관, 인도인과 불교도 속에서도 발견된다. 자연의 정감을 전한 시인의 감정 속에서도 확인된다. 기독교는 神의 내재성을 인정한 유의 사상을 극구 반대하였지만, 그렇다고 해서 따로 만족할 만한 대책이 서 있는 것은 아니다. 문제가 광범위하게 걸쳐 있기 때문에 神이 초재되었건 내재되었건 본질을 꿰뚫어 神을 확실하게 드러낼 수 있는 계기로 삼아야 한다. 제기된 문제는 언젠가는 해결해야지 배척해서는 도움이 안 된다.

그래서 "자연을 세계의 근원으로 보고 그것을 神으로 연결시킨 사상이 서양 철학사에서 드디어 모습을 나타내었다."38) "神은 만유에

---

36) 『자연주의적 유신론』, 소홍렬 저, 서광사, 1992, p.17.

37) 『종교의 철학적 이해』, 앞의 책, p.31.

38) 『동양의 마음 서양의 영성』, 이기반 저, 큰빛, 1994, p.64.

내재하고 만유가 곧 神이며 神이 만유라고 본 범신론(Pantheism) 철학이 그것이다."[39] 범신론에 대해 근대 초기에 등장하여 누구보다도 잘 설명한 철학자는 스피노자이다(B. D. Spinoza, 1632~1677). 범신론이 지닌 철학적 성격은 그가 밝힌 것인데, "역사상 가장 일관성 있는 전형적인 범신론을 그의 철학에서 엿볼 수 있다."[40] 세계와의 관계에 있어 神의 내재된 본질과 존재 방식을 명확하게 하였고, 궁극적인 실체 개념을 통해 이론화시켰다. 스피노자는 어떻게 하여 '신즉 자연'이란 명제로 세계의 지성사에 어필될 수 있었는가? "神과 자연은 하나이고 동일하다"고 본 것이 그것이다.[41] 色과 空은 다르지 않다. 결국 같다는 것처럼, 神과 자연이 하나라는 주장은 化된 창조 방식에 입각하면 일리가 있다. 만물은 하나님의 절대 본체로부터 이행된 창조 본체를 근간으로 했기 때문에 "만유가 神의 부분이고 神이 만물의 전체라고 한 주장"은 타당하다.[42] 하나님은 창조주이므로 化된 하나님은 당연히 만물을 이룬 근거로서 만물 속에 내재한다. 하지만 그것은 어디까지나 化된 본질이다. 化되기 전에는 순수한 본질이 있을 것인데, 그것이 만유 위에서 초재, 내재를 자유롭게 했다. 창조되었지만 하나님의 존재 영역 안이므로 몸으로 보면 신경과 혈맥이 두루 통하는 본질체이다. 세계가 정말 神 안에 내재한 형태가 되는데, 인간적인 관점에서 보면 神이 세계 안에 내재한 형태가 된다.

 창조되었지만 본체가 분열을 완료하지 못한 관계로 온전하게 드

---

39) 『철학과 종교의 대화』, 앞의 책, p.150.

40) 『두산동아 세계대백과사전』, 범신론 편.

41) 『동양과 서양』, 최영진 저, 지식산업사, 1993, p.142.

42) 『철학과 종교의 대화』, 앞의 책, p.150.

러나지 못한 것일 뿐, 하나님은 만유를 구성한 근간으로서 여전히 세계를 운행하고 계시다. 그런데 스피노자는 내재된 神적 본질만 근원으로 삼다 보니까 인식상 무리가 따랐다. 그는 자연의 근간에 해당한 궁극적 실체에 대해 "실체는 자기 원인이자 다른 모든 것의 원인이다"라고 하여[43] 다른 원인이 개입될 여지를 봉쇄하였다. "실체는 제한되어 있지 않다(무한함). 시간에 따라서 유한하거나 무한하지 않으며(영원함) 유일·분할할 수 없고 따라서 자유롭다."[44] 실체가 근원이 되기 위해서는 "그 자신에 있어서 존재하고 그 자신에 의해서 이해되는 영원하고 절대로 무한한, 유일 개념이 되지 않을 수 없다."[45] 그렇게 해서 규정된 실체가 바로 神이다. 하지만 실체가 神으로 승격되었다고 해서 영역 안에 있는 자연이 神적 속성을 모두 나타낼 수는 없다. 그래서 스피노자는 神이 세계 안에서 존재한 化된 방식에 대해 언급했다. 즉, "실체는 실체와 속성적 측면에서 보면 능산적 자연이 되고(만물의 생산의 근원이 되는 자연, 즉 범신론적 의미의 神), 본질과 속성적 측면에서 보면 소산적 자연이 된다고 했다(神에 대한 자연). 한편 실체의 본질은 속성이고 실체의 변화는 양태이다"라고도 했는데,[46] 이것은 울타리에 갇힌 동물과 같은 개념 규정이다. 관건은 실체인 본체와 존재한 작용 메커니즘을 밝히는 데 있다. "神을 현실의 능동적인 요소로 규정해 버리면 자연은 자동적으로 현실의 수동적인 요소 자리를 차지한다."[47] 모든 것이 神이고

---

43) 『에티카』, B. 스피노자 저, 강영계 역, 서광사, 1990, p.328.

44) 위의 책, p.328.

45) 『세계철학대사전』, 앞의 사전, p.616.

46) 『에티카』, 앞의 책, p.328.

47) 『마르크스(생애와 사상)』, 리우스 저, 이동민 역, 오월, 1990, p.56.

세계는 神과 일치하지만 그래도 구분하여 神에 역점을 두고 보면 세계는 절대적인 실재로서 神의 유한한 양태의 총화이고(스피노자의 범신론), 세계에 중점을 두고 보면 세계 자체는 유일한 실재로서 神의 실재를 뒷받침하는 총체가 된다(유물론에 가까움). 세계 안에서만 모든 것을 해결하려고 한 결과 억지로 끼워 맞춘 형식이 되어 버렸다. 스피노자는 실체를 유일·절대·무한성으로 규정하였지만, 이들 특성을 단도직입적으로 神에게 귀속시킨 것은 커다란 논리의 비약이다. 스피노자가 생각한 것은 실체 자체가 스스로 능산적인 神의 역할을 하는 데 있다. 요지는 다음과 같다. "神이 세계와 더불어 존재한다면 당연히 세계를 떠나 존재할 수 없다. 하지만 자연이 그대로 神이고, 혹은 존재하는 것이 神의 일부분이다"라는 것은 성립될 수 없다.[48] 神이 자연 가운데 내재한다고 해서 神과 자연이 동일할 수는 없다. 神은 우주를 포함하여 삼라만상을 포괄한 전체자이기 때문에 자연과 동일하다. "나를 초월하는 세계는 존재할 수 있지만 세계를 초월한 개개 존재는 있을 수 없다. 그래서 우주를 포함한 세계는 그대로 전체적인 존재자가 된다."[49] 하지만 스피노자는 실체라는 개념으로 세계와 神을 설명하였기 때문에 그것은 어디까지나 판단할 수 있는 실체가 우선되고, 이런 측면에서의 신즉 자연은 자연이란 의미가 짙다. 이에 스피노자가 세운 범신론은 안타깝게도 인류가 영원히 완전한 神의 모습을 볼 수 없게 한 자가당착이란 결론이다. 神은 전체자로서 우주의 모습을 반영하고 있는데, 그가 말한 실체 개념대로라면 절대·무한·분할할 수 없게 되어 있어, 그런 神을 인간

---

48) 『종교의 철학적 이해』, 앞의 책, p.32.

49) 위의 책, p.32.

으로서는 도무지 파악할 수 없다. 양태화된 자연을 붙들고 神을 상정할 수밖에 없게 되었다. 그래서 범신론은 이신론과 함께 기존 신론들의 부족함을 보완하기 위해서 제기된 것이며,[50] 이론적인 측면에서는 논리상 하자가 있는 것이 분명하다. 신즉 자연화된 神은 사실상 허울이고 가식이다. "세상의 모든 변화는 실체인 神이 변화된 것이고, 이 변화는 자연의 총화 안에서 이루어진다(만유는 神의 성질의 부분이고, 神은 만물의 전체이며, 자연의 모습은 神이 발현한 양상). 자연 법칙을 벗어난 神의 역사는 아무 의미가 없고, 神의 나타남은 자연의 변화로 환원되어져 神은 결국 없는 것과 마찬가지가 된다."[51] 스피노자가 철학의 출발점으로 삼은 것은 실체라는 개념이지 神이 아니다. 따라서 "스피노자가 말한 실체는 모든 사물의 근저에 자리 잡으면서 일체의 존재를 자체로서 융합, 포괄한 一者, 혹은 무한자이다. 이 실체는 무엇에도 의지하지 않고 자기 원인에 의해 존재하는 영원하고 무한한 것이며, 이런 실체를 떠나서는 어떤 사물도 존재할 수 없다. 그래서 실체는 곧 神이고, 神은 곧 자연으로 정리되었다."[52]

그런데 문제는 역시 신즉 자연을 성립시킬 세계 작용적인 근거를 밝히지 못한 것이다. 그래서 범신론은 미완성 신론이다. "존재하는 것은 자연·우주·세계인데, 존재자는 神을 떠날 수 없다. 神은 우주

---

50) "근세의 르네상스가 시작되면서 서구인의 사상에는 봉건제도나 기독교 사상에 대한 회의와 자유로운 비판이 싹트기 시작했다. 자연과학은 많은 새로운 것을 알아내게 되었다. 그러니까 아무것도 모르고 어렸을 때부터 믿어왔던 神이 존재하지 않을 수도 있다는 사실이 점차 드러났다. 혹은 옛날과는 다른 神과 종교를 모색하려는 움직임도 나타났다(『니체와 현대철학』, 앞의 책, p.78)." 그래서 스피노자의 범신론은 이신론과 더불어 서구 계몽주의 시대의 주요한 신관으로서 새로운 세계관에 부합한 神의 개념으로서 나타나게 되었다.

51) 「무신론에 대한 연구」, 박만 저, 장로회신학대학 신학대학원, 석사논문, 1986, p.17.

52) 위의 논문, p.17.

로 볼 수 있는 세계와 함께 있는 존재이다."[53] 이것이 사실이라면 우리는 따로 神을 규명할 필요 없이 물리학이 거둔 성과를 그대로 神으로 보아도 되리라. 그런 의미로 자연과 神이 하나라고 한다면 거리낌 없이 인간과 하나님을 동일시하고, 각자 존재한 특성들이 神의 세계로 흡입될 수 있다는 착각을 일으키리라. "자연 안에 창조 의지가 있어 자연의 그 같은 의지를 하나님이라고 생각하기 쉽다."[54] 이 땅에 참으로 강림 역사가 실현되어야 하는 이유이다. 神이 강림하지 못한 상황에서 상정된 범신적인 신론 형태는 神을 보지 못한 데 따른 한계 인식인 것이 틀림없다. 神이 강림해야 풀 수 있는 문제이다. 스피노자라는 한 철인이 神과 세계를 이해한 관점 외 아무것도 아니다. "유일한 실체인 神을 자연 혹은 세계로 정신과 물체를 神의 속성으로 간주하고 두 사상(事象)을 실체의 양태로 파악한 것인데"[55] 이런 그의 신론이 神에 대해서, 혹은 자연에 대해서 특별한 정보를 제시한 것은 없다. 추론을 통해서는 진전된 정보를 얻을 수 없다. 실체 개념을 통해 간접적으로 "全一·太一을 실체 곧 神으로 규정하므로, 궁극적인 실재를 '一卽全'이란 절대성 정도로 이해한 것이다. 神은 세계 안에서 一物로서 확인 가능한 존재가 아니다. 세계를 全一로서 존재하게 한 접경·한계·극성(極性)으로서 초월성 자체이다."[56] "만물의 내재적 원인이고, 소산적 자연에 대하여 능산적 자연이다"라고 한 것은[57] 神을 기준으로 세계를 이치적, 관념적으로 규정한 것이다.

---

53) 『종교의 철학적 이해』, 앞의 책, p.32.

54) 『자연주의적 유신론』, 앞의 책, p.84.

55) 『마르크스(생애와 사상)』, 앞의 책, p.154.

56) 『절대의 철학』, 신오현 저, 문학과 지성사, 1993, p.199.

57) 『세계철학대사전』, 앞의 사전, p.616.

神을 굳이 앞세우지 않아도 되었는데 애써 자리를 마련한 것은 어쩌면 유물적인 추세로 넘어가기 위한 과도기적 시도일 수도 있다. 이런 성향 때문에 기독교 측에서는 범신론적인 사상에 노출되는 위험을 경계했지만, 기독교는 경계만 할 것이 아니라 능동적으로 대처할 수 있는 신학을 세워야 했다. 독일의 철학자 F. 크라우제는 만유내재신론(萬有內在神論)을 세웠는데,[58] 그렇게 개념을 종합한다고 해서 신론이 통일되거나 神의 본질을 규명할 수 있는 것은 아니다. 神이 강림하지 못한 상황에서는 누구도 범신론적인 사상을 잠재울 수 없다.

그래서 우리는 범신론이 가진 진리성과 한계성을 동시에 볼 수 있어야 범신적인 세계 안에서 살아 역사한 神의 오묘한 실재성을 확인할 수 있다. 神이 결정한 창조 법칙과 발현한 창조 목적은 세상 어디에도 스며 있고, 존재를 이룬 요소로서 구성되어 있다. 그렇다고 해서 곧바로 신즉 자연인 것은 아니다. 神은 자연 자체일 수 없다. 그렇다면? 자연은 神의 化된 실체이다. 차원적인 차이가 있다는 사실을 인정해야 한다. 그러면서도 神은 구축된 세계가 아니면 거할 곳이 없다. 세계가 化로 창조된 이상 독립성을 가지지만 동시에 세계와 함께하여 실체·존재·세계·현상·이법과 긴밀한 관계를 가진다. 그래서 우리는 만상 가운데서 거한 하나님의 모습을 확인할 수 있게 된다. 어렵게 시인의 시구 속에서도, 동서양의 사상 속에서도 범신적인 모습이 투영되어 있었던 것인지 알 수 있다. 그것을 깨달음과 그렇지 못함의 차이는 엄청나다. 범신적인 신론 형태는 분명 진리성을 내포하고 있는데, 그렇다고 억지로 神이란 개념 안에 몰아넣어

---

58) 만유내재신론: "神은 세계에 내재하지만 세계보다도 크고 위대하다. 즉 만유는 神의 안에 있는 것이다."-『두산동아 세계대백과사전』, 만유내재신론 편.

버리면 자가당착에 빠진다. 기존 신관이 지닌 개념적인 체계로부터 자유로워야 범신론이 지상 강림 역사를 예비한 과도기적인 신론 형태로서 자리매김될 수 있다.

# 제13장 동양의 신론 형태

## 1. 동양의 하늘(천)

### 1) 개요

서양이 쌓아 올린 실체 개념 가운데 가장 근본적이고 포괄적인 것은 神에 대한 개념이다. 그리고 이 개념의 한 중심에는 일찍이 아브라함으로부터 신앙을 이어온 창조주 하나님이 있다. 하나님은 인류 역사 가운데서 부단하게 존재에 대한 면모를 부각시켜 神이란 개념을 도출하는 데 큰 역할을 하였다. 神의 지배력과 진리적인 위세가 지대해져 다른 개념들은 비교할 엄두조차 내지 못하고 있다. 하지만 부족함은 있어도 어느 정도 대비시킬 수 있는 개념 가운데는 동양인들에게 뿌리 깊은 天 내지 '하늘' 개념이 있다. 지금은 서양 문물의 영향력이 크다 보니 神이란 개념도 같이 영향을 끼쳐 서양인들이 세운 신관 기준에 따라 天이 지닌 神적인 자격이 무시되었다.[59) 그런데도 동양인들이 신뢰한 天은 자체 갖춘 진리력이 있어 인간과 지속적인 관계를 유지하였다. 서양에서는 기독교인들이 神에 대한 신앙 체제를 구축하였지만 아직까지 형상을 완전하게 형태 짓지 못한 상태인데, 동양의 天이 담당한 본체적인 특성을 꿰뚫으면 하나님을 존재적으로 완성시킬 수도 있다. 서양이 부각시키지 못한 부족분을 동양의 天이 담당한 것이라면 이것은 결코 간과될 수 없다. 하나님이 세상에 드러나기 위해 갖추어야 하는 조건, 그것은 동서양 어느 한쪽만으로 결정할 수 없다. 이런 측면에서 살펴보면 한두 가지 차이점만 빼면 天은 동양 사회에서 神과 동일한 역할을 했다고 보아도 된다. 형태를 달리해서 역할을 수행한 天의 본질을 꿰뚫어야 한다. 그리해야 神이 보편적인 인식의 뒷받침으로 존엄한 본체를 드러낼 수 있다. 그리고 동양의 天도 오랫동안 지켜온 신뢰를 확인할 수 있다. 동양의 天과 서양의 神은 서로가 부족한 부분을 채울 때 완성된 신관을 구축할 수 있다. 동양의 天도 종국에는 하나님을 받아들여야 신관으로서 완성되리라.

### 2) 천의 인식 역사

동양하면 여러 나라가 있지만 그중 동양 문명을 일으킨 중심은 중국이다. 그래서 동양 天의 원천도 중국을 중심에 두고 거론하지 않을 수 없다. 天 사상은 "중국 사상의 기초요 세계관에 있어서 근본이

---

59) 원시 불교에는 神이 없기 때문에 원시 불교는 종교라고 할 수 없다. 이 말은 神과 종교의 관계를 밀접 불가리(不可離)의 관계 개념으로 본 영국의 모니에르 윌리암스(Monier Wiliams, 1819~1899)의 관점임―『철학과 종교의 대화』, 앞의 책, p.99.

된다."[60] 天 사상이 형성된 배경은 고대 중국도 샤머니즘권 안에 있어 자연숭배·조상숭배·농경생활·다신교에 근거한 것은 비슷하지만, 중요한 것은 중국의 영향권 안에 있는 동양 문명 전체가 유태 민족이 일군 神 개념에 버금가리만큼 天 사상이 인간과 불가분의 관계를 맺으면서 성스러운 어떤 존재로서 동양 문명의 근저를 이루었다는 데 있다. "天과 인간의 범주는 30여 세기 동안 지속되었고, 끈질긴 생명력을 가진 것은 중국 사상사에서도 극히 드물 뿐 아니라 세계사적으로도 필적할 수 있는 개념이 거의 없다."[61] 그 의미는 실로 그 무엇으로도 대치할 수 없을 만큼 동양인의 마음속에 항상 함께하고 있었다는 데 있다. 도덕과 가치와 행위의 근거 면에서도 그렇고, 확고부동한 믿음과 병행된 점도 그렇다. 天에 대한 믿음은 마음의 문제이기 이전에 무수한 인간들이 경험을 통해 추출한 합리적인 인식 체계이다. 동양의 天이 하나님과 같은 인격신인가 아닌가 하는 것은 문제가 아니다. 天이 天다울 수 있는 참 이유는 天을 신뢰하는 믿음 속에 남아 있는 성스러움에 대한 가치가 충분하게 발휘된다는 데 있다.[62] 이런 전통을 가진 동양 사회에서는 당연히 天을 알고 하늘을 섬기는 종교적 행위가 병행되었다. 그런데도 天이란 대상은 예나 지금이나 막연한데, 그 이유는 神과 연관하여 해결하지 못한 문제들이 산적되어 있기 때문이다. 긍정적인 요인이 있다면 그것은 기독교인 못지않게 동양인들이 天에 대하여 보인 태도가 하나님에게 접근하기 위한 동양 사회에서의 문화 양식적 노력이고 거룩한 행위

---

60) 『중국사상사』, 森三樹三郎 저, 임병덕 역, 온누리, 1990, p.23.

61) 『천인관계론』, 풍우 저, 김갑수 역, 신지서원, 1993, p.16.

62) 「동양 천관념의 종교학적 연구」, 정한균 저, 원광대학교대학원 불교학과, 석사논문, 1994, p.2.

였다는 데 있다. 서양이 내세운 神과 동양이 확보한 天 중 무엇이 앞으로 하나님의 참상을 더 잘 현현시킬 수 있을 것인지는 장담할 수 없다. 면밀하게 판단하면 하나님의 본체성에 대한 진리적 기반은 오히려 동양의 天이 공고하게 갖춘 것으로 사료된다. 물론 종국에는 상호 보완, 조화, 합일되어야 하겠지만 天 개념이 하나님에 대한 광범위한 진리성을 내포하고 있다는 지적은 신선한 충격이다. 天이 어떻게 神에 근접된 것인지는 살펴보아야 할 것이지만, 사상사를 통해 보면 제기된 제반 신론들도 하나님의 본체를 드러내기 위해 역할을 한 것은 마찬가지이다. 天이든 道든 神이든 이들은 공히 하나님이 강림하는 데 기여한 분화 관점이다. 과정 속에서는 그 무엇도 절대 기준이 될 수 없었고, 형태마저 달라 각자 지닌 특성들을 발현시켰을 뿐이다. 그중 天 개념은 동양인들이 神에게 접근하기 위해 개척한 방법론이다. 세계인이 바라본 것은 물리적인 공간상의 하늘이든, 절대 불변한 이치로서의 질서이든, 화복을 내리는 주재천으로든, 한결같이 창조주가 지닌 권능 범주 안에 속한 것일진대, 그 안에서 뜻과 이치와 주재된 의지가 표출된 것이라면 그것은 모두 神을 드러내는 데 기여되었다.

### 3) 천의 주재 인격성

"하늘이라고 했을 때 서양에서는 주로 수학적인 방법을 사용하여 연구하였지만, 동양인들이 함축한 의미는 비할 데 없이 심오하다."[63] 하늘은 한때 주재적인 모습도 보였고 神적인 역할도 대신하였다. 계

---

63) 『천인관계론』, 앞의 책, p.355.

속 발전하지는 못하였지만, "중국의 상고 시대에 나타난 天적 모습은 인격적인 요소와 원시 종교적인 일면을 함께 지녔다."[64] "『시경』과 『서경』에서는 모든 백성을 보살피고 보호해 주는 天으로서 인간의 기구(祈求)를 받아들이고 인간의 잘못을 벌주는 天이었다."[65] 하지만 이후 "시대가 흐름에 따라 天의 활동 기회가 점차 줄어들었고 활발하지 않게 됨과 함께 인격적인 요소도 희박하여졌다."[66] 이런 추세로 보면 동양의 天은 이스라엘 민족이 경외한 하나님처럼 천지를 창조한 강력한 주재신이 아니다. 그렇다면? 창조신에 대한 개념은 없지만 만물을 낳고 보호한 神적 기능은 수행한 것이 사실이다. 어쩌면 인간성을 통해 바라본 하늘에 대한 질서 인식이랄까? 神과 天에 대한 인식 차는 참으로 미묘하다. 우리는 자신이 존재한 상태에 대해 정신과 몸을 따로 말하지 않는다. 神이란 존재도 다를 바 없다. 天은 기독교의 神처럼 존재 의지를 역사 위에 지속적으로 표출시킨 神은 아니지만, 그 외 다른 면모를 표출시킬 수도 있다. 그것이 곧 神이 세계 안에서 내포하고 있는 이치·인과·질서 측면이다. 이들은 한결같이 인간성을 통해 인식되기 때문에 天도 최상의 인격적인 주재천으로서 경배하는 대상이 되었다. 이것은 참으로 미묘한데 세상 이법은 결코 하나님이 발현시킨 창조 의지와 무관하지 않다. 天이 부족한데도 神과 같은 역할을 대신할 수 있었던 이유이다. 설사 天이 인격성을 지닌 존재자는 아니지만 창조성을 지닌 관계로 인간에게서 신뢰받는 神적 대상이 될 수 있었다. 기독교가 신앙한 인격

---

64) 「동양 천관념의 종교학적 연구」, 앞의 논문, p.31.
65) 「공자의 천관에 관한 연구」, 유종필 저, 동국대학교대학원 철학과, 석사논문, 1986, p.6.
66) 『중국사상사』, 앞의 책, p.25.

적인 神과 달리 동양의 天은 그 의미가 상징적이기는 하지만 세상에 주어진 이치적 판단에 대한 기준 역할은 하였다.

"天은 서주 이후로 줄곧 중국 역대 지배계급이 받들어 모신 최고의 숭배 대상이었고, 제천은 지배자의 가장 중요한 종교 의식이었다."[67] 지배자들은 자신들의 통치 권한이 하늘로부터 위임받은 것이라고 믿었다. "天이 德 있는 자에게 천하를 다스릴 命을 내려서 백성을 통치하도록 한다"고 했다.[68] 절대 절명한 天命이 하늘로부터 주어졌다는 것은 왕이 天子인데 대한 정당한 근거이고, 이것을 백성들 앞에서 확인시키기 위해 하늘에 제사를 올렸다. 天이 경배와 제사의 대상이고 천권의 위임자이기도 하며 인간의 잘못에 대해 벌하는 모습이 자칫 기독교의 하나님과 유사한 것처럼 생각할 수도 있겠지만, 사실은 인간이 판단한 원천적인 이치 근거가 天에 있다고 본 것이다. 인간이 현실적으로 받아들이는 당위적인 결과를 天命으로 수용하였다. 따라서 天에 대한 성스러운 감정과 경천(敬天)에 대한 신뢰성은 막연한 추론이 아니다. 분명한 인식 근거가 있다. "하늘도 의지를 가진다."[69] 혹은 주재적·인격적인 속성을 가지고 있다는 것은 하나님 자체의 속성 표출이 아니다. 天의 관념적 속성 가운데는 운명의 天, 의리의 天, "법칙적인 天으로서 이법적인 성질도 지녔는데"[70] 이것은 명백히 자연 현상 안에서 발견할 수 있는 이치성이다. 그래서 天은 진리로서도, 혹은 하늘이 부여한 피할 수 없는 결정성으로도 일

67) 『천인관계론』, 앞의 책, p.344.

68) 「공자의 천관에 관한 연구」, 앞의 논문, p.6.

69) 『천인관계론』, 앞의 책, p.69.

70) 위의 책, p.7.

컬어진다. "공자, 맹자 같은 성인은 天 앞에서 경건하였고, 天命에 대해 두려움{畏}을 간직하였다."[71] 이런 天 개념이 "상고 시대부터 춘추전국 시대를 지나면서 인격신적인 성격이 점차 희석된 것은"[72] 인간 사회의 문명과 제도가 발달했기 때문이고, 비인격화되면서 본령인 이치·질서성도 形而上學적인 인식 체계로 전환되었다. 天은 중국의 정신문명을 이끈 儒·佛·道에 의해 지적 정교화 작업을 거쳤는데, 이런 과정이 오늘날 강림한 하나님의 본체성을 뒷받침하였다. 진리의 바탕이기도 한 天은 하나님의 주재 의지를 대변한 기독교와 함께 하나님을 세상 가운데 드러내고자 한 섭리 역사이다. 끝내 존재한 하나님은 뵈옵지 못했지만 일군 道를 통하여, 혹은 空을 통하여, 혹은 음양의 이치를 통하여 하나님의 존재성을 가늠하였다. 하나님을 존재자로 완성시키는 데 동서 문명이 기여하였다.

## 2. 공자의 천

공자 이전에도 중국에는 오랜 세월에 걸쳐 쌓아 올린 선진 문명이 형성되어 있었다. "서주 시대에는 天{하늘}이 인격화된 최고신으로서의 의미를 지녔는데"[73] 공자가 이전의 선진 문명을 다시 집대성하고자 했을 때는 비인격화되어 있는 상태였다. 공자는 어떤 형태의 초자연적인 설명도 싫어하여 오직 자연과 인간관계 속에서 발견할 수 있는 문제들에 대해서만 관심을 쏟았다.[74] "공자가 天이라고 말

71) 「동양 천관념의 종교학적 연구」, 앞의 논문, p.31.
72) 위의 논문, p.31.
73) 『천인관계론』, 앞의 책, p.43.

한 것은 명백한 주재자로서 의지가 있다고 생각한 것이 아니고, 天에 의지한 감정을 표출한 것이다."[75] 하지만 『논어』에서는 "제사를 지내되 선조가 살아 있는 듯하며, 神을 제사하되 神이 있는 듯하며"라고 하였다.[76] 그런데 "백성의 뜻을 힘쓰고 귀신을 공경하되 멀리하면 지혜롭다고 이를 것이다"라고 한 것은[77] 또 무슨 의미인가? "유교는 禮를 중시하는 가르침이고, 禮 중에는 제례가 있어서 神에 대해 제사하는 의식을 존중한다. 본심은 무신론적인 입장을 지닌 공자가 제례를 존중한 점에 대해 묵자(墨子)는 무귀(無鬼)를 고집하면서 제례를 시행한다고 하여 神을 제사하는 모순성을 추궁하였다."[78] 따라서 공자가 말한 神은 인격적인 창조신이 아닌 것이 분명하다. 일종의 영혼관이라고 할까?[79] 생명적 본질(영혼)에 대한 무궁한 신뢰라고 할까? 鬼만으로는 환원된 본질에 대해 특별한 존재성을 부여할 필요가 없을지 몰라도, 살아 있는 후손에게는 사멸된 조상이라도 자손들과 함께한다고 여기고 경원(敬遠)하면 지혜로울 것이라고 여겼다. 참으로 인간 삶과 죽음에 대하여, 혹은 죽음 이후의 鬼의 존재 상태에 대하여, 생명 본질의 환원성과 무궁함을 직시했다. 성현 공자의 대통찰이다. 인간 본질의 생성성을 정확하게 직시한 공자는 제례를 존중하는 근거를 마련하였고, 살아 있는 자들이 삶을 경박하게

---

74) 계로가 귀신 섬기는 것을 물으니 공자께서 말씀하시기를, "능히 사람을 섬기지 못하면서 어찌 능히 귀신을 섬기겠느냐?" "감히 죽음을 묻노이다." 말씀하시기를, "삶을 알지 못하면서 어찌 죽음을 알겠느냐?" -『논어』선진 편(『논어·중용』, 주희 저, 한상갑 역, 삼성출판사, 1990, p.239).

75) 「공자의 천관에 관한 연구」, 앞의 논문, p.15.

76) 『논어』, 팔일 편(『논어·중용』, 앞의 책, p.79).

77) 위의 책, p.142.

78) 『중국사상사』, 앞의 책, p.15.

79) 이것은 나중에 공자 이후에 드러난 유교 사상을 통하여 구체적으로 표출됨.

살지 않게 하는 도덕적 의무감을 지웠다. 이것은 인간이 지닌 존재 본질의 영원함에 대해 공자가 품은 진리적 신념에서 비롯된 것이지 주재천적인 창조신을 믿음으로서가 아니다. 만약 공자가 鬼를 神과 같은 존재로서 포착하였더라면 유교도 기독교적인 신관으로 진척되었을지 모른다. 神과 비슷한 개념이 있으면 그것이 神인지 아닌지 타진하는데, 기독교의 하나님에 대한 판단 기준은 확실하다. 天 역시 하나님으로 판별되기 위해서는 상호 교감된 성령의 역사가 있어야 했지만 공자에게서는 그 같은 역사가 없었다. 하늘을 향한 짝사랑이랄까? 운명적인 믿음에 대한 막연한 신뢰이다. 공자는 하늘을 지극히 동경하고 하늘을 통해 대 원리적인 이치를 터득했다. 하늘의 뜻을 깨우쳤다고 할까? 하늘이 내린 시대적 소명을 받들어 선진 문명에 대해 새로운 해석학적 입장을 가짐으로써 동양 天의 대평정자가 되었다. "공자의 天은 비인격적이고 도덕 법칙적이지만"[80] 일체의 질서 근거가 하늘로부터 왔다고 인식한 것은 하나님을 창조주로서 받든 신앙과 진배없다. 공자는 하늘의 뜻을 깨우쳐 순리를 다한 대 성현이다. 비인격적인 면에 있어서의 윤리성 인식은 비인격적이기 때문에 인격신과 연관이 없는 것이 아니다. 후대에 끼친 사상적 발전과 함께 이치화된 神의 속성을 드러내는 데 부족한 면모를 유감없이 채웠다.

---

80) 「공자의 천관에 대한 연구」, 앞의 논문, p.32.

## 3. 송·명 유학의 리

공자로부터 발흥된 유교는 중국 사회를 이끄는 통치 이데올로기로 채택되어 흥망성쇠를 거듭하였다. 인도로부터 불교가 전래되자 중국 사상계에서는 창의적 불교인 선풍(禪風)이 일어나 전성기를 이루고 유교는 그 그늘에 가렸다. 이에 "송대에 주자(이름은 희, 1130~1200)라는 사람이 나타나 다시 유교 중심으로 문명의 틀을 전환시켰는데, 그것은 곧 불교의 인식론, 形而上學에 상응한 우주관적 해석을 가한 理氣론(윤리학적 인식론)이다. 이후 이 理氣론은 불교·유교에서조차 없는 새로운 패러다임을 구축하여 청나라 말기까지 장장 700여 년간 동양 사회를 사상적으로 지배하였다."[81] 주자가 펼친 세계의 근원적인 본질 개념인 理氣론은 중국 사람들의 저변을 이룬 天이란 의식과 관련하여 어떤 의미를 표출시켰는가? 理氣 개념은 神과는 아무 연관이 없는가? 판단하기 위해서는 주자가 하늘을 어떻게 이해하여 진리의 근거로 삼았는가 하는 것부터 살펴야 한다. 송·명대의 유학자들은 전통적인 개념인 하늘{天}에 대해서 어떤 해석학적 관점을 가졌는가? "선진 시대의 경전 속에서 하늘은 분명 살아 숨 쉬는 최고신으로 나타났고, 天命은 하나님의 명령이지만"[82] 한편으로는 고대 사회가 지닌 샤머니즘적인 인식이기도 해, 성령의 역사가 부재된 상황에서는 神적인 실상으로서 구축되기 어려웠다. 그런데 후대에 와서 天의 본질을 명백하게 부각시킨 것이 바로 '理'이다. 그들은 하늘과 天命을 '理'로 해석하였다. 세상에는 가늠하기 쉽지 않

---

81) 「노자와 21세기」, 김용옥 강의, EBS 교육방송, 28강, 해석학적 삼대 기원설(하), 2000년 1월 6일.
82) 『천인관계론』, 앞의 책, p.342.

은 포괄적인 이치가 있는데, 이것은 하늘로부터 주어진 것이므로 하늘이 곧 形而上學적인 인식의 근거이다. 그래서 理를 하늘이 부여한 天理로서 정의하였고, "理로 말하자면 그것은 곧 하늘이다"라고 규정했다.[83] "정주(程朱)의 저작에서도 흔히 등장하는 개념인 하늘·天理·理·太極 등은 동일한 철학 범주로서 최고의 우주 본체인 天을 그렇게 표현했다."[84] 이치는 주재적인 하늘로서도 표현할 수 있지만 성령의 역사로 神이 부각되는 것과는 다르다. 天의 본령은 천지가 그냥 존재하지 않았다는 것이며, 그 이유에 해당한 이치를 '理'라는 개념으로 인식하였다. 그렇더라도 연유된 理만으로는 부족함이 있어 세상을 이룬 제2의 요소로서 氣라는 개념을 도출하였다. 지금도 理氣란 도대체 무엇인가란 궁금증이 좀체 떠나지 않지만, "理가 氣를 발생시켜 氣와 연합함으로써 만물을 생성시킨다"란 정도로 이해하였다.[85]

우주의 본질성을 포괄한 理氣론은 송대 초에 주렴계가 그린 『太極圖說』의 '無極而太極'이라는 말에 설명을 붙임으로써 출발하였다. 無極이 太極이 된 우주 본체의 생성 과정에서 太極이 理를 낳고, 陰陽과 動靜이 氣를 발생시켰다고 보았다. 無極→太極→動靜→陰陽→五行→四時를 거쳐 만물이 되는데, 여기서 理는 원리·이념·이론·이치와 같은 뜻이고, 氣는 기운·氣 덩어리·공기·전기·기력처럼 에너지란 뜻이다. 理氣는 간단히 말할 수도 있지만 삼라만상 우주를 발생시킨 생성 원리를 이치 내지 에너지{理氣}로 이해했다고 해서 달라지는 것은 없다. 세상을 이룬 구성 체계에 대해 太極을 理로, 陰陽을 氣

---

83) "以理言之謂之天."-『사서집주』, 주희.

84) 『천인관계론』, 앞의 책, p.41.

85) 위의 책, p.41.

로서 이해한 성리학의 해석학적 입장일 뿐이다. 그래서 알고 보면 理氣론도 결국 天의 본령을 충분하게 드러내지는 못하였다. 太極에는 動하는 원리만 있고 운동은 氣에만 있다고 보고 天을 근원적인 것이 발현되기 이전의 본체적 측면(理)과 발현된 상태(氣)로 양분했다. 인간도 존재한 소이에 해당한 고유 본성을 천명지성(天命之性＝本然之性)과 기질지성(氣質之性)으로 구분하고 인간 사회의 근본적인 윤리 원칙과 질서를 理氣론적인 관점에서 엮어내고자 하였다(주자).[86] 그러나 太極＝理＝道라고 하여 본연지성을 이끈 理를 도덕의 주체라고 해도, 혹은 理氣를 본체를 구성한 인식 체계라고 해도, 그것은 어디까지나 인간적인 이해 관점일 뿐이다. 살펴보면 만물은 그대로 만물이고 이치는 이치이며 에너지는 에너지로 존재할 따름이다. 四端七情이 기질에 속한 것이든, 四端은 理發이고 七情은 氣發인 것이든, 근원적인 본체가 드러나지 못한 상태에서는 아무리 理氣론이 포괄적인 인식 체제를 갖추었을지라도 우주적인 현상을 모조리 설명하는 데는 무리가 있다. 하나님이 드러나지 못한 선천에서는[87] 天도 理氣 개념도 神에 관한 본질을 온전히 드러낼 수 없었다. 理氣론은 본체의 생성으로 주어진 결과를 이해하고자 한 관점이라 자체의 능동성·창조성을 표출시키는 데는 한계가 있었다. 발현되기 이전인 본연과 발현된 결과인 기질이 있다고 하여 본연의 변화를 인식한 것은 사실이지만, 그렇게 변화를 일으킨 요인은? 理氣만으로는 설명할 길이 없다. 우리가 '존립하고자 하는 의지'는 스스로 발동시킬 수 있지만 그 것만으로서 온전할 수 없는, 우리를 '존재하게 하는 의지'가 있듯, 변

---

86) 우주론적인 본체 인식으로부터 인간 세상을 지배하는 도덕적 질서 원리를 추출하고자 함.
87) 선천＝하나님의 본체가 드러나기 이전이고 후천＝하나님의 본체가 드러난 이후임.

화하는 요인을 진리적으로 파악하기 위해서는 변화를 있게 한 요인도 함께 살펴야 한다. 理의 대표적인 개념이 곧 세상 위에 주어진 '이치'라고 할진대, 그렇게 이치를 있게 한 것은? 天의 본령인 太極이 생성함으로써 만물의 바탕된 본질을 구성한 것이 氣라고 한다면, 그렇게 변화를 일으킨 요인은 무엇 하나 명확하게 이해할 수 없다. 理氣는 하나인가 분리된 것인가? 어디서, 어떻게 발생한 것인가? 理가 우주와 인간의 이상적인 측면을 나타낸 것이라고 보면 현실과 거리가 생기고, 氣가 우주와 인간의 현실적인 측면을 대신한 것이라고 보면 그대로 세계를 구성한 물질적인 근거가 되어야 한다. 그런데 현대 물리학은 아무리 물질세계를 탐구해도 원소는 발견했지만 氣는 보지 못했다.

학자들이 많은 지식을 지녔지만 세계 자체가 분열을 완료하지 못한 상태에서는 가려진 안개를 걷어낼 수 없다. 온갖 이치와 변화를 있게 한 창조 본의를 밝혀야 天의 본령도 理氣의 실체도 모습을 나타낸다. 세상은 그냥 주어지지 않았다. 太極이 그러하듯 理氣는 천지를 창조한 본질 범주 안에 있다. 즉, 하나님이 천지를 창조하고자 했을 때 발현된 뜻의 결정체가 곧 理이다. 그렇다면 氣는? 절대 본체가 변화를 일으켜 만물과 함께하게 된 化된 하나님의 존재 본질이다. 이런 理氣가 하나라고 한 것은 분열된 인식으로 가늠한 시공간적 개념과는 차원이 다르다. 만물이 생성하기 이전의 본질은 통합성 상태로서 뜻과 본질이 하나이다. 따라서 理氣론을 통해 펼친 太極의 생성 상황은 세계가 바로 존재자인 실상을 시사한다. 天을 본령으로 한 太極 운동과 음양오행 사상, 易의 변화 원리 등은 세상과 동떨어진 공허한 이론이 아니다. 아인슈타인이 상대성 원리에서 밝힌 질량이 늘어난다는 사실은 실감하기 어렵지만 핵폭탄을 만드는 원리이듯, 理氣론 역시 이해하기는 어렵지만 세계를 인식하는 데 있어서 어떤 창구보다도 깊은 통찰을 이룬 진리이다. 한의사는 맥을 짚어보고 처방을 내리는데, 맥은 참으로 심오한 정보를 담고 있다. 몸을 통찰한 동양 철리에 근거했다. 인식을 통해 세계의 진상에 근접할 수 있다는 것은 세계가 하나인 근원으로부터 창조되었다는 뜻이고, 이런 각도에서 본질적인 바탕을 설명한 것이 理氣론이다. E=MC²을 예로 들지 않더라도 天에 근거한 理氣 개념은 그렇게 인식한 것 자체가 세계적인 원리와 통하는 상징적 도식이다. 理氣가 곧 창조의 본질을 인식한 것이란 사실을 안다면, 우리는 주장된 理氣론을 종합할 수 있다.

이를테면 송·명 시대의 理學이 인식한 하늘이 우주를 본체로 했다는 강령은 다른 학파에서도 인정하지만, 본체를 정의하는 데 있어서는 견해차가 있다. "장재(張載: 1010~1077)로 대표되는 기본체론파(氣本體論派)에서는 하늘을 태허(太虛)라 부르고, 태허를 氣{太虛卽氣}라고 하였다(理가 아님). 한편 왕수인(王守仁: 1472~1528)으로 대표되는 심학파에서는 하늘이 곧 心이라고 하였다(天卽心)."[88] 즉, 이른 作爲를 '天卽神'으로 보면 氣=바탕이 되고, 理=법칙이 되며, 心은 뜻이 된다. 무엇 하나 天을 본령으로 하지 않은 것이 없고 자격을 부여하지 않은 것이 없다. 그러나 그것은 그렇게 규정한 것일 뿐, 직접 만물을 생성시킨 작용 메커니즘은 언급이 없었다. 天命之性은 하늘의 명령에 의해 부여된 본성이므로 天命이 어떻게 부여된 것인지를 밝힌 것이 이 연구가 지칭한 창조 진리이다. 이전 진리는 단언된 관념

---

88) 『천인관계론』, 앞의 책, p.42.

성에 머물렀지만 창조 진리는 작용된 메커니즘을 구체화시켰다. "天의 본성이 仁이라면 인간의 본성도 仁이다. 하늘과 인간은 하나"라고 한 것은[89] 빙산의 일각과도 같다. 天의 본령을 인식한 道, 法, 禪, 진리 등은 한결같이 뿌리에 해당한 본질을 감추고 있다. 주된 이유는 하나님이 강림하지 못해서이다. 지상 강림 역사 완수로 빙산의 나머지 모습을 볼 수 있는 안목을 가지게 되었다. 의리지천(義理之天), 즉 이법적인 하늘은 천지가 창조된 결과로 드러난 하늘이고, 天卽心은 만물이 神의 뜻을 본령으로 해서 창조되었다는 뜻이다. 동양의 이상적인 인간상인 天人合一은 天과 일체될 수 있는 심적·본질적인 조건을 인간이 가졌다는 뜻이다. "하늘과 인간의 마음이 동일하고 인성의 내용이 통할 만큼 본성이 하늘로부터 주어졌다. 인간의 인식이나 도덕·수양 및 사회 정치적인 이상이 최고의 본체인 하늘과 일치되고, 하늘의 법칙이 인간이 가진 법칙과 합치된다(天道=人道)"는 것은[90] 천지가 창조된 결과성을 인식한 것이다. 진리를 탐구하여 만물이 지닌 결정성과 이법성을 추출했지만, 그것으로 나타난 전체 본질로서의 특징은 바로 하나님이 갖춘 존재 모습이다. '天卽理'로서 인식한 저변으로 주재된 하나님은 볼 수 없지만 天이 존재한 형태는 엿볼 수 있었다. 이것이 곧 동양인들이 天을 통해 일군 神의 본체를 부각시키는 데 기여한 공적이다. 지성들은 이 같은 공과를 확인할 수 있는 안목을 가져야 한다. 기독교가 이룬 신앙 역사만으로는 神을 온전히 드러낼 수 없다. 그래서 동양에서는 '天卽意志', 즉 天의 의지 작용을 통해 주재된 天의 본령을 밝혔다. 이법으로서 파악한 세계의

---

89) 위의 책, p.41.
90) 위의 책, p.330.

이면에는 하나님이 존재했다. 진리, 이법, 마음, 법칙은 바로 하나님과 연결되어 있다. 비록 성령으로 주재된 역사는 확인할 수 없다 하더라도 만상은 처음부터 신령스런 창조 본성{神性}을 내포하였다. 한 근원으로서 동질·동본적인 네트워크를 구축하였다. 진리를 통해 인식된 본질적 특성은 그대로 하나님이 존재자로서 지닌 특성과 같다.

동양인들은 神이 직접 의지를 표명한 기독교 역사와 달리 하나님의 존재 바탕(창조성)인 天性{神性}을 理 혹은 道로서 인식한 형태를 취하였다. "天의 비인격화는 이상한 것이 아니다. 굳이 神적인 관점에서 본다면 범신론적인 세계관에 해당된다."91) 天命 사상과 天性은 하나님의 주재 의지와 바탕 본질을 동양적인 사고방식으로 표현한 것이다. 하나님이 직접 계시한 형태가 아니고 부여된 본연 자체를 天命·天性으로 인식했다. 주자는 "만물의 본질을 天理라 부르고, 이 天理가 내재된 것을 性"이라고 하였다.92) 性은 내재된 것이고, 인간은 현실적으로 氣적인 본질(육신)에 근거하고 있어 불순하고 잡스러운 요소가 섞일 수 있지만, 그래도 열심히 갈고 닦으면 순수한 본연과 일치된다. 이것은 우리가 본래 그와 같은 본연으로부터 말미암기 때문에 가능하다. 天을 인식한 동양적 사고의 본질을 정확하게 이해해야만 지난날 근접하지 못한 天의 본령에 이를 수 있고, 위대한 神의 창조 권능을 확인할 수 있다. 인사(人事)를 다하고 나서 天命을 기다리는 것은 인간이 도달한 한계 상황에서 神이 내린 명령{天命}이란 것이 무엇인가 하는 것을 시사한다. 동양인이 天命을 인식한 것은 모세가 시내산에서 십계명을 받든 계시 명령과는 성격이 다르다. 그

---

91) 『중국사상사』, 앞의 책, p.30.
92) 위의 책, p.30.

런데도 우리는 神의 주재 활동 의지와 天이 결정한 이법성을 분간하지 못한 혼돈 속에 있었던가? 주된 이유 역시 天의 본령을 밝히지 못한 것이다. 그래서 부족한 점은 있지만 이와 같은 본령을 밝히고자 한 송·명 유학의 理 역시 알고 보면 하나님이 지상에 강림하는 데 일익을 담당한 진리 역사였다.

## 4. 노자의 도

어차피 하나님이 존재한 모습이 드러나기 위해서는 인류가 일군 지혜를 총동원하지 않을 수 없는데, 그중 노자는 道라고 하는 심화된 진리 인식을 통해 세계 가운데 편만 된 하나님을 부각시켰다. 작용된 특성을 명백히 하였고, '도즉 자연'을 통해 존재성이 현현될 수 있게 하였다. 그렇다면 노자가 말한 道란 과연 무엇인가? 창조된 바탕 근거인 본질인데, 본질은 하나님의 절대적인 본체가 化된 것이다. 이런 관점에서 이 연구가 道와 神과의 관계를 논거하고자 한다. 아직도 인류는 神을 규명해야 하는 과제를 남겨두고 있고, 神도 세계에서 확고하게 자리를 차지하지 못한 상태인데 노자의 道가 여기에 대해 실마리를 지닌 것이라면 그가 남긴 진리 발자취는 하나도 헛됨이 없는 가치로 승화되리라. 기독교는 神의 존재성에 대해 믿음을 통해서만 확인할 수 있게 못 박았다. 그런데 이제 道의 보편적인 작용 원리와도 함께 할 수 있다면 하나님은 정말 만유의 하나님으로서 거듭날 수 있다. 알고 보면 "유교의 하늘{天}, 상제, 제일 원리, 太極, 道 등은 속성으로 보나 작용성을 통해 보나 神과 유사한 측면이 많은데"[93] 이것을 제대로 분별하지 못하였다. 太極으로부터 만물이 生했다고 하는 것처럼 道 역시 道가 하나를 낳고 하나가 둘, 둘이 셋, 셋이 만물을 낳았다고 한 것은 神이 이룬 창조 역할과 무엇이 다른가? 太極, 道가 진실로 만물을 낳은 근원적인 바탕체라면 道가 어미라고 한 말은 지극한 판단이다. 동시에 이것은 道의 생성적인 측면을 강조한 것이기도 하다. 만물이 '도즉 본질'로부터 생성되었다는 것은 진실하다. 그러나 생성과 창조는 차원이 다른 것으로 세계는 창조로 인해 도즉 본질로서 충만된 상태이다. 절대 본체의 이행체인 창조 본체로부터 천지가 창조되고 생성을 이루게 되므로 만물도 道에 근거하여 뭇 존재를 이루었다. 노자가 말한 道는 현실의 시공간적 질서 인식과는 차원이 달랐고, 현존재와 구조가 다른 본질성을 내세웠다. 바탕된 도즉 본질은 無爲적인 체제일 수도 있고, 존재하는 원리와 진리의 승화체인 神格化일 수도 있다. "道로부터 인격적인 神 개념은 찾아볼 수 없지만 알고 보면 로고스화된 神이다. 만능 神에 의한 섭리 사상은 없지만 天의 道, 즉 자연적인 섭리는 있다."[94] 일체의 가능성을 道를 통해서 보면 엿볼 수 있다. 기독교는 神의 품성화인 의지를 통해 인격성을 부각시켰지만, 동양인들은 결정적인 天을 우주의 근원된 본체로 보고 그것을 道를 통해 표출시켰다. 하지만 노자가 아무리 우주의 본질 작용을 간파하였더라도 세상 자체가 이것을 수용할 만큼 성숙되어 있지 못했다. 그래서 道가 무엇인지에 대한 핵심 본질은 아직도 꿰뚫지 못했다. 그런데 하나님이 강림한 지금은 창조된 바탕 본질을 道라는 개념으로 표현한 것이란 사실을 알게 되었다. 道에 대한 인식은 동양 사상 전반에 걸쳐 있지만, 본질

93) 『철학과 종교의 대화』, 앞의 책, p.99.
94) 『중국사상사』, 앞의 책, p.86.

의 작용성을 참신하게 부각시킨 것은 노자가 말한 道이다. 우리는 『노자도덕경』을 통하여 세계의 생성 면모를 파악하고 道가 이룬 작용 본질을 꿰뚫을 수 있다. 그 가운데 좌정한 하나님을 보지 못한 것은 큰 아쉬움이다. 道의 작용 특성에 대해 통찰력을 발휘하는 것도 중요하지만 더 중요한 것은 道의 전체 테두리를 보는 것이다. 그리해야 道로서 구성된 존재성을 파악하고 하나님의 모습을 볼 수 있다. 그래서 이런 요구를 구체화시킨 것이 지상 강림 역사이다.

## 5. 불교의 법

佛陀가 대각한 깨달음의 본질, 혹은 그렇게 하여 펼쳐 도도한 진리 세계에 대해 이것을 이해한 세인들은 한결같이 神의 문제와 관련한 색깔을 범신론으로 분류하였다. 불교에도 神이란 말은 있고 여러 가지 神이 등장하지만 어디서도 기독교에서 말한 하나님과 같은 인격신은 없다. 그래서 불교는 神을 찾을 수 없는 종교라고 단정했다.[95] 그러나 神은 반드시 인격성을 갖추었을 때만 인정되는가? 그렇지 않다면 神이란 실체는 정말 무엇인가? 神은 다양한 형태로 세상 가운데 화신될 수 있다는 사실만 알면 동양인들이 체득한 道·理·法·梵 등을 범신론으로만 치부할 수 없다. 하나님의 또 다른 본성 조건을 점유한 것일 수도 있다. 숙고할진대 동양적인 신론 형태도 神의 본체를 드러내는 데 참여할 수 있어야 한다. 그렇게 되어야 신론과 하나님이 병행해서 완성된다. 불교 자체가 범신론적인 색깔을

---

95) 『기독교의 이해』, 한중식 저, 숭실대학교출판부, 1990, p.263.

띠고 있다는 것이 지금은 오히려 하나님의 존재성을 명료하게 할 수 있는 청신호이다.

天과 道라는 개념을 통해서도 확인하였지만, 불교의 法도 세계의 창조성과 본질성을 나타내어 하나인 하나님을 진솔하게 부각시켰다. "부처가 되면 해탈의 德을 얻게 되는데 이것을 일컬어 法身이라 하며, 法身은 우주 만법의 본체인데 그런 본체가 무엇인가 하는 것은 깨달음의 문제로 돌렸다."96) 만법을 대각하고 실체를 法身으로 승화시킨 것은 의미심장하거니와 육신과 달리 法身은 영원함을 시사하고 있다. 法도 차원화된 상태에서는 神적인 권능을 지닐진대, 法으로서 표출된 범신론적인 진리관은 세계가 과연 神과 얼마나 깊이 연관된 것인지 가늠하게 한다. 우리는 자연을 관찰하여 규칙적인 법칙을 구할 수도 있지만, 깨달은 바로 본질적인 法도 구한다. 우리가 神에게로 나아가고자 하면 차원적인 차이로 인해 믿음이 필요했고, 法을 구하고자 하면 인식적인 차이를 극복하기 위해 부단한 수행이 필요했다. 인간이 구원을 얻는 것과 法을 깨닫는 것을 저울질할 수는 없다. 어느 쪽도 미비된 여건 안에서 의를 쌓았다. 믿음으로 이룬 본질적 승화와 法을 인식한 영혼의 차원적인 승화, 그리고 믿은 결과로 하나님의 뜻을 깨닫는 것과 法을 깨달아 그것이 하나님의 본체란 사실을 자각하는 것은 같다. 믿음을 가지는 것이든 法을 깨닫는 것이든 그것은 구원을 얻는 과정에서의 방법적인 차이일 뿐이므로97) 믿음을 다하고 정성을 다하면 필경 영원한 세계에 이른다. 불교는 인

---

96) 『大道直指』, 子思 저, 智旭 술, 覺性 강해, 통화총서간행회, 1995, p.133.

97) 어차피 우리는 믿음만으로는 神의 뜻을 완전하게 알 수 없고, 法을 일구었다고 해서 세계를 다 이해할 수도 없다.

간이 도달할 영원한 法을 구하고 法과 동화하고자 한 노력을 신앙화한 것이므로, 불교가 세계 가운데서 드러낸 진리로서의 특색은 분명하다. 불교는 본래 우파니샤드 사상에서 기원한 것인데, 우파니샤드는 가장 깊은 범신론적인 전통을 개척한 사상이다. 우리가 法을 구하는 것은 언제나 우주의 실체이고 法理인 브라만(Brahman)과 자아의 실체요 法理인 아트만(Atman)과 하나를 이루고자 한 것이다.[98] 삼라만상은 원래 하나인 바탕체로부터 창조된 것이므로, 나와 우주가 하나인 사실을 깨닫는 것은 세대를 초월한 수행적 노력으로 창조세계를 부각시킨 위대한 정열이다. "우주의 질서와 인간의 질서가 일치됨에 대한 확인일 수도 있고, 우주적인 법칙과 생활 법칙과의 합일일 수도 있으며, 자아를 벗어나 우주와 동화된 구원일 수도 있다."[99] 자연과 神과 만상이 분별된 세상에서 아트만이 곧 브라만이라고 한 범신적 일신론이 뜻하는 것은 무엇인가? 인간의 영혼이 곧 우주의 영혼이고, 각 개체의 영혼(아트만)이 전 우주의 본질(브라만)과 통한다는 주장을[100] 꼭 범신적인 관점에서만 이해할 것인가? 그 이상의 본질성이 내포되어 있다. 우주적인 진리가 시사하는바 만유가 서로 통하고 合一되며 네트워크를 이루는 것은 세계가 한 몸인 존재자란 뜻이다. 그런데 세계의 범신성은 바로 세계를 神적 존재자로 볼 수 있게 하는 근거가 된다. 범신성은 다양한 루트를 통해서 확인되는바 세계의 본질이 서로 통하고 일치되며 동질성인 것을 시사한다. 우주의 원리와 제 현상의 궁극적 본질이 하나인 것은 천지가

---

98) 『종교의 철학적 이해』, 앞의 책, p.35.

99) 위의 책, p.35.

100) 「기독교 세계관과 현대사상」, 제임스사이어, 인터넷자료.

창조되어서이다. 주자는 "천지는 곧 커다란 만물이며 만물은 곧 천지이고 아울러 사람은 하나의 작은 천지이다(소우주↔대우주)"라고 말한 것도 같은 맥락이다.[101][102] 불교는 범신적인 세계관으로 일색되어 있다. 대승 불교에서 내세운 "중생은 모두 佛性을 갖는다는(佛性說) 것이 그렇고, 산천초목이 모두 부처가 된다(佛身說)"고 한 것은[103] 결코 부처를 우상화한 것이 아니다. 천태종의 일념삼천(一念三千)설, 화엄종에서 하나가 곧 모든 것이고(一卽一切), 모든 것이 곧 하나라고 한 것은(一切卽一) 세계의 바탕체인 본질(통합성) 안에서만 가능한 작용성에 대한 인식이다. 이것은 세계의 창조성과 범신적인 진리성을 동시에 간파한 것이며, 세계가 창조된 특성인 동시에 하나님이 세상과 함께한 존재 상황에 대한 인식이다. 궁극적인 실재를 추구하는 것과 合一을 지향한 믿음, 진리, 대각, 구원은 모두 하나님의 모습을 보기 위한 각고의 노력이다. 法도 알고 보면 결국 하나님의 존재 본질에 대한 인식이다.

그런데 궁금한 것은 覺者들이 法으로 충만된 진리 세계를 호흡하였는데도 불구하고 한켠 뒤에서 살아 숨 쉰 神은 왜 보지 못하였는가? 佛陀가 열반 시 제자들이 던진 질문에도 불구하고 영원한 절대자에 대해 침묵한 것은 무슨 이유 때문인가? 인간 문제는 인간 스스로 해결해야 한다는 생각 때문인가?[104] 그래서 우리는 하나님에 대한 세계관적 조건을 명백히 할 필요가 있는데, 하나님이 주재한 성

---

101) "天地便是大底萬物 萬物便是小底天地."-『주자어류』, p.68, 95.

102) "蓋人便是一個小天地耳."-『주자학과 양명학』, 시마다 겐지 저, 김석근・이근우 역, 까치, 1993, p.18.

103) 위의 책, p.14.

104) 『동양의 마음 서양의 영성』, 앞의 책, p.44.

령의 역사가 임하지 않고서는 공자, 노자, 佛陀, 어떤 성인도 道를 깨친 지혜만으로는 하나님을 볼 수 없었다. 그러니까 하나님의 본성을 범신적인 형태로 인식하였다. 그렇다면 범신성과 하나님이 주재한 성령의 역사와는 무슨 차이가 있는가? 하나님의 뜻이 함께한 임재성 여부의 문제라고 할까? 하나님은 세계와 함께하고 있지만 동시에 세계를 초월한 절대자인 것이 명백하다. 세계가 하나님에게 속한 것은 맞지만 하나님이 전적으로 세계 안에 속한 것은 아니다. 그래서 세계가 곧 神이란 맞춤형 등식은 성립될 수 없다. 그것은 세계를 통해서 바라본 우주와 神을 한계지은 관점이다. 현상만 판단하고 과정만 인식할 수밖에 없는 조건 안에서는 초월자인 하나님을 볼 수 없다. 창조로 인해 세계와 하나님이 구분되기는 했지만 세계는 철저히 하나님 안에 포함되어 있다. 이런 이유로 초월적인 하나님을 가늠하기 위해서는 반드시 교감된 역사가 있어야 했다. 하나님은 삼라만상과 함께하고 있어 뚜렷한 목적과 신념을 가지고 추구하면 궁극적인 깨달음에 이를 수 있다. 하지만 성령의 역사는 인간의 기원만으로는 일어날 수 없다. 法은 영원하지만 성령의 역사는 이제 막 발원된 존재 의지의 표출이다. 大覺과 교감은 시공간 안에서 일어난 것이지만, 성령의 역사는 특별히 주재된 하나님의 뜻으로서 일어났다. 성령은 살아 역사한 의지의 형태로 접견되지만 法은 이와 다르다. 天의 인격성이 범신성으로 내몰린 이유도 이와 비슷하다. 天이 하나님으로서 포착되기 위해서는 교감된 역사가 있어야 했는데, 그런 역사가 불교에서는 없었다. 하지만 기독교는 이런 역사 사실을 간직한 보고이다. 성경은 하나님의 임재 역사를 밝힌 책이다. 세종대왕이 훈민정음을 창제한 것은 백성들과 의사소통을 원활히 하기 위함이듯, 하나님도 자기 백성들에게 뜻을 전달하기 위해서 세상적인 교두보를 확보한 것이 성경이다. 성경은 하나님의 몸된 의식으로서 기록된 말씀 하나하나가 성령의 역사를 통해 전달된다. 타 종교 경전들은 진리를 보전하는 역할에 그쳤지만 성경은 살아 역사한 하나님의 뜻을 전달함으로써 하나님의 임재 여부를 확인할 수 있게 되었다. 성령이 임재한 곳에서는 하나님의 특별한 뜻이 머물러 있다.[105) 우리는 아직도 선현들이 일군 道, 法의 세계를 이해하지 못한 실정이므로, 이런 의문을 해결하기 위해 하나님이 진리의 성령으로서 강림하였다. 일찍이 하나님이 이스라엘 민족과 기독교를 택하여 신앙의 보편성을 확립하였다면, 오늘날은 만상에 걸친 진리를 통하여 하나님의 본체성을 드러내었다. 성경이 곧바로 하나님은 아니지만 성령의 역사를 통하면 세계 원리적인 바탕 위에서 작용된 하나님의 뜻을 분별할 수 있다. 하나님을 확인하기 위해서는 성령의 역사는 물론이고 이것을 가늠하는 안목도 확보해야 한다. 이런 관점에서 보면 불교가 교설한 法의 실재성과 범신성도 神의 모습을 엿보는 데 기여한 것이 된다. 존재 본질의 범신성과 의지의 주재성은 두루 규명되어야 한다. 法과 神은 정말 무슨 상관이 있는가? 이전까지는 각자 확보한 관점 안에서만 판단하였지만 지상 강림 역사 이후는 통합적인 관점에서 하나님의 강림 본체를 확인할 수 있게 되었다.

---

105) 이에 비해 범신성은 창조를 이룬 본질 형태로 만상 가운데 편재됨.

# 제14장 불가지론적 신론 형태

　세계를 궁구함에 있어서 불가지한 영역이 있다는 사실은 누구나 공감하리라. 불가지한 대상이 무엇이건, 어떤 장애가 있어서이건, 그 것은 언젠가는 해결해야 하는 과제이다. 불가지하다면 거기에는 이 유가 있어 구조적으로 불가지할 수밖에 없게 된 것인데, 세계의 본 질이 드러나지 못한 관계로 해결하지 못하였다. 불가지론은 이성이 지닌 한계로 인하여 세계의 본질을 제대로 알지 못하고 펼친 학설이 다. 이런 설을 神에게 적용하면 神도 확인하는 데 있어 충분한 증거 가 없다는 결론이 난다.[106] 알 수 없다는 것이 神을 전적으로 부정하 는 것은 아니지만 이성을 통해서도 알 수 없다면 결국 神에 대한 기 대는 포기해야 한다. 불확실한 상황에서는 판단을 유보하는 것이 현 실적인 대안이지만, 지상 강림 역사 이후로는 불가지한 상황을 통해

---

106) 『종교철학개론』, 앞의 책, p.25.

서도 神의 모습을 엿볼 수 있다. 사실상 서양에서 판단한 인식 대상은 자연과 사물 영역이 대부분을 차지하여 이면의 본질 영역은 등한시되었다. 세계가 이성과 감각 기관을 통해서만 파악된다는 것은[107] 궁극처인 본질 세계를 불가지한 영역으로 만든 주된 원인이다. 그래서 "흄과 같은 철학자는 객관적인 실재를 거부한 극단적 불가지론자였고, 칸트·콩트·스펜서·마하 등은 객관적인 실재로서의 존재 자체는 인정하지만 인식하기는 불가능하다고 한 온건한 불가지론자였다."[108] 하지만 정말 불가지하다고 여긴 이유는 사물의 본질 부분도 궁극적인 실재의 존재성 유무도 이성 때문도 아니다. 정확하게 짚는다면 본질에 접근한 인식 방식이 문제이다. 서구의 지성들은 결국 이런 인식 방식을 강구하지 못했기 때문에 神을 불가지한 존재로서 단정하였다.

하지만 동양인들이 일군 道는 성격이 다르다. 만사, 만유, 대우주의 생성과 통하는 초월 인식으로 진리 세계를 수놓았다. 도대체 무엇에 대해 말한 것인지 알지 못하는 안목으로서는 이해할 수 없지만, 하나님의 존재 본질 안에서는 가능하다. 서양인들이 설정한 인식 영역은 분명한데, 그것은 곧 창조된 결과의 세계이다. 근원과 차단된 세계 안에서는 인간적 안목이 그대로 만물을 판단하는 척도가 되고, 정보 제공도 경험한 사실들로 구성된다. 神, 세계, 영혼과 같은 개념들은 지식의 대상이 아니다. 초월적인 것에 대한 지식은 모순되고 불가능하다.[109] 결정적인 질서를 기준으로 결정 이전의 본질 세

---

107) 『마르크스(생애와 사상)』, 앞의 책, p.151.

108) 위의 책, p.151.

109) 『개혁주의 신론』, 앞의 책, p.41.

계를 이해하고자 하니까 파악이 불가능하다. 그래서 판단이 유보된 것인데 생성을 완료하면 불가지한 영역도 가시화되리라. 그리하여 불가지한 영역에 속한 하나님이 파악할 수 있는 존재자로 등단하리라. 아무리 초월적인 神도 존재한 근거가 세상 가운데 있으면 언젠가는 파악이 가능하다. 초월성 자체가 창조로 인해서 생긴 차원적인 특성일진대, 그런 질적 차원은 생성을 완료하면 극이 전환되기 때문에, 그때 神을 파악할 수 있다. 가능성이 있어야 불가지한 영역도 파헤칠 수 있는 것이므로, 인류가 근원된 본질 영역을 확인하는 것은 神을 불가지한 영역으로부터 이끌어내는 관건이다. 창조를 실현한 통합 본질은 세계의 제 현상을 하나로 묶는 바탕체인바, 이와 같은 본질의 존재성 여부를 확인할 수 있다면 하나님을 파악하는 것은 시간문제이다. 그래서 지상 강림 역사는 무엇보다도 불가지한 영역에 속한 하나님을 볼 수 있도록 인식적·세계관적 장애를 걷어 내었다. 세상에 가로 놓인 온갖 인식적 제약을 풀어야 만인이 하나님을 뵈올 수 있게 될 것이므로……

# 제15장 무신적 신론 형태

## 1. 개요

　유럽 곳곳에서 장엄하여 어마어마한 규모를 자랑하고 있는 대성
당들은 신앙이라는 이상을 가지고 정열을 불태운 사람들에 의해 건
설되었다. 중세 시대를 살았던 사람들은 교회와 수도원을 짓는 데
거의 정열을 다 바쳤다. "12, 13세기에는 훌륭한 예술 작품의 97%
가 종교적 소재를 다루었고, 3%만 세속적인 삶을 묘사하였다."[110]
하지만 현재는 당시의 신앙을 대신한 이성을 기반으로 거대한 과학
연구소를 곳곳에 세워 우주의 수수께끼를 푸는 데 관심을 쏟고 있
다. 진리와 우주관을 거의 독점하고 있다. 이처럼 현대인의 관심 밖
으로 神이 밀려난 이유는 무엇인가? 현대인들은 아직도 하나님을 정

---

110) 『신의 죽음』, 가브리엘 바하니안 저, 김기석 역, 청하, 1988, p.179.

직하게 믿을 수 있는가?[111] 신앙인들 앞에서 현실은 참으로 받아들이기 어려운 것이지만 神을 온전하게 파악하고자 하는 시점에 있어서 神을 전면적으로 거부한 현대 무신론은 반드시 분석되어야 한다. 이유를 무작정 세태 인심에 전가시킬 수는 없다. 현대 무신론은 이전의 유신론이 파생시킨 원인에 근거한 것이다. 이런 인과 관계를 지성들은 확실히 파고들어야 한다. 무신론은 神을 증명하지 못한 결과 주어진 것인데도 신앙인들은 변명조차 하지 못하고 있다. 하나님을 믿는 것 외 달리 증거한 것이 없다. 神은 불투명한 존재가 아니다. 그런데도 신앙인들은 지난 이천 년 동안 神을 위하여 무엇을 하였는가? 神의 권능을 빌미로 세속 권력만 장악하려 하지 않았는가? 쏟은 정열이 정당했다면 지금쯤은 하나님도 확실하게 부각되고 이 땅에서 하나님의 나라가 건설되었을지도 모른다. 그런데 지금은 신앙의 허울인 건축물들만 남아 있다. 알고 보면 하나님은 한 번도 인류 앞에서 보편적인 역사를 펼치지 못했고, 세계를 온전히 복음화시키지도 못했다. 인류가 하나님을 뵈온 것이 언제인가? 각자가 내세운 神에 대한 믿음만 있을 뿐이다. 돈을 모르는 아이에게 지폐를 안기는 것처럼 문화를 이식시키고 신앙만 강요하였다. 神은 구원이란 은혜를 인류에게 골고루 나누어주지 못했다. 여기저기서 아성을 이룬 신앙의 요새만 구축해 놓았을 뿐……. 이런 실정인데 인류가 어떻게 神을 알 수 있겠는가? 神을 규명하지 못한 상태에서는 세계를 대상으로 한 선교에도 한계가 있다. 하나님이 살아 계시다면 세계 어느 곳에서도 그들이 가꾼 전통적인 관습과 흙냄새 나는 신앙 토대

---

111) 「한스 큉의 신론연구(현대 무신론을 중심으로)」, 박성주 저, 한신대학교신학대학원 조직신학, 석사논문, 1995, p.7.

위에서도 하나님을 발견할 수 있어야 한다. 그런데 기독교는 신앙을 타 민족에게 강제 이식시키는 방식을 택하였다. 그러니까 기독교의 보편적 확산은 물 건너가 버렸고, 곳곳에서 강력한 저항에 부딪혔다.

神에 대한 보편적 파악 기대는커녕 가톨릭과 개신교로 분열된 **뼈** 아픈 역사를 겪었고, 이런 사실은 세계의 무신적 상황을 더욱 부추겼다. 무신론이 확산되기까지 충분한 세월이 주어졌는데도 불구하고 하나님을 증거하지 못한 기독교에도 책임이 있다. 그러니까 신앙을 버리는 자들이 속출하였고, 지금은 대다수가 神과 무관한 생활을 하고 있다. 무신론은 神에 대한 반동 조류인 것이 맞지만 이 연구는 이것도 신론의 한 형태로 보고 여기에 대한 신념적 근거를 추적하고자 한다. 무신론자들의 변은 신앙인들의 비판처럼 그들 영혼이 결코 사악해서가 아니다. 누구라도 한 번쯤은 神이 존재하는가에 대해 의문을 품지 않은 적이 없고, 철학자들 중 신학에 대해 관심을 가지지 않았던 자도 없다.[112] 그런데도 확실하게 神을 파악하지 못한 것이 무신론이 확산된 근거이다. 빛난 지성을 어떻게 神을 부인하는 데 사용하였는가? 하지만 무신론도 알고 보면 하나님을 증거하기 위해서 반드시 거쳐야 한 사고적 절차이다. 신론을 완성하기 위한 진리 탐구의 한 과정이었다는 것, 그래서 무신론이 낳은 제반 세계사적인 문제를 해결하여 지상 강림 역사를 완수할 수 있었다.

---

112) 『기독교의 본질』, 앞의 책, 역자 서문.

## 2. 무신론의 개념

유대교와 기독교에서 말한 神에 대한 개념이 특정한 종교 영역과 문화권에서만 통용되고 있는 용어인 것은 하나님이 인류 사회에서 존재 영역을 두루 평정하지 못한 사실을 통해 알 수 있다. 흔히 神은 만사에 걸쳐 절대적인 권능을 행사하는 것으로 아는데, 실상은 그렇지 못하다. 그래서 神을 확실하게 밝혀야 한다. 유신론은 신념의 형태로서 드리운 무신론의 그림자를 말끔하게 걷어내지 못했다. 하나님은 도대체 존재하지 않는다는 주장을 막지 못했다. 신학적으로도 神에 대한 근거를 확정 짓지 못해 전전긍긍하고 있지만, 무신론은 논리적인 근거가 분명하다. 유신론조차 神을 규명할 수 없다면 무신론의 세계적 확산은 누구도 막을 방도가 없다. 무신론은 神의 우주적인 존재성을 제거하고 인간과 세계를 중심에 둔 이론적 근거를 제시하고 있다.[113] 유신론의 신념적 근거를 부인한 형태도 있고(神적인 존재가 있다는 사실을 단호히 부인한 독단적 무신론), 神이란 존재를 감별하는 루트를 의심한 형태도 있으며(마음이 하나님의 존재 有無를 결정하는 능력을 가진 것인지를 의심하는 회의론적 무신론), 하나님을 확실하게 증명할 수 없다는 형태도 있다.[114] 더군다나 "神을 인식적으로 붙잡을 수 없고 이론적으로 증명할 수 없다"고 단념해 버리면[115] 어디서도 희망은 사라져 버린다. 무신론을 파급시킨 진원지는 서양인데, 동양의 전통적인 숭배 대상인 마나(mana), 法{다

---

113) "무신론은 神이나 神적인 실재는 존재하지 않으며, 존재하는 것은 오직 인간과 세계뿐이라고 진지하게 믿는 입장"-「무신론에 대한 연구」, 앞의 논문, p.7.
114) 『벌코프 조직신학(상)』, 앞의 책, p.210.
115) 『철학과 종교의 대화』, 앞의 책, p.142.

르마}, 로고스, 道까지 원리상 무신론으로 규정하였다.[116)

동양의 道를 무신론으로 분류한 것은 재고되어야 한다. "노자는 道로서 인간과 자연과의 관계를, 주자는 理氣론으로 나와의 관계인 내부 관계를 풀이하였다."[117) 道는 인간과 세계와 긴밀한 관계를 가진 살아 있는 그 무엇이다. 단지 자연의 질서가 절로 생성된 것으로 여기다 보니 道의 존재화 상태를 보지 못한 한계가 있었듯, 무신론도 핵심된 이유는 하나님을 보지 못한 때문이다. 그렇다면 상황이 개선됨에 따라서는 전격 유신론화될 수도 있다. 神은 결코 神이 지닌 조건만으로는 세계 위로 부각될 수 없다. 세계와 함께한 道·원리·진리가 참여해야 한다. 생각만으로는 당장 神을 부인할 수 있지만 그럴 수 있는 우리의 존재 바탕이 고스란히 하나님과 연관되어 있다는 사실을 알면 무신론이 처한 현실을 곧바로 직시할 수 있다. 하나님을 부정하기 위해 동원된 논리적 근거들을 오히려 세계의 유신적 개념을 정초하는 근거들로 전환시킬 수 있다.

## 3. 무신론의 근거

### 1) 인식적 근거

학문에서 증명되지 않은 이론은 일종의 가설로서 취급된다. 그렇다면 유신론은 가설인가? 神이 존재한다는 주장은 증명되었는가? 누가 증명하였는가? 신앙인들은 성경을 근거로 증명할 필요성조차 가지지 않고 있지만 성경이 그대로 하나님인 것은 아니다. 무신론도

---

116) 『두산동아 세계대백과사전』, 유물론 편.
117) 『동양과 서양』, 앞의 책, p.47.

사정은 다르지 않다. 神이 존재하지 않는다는 주장도 확실하게 증명된 것은 아니다.[118] 누구도 뚜렷한 방도를 구하지 못했다. 신앙인은 오직 믿음 하나에 의지하지만 이런 태도가 오히려 무신론을 크게 확산시키고 말았다. 佛陀는 깨달음을 통해 본체 세계에 도달할 수 있는 길을 가리켰듯, 신앙인도 자신들이 겪은 체험을 통해 하나님에게 이를 수 있는 길을 제시해야 했다. 성경 속의 하나님과 현재 존재하고 있는 하나님과는 차이가 있다. 하나님에 대한 지식은 성경을 통해 얻은 것이 대부분인데, 직접 확인하지 못하면 무신앙으로부터 뻗어난 무신론적 뿌리를 뽑아낼 수 없다. "神은 인간의 경험적인 인식 영역 안에 들어오지 않기 때문에 실증적으로 증명할 수 없다."[119] 인간 지식의 유일한 대상은 경험한 사실들, 즉 현상인데 神과 세계와 영혼은 초월적인 개념으로서 지식의 대상이 아니다.[120] 순수 철학적인 이론만으로 초월 세계와 격리시켜 버렸고, 성경을 통해서도 방법을 찾지 못한 것은 무신론이 양산될 조건으로서 충분하다. 해결하기 위해서는 믿음의 대상체인 관념적 神과 인식할 수 있는 존재자인 神을 구분하여 방법론을 강구해야 하는 것이 선결 과제이다. 그래서 이 연구가 『인식적 신론』을 저술하였다. 인식할 길을 트지 못하고 무신론을 타파할 것을 기대할 수는 없다. 神을 인식하기 위해서는 대상체와 인식자와 시공간을 포괄할 수 있어야 한다. 세계의 본질을 밝혀야 종합적으로 해결된다. 神이 존재한 상태를 판단할 수 있는 길을 열어 인류가 현신으로 강림한 神의 모습을 볼 수 있게 하리라.

---

118) 神이 존재한다는 사실을 증명하지 못하면 神이 존재하지 않는 것이 당연하게 되어 버리므로 神은 증명되어야 한다.

119) 『도산 아카데미 연구원 소식』, 36호, 1993년 12월, p.1.

120) 『개혁주의 신론』, 앞의 책, p.42.

## 2) 존재적 근거

"현대를 특징짓는 것 중 하나는 神이나 神적인 세계는 더 이상 존재하지 않고, 참다운 세계는 가시적인 세계일 뿐이란 풍조가 지배적인 데 있다."[121] 통치권이 확립된 국가는 안정적이지만 그렇지 못하면 혼란이 있듯, 神도 믿음이 강성했을 때는 문제가 없었는데 무너지니까 무신론적인 신념이 강성해졌다. 따라서 무신적 풍토는 철저한 진리 바탕 위에서 구축된 세계관이 아니다. 神을 증명하지 못한 데 따른 파생 관점이다. 神을 증명하지 못하므로 당연히 神에 대한 신념 체제도 비판받았다. 무신론은 세계의 유신적 상황을 증거하지 못한 데 따른 반대급부 현상이므로, 증거할 수 있다면 온갖 무신적 근거들은 일시에 제거된다. 神이 존재하지 않는다고 생각했기 때문에 믿음을 허물고 그 위에 무신론을 세웠다. 어떻게? 인간이 지닌 욕망이 만들어낸 환상이라는 것, 神에 대한 이상, 소망, 동경, 갈망은 모두 투영된 이름에 불과하다고 19세기에 포이엘 바흐가 주장했다.[122] 神에 대한 믿음이 허상으로 내몰렸고, 허상은 인간 자신이 투영시킨 모상(模相)이란 오해를 낳았다. 神을 선포하면서 사실은 인간 자신이 바란 소원 성취를 담보했다는 것이 투사와 모상으로서의 神이다.[123]

> "神은 인간의 다른 자아이며 잃어버린 다른 반쪽이다. 神에 대한 의식은 인간의 자기의식이고, 神에 대한 인식은 인간의 자기인식이다. 神은 인간의 내면이 드러난 것이고, 자신을 진술한 것이다."[124]

---

121) 「무신론에 대한 연구」, 앞의 논문, p.1.

122) 위의 논문, p.68.

123) 『신은 존재하는가(Ⅰ)』, 한스 큉 저, 성염 역, 분도출판사, 1994, p.306.

포이엘 바흐가 기독교를 향해 연 충격적인 포문에 대해 세인들이 동조하게 된 논리적 근거이다. 프로이트도 정신 분석학적 관점에 기초하여 "인간 각자의 神은 그의 아버지의 유사성에서 형성된, 본질적으로 숭앙된 아버지에 불과하다"라고 하였다.[125] 돌아가신 아버지에 대해서 살아생전의 권위에 대한 자리 메움과 동경적 심정이 神적 아버지라는 정감적 승화를 가져오게 하였다는 것은 일부 타당성이 있을지 모른다. 오죽하면 내면 속에 잠재된 심리 작용까지 무신론을 입증하는 데 동원했을까만, 神이 증명되지 못한 상태에서는 어떤 억측도 설득력이 있다. 그는 아예 싸잡아 "종교라는 것은 환상이요 신경증의 발로이며 심리학적 미숙함이다(퇴행)"라고 거침없이 비판하였다.[126] 神에 대한 부정적 관점 중에서도 기독교 문화권 안에서 가장 큰 충격을 던진 자는 神의 죽음을 선언한 독일의 철학자 니체이다.[127] "神은 죽었다. 우리가 그를 죽였다. 너희들과 내가! 우리는 모두가 神의 살해자이다"라고 한 것은[128] 실로 해석이 다양하다. 인간이 믿고 의뢰한 神에 대한 결별 선언일 수도 있고, 정감적 기반은 사랑이 부족해서가 아니고 神의 무력함에 대한 인식 때문이라고 할 수도 있다. 인간이 추종한 초월적인 神에 대한 무력함의 표현이며, 플라톤 이래의 이념과 이상이 소멸했다는 뜻도 있다.[129] 神의 부재 상황이 관념성을 벗어나 현실적인 허무 감정으로까지 실감된 것이다.

---

124) 「무신론」, 앞의 유니텔 자료.

125) 「한스 큉의 신론 연구」, 앞의 논문, p.33.

126) 『신은 존재하는가(I)』, 앞의 책, p.417.

127) 니체(Friedrich W. Nietsche): 1844~1900.

128) 『신은 죽었다』, 하이데거 저, 최동희 역, 양문사, 1962, p.20.

129) 「니체의 초인사상에 대한 연구」, 나상순 저, 원광대학교대학원 철학과 서양철학전공, 석사논문, 1993, p.62.

神의 문화적인 죽음에 대한 통찰이기도 한데,[130] 神은 생사여탈과 관계없는 존재자인데도 애써 죽음을 선언한 것은 기독교 신앙에 기초를 둔 서양 문화 전체가 당면한 거대한 분수령이다. 죽은 자를 붙들고 인공호흡을 하는 힘겨운 모습에 대한 풍자일 수도 있고, 현대인의 神 상실 체험과 인간 소외 및 내적인 존재 분열 증세에 대한 자가 진단일 수도 있다.[131] 반기독교적인 사상이라고 일축해 버리기 이전에, 선언 이후로 속속 확인되는 참담한 神의 부재 현실을 직시해야 한다. 그가 외친 선언은 시작에 불과했다. 그는 神의 죽음 사실을 문화적으로 진단한 통찰자이고 예언가이며 부재 사실을 애도한 역설적인 진리인이다.

神의 죽음을 선언한 주된 원인은 신앙인들조차 세계의 유신적 상황을 근거 짓지 못한 데 있다. 이것이 무신론이 활개를 친 핵심 이유이다. 神이 부재된 것이라면 그곳에는 온갖 허무가 엄습한다. 그래서 니체는 허물어진 인간 삶의 터전 위에 다시 초인(Ubermensch)이란 대안자를 세웠는데, 그것 역시 神의 모습을 바꿔치기 한 또 다른 초상일 뿐이다. 급기야 神의 죽음과 함께 세계도 영원할 수 있는 터전을 잃어버려 깊은 허무의 구렁텅이로 빠져버렸다. 무신론이 진리라면 인류에게 무궁한 희망의 에너지를 공급해야 하는데, 기다리고 기다려도 인류 앞에 새로운 진리의 태양은 떠오르지 않았다. 암울한 음영만 드리웠을 뿐…… 인간은 사고하는 존재자이므로 神이 존재하지 않는다는 생각은 할 수 있다. 하지만 살아 있는데도 부정한다

---

130) 「신의 죽음」, 앞의 책, p.15.

131) 「폴 틸리히의 신론에 대한 연구」, 윤강수 저, 장로회신학대학교신대원 신학과, 석사논문, 1996, p.30.

면 그것은 지금 존재한 자신의 근원을 원천 봉쇄하여 버린 것과 같다. 그래서 하나님의 존재 여부는 인류의 구원 문제와 직결된다. 이 연구가 하나님의 소재와 모습을 확실하게 파악하고자 하나니 자기 운명, 세상 이치, 돌멩이 하나를 통해서도 하나님을 발견할 수 있고, 하나님을 인류의 삶과 여정 속에서 실감할 수 있다면 누가 무신론을 새삼스레 고집할 수 있겠는가?

### 3) 역사적 근거

"고대 그리스의 유물론자인 데모크리토스와 에피쿠로스는 초자연적인 것을 부정하고, 세계는 원자로 구성된 물질로 되어 있다고 하여 그리스 국가가 공인한 神을 부정하였는데, 이것이 최초의 무신론으로 알려졌다."[132] 물론 그들이 神을 부정한 것은 근대 사회로부터 발동된 무신론과 사뭇 차이가 있다는 것은 두말할 필요가 없다. 神에 대한 개념조차 세워져 있지 않았는데 무신론이 본격적으로 주장될 수는 없다. 그들이 가진 사고방식과 성향대로 주장한 것이다. 근원적인 것을 흙, 공기와 같은 물질적인 데서 찾으려 했다고 해서 그것이 의도한 무신론적 행위는 아니다. 그렇다면 현재 자연을 탐구하는 과학자들도 무신적 행위로 치부되고 말리라. 고대인들은 굳이 무신론이라고 단정 지을 수 없을 만큼 산과 들, 나무와 호수를 살아 숨쉬는 神들로 채웠는데, 동서양을 망라해 가장 원초적인 神 인식 형태 중 하나인 정령숭배(animism)는 그렇다면 유신론으로 보아야 하는가?[133] 이것은 근대 들어 무신론을 본격적으로 거론하면서 발자취를

---

132) 『마르크스(생애와 사상)』, 앞의 책, p.149.
133) 「무신론에 대한 연구」, 앞의 논문, p.12.

더듬다 보니 해석하게 된 관점이다. 그래서 무신론의 역사를 추적하기 위해서는 무신에 대한 개념이 태동된 때를 판단해야 한다. 인격신에 대한 개념이 없는 동양에서 무신론이 싹틀 수는 없다. 무신론이 정말 유신론에 대한 반동 개념이라면 그 실마리는 기독교가 지배권을 행사한 서양적인 전통 안에서 찾아야 한다.[134] 무신론이 싹을 틔운 것은 가장 기독교적인 문화권 안에서이다.

알다시피 중세 시대는 천년 동안 지속된 하나님의 절대적 도성이었다. 그런데 그곳에서 르네상스 운동이 일어난 것은 부정적이든 긍정적이든 중세적인 신권 질서의 파괴를 의미한다. 기독교가 지배했던 중세 시대는 여러 가지 측면에서 시사하는 바가 큰데, 이때는 주어진 시기 동안 기독교인들의 절대 신앙이 시험된 세계관적 무대였다. 그런데 그와 같은 든든한 神의 도성 안에서 그들이 이룬 것은 무엇인가? 후세의 역사가들이 평가한 암흑시대가 답을 대신한다. 그래서 인류는 중세적 신앙 체제를 버리고 추구할 가치를 새롭게 개척하였다. 신권 질서가 절대적일수록 이에 대해 회의를 품은 지성들이 나타나 神을 의도적으로 거부한 생각이 서서히 일어났다. 기독교는 神의 권능을 등에 업고 세속에 대한 지배력을 행사한 것일 뿐, 도대체 진정하게 神의 뜻을 이루어 놓은 것이 없다. 神의 도성은 죽어서나 바라볼 수 있는 것이었고 지상에서는 세속의 영혼들을 가두는 울타리로 이용되었다. 천년이 흘렀는데도 인류에게 신앙에 대한 확실한 열매를 안기지 못한 실망과 회의가 무신론을 본격화시킨 시발이다. 그러나 이런 무신론도 새로운 세계를 개척하기 위해 나선 근대

---

134) "서양 근세의 무신론은 기독교의 문화권에서 생겨난 무신론이다. 그러므로 근세의 모든 무신론은 기독교의 배경에 의해 규정되어 있다." -「무신론」, 앞의 유니텔 자료.

인에게 직접적인 동기로 작용한 것은 아니다. 神에게 의존한 인간이 구속이란 족쇄를 끊어 버리고 독립하고자 한 시대의식적인 요구가 무신론적인 사상으로 결집되었다. 이탈리아에서 시작된 르네상스가 북유럽까지 퍼졌고, 지리상의 발견과 과학 혁명의 시작 등등 그리하여 16세기 말이 되자 이전 시대와는 전혀 다른 문화를 창조하기 시작했고, 세인들은 그들 앞에서 펼쳐진 세계에 대해 적절한 해답을 주지 못하는 중세형 신앙을 애써 떨쳐 버렸다. 전통적인 기독교 신앙을 비판하고 神의 구원 문제에 대해 새로운 방안을 모색하였다. 교회 안에서는 종교개혁 운동이 일어나 양분되었고(가톨릭과 프로테스탄트), 그런 와중에 반목이 커져 유혈 전쟁으로 얼룩졌다. 그리하여 17세기에 접어들자 드디어 무신론을 꿈꾸는 자들이 나타났다.[135] 이것은 본격적으로 神을 제거시킬 준비가 되었다는 뜻인가? 그러나 무신론도 인간 신앙에 대한 시대 의식의 표출로서 합당한 세계 원리성의 확보 과정이 필요했다. 깊이 뿌리내린 신앙 체제에 대해 독립할 수 있는 과학적인 세계관을 구축하기까지는 무신론자들도 그만큼 노력해야 했다. 과도기적인 신념 형태라고나 할까? 그래서 계몽주의 시대에는[136] 이신론, 범신론 같은 신론들이 나타나 "神의 존재를 비판하고 부정한 역사 과정을 거쳤고, 마침내 무신론적인 인간주의 시대 진입을 이루었다."[137] 신앙이 아니라 이성으로 세계를 판단하는 관점을 확보하면서 이전까지는 감히 지적할 수 없었던 삼위일

---

135) 위의 책, p.467.

136) 啓蒙主義: "역사적 사건을 기준하면 30년 전쟁(1618~1648) 이후부터 프랑스 혁명까지, 사상적으로는 프랜시스 베이컨의 『신 기관(1620년)』으로부터 칸트의 『순수이성비판(1781년)』까지의 약 150년간을 일컫는다. 이 기간 동안 국가와 사회는 교회의 교리의 통제 아래서 벗어났으며, 문화도 많이 세속화되었다."-「무신론에 대한 연구」, 앞의 논문, p.14.

137) 『도산 아카데미 연구원 소식』, 앞의 책, p.1.

체론과 성육신 같은 교리들에 대해 불합리성을 비판하고, 18세기 말이 되자 스스로 무신론자인 것을 떳떳이 드러낸 소수의 철학자들이 등장했다.[138]

무신론은 초기 역사 과정에서는 초점도 흐리고 근거도 단편적이었지만 19세기 이후부터는 지배적인 지적 풍토를 이루었다. 특히 19세기 중엽부터는 포이엘 바흐·마르크스·니체 같은 인물들이 나타나 무신론 사상을 풍미했다. 그중 포이엘 바흐가 쓴 『기독교의 본질』은 기독교의 가장 취약한 약점을 폭로한 것으로 평가받은 저술이다. 내용인즉 기독교의 교리는 본질상 인간의 간절한 바람을 神에게 투사시킨 결과이다. 수육의 문제, 삼위일체론, 그리스도의 부활 등등 시종일관 기독교 교리를 인간 욕망의 상징이란 관점에서 재구성했다. 그리고는 선포했다. "신학은 인간학이며…… 또 인간학이 되어야 한다. 더 이상 神에게 영광을 돌리지 말아야 한다."[139] 그가 역설한 주장은 심오한 진실을 담은 것 같았고, 기지로 번득인 충격적인 통찰이었다. "포이엘 바흐의 논의 위에 수립되지 않은 현대 무신론의 형태는 하나도 없다고 여겼을 만큼 인간학적 무신론에 대한 여파는 대단했다."[140] 그의 영향을 입은 마르크스는 무신론을 변증법적 유물론에 근거하여 종교 자체를 아예 말살하려 하였고, 허문 신국의 터전에 공산주의적인 이상 사회를 세우려 했다. 그리고 나타난 니체란 철인은 더 이상 가망 없는 기독교 문명권의 쇠멸을 진단하고 "인간의 자유를 위해 神의 부재를 요청하면서 神의 사망 사실을 선고하

---

138) 스코틀랜드의 철학자 데이비드 흄(David Hume, 1711~1776) 등등─『신의 역사(II)』, 앞의 책, p.594.

139) 위의 논문, p.23.

140) 「한스 큉의 신론 연구」, 앞의 논문, p.17.

게 되었다."[141] 20세기가 되어서는 무신론이 거의 대중화된 인식이 되었고, 주장한 바의 내용도 다양해졌다. 정신분석학적 무신론(프로이트), 무신론적 실존주의,[142] 과학적 인본주의,[143] 언어분석 철학의 무신 사상 등을 통해서 그들은 세계 속에서, 신앙의 말씀 속에서, 하나님은 더 이상 현존하지 않는다고 단언하였다. 그리하여 무신론은 이제 누구도 무시할 수 없을 만큼 세력권을 가졌고, 이런 지배적 풍조는 계속 강력해질 전망이다. 이런 추세 때문에 동양 사회도 서양의 선진화된 문물을 수용하는 입장에서는 확산된 무신론적 풍조의 영향을 입지 않을 수 없었다. 하나님이 정말 존재하지 않는다면 이런 세계적 추이는 정당한 역사로서 결말을 이룰 것이겠지만, 지상 강림 역사를 증거한 입장에서 보면 사태의 추이를 우려하지 않을 수 없다. 神 존재의 관념성 문제를 극복하기 위해서는 무신론이 전략적으로라도 반드시 넘어서야 하는 거대 산이다. 그런데 지금까지 추진된 무신론이 사실은 하나님의 지상 강림 본체를 증거하기 위해서 거치지 않을 수 없는 섭리가 내포되어 있었다고 한다면 누가 믿을 것인가? 무신적인 사회 분위기가 고조되어 있는 이때가 바로 하나님이 본체자로 강림하기에 합당한 시기적인 완숙 상태라고 한다면 누가 긍정할 것인가? 그래서 이 연구는 포이엘 바흐를 필두로 한 무신론자들이 기독교를 비판하고 神을 논리적으로 거부하지 않았더라면 유신적 개념을 확고하게 정초할 수 없었으리라고 판단한다. 무신적인

---

141) 「무신론」, 앞의 유니텔 자료.

142) "현대의 대표적 철학사조의 하나인 實存主義는 보통 키에르케고르를 그 시초로 잡지만, 그 외에도 우나무노(1864~1937), 베르쟈예프(1874~1948), 도스토예프스키(1821~1888) 등도 현대 실존철학에 나름의 영향을 미쳤다."-「무신론에 대한 연구」, 앞의 논문, p.52.

143) "모든 것을 역사와 세계에 내재한 인과율을 따라 설명하려는 무신론적 입장"-위의 논문, p.59.

반동 역사가 있었기 때문에 神을 거부한 사상적, 시대적, 신념적 배경을 바탕으로 하나님을 더 확실하게 부각시킬 수 있다. 기독교가 흔들릴 때 호교론자들은 얼마나 용기 있게 일어서 믿음을 옹호하였던가? 그런데도 불구하고 무신론은 성난 용암의 분출처럼 자신이 차지할 자리를 차지했던 것이지만, 지상 강림 역사로 이제는 그들이 내세운 논거들을 수용할 수 있게 되었다. 그것은 살아 역사한 하나님이 정말 강림하였기 때문에 가능한 일이다. 무신론도 알고 보면 극히 단순하다. 인류는 神이 존재하지 않는다고 생각했기 때문에 온갖 잡스런 행동을 한 것인데, 하나님이 강림하여 새로운 역사적 비전을 제시하면 전향적으로 하나님의 영광을 찬양하게 되리라. 무신론자, 무신적인 온갖 사상들이 지상 강림 본체를 보위한 공로자로 변신하리라.

## 4) 사상적 근거

무신론자들이 무신론적인 사상을 표방한 이유 중에는 여러 가지가 있다. 인간적인 판단과 함께 세계적인 여건도 작용한다. 어떻게 보는가에 따라 神은 인간 욕망의 투사물도 되고, 자연과학적인 사고방식과 조화되지 못한 점도 발견된다. 하지만 이 연구는 보다 근본적인 원인을 추적하고자 하는 것이므로, 포이엘 바흐가 "하나님은 순수한 인간 특성의 대상화에 지나지 않는다"고 한 것은[144] 神의 본체가 드러나지 못한 상황에서의 관점인 것으로 이해된다. 神이 존재하지 않는다면 세상은 정말 재구성되어야 한다. 그래서 확인하고 또

---

144) 「폴 틸리히의 신론에 대한 연구」, 앞의 논문, p.11.

확인하는 과정을 거쳤다. 칸트의 판단대로 인간이 지닌 이성적 도구로서는 현상 세계와 물자체를 구별할 수밖에 없다.[145] 합리적인 잣대를 갖다 대면 옛날 사람들의 생각은 모두 신화에 속한다. 그래서 인류가 나가야 할 방향이 인간 의식의 탈신화화에 있다고 결론내린 것은[146] 현대의 무신론을 공고하게 한 공신 사상이다. 神을 부정하는 것을 넘어 아예 인간을 神으로부터 독립시켜 과학과 기술을 발달시키는 데 매진하게 했다. 인간 자신이 세계의 중심 자리에 서려고 했다. 인간이 神을 부정한 것은 인생과 역사 가운데서 神이 부재된 것 외에 우주관에 따른 측면도 있다. 인간이 세계에 대해 무지할 때는 우상을 세워서라도 우주의 신비와 자연 현상이 안긴 공포를 물리칠 神이 필요했다. 우주의 기원과 세계의 궁극 원인에는 어떤 경우에도 神이 있을 자리를 마련했다. 그런 자리다툼에서 최종 승리를 거둔 것이 곧 기독교의 하나님이다. 중세 시대에 신권 질서가 고조된 것은 하나님의 창조 역사가 우주관을 장악하여 만상의 존재 원인이 하나님에게 있다고 믿었기 때문이다. 그런데 과학이 발달하면서이 같은 믿음은 깨져 버렸고, 신학도 창조론을 뒷받침하는 데 한계를 보여 세상 원인자로서의 하나님은 더 이상 존재할 필요성이 사라졌다. 모든 근원이 하나님에게 있다고 믿었는데 만상을 객관적으로보게 되어 神은 더 이상 우주론으로서 유지될 수 없게 되었다. 神이 창조주란 사실에 대해 의혹을 가짐과 함께 무신적 사상이 무성하게 가지를 뻗치고 말았는데,[147] 찰스 다윈의 진화론은 정말 기독교 문

---

145) 『실천이성비판』, I. 칸트 저, 최재희 역, 박영사, 1981, p.592.
146) 「한스 큉의 신론 연구」, 앞의 논문, p.2.
147) "근세 이래의 여러 가지 무신론은 기독교를 떠나서는 생각할 수 없다." - 『종교란 무엇인가』, 니시타니 게이이치 저, 정병조 역, 대원정사, 1993, p.99.

화권 안에서는 획기적인 돌출 사상이다. 창조를 불신한 강력한 무신론적 성격을 지녔다. 세계의 목적성을 거부함과 함께 "세계를 비필연성, 불충족성인 것으로 이해하였고,"[148] 인격적인 神의 창조성을 제거하고 사물의 바탕인 물질만 남겼다. 세계의 유물론적인 측면과 자연 과학적 세계관이 무신론과 결탁하여 절대적인 창조 권능을 무시한 것과 무관하지 않다.[149]

일체는 이해하기 나름이고 바라본 방식대로 드러난다. 神이 결정한 것으로 여긴 세상 법칙이 자연이 가진 법칙성으로 대처되고, 대부분의 사람들이 이제 神 없이도 자연계가 스스로 지닌 법칙에 따라 움직이고 있는 것으로 알고 있다.[150] 과학은 객관적인 사실들을 확인하는 도구이다. 그러니까 과학이 발달할수록 무신론적 사고에 대한 지지 기반도 확대되었다.[151] 세계는 객관적이고 사실적인 질서로 채워져 있다. 일체가 창조된 것으로 알았는데 부정하고 보니까 또 그렇게 보였다. 하지만 결과는 참혹했다. 인류가 神의 위대한 창조 역사를 확인할 수 있는 눈을 잃어버렸다. 무신론자들은 "자연을 해석하고 이해하는 가설로서의 神조차 설정할 필요가 없다"고 했다.[152] 이런 생각을 하도록 사상적인 가교를 놓은 것은 "영국의 경

---

148) 『철학적 사색에의 길』, J. M. 보헨스키 저, 표재명 역, 동명사, 1984, p.120.

149) "근대의 무신론은 그 초기에 있어서 유물론과 과학적 합리주의, 진보의 관념이라는 세 가지 동기로부터 생겨난 결과였다." - 『불교의 공과 하나님』, 한스 발덴펠스 저, 김승철 역, 대원정사, 1993, p.128.

150) 『현대와 후기현대의 철학적 논쟁』, 한정선·안드레아스 호이어 저, 서광사, 1991, p.95.

151) "고대나 중세인에게 세계는 신비스럽고 두려운 것이었다. 세계와 인간의 운명 이면에는 神적인 힘이 운행하고 있다고 생각했다. 그러나 과학이 발달하고 인지가 깨이면서 모든 것을 역사 내재적인 법칙으로 설명할 수 있게 되고, 形而上學적인 세계는 자연 과학적인 탐구 결과에 따라 그 존재가 점차 부인되어 갔다." - 「무신론에 대한 연구」, 앞의 논문, p.59.

152) 『종교와 인간』, 서광선 저, 이화여자대학교출판부, 1995, p.191.

험론, 18세기 프랑스의 계몽주의, 19세기의 실증주의이고"[153] 오늘날은 기능적・실용주의적・효과주의적・현실주의가 이런 생각을 뒷받침했다.[154] 인류가 여태껏 쌓아 올린 이성적인 구원 기대를 무참하게 짓밟았다. 가치관의 전환으로 돌이키지 못할 파국을 향해 돌진하였다. 무엇보다 과학주의가 무신론의 본령일진대, 과학은 문명을 진보시킨 것이 아니라 한정된 세계로서 멸망을 자초하였다.

그렇다면 이 같은 사태를 저지할 진리적 영역은 존재하는가? 기독교는 여기에 대해 반드시 답을 주어야 하고 신학을 통해 사상적 실마리를 제공해야 한다. 현대 무신론은 神을 단순하게 거부한 신념 체제가 아니다. 범사상적, 범세계관적인 문제와 결탁해 있다. 기독교는 하나님의 구속적인 은총에 대해 찬양만 하고 있지만, 한편으로는 일련의 구속 체제로부터 벗어나고 싶은 욕구도 있으므로, 무신론은 이렇게 잠재된 본성에 대한 표출 논리일 수도 있다. 그러므로 이제는 정말 드러낼 것을 드러내고 밝힐 것은 밝혀 걷잡을 수 없게 된 무신적 의혹들을 수습해야 한다. 기독교가 도달한 복음의 선교 한계를 인정하고 대주관으로부터(하나님의 뜻) 대객관을 실현한 창조 역사를 수용해야 한다. 그렇지 않다면 "모든 종교가 무지와 미신에서 생겨났다"고 한[155] 비판의 날을 피할 수 없다. 사실 기독교는 神學이 아니고 信學을 갖는 종교인데,[156] 이런 안목으로서는 神에 대해 정보를 얻을 수 없다. 객관적인 정보가 필요한데, 인간과는 격리되어 있

---

153) 「무신론」, 앞의 유니텔 자료.

154) 「폴 틸리히의 신론에 대한 연구」, 앞의 논문, p.4.

155) 고대 그리스의 철학자 에피쿠로스(Epicurus, B.C. 341~270)는 모든 종교가 다 무지와 미신에서 생겨난 것이라 하고, 종교가 사람으로 하여금 무용한 공포심에 잡히게 한 것을 해방받게 한다고 외치면서 무신론을 열심히 주장함-『철학과 종교의 대화』, 앞의 책, p.117.

156) 『당신은 무엇을 믿는가』, 김형석 저, 주우, 1981, p.147.

어 본의 문제에 대해 속수무책이다. 급변하는 소용돌이 속에서도 지성들은 神에 대해서 세계에 대해서 참신한 의문들을 제기하였지만, 신학은 아무런 해결책도 내어 놓지 못하였다. 그러니까 18세기 후반부터 19세기 초반에 걸쳐 神이 존재한 사실을 완전히 부정한 무신론자들이 등장했다. 신앙인들은 神이 존재한다는 사실은 의심하지 않지만 입증할 수 있는 학문적 그릇이 제한된 것은 어찌할 수 없었다. 발전적인 역사 창조를 위해서는 인류 사회에서 종교가 완전히 사라져야 한다고 한 외침도,[157] 혹은 종교란 민중의 아편이라고 하는 뼈아픈 말을 듣고서도(마르크스) 속수무책이다. 그런데도 신앙인들이 고결한 신앙을 지킨 것은 십자가를 짊어진 예수의 고난 같은 믿음이다. 이런 의가 있었기 때문에 하나님은 어떤 방식이든 구원의 손길을 내밀지 않을 수 없게 되었는데, 그것이 곧 이 연구가 밝힌 대창조에 대한 본의이다. 창조를 증거하지 못한 관계로 지성들이 무신적 사상을 가졌지만 이제는 여건이 반전되어 자연의 법칙 질서를 통해서도 하나님을 확인할 수 있게 되었다.

## 5) 세계관적 근거

神이 세계의 근원이고 기반이라고 생각했을 때는 인류가 삶의 전부를 神을 위해 바칠 수 있었다. 하지만 그 같은 믿음이 무너지자 인류는 객관적인 작용 세계를 분별하는 이성에 눈뜨게 되었다. 근세이후로 무신론자들은 다양한 목소리를 내었고, 20세기에는 이런 신념이 보편화되었다. 보편화란 무신론이 속속들이 세속과 인간 의식

---

157) 「한스 큉의 신론 연구」, 앞의 논문, p.26.

을 잠식하였다는 뜻이다. 무신론은 나름대로 세계관적 근거를 가지고 있어 인생 삶의 추구 방향을 고무시켰다. 인간 문제뿐 아니라 세계와 관련된 문제도 제기했다. 세계를 바라보는 방식인 세계관을 근본적으로 전환시켰다. 뭇 종들이 자생 메커니즘에 따라 발생되고 변화한 것이라고 여긴 진화 사상은 바로 무신론이 끼친 세계관적 영향 때문이다.158) 마르크스도 이와 같은 사상에 근거하여 유물론, 공산주의 같은 제도적 사회를 건설하고자 했다.159) 현대 과학이 세운 기계론적 세계관은 목적론적 체계가 의존해 온(종교) 영적 기초를 붕괴시키고, 세계의 근저에 神을 위한 어떤 공간도 남겨놓지 않아 허무를 감수케 했다.160) 神으로부터의 독립을 내세운 세속주의 물결은 그나마 神이란 존재를 의식한 상태였지만, "현대인은 아예 인간의 존재 방식 자체로부터 무신론을 요청하였다."161) 神으로부터 인간의 완전한 자유를 요구했다고나 할까? 하지만 그런 자유 실현으로 현대 문명이 이룬 결과가 시사하는 바는 무엇인가? 정보화 시대를 맞이하여 눈코 뜰 새 없이 앞만 바라보고 있지만, 인류는 이 단계에서 다시 한번 세계에 가로 놓인 근원적인 문제를 살펴볼 여유를 가져야 한다. 神이 지닌 근원을 허물고 무신론이 보인 진리적 비전은 무엇인가? 유물론에 근거를 둔 공산주의가 그것인가? 신권 질서는 무너뜨렸지만 사실은 더 큰 일을 저질러 지리멸렬해 버렸다. 섭리된 창조

---

158) 진화론은 사회주의, 공산주의, 무정부주의 및 많은 좌익운동을 위한 나름의 과학적 원리로 제공되었고, 우익도 생존경쟁이나 적자생존 같은 개념을 나치즘, 인종주의, 제국주의, 자유방임 자본주의 등의 제도를 정당화하는 데 사용하였다. 마르크스·레닌·스탈린·헥켈·니체·히틀러 등은 열렬한 진화론자였고 범신론, 결정론, 실존주의, 행동주의, 정신분석학 등도 모두 무신적 진화론에 그 이론적 바탕을 두고 있다. -『과학과 성경』, 조원희 저, 인터넷자료.

159) 『마르크스·엥겔스의 종교론』, 라인홀트 니버 엮음, 김승국 역, 아침, 1988, p.299.

160) 『선과 종교철학』, 아베 마사오 저, 변선환 엮음, 대원정사, 1996, p.290.

161) 『종교는 무엇인가』, 앞의 책, p.69.

목적을 어기고 근원된 고향을 파괴시킨 결과이다. 멸망을 향해 무작정 달려가고 있다. 정치·경제·문화가 이 장단에 맞춰 춤을 추고 있다. 거대한 자연 정복, 생태학적인 적신호, 정신적인 황폐화 등등[162] 굳이 神 없는 세계 질서를 창도하려고 해서 될 일이 아니다. 세계의 유신적 상황을 확인하고 사장된 신권 질서를 부활시키는 것이 훨씬 용이할 수 있다. 그리해야 이 땅에 하나님과 함께한 유신의 나라를 건설할 수 있다. 강력한 불신을 불식시키기 위해 하나님이 존재한 사실을 원리적으로 밝혀야 한다. 강림한 하나님이 세상에 거할 세계관 구축은 온 인류가 지혜를 합쳐 창도해야 한다.

### 6) 현실적 근거

인간이 성심을 바쳐 기도해도 아무런 응답이 없다면 어떻게 되는가? 성경에는 인류를 구원하고자 한 약속들이 천명되어 있는데, 지상 천국의 도래도 재림 역사도 일어나지 않는다면? 하나님은 인류가 지난 역사에서 자행한 세계의 근원적인 악에 대해서, 저지른 잔악한 행위들에 대해서 어떤 응징을 하였는가? 안타깝지만 어떤 조처도 확인할 수 없는 것이라면 인류는 어떻게 할 것인가? 더군다나 신앙인들마저 구원이란 미명 아래 세속인보다 더 잔악한 죄악을 서슴지 않았다면 우리는 어디서 하나님의 의를 확인할 수 있겠는가? 유대교와 기독교와 이슬람교는 유일신을 믿은 만큼 이교도와 쉴 새 없이 마찰을 일으켰고, 세상 어떤 종교보다도 신앙의 이름으로 수많은 전쟁과 범죄를 저질렀다.[163] 이단에 대한 화형과 마녀들에 대한 재판으로

---

162) 『도산 아카데미 연구원 소식』, 앞의 책, p.1.
163) 『서양종교철학 산책』, 황필호 저, 집문당, 1996, p.103.

수백만 명의 인명을 희생시켰다.[164) 처처에서 가차 없는 살육명령을 내렸고, 잔인한 방법을 동원하였다. 나치가 유태인들을 학살했을 때는 유태인뿐만 아니라 수많은 사람들이 전통적인 神 이해를 거부했다.[165) 神이란 정말 존재하는 것인가? 신앙은 상정된 이미지를 추종한 자기 형성적 신념인가? 자신이 일군 뜻을 하나님의 뜻으로 전도시키고 스스로 믿고 있었던 것은 아닌가? 인간에게 있어 자유로운 세계의 획득은 무엇인가? 죄악의 굴레를 벗어난 구원은 어디에 있는가? 神의 구속을 벗어난 자유 선언은 어떤 것인가? 하나님의 은혜에 감사하다가도 조금만 소원해지면 흔들리는 신앙을 어떻게 할 것인가? 인류가 치른 1, 2차 세계 대전과 현대 문명이 낳은 소외 속에서 매순간마다 神은 어디에 있고 도대체 무엇하고 있는가 묻고 있다. 무신론은 무엇보다도 하나님이 현실 문제에 대해 응답하지 않고 있기 때문에 계속 굳어져만 가고 있다. 하나님이 인류 역사와 함께하고 있는가 하는 것은 큰 의혹이다. 하나님이 성경을 통해서만 들려지는 전설적인 존재라면 미래의 신권 질서 부활은 기대할 수 없다. 그렇기 때문에 절실한 것은 하나님이 역사한 성령의 임재 사실과 이룬 성업을 확인하는 것이다. 하나님은 세상을 떠나지 않았고, 인간의 부르짖은 기도에 귀를 기울였다는 것을 밝혀야 무신론을 극복할 수 있고, 세계의 유신적 상황도 증거된다. 만인이 보고 싶어 한 하나님을 뵈옵게 되리라.

---

164) 「폴 틸리히의 신론에 대한 연구」, 앞의 논문, p.26.
165) 『신의 역사(II)』, 앞의 책, p.645.

## 4. 현대 무신론의 문제

무신론은 어느덧 이 시대를 지배하는 풍조라, 획기적인 전환이 없는 한 더욱 강력해질 전망이다.[166] 무신론은 인간이 인간으로서 인간다운 면을 점유하지 못한 관계로 허실을 틈타 나타났다. 가상적인 실체라고 할까? 자생적인 생성 능력을 갖추지 못했다. 유신론이 증명되지 못한 세계관인 만큼이나 무신론도 증명되지 않은 가설이다. 무신론은 자체로서 생성시킨 진리력의 구축 체제가 아니다. 유신론을 비판하고 세운 반대급부 사상이다. 포이엘 바흐만 보더라도 그는 기독교를 예리하게 비판하였지만, 그것은 그렇게 판단한 개인적인 생각이다. 세계적인 작용 원리에 근거하지 못했다. 神에 관한 문제는 역대의 지성들이 고뇌한 정신적 문제를 총망라하는데, 무신론은 유신론의 허점을 파고든 기생 사상이므로, 아무리 주장해도 세상에 남은 것은 허무밖에 없다. 인류가 참으로 정열을 쏟을 것은 어떻하든 살아 계신 하나님을 증거하는 것이지 무신론을 붙들고 소모적인 논쟁을 벌일 것이 아니다. 하나님은 세계적인 여건의 미비로 파악하는 데 어려움이 있었던 것이지 정말 존재하지 않아서인 것은 아니다. 아직도 유신에 대한 신념은 살아 있고, 믿음은 포기되지 않았다. 무신론자들은 언젠가는 신념을 굴절시켜야 할 때가 오리라. 그때 하나님은 비로소 존재 체제를 세상 가운데서 확고히 하고 무신론으로 드리운 짙은 음영을 걷게 되리라.

---

166) 「무신론에 대한 연구」, 앞의 논문, p.78.

# 제16장 유물적 신론 형태

## 1. 개요

  1989년의 동유럽 혁명과 1991년 8월의 쿠데타 실패 이후, 소련이 붕괴된 것은 많은 의미를 던진다. 스탈린주의의 몰락, 사회주의의 종말, 이데올로기로서 제공된 마르크스 사상이 퇴색된 것이다.[167) 서방의 수많은 지식인들이 지향한 정치적 이상이 무너졌다. 그렇지만 마르크스가 신념으로 쌓아올린 유물론적 세계관이 함께 무너진 것은 아니다. 공산주의는 초기에 나타난 자본주의의 폐해에 대해 제도적 혁신을 의도한 목적이 있었고, 나름대로는 이상적인 세계관 구축이기도 하다. 자본주의 진영과의 경쟁에서 뒤졌고, 어쩌면 너무 이념만 앞세우다 보니 침체된 경제적 피폐를 막지 못해 붕괴되고 말

---

167) 『마르크스의 혁명적 사상』, 알렉스 캘리니코스 저, 정성진·정진상 역, 1993, 책갈피, p.11.

았지만, 민주 진영이 공산주의가 세운 유물론을 이론적으로 극복한 것은 아니다. 공산주의가 한창 영역을 확장하고 있을 때 민주 진영은 날을 세워 비판을 가했지만, 그것은 유물론을 뜯어 헤쳐 분석한 수준이다. 있는 것을 비판하기는 쉬워도 새롭게 진리를 입안하기는 어렵다. 마르크스는 일관된 저술 활동으로 거대한 사상 탑을 쌓아 올렸다. 그는 서구 사상이 지닌 모순점을 비판하고 세계관적인 해석으로 역사를 통찰한 지성을 가졌다. 까닭에 마르크시즘에 대응할 만한 지식이 턱없이 부족했다. 세계관을 다시 구축해야 하는데, 그런 작업은 공히 시기적으로 때가 일렀다. 그런데도 공산주의가 역사의 전면에서 퇴진한 것은 마르크시즘과 유물론으로 결집된 정치 세력이 집권력을 상실하였다는 뜻이지 사상적으로 물러선 것은 아니다. 유물론적 관점은 인류가 지금도 극복해야 하는 숙제이다. 공산주의 정권이 사라졌다고 해서 유물론의 진리력이 소진된 것은 없고, 무신론적인 영역이 위축된 것도 아니다. 세계 가운데 있는 그 무엇도 유물론을 근본적으로 허물어뜨리지는 못하였다. 유물론도 나름대로는 세계의 근원적인 생성 활동에 참여하였다. 이런 사실을 인정해야 사상적으로 돌파구를 찾는다. 유물론과 관념론과의 대립 구도, 물질과 의식이 지닌 일차성의 다툼 문제 등등[168] 해결하기 위해서는 만물의 양대 구조를 동시에 수용한 본체가 드러나야 했다. 비판만 해서 될 일이 아니다. 근원된 알파, 즉 창조 문제를 풀어야 했다. 神이 존재한 뿌리를 거부한 유물론을 극복해야 이 땅에 참다운 유신의 나라를 건설할 수 있다. 유물론과 깊이 관련된 세계·진리·역사·종교·제

---

168) 『재미있는 철학강의』, 한수영 외 저, 중국청년출판사 간, 1989, p.101.

도·이념·경제·무신론 문제를 풀기 위해서는 세계가 지닌 문제도 함께 풀어야 하고, 그러기 위해서 하나님이 강림해야 했다. 다행히 만물은 하나도 소홀함이 없는 창조 작품이라 물질이든 정신이든 판단하기에 따라서는 근원된 자리를 차지할 수 있는 자격이 있다. 이 말은 창조 관점을 통하면 유물론을 전격 포용할 수 있다는 뜻이다. 무신론은 심증을 피력한 신론 형태이지만 유물론은 우주론적인 근거를 지녔다는 점에서, 이들을 빠짐없이 포괄할 수 있다. 마르크스 이전의 유물론은 단순하게 神을 부정한 선이었지만,[169] 이후부터는 이론적으로도 철저하게 무장하였다. 마르크스는 철학 연구를 시작하면서부터 유물론에 대해 관심을 가졌고, 과학적인 성격을 부여하는 데 혼신을 바쳤다. 세계의 정심을 꿰뚫고자 했는데, 그로써 추출한 이론이 피상적인 지식과 정감 수준에 그칠 수는 없다. 이에 대한 핵심된 본의를 깨우쳐야 유물론이 지닌 진리적 근거를 하나님의 권능 안에 수용할 수 있다. 세계는 존재한 하나하나가 가치롭지 않은 것이 없다. 유물론자들이 물질을 통해 세계의 작용 근원을 구하고자 한 데는 진실이 있다. 유물론을 극복하는 것은 공산주의 정권이 퇴진한 것과 상관없이 유신적 개념을 정초하기 위해 반드시 풀어야 할 과제인데, 해결할 수 있다는 것은 하나님이 몸소 갖춘 지혜적 권능이다. 하나님의 본체 의지인 진리의 성령이 역사하여 이룬 성업이다.

---

169) "대부분의 무신론자들은 神이 존재하지 않음을 증명하기 위해 구태의연한 종교적 논쟁에서 출발했는데, 이로 말미암아 그들은 쓸데없는 혼란에 빠져들었다."-『마르크스(생애와 사상)』, 앞의 책, p.68.

## 2. 유물론의 세계화 과정

### 1) 세계 역사화 과정

"유물론은 세계의 근원이 물질이다"란 주장이다.[170] "물질을 제일 차적·근본적인 실재로 보고 마음이나 정신을 부차적·파생적인 것으로 보는 철학설이다."[171] 창조된 본의를 계시받지 못하고 끝까지 세계의 근원을 밝히지 못한 상태에서는 충분히 거론될 수 있는 설이다. 인간이 창조 메커니즘을 모르는 상태에서도 탐구할 수 있는 대상이 물질이다. 그래서 고대 그리스의 데모크리토스(B.C. 460~370)가 원자론적인 유물론의 막을 열었다. 그는 세계에는 "원자와 공간 외에 존재하는 것은 아무것도 없고, 사물의 성질은 사물을 구성하는 원자의 모양·크기·위치와 결합한 밀도로서 설명할 수 있다. 모든 현상은 원자의 기계론적인 작용으로 일어나고 필연적으로 결정된다. 영혼도 원자의 한 작용이다"라고 하였다.[172] 우리는 흙·물·불·바람 등을 감각적인 판단으로 구별하는데, 배후에 아무 질적 차이가 없고 순수하게 양적 차이만 있는 존재가 있어 이것을 원자라고 한다면 가능성을 배제할 수 없다. "만물의 근본 물질을 더 이상 분석할 수 없는 미세한 최소 단위로 구성되어 있다(아토몬, 혹은 아토마라 불리며, 오늘의 원자 아톰의 어원)"고 본 것은[173] 근대와 근접한 과학적 사고이다. 어떡하든 만물은 존재한 상태이고 확인하기 어려운

---

170) 『사물의 본질성에 근거한 철학원론』, 김관배 저, 사초출판사, 1986, p.34.

171) 『두산동아 세계대백과사전』, 유물론 편.

172) 위의 세계대백과사전, 유물론 편.

173) 『종교는 무엇인가』, 앞의 책, p.184.

영혼까지 포함해서 삼라만상은 모두 존재한 근거를 가진다. 그것이 과연 무엇인가? 존재와 영혼은 결코 없어지지 않는 그 무엇을 지니고 있다고 보고 이것을 유물론자들은 물질이 지닌 공통적인 요소인 질적 차원을 통해 구하려 했다. 실체의 근원 내지 만물의 본질이라고 할까? 하지만 원자적인 요소는 사물이 지닌 특성인데도 전체 세계의 존재 현상을 설명하려고 한 데 무리가 따랐다. 물질의 특성을 첨단 물리학이 추출하고 있는 중인데, 그것이 궁극적인 것이라고 여긴 것이다. 일괄해서 이해하고자 하니까 장애가 발생하였다. 필연적인 현상인데도 모순된 것으로 보고 본질적인 요소를 물리적인 작용 틀 안에 끼워 맞추었다. 그런데도 잘못이라는 것을 자각하지 못했다. 창조된 이상 물질도 진리성을 본유하다 보니 우선성을 내세울 만도 하다. 이에 정말 밝혀야 할 것은 물질이 무엇을 근거로, 어떻게 창조되었는가 하는 것이다. 원자는 사실 창조로 인해 결집된 요소이고 구조이다. 물질은 하나님의 존재 본질이 창조로 인해 전환된 실체이다. 물질은 만물을 구성한 요소이고, 본질은 내재된 바탕체이다. 본질은 물질에 비해 질적 차이가 차원적이라(통합적임) 자체만으로는 진상을 볼 수 없지만 만사와 두루 통한다. 이런 특성을 통하여 이 연구가 물질의 본질성과 본질의 유물성을 동시에 파악하였다. 유물론이 지닌 허와 실을 낱낱이 조명할 수 있다.

물질을 통해서 세계의 근원을 찾으려고 한 노력은 처음부터 제약이 있어 본질을 보기 어려웠고, 차원적인 벽으로 차단되어 있었다.[174] 그래서 유물론은 중세 시대와 관념적인 철학자가 득세했을

---

174) 현대에 와서 첨단 물리학에 의해서 어느 정도 실체를 밝혀가고 있다.

때는 미미하였지만, 근세에 무신론이 확산됨과 함께 神을 부정하는 근거로 제공되었고, 관념론의 허실을 비판하는 세계관적 도구가 되었다. 본의를 알지 못한 상태에서는 언제라도 神을 부정할 수 있는 잠재력을 지니고 있어, 이것이 과학의 발달과 함께 무신론적인 세계관을 뒷받침하였다. 그러니까 무신론은 유물론이 필요하였고, 유물론은 神의 존재 근거를 차단시켰다. 그리고 유물론자들은 진화론을 만사에 걸친 창조 메커니즘으로 받아들였다.[175] 유물론은 세계의 근원적인 문제를 밝히지 못한 상태에서는 언제나 핵심된 실체로서 착각할 소지를 지녔는데, 더 중요한 요인은 역시 신앙인들이 하나님을 증거하지 못하고 관념론자들이 세계의 실질적인 근본체를 드러내지 못해서이다. 기독교가 진리적으로 역할을 다하지 못해 반동 세력이 양산되었다. 절대적인 신앙관이 무너지고 사실에 근거한 유물론이 대두되었다. 하나님이 약속한 세계상을 이루지 못하므로 인류가 새로운 길을 모색하였다. 유물론으로 세계를 바라본 거대한 관점을 세웠다. 하지만 지상 강림 역사를 완수한 지금은 아무리 유물론이 이론적으로 무장했더라도 일소할 수 있다. 유물론의 진리적 근거는 그대로 천지가 창조된 사실을 입증하는 것과 같아 세계의 유신적 개념을 정초하는 데 있어 긍정적으로 전환될 수 있다.

## 2) 세계 인식화 과정

유물론은 고대의 그리스 사상뿐만 아니라 중국·인도 등 세계 전

---

175) 1859년 다윈의 『종의 기원』이 발표된 지 14년 후인 1873년, 칼 마르크스는 그의 저서 『자본론』의 속표지에서 '다윈께, 그분을 진심으로 숭배하는 칼 마르크스로부터'라고 썼다. 진화론의 영향을 가장 많이 받은 사람 중의 하나가 칼 마르크스였다. 그는 다윈의 생존경쟁 개념을 계급투쟁이라는 말로 바꾸었다.―「창조론과 진화론의 의미」, 인터넷자료.

역에 걸쳐 단초가 보이는데,[176] 이런 유물론이 세계적인 영역을 확보하게 된 것은 아무래도 칸트와 헤겔로 이어진 서구 관념론의 전승에 대해 쐐기를 박은 때로부터이다. 유물론이란 명칭이 18세기가 되어서 성립된 것을 통해서도 알 수 있듯, 유물론이 관념론과 맞서기 위해서는 먼저 관념론의 세계적인 인식 영역 확보가 전제되어야 했다. 독일 관념론이 정점에 도달했을 때 헤겔을 비판하고 나선 포이엘 바흐, 마르크스, 엥겔스 같은 이들이 등장함으로써 유물론 사상이 집중적으로 표출되었다.[177] 관념론은 주지하다시피 이론적이건 실천적이건, 관념 또는 관념적인 것을 실재적 또는 물질적인 것보다 우선으로 보는 입장이므로, 관념이 세계의 실질적인 본원이란 사실을 확인시켜야 한다. 관념의 집이라고 할 수 있는 정신 작용과 그 뿌리인 의식, 그리고 이런 요소를 총망라한 마음 작용은 창조와 어떻게 연관되어 있는가? 대답이 궁하다. 헤겔은 "자연계 및 인간계를 포함한 세계를 하나의 과정으로서 끊임없는 운동・변화・변혁・발전으로 파악하였다. 세계가 유동하고 생성하는 과정에서 그것을 추진하고 결성시키는 무엇이 존재하는데, 이것을 그는 절대적인 이념, 혹은 절대 정신이라고 했다."[178] 이념을 지적하지 않아도 세계는 생성하고 있는데, 굳이 절대적인 이념을 내세운 이유는 무엇인가? 그것은 오직 인간만이 세계가 변화하는 상태를 주시할 수 있는 자격을 갖추어서이다. 어떻게 관념적인 정신이 세계 역사를 이끄는 원동력이 될 수 있는가? 그 가능성에 대해 의문을 가지고 냉철한 통찰로서

---

176) 『인문과학개론』, 소유천 저, 이승민 역, 청년사, 1986, p.55.

177) 관념론이 세계에 놓인 여러 궁금한 본질적인 문제들을 잘 해결하였더라면 유물론이 더 이상 확대되지 않았을 것임.

178) 『국민윤리』, 이용필 교수 외 강의, 한국방송통신대학.

부정적인 시각을 가지게 된 것이 곧 근세의 유물론이다. 한결같이 관념론이 표방한 명제들에 대해 부정적인 입장을 취했다. 그래서 본질을 관념(헤겔에게 있어서는 이념)이라고 한데 대해 유물론은 물질이라고 했다. 관념론(헤겔)은 세계의 발전을 이념의 자기 운동이라고 했는데, 유물론(마르크스)은 물질의 자기 운동인 것으로 보았다. 관념은 이해를 수반하는 데 비해 "유물은 확실하게 직접 경험되는 대상인 실재 세계의 궁극적인 토대이다"라고 믿었다.[179] 관념론이 본질의 창조력을 증거하지 못하므로 유물론이 객관적이고 실질적인 세계 형성의 기초 자리를 독차지하려 하였다.

이처럼 유물론은 관념론을 비판함으로써 강력한 추진 동기를 얻었는데, 그중 실질적으로 작용한 것은 과학의 발달과 함께 확인된 자연의 법칙 발견이다. "17, 18세기에 수학과 천체 역학 부문에서 위대한 발견을 이룬 것은 유물론자들로 하여금 자연과 사회생활을 충분하게 의도한 대로 그려낼 수 있게 하였다."[180] 유물론자들은 세계관을 구축하기 위해 과학적인 진리성을 반영하였다. 근대 자연 과학은 세계를 온통 유물적으로 이해할 수 있도록 여건을 조성했다. 정신을 물질이라고 한 근저에는 뇌의 상태, 속성, 기능 등에 대한 생물학적 발견과 정보들이 있었다. 마음과 정신을 파생된 것으로 본 것은 인간의 사유가 대뇌에 의존해서이다. 대뇌가 손상되면 사유 기능이 지장을 받고 심지어는 사유 능력까지 상실된다는 사실을 확인했다.[181] 관념과 정신의 작용 근거는 아무리 추적해도 실마리를 찾

179) 『철학의 이해』, 한전숙·이정호 저, 한국방송통신대학교출판부, 1996, p.48.

180) 『마르크스(생애와 사상)』, 앞의 책, p.68.

181) "인간의 대뇌피질은 140억 개 이상의 뇌세포를 포괄하고 있는데, 그 부동한 구역은 상응한 감각기관과 연결되어 하나의 완전한 중추신경계통을 이루고 있다. 대뇌는 중추신경계통의 조

을 수 없지만, 유물론은 물리적인 작용 근거가 있다. 그래서 관념론이 제시한 명제들을 고스란히 유물론적인 명제로 바꾸었다. "관념론은 거꾸로 선 유물론에 불과하다."[182] 현실 세계를 물질의 운동 과정으로 환원시켜 관념론이 차지한 요소들을 역전시켰다. 관념론의 텃밭인 정신 작용을 물질과 자연 현상의 일종으로 전환시킨 유물론은 서구의 지성들이 일군 사상 중에서 대적할 상대가 없게 되었다. 과학이 거둔 괄목한 성과와 호흡을 맞추어 객관적인 인식의 근거를 확보했고, 오랜 관념론과의 투쟁을 마무리 지을 결정적인 승리를 거두었다. 그래서 관념론이 퇴진한 마당에서는 유물론에 대항할 더 이상의 대안 사상이 사라져 버렸다. 유물론이 표방한 진리적 근거들은 지극히 현실적이다. 이런 조건들로부터 벗어날 수 있는 대안책이 없는 한 유물론은 사상적으로 거의 무제동 상태에 놓여 있다. 하지만 유물론도 관념론처럼 세계의 본원적인 문제에 있어서 더 이상 선을 넘지 못한 것은 마찬가지이다. 세계가 정말 유물성에 근거한 것이라면 유물론자들은 물질에 근거한 창조 메커니즘을 밝혀야 했다. 결정적인 법칙과 유물적인 특성이 있기 이전에 그것을 결정한 그 무엇, 존재하는 데 그것이 유물론으로 인해 말살되어 버린다면 인류의 미래는 불행하다. 인간은 고귀한 영성을 가져 차원적인 문을 넘나든다. 그리고 세계에는 이 같은 영성 활동을 고무하는 神이 존재하고 있다. 이것을 유물론은 어떻게 설명할 것인가? 관념론을 통해서는 유물론

<hr/>

절 중심이다. 대뇌의 후두엽은 시각을 주관하고, 대뇌의 측면 홈에 있는 측두엽 부분은 청각을 주관하며, 기타 전두엽, 두정엽 등도 세밀한 분공에 의하여 각각 자기의 전문 직책을 감당하고 있다. 감각·기억·사유와 같은 인간의 정신활동들도 각각 정보를 획득하고 저축하며 그것들을 분석·처리하는 역할을 하는데, 그것들은 모두 대뇌의 부동한 부위의 생리적 활동과 서로 연결되어 있다."-『재미있는 철학강의』, 앞의 책, p.80.

182) 『마르크스·엥겔스의 종교론』, 앞의 책, p.182.

도 나름대로 부정적인 논리를 펼 수 있었지만, 창조된 본의 앞에서는 일체의 주장이 가당찮다. 창조적인 관점을 수용함으로써 유물론과 관념론이 처한 정당한 근거를 밝혀야 한다.

### 3) 세계 변증화 과정

"근대의 유물론에 의하면 물질은 단순한 기계적 물질이 아니고 변증법적 원리에 의해 운동하는 물질이다"라고 하였다.[183] 의식을 고도로 조직된 물질로 보고, 물질세계를 반영시킨 것으로 주장한 근거도 여기에 있다. 기독교의 창조론이 지성들로부터 불신되고 진화론이 생물계의 창조론을 대신하듯, 변증법적 유물론은 이른바 물질계의 창조 법칙을 대표한다. 유물론을 구성한 핵심 이론이며 각종 유물론적 명제를 배태시킨 산실이다. 마르크스가 기초하고 엥겔스가 두둔한 변증법적 유물론의 허상을 꿰뚫을 수만 있다면 부풀대로 부푼 유물론이란 거대 몸집도 쓰러지고 만다. 관념론의 집대성자인 헤겔의 변이도식(變異圖式)을 거꾸로 세운 것이라는 평가를 근거로 正·反·合 논리부터 추적하고자 한다. "각각의 단계는 그 이전의 단계를 부정하고, 맨 마지막 단계는 처음 두 단계의 지배적 특질을 자체 속에 통합한다"고 했는데,[184] 같은 맥락인 긍정·부정·부정의 부정 논리도 마찬가지이지만, 이것은 세계의 바탕된 본질을 무시한 관념적 허구이다. 세계 안에 존재하는 것은 의식과 물질을 막론하고 축적된다. 그것이 때가 되면 통합 작용으로 차원성을 달리한 결과를 낳는데, 이것은 세계가 끊임없이 생성한 결과이다. 그런데 관념론자

---

183) 『사물의 본질성에 근거한 철학원론』, 앞의 책, p.34.
184) 『마르크스(생애와 사상)』, 앞의 책, p.158.

는 변화된 겉모습만 보았다. 논리는 분열된 질서 영역을 벗어날 수 없는데 어떻게 새로운 법칙을 도출할 수 있겠는가? 관념론은 세계의 본질 작용을 원리화시킨 것이 아니다. 관념의 정합성을 피상적으로 구조화시켰다. 그런데도 이것을 물질의 운동에 적용시킨 변증법적 유물론은 참된 생성 질서일 수 없다. 본의를 무시하고 기술한 물질의 변화 규칙(변증법적 유물론)은 온전할 수 없는 관점이다. 망원경이 없던 시대에 밤하늘을 보고 공상만 했던 것처럼……. 그 구체적인 사례가 곧 양에서 질로의 변환법칙, 대립자들의 통일법칙, 부정의 부정 법칙이다.

근대 과학 정신의 문을 연 데카르트는 "물리학 체계를 통해 물질이 독립된 창조력을 지녔다고 하면서, 근거로서는 물질이 기계적인 운동을 한다는 점을 지적하였다(기계적 운동이 물질의 생명력임)."[185] 하지만 그것은 결코 만물을 낳은 창조력이 아니다. 존재는 창조되었기 때문에 결과로서 생성력(물질에서는 운동)을 발휘한다. 운동은 물질에만 있는 것이 아니다. 세계의 有한 본질에도 있다. 존재는 형태를 불문하고 끊임없이 변화한다. 생멸을 넘어서 세상의 온갖 변화를 주도하는 본체가 존재하는 데도 물질이 지닌 수동적인 운동을 창조력으로 본 것은 커다란 착각이다. "양적 변화가 각기 사물에 있어서 일정한 단계에 도달하면 질적 변화를 일으켜 낡은 질은 소멸되고 새로운 물질이 출현한다"고 하였는데,[186] 그렇다면 그 질적 전화를 통해 세상 가운데 어떤 새로운 존재가 창조되었는가? 물이 섭씨 0도에서 고체 상태로 변하는 것은 그렇게 달라진 물리적 현상을

---

185) 『마르크스·엥겔스의 종교론』, 앞의 책, p.44.
186) 『기독교 주체사상』, 장길성 저, 한그루, 1988, p.140.

관찰한 것이지 질적 창조는 아니다. 대립물의 통일과 투쟁의 법칙도 사물의 내부에 모순이 있어 투쟁, 통일되는 과정을 통해 부단하게 발전한다고 했지만(대립 상황), 알고 보면 자석의 N극과 S극, 플러스와 마이너스, 작용과 반작용, 화합과 분해 현상을 모순으로 이해한 것이다.[187] 그것이 어떻게 모순된 상황인가? 모순은 논리 구조라든지 존재 법칙과 어긋난 상태이므로 초점이 틀리다. 모순이 아니고 세계가 존재하기 위해 구축된 근원된 작용성을 이해하지 못한 결과이다. 세계의 이원성, 양극성, 대립성은 만물이 세상 가운데 존재하기 위한 일종의 구조 시스템 방식이거니와 하나인 통합성은 극이 나뉘어야 영원한 생성력, 즉 존재자로서 지속할 수 있는 추진력을 얻는다. 한편 부정의 부정 법칙도 상황은 다를 바 없다. 씨알은 땅에 뿌리면 수십 배 수확을 거둘 수 있는데, 그것이 어떻게 자기를 부정하는 것인가? 사물들이 대립된 것은 원래 하나인 극성이 나뉜 것이고, 다시 통합되는 것은 분열된 극성이 일치된 것이다. 본질이 이룬 대통합력이다. 사물이 변화를 거치는 것은 천지가 생성된 관계로 주어진 사물의 일반적인 법칙이다. 창조를 이룬 법칙이 아닌데도 역사와 사회 현상에까지 영향을 미친 것이라면, 그것은 예사롭지 않은 문제이다.[188] 유물론이 비록 세계의 본질에 대해 생각의 차이가 있다 할지라도 "물질이 고도로 조직화된 뇌수이고 그것의 분비물이 정신과 의식과 지식인 것으로 믿는다면,"[189] 물질이 어떻게 정신을 창

---

187) 위의 책, p.139.

188) 데모크리토스: "우주의 실체는 무수한 원소, 혹은 입자로 이루어져 있는데, 이것들은 크기와 모양이 다르고 영원히 운동하며 물리적으로 보이지 않고 파괴될 수 없으며 무한히 많다."—『마르크스(생애와 사상)』, 앞의 책, p.49.

189) 『사물의 본질성에 근거한 철학원론』, 앞의 책, p.35.

조한 것인가 하는 문제에 대해서는 대답할 말이 없다. 사고가 뇌의 산물이고 정신이 물질의 최고 산물이라고 해도 창조성을 결여한 주장은 공염불이 되어버린다. 변증법적 유물론이 사물의 특성을 취합하는 것이라면 그것은 유물론이 갖춘 진리의 본원성을 대변할 수 없다. 유물론의 진상을 안 이상 神의 관념적 실상을 드러내는 데 있어 걸림돌로 작용한 장애 요인들은 이제 모두 제거되었다.

### 4) 세계 쟁점화 과정

철학이 포착한 세계의 근본적인 문제들 중에는 사유와 존재 중 어느 것이 선차적이고 후차적인가, 혹은 어느 것이 본원으로부터 파생되었는가 하는 것이 있다. 관념론과 유물론을 구별하는 기준이기도 한데,[190] 이 같은 문제를 어떻게 판가름할 수 있겠는가? 현재는 어느 쪽이 참이라고 판단할 수 없다. 하지만 지난 역사에서는 이 같은 문제가 쟁점화된 이상, 이제는 해결을 위한 요구도 때가 무르익었다. 세계의 宗과 本을 밝힐 수 있다면 인류가 품은 정신적 고뇌는 해소된다. 그런데도 그동안 해결되지 못한 이유는 단 한 가지, 우주의 본원을 알지 못한 것이다. "관념론자에게 있어서 포괄적인 하나의 원리는 정신이고, 유물론자에게는 물질일 뿐이다."[191] 세상은 온통 물질뿐인데 이것을 가늠하는 것은 정신 작용이므로, 어느 쪽도 대치된 상황을 벗어나지 못했다. 세계의 宗과 本을 밝히지 못한 상태에서는 보다 가시적인 물질을 우선시할 수밖에 없어, 유물론은 천지가 창조된 표면적인 요소를 기계적, 유물론적으로 판단하였다. 라 메트리

---

190) 『재미있는 철학강의』, 앞의 책, p.18.
191) 『철학의 의미』, 앞의 책, p.257.

(1709~1751), 돌바크(1723~1789) 같은 이들은 인간기계론(人間機械論)을 주장하였지만, 그것은 정말 유물론이 지닌 한계적 단면일 뿐이다. "인간 현상과 자연 현상과의 차이를 부정하고 인간을 자동기계, 혹은 자연의 일부로 환원시켰다."[192] 동양에서는 인간을 소우주로 볼 만큼 가치를 극대화시킨 상태인데, 물질적인 현상인 것으로 격하시킨 것은 인간 정신의 명백한 퇴보이다. 무형인 본질의 작용성은 언젠가는 밝혀진다. 그런데 섣불리 진리 세계와 단절시켜 버린 것은 세계를 저급한 문명으로 끌어내린 원인이다. 인간은 고차원적인 본질성을 간직한 영적 존재인데, "인체를 극히 정밀하고 교묘한 큰 시계"로 비유하다니……[193] 설상가상 종교 영역까지 부정하였고,[194] 神의 존재 근거를 말살하여(神의 창조 목적과 계획을 추방시킴), 철저한 유물론자들은 동시에 철저한 무신론의 전도사로서 활동하였다. 유물론이 역사 가운데서 쟁점화된 것은 인류가 반드시 해결해야 한 숙원인데, 풀 수 있는 지혜가 정작 관념론과 유물론 안에서는 없다. 창조 문제와 깊이 연관되어 있어 하나님이 강림할 때를 기다려야 했다. 유물론의 극복 실마리를 하나님이 거머쥐었다. 세계의 근원된 유물성은 다름 아닌 하나님의 창조 본질이 化된 것이다. 그래서 세계는 유물적인 특성 이상인 뜻과 사랑이 건재하고 있다는 사실을 알아야 한다. 그리해야 우리는 만재된 유물적인 특성을 통해서도 하나님을 확인할 수 있게 된다.

---

192) 『철학의 철학』, 신오현 저, 문학과 지성사, 1989, p.261.

193) 『재미있는 철학강의』, 앞의 책, p.269.

194) 엥겔스: "자연과 인간 이외에는 아무 것도 존재하지 않으며, 우리의 종교적 환상이 만들어 낸 더 높은 존재란 단지 우리의 본질을 환상적으로 반영한 것에 불과하다." – 『마르크스의 혁명적 사상』, 앞의 책, p.90.

PART

04

신 관념론

세계의 본질은 神의 속성을 드러내는 근거로서 神이 세계와 함께하지 않는다면
아무것도 형성할 수 없다. 함께하기 때문에 세계를 근거로 본성을 결집시킬 수
있다. 이런 뒷받침이 없다면 神의 본성을 아무리 미사여구로 치장해도 확인할
길이 묘연하리라. 神은 초월적이라고 하지만 세상과 연관될 수 없다면 아무 의
미가 없고, 그 고리가 불명확하면 신비의 심연에 쌓여 인간 세계와 동떨어진
불가해한 존재로 비친다. 헤겔이 말한 대로 神이 절대정신이라면 절대정신이
세계 안에서 차지하는 좌표란? 세계가 지닌 본질부터 밝혀야 그로부터 하나님
이 지닌 고유 본성을 근거 지을 수 있다.

- 본문 중에서

# 제17장 개관

　神은 인간이 간절하게 소망한 관념적 실재인가, 아니면 참된 실재 인가?[1] 이것은 우리가 神을 믿고 믿지 않는 문제를 떠나서 세계의 유신적 개념을 정초하는 데 있어서 반드시 가능해야 하는 주제 영역 이다. 지성사를 살펴보면 관념적인 영역에서 神에 대한 앎의 영역을 지속적으로 다루었다. 무엇 하나 존립 상황을 확인할 뚜렷한 근거가 없는데도 神에 대한 관념은 끈질지게 지성사를 수놓았고, 오히려 도 가 넘칠 정도이다. 이렇게 하여 제시된 神에 대한 제반 규정들이 유 물론의 신랄한 비판 표적이 되었다. "神은 신성한 허위이다."[2] 이것 은 神의 죽음을 선언한 니체의 말이다. 물론 기독교 문화권에 대한 상징적 비판이기는 하지만 한편으로는 神의 관념적 아성에 대해 쐐

---

1) 『신은 존재하는가』, 한스 큉 저, 성염 역, 분도출판사, 1994, p.279.
2) 『선과 현대철학』, 아베 마사오·히사마쯔 신이찌 저, 변선환 엮음, 대원정사, 1996, p.204.

기를 박은 선언이기도 하다. 이후는 정말 神에 대한 관념적 실상이 급속도로 허물어져 "인간이 경배하는 하나님은 사회가 개인의 사고와 행위를 지배하기 위해 조작해 낸 상상적인 존재에 불과하다"고 믿게 되었다.[3] 神은 인간이 품은 이상을 대변한 현실이 아니다.[4] 관념으로 가늠해서는 神을 확인할 수 없다. 역사상으로 연면한 神의 관념성에 대해 심리 작용적인 측면에서는 "집단 무의식에 내재해 있는 하나의 원형"이란 진단도 있다.[5] 神에 대한 관념을 순수 실존적인 측면에서 본다면 하나님에 대한 생각이 혹시 자신이 일군 생각이 아닌가 하는 의혹도 가질 수 있다. 하지만 神에 대한 관념을 추적하면 정말 지성들이 남긴 역사적, 본질적, 근원적인 문제들과 직접 접할 수 있다. "지난 이천 년 동안 철학의 역사는 바로 유물론과 관념론 간의 투쟁이었다."[6] 그리고 그 중심에 있는 쟁점은 바로 세계의 근원된 본질성에 대한 시각 차이인데, "세계의 본질은 인식 가능한 물질이라고 한 유물론과 달리 관념론은 물질은 인간 의식의 부수적인 현상에 불과하다고 보고 세계의 본질을 정신이라고 본 데 있다."[7] 문제는 양쪽이 고지식하게 일원론만 고집하여 조화될 가능성을 묵살하였다는 데 있다. 유물론은 발 디딘 실상들을 진리로 구축하고자 한 것이지만, 그렇게 추진할 수 있게 한 주체는 무엇인가? 마르크스의 유물 변증법은 헤겔의 변증법을 전도시킨 것이 아니다. 사실은

---

3) 뒤르껨을 비롯한 프랑스의 사회학자들이 20세기 초엽에 제창한 이론-『종교철학개론』, 존 H. 힉 저, 황필호 역, 종로서적, 1980, p.67.

4) "신학은 현존보다는 본질을 다룬다."-『철학의 의미』, 조셉 G. 브렌넌 저, 곽강제 역, 학문사, 1977, p.280.

5) 『종교문화의 이해』, 정진홍 저, 서당, 1992, p.267.

6) 『세계관의 역사』, 고전 구 저, 편집부 역, 두레, 1986, 뒤표지 글.

7) 『니체와 현대철학』, 강대석 저, 한길사, 1988, p.23.

정신이 이룬 소프트웨어적 바탕 위에 물질의 운동 법칙을 얹어놓은 것이다. "관념론은 사물들을 상상하여 정신의 존재를 미리 가정하여 관념화시켰다고 하면서도 그런 명제들에 대한 확인은 하지 못했다."[8] 관념론이 초자연적이고 神적인 힘을 가진 존재를 가정하고 출발한 것인지는 의문이지만, 관념화에 따른 실상을 드러내지 못한 것은 문제이다. 그래서 "관념론은 종교를 통해서, 그리고 유물론은 과학의 기초 위에서 사물을 설명한"[9] 각자의 기반을 확보하고 있으므로, 대립된 상황은 보다 근본적인 문제부터 풀어야 했다. 양론은 세계의 본질이 드러나지 못했기 때문에 주어진 한계적 관점이었다고 할까? 그렇다면 지난날 보인 양론 간의 양보 없는 태도는 오히려 진리 인식에 대한 열망일 수도 있다. 이런 성향을 이해해야 우리는 세계의 본질에 대해 관념적인 실상을 추적할 수 있다. 본질이 드러나지 못한 상태에서의 궁극적인 실상은 관념을 통해 그려질 수밖에 없고, 神도 관념화될 수밖에 없었다. 철인들이 궁극성을 추적하였지만 개념만으로 표출된 실상을 세인들은 이해할 수 없었다. 先覺들은 만물의 궁극 자리를 道로서 覺했지만 직결되어 있는 창조를 보지 못함으로써 진리관을 완성시킬 수 없었다. 지금까지 세계의 관념성을 판단한 근거는 "초감각적인 세계를 참된 실재로 설정하고 이것을 순수한 사고로 인식하고자 한 것이(形而上學)"[10] 최선을 다한 길이었다. 철학자들이 드러낸 관념적인 神을 세인들이 이해하지 못한 것은 그것이 세계가 가진 진실이며, 종교인들이 믿음을 가진 것도 여건은 다

---

8) 『마르크스(생애와 사상)』, 리우스 저, 이동민 역, 오월, 1990, p.67.

9) 위의 책, p.67.

10) 위의 책, p.163.

를 바 없다. 철학자나 신앙인이나 본체가 드러나지 못한 상태에서 부딪히는 인식 상황은 동일하다. 철학자가 관념으로 일군 神, 종교인이 신앙으로 접한 神, 유물론자들이 과학을 근거로 확보한 무신론적 신념은 때가 되면 한꺼번에 전환될 여건 위에 있다. 한계는 있지만 동시에 진리적인 근거도 지녔다. 인간이 일군 여하한 진리 형태도 하나님의 본체가 드러나지 못한 상태에서는 관념성을 띨 수밖에 없고, 실체성을 증거할 수 없다. 그렇다고 그런 관념적인 형태가 진리가 아닌 것은 아니라는 것, 진리성에 대한 확인이 유보된 상태였다고나 할까? 그런데 단정 짓고 만 것은 비판받아 마땅하다. 그래서 이 연구는 인류가 그동안 일군 神에 대한 관념성을 완수된 지상 강림 역사를 통해 실체성으로 뒷받침하리라.

# 제18장 신의 관념적 실상

## 1. 사물의 관념 본질

포이엘 바흐는 관념론의 허점을 정확하게 꿰뚫은 통찰력의 소유자이다. 그가 본대로 관념론의 기반 위에 있는 神은 실재하는 것이 아니고 인간의 소원을 심리적으로 투사한 가상체라면[11] 관념론이 세계를 이끄는 진리력을 상실하고 만다. 마르크스가 말한 것처럼 "종교는 상상력에 의한 환상 세계에서 자신의 자아를 실현하려 한 허황된 믿음"이라면[12] 정말 도태되고 말리라. 종교는 인간의 심연 속에 뿌리내린 보편적인 실상인데, 神에 대한 관념이 한낱 심리적인 그림자에 불과하다면 그것은 정말 청산해 버려야 할 상상의 찌꺼기

---

11) 『종교와 인간』, 서광선 저, 이화여자대학교출판부, 1995, p.213.
12) 「한스 퀑의 신론연구」, 박성주 저, 한신대학교신학대학원 조직신학전공, 석사논문, 1995, p.24.

이다. 그러나 지상 강림 역사를 완수한 관점에서 보면 세계적인 실상을 확인할 수 있다. 진리성은 엿보았지만 관념이 어떻게 인간의 정신 속에서 작용한 것인지 밝히지 못한 것뿐이다. 밝혔다면 일찌감치 神에 관한 문제도 풀었겠지만 해결하지 못한 것은 하나님이 강림해야 하는 숙제로 남겨졌다. 천지가 어떻게 창조된 것인지에 대한 원리성과 이것을 헤아릴 수 있는 정신 기능을 함께 밝혀야 한다. 객관적 실체인 만상은 참된 실체인가? 무엇이 참된 실체인가? 유물론자들은 당연히 물질성에 지지표를 던졌지만 살펴보면 물질로 구성된 만물은 변하고 또 변한다. 감지하고 있는 실체가 사실은 확고하지 못하다. 우리가 사물을 판단하는 것은 존재 상태가 지속되고 있는 때이고, 지속 과정이 끝나면 판단도 소멸하고 만다. 그렇다면 존재는 정말 어디로부터 와서 어디로 사라지는가? 존재해도 허망함이 있기 때문에 영원할 수 있는 본질을 구했다. 플라톤이 펼친 이데아설도 창조된 본의를 모르는 상태에서는 한계가 있는 관점이다. 만물이 化된 실상을 알아야 관념적인 문제도 해결할 수 있다. 만상의 알파와 오메가를 장악한 것은 어느 모로 보나 하나님이며, 하나님으로서 갖춘 권능이다. 그래서 하나님은 존재의 뭇 생멸 변화를 초극한 실재자이다. 이 같은 존재가 창조로 인해 만물화되었다. 化된 만물도 실체인 것은 맞지만 현상계 안에서는 유동성을 띠어 바탕된 본질은 근본이 되고, 化된 만물은 유한한 실체로 자리매김된다. 문제는 본질은 무형이라 인식할 수 없고 만물은 영원하지 못한 데 있다. 감각으로 확인할 수 있는 사물의 질서만 준거로 삼게 되어 유물론처럼 세계의 진상을 거꾸로 본 착각에 빠졌다. 그러니까 어느 쪽도 전적으로 옳다고 할 수 없게 되어 대립이 불가피했다. 하지만 본의를 알면 관념을 통해서도 만물이 化된 근거를 추적할 수 있다.

고대 그리스의 자연 철학자 헤라클레이토스는 "만물은 존재하는 동시에 존재하지 않는다"고 하였는데,[13] 정말 만물은 그와 같은 상태로 존재한 실체이다. 그런데도 이런 특성을 참된 객체로 알고 있는 것은 인식의 주체자인 인간이 그와 같은 방식으로 존재하고 있기 때문이다. 化된 존재만으로 구성된 세계 안에서 실재를 판단하면 그와 같은 실재만 존재한다. 그래서 지성들이 化된 실상을 보지 못했다. 변증법적 유물론 가운데는 "세계의 물질적 통일성, 물질의 기본적인 존재 양식으로서의 운동, 그리고 법칙적으로 운동하는 물질의 영원성"을 말하는데,[14] 이 같은 특성은 오히려 化된 창조를 확실하게 근거 짓는다. 법칙은 강력함, 통일은 지향, 운동은 有함에 속한다. 창조되었기 때문에 드러난 특성이다. 인간 사고의 한계성과 논리성도 알고 보면 창조로 인해 나타난 化된 경계선에 대한 인식이다. 논리적으로 사고하는 것은 창조의 한계선을 구분하는 것이고 가능성, 존재성을 가늠하는 것은 창조된 특성을 분별하는 사고 절차이다. 覺者가 진실로 "실재하는 세계는 불생불멸(不生不滅), 등질불가분(等質不可分), 불변부동(不變不動)"하다고 했다면[15] 어떻게 이해할 것인가? 근원된 바탕체란 사실을 알아야 한다. 물질도 관념도 근본된 바탕은 창조된 특성으로서 제한이 있다. 그래서 참상 자리는 언젠가는 본질에게 내주어야 한다. 세계의 근원성을 설명하는 데 관념론이 초감각적인 세계를 설정한 것은 나름대로 진실이 있다. 고대 그리스 때 세

---

13) "왜냐하면 만물은 유동하고 끊임없이 변화하며 부단한 생성과 소멸 속에 있기 때문이다." —『세계관의 역사』, 앞의 책, p.21.

14) 위의 책, p.22.

15) 위의 책, p.23.

워진 플라톤의 관념론은 서양 철학 전반은 물론이고, 특히 경험적 관념론(버클리)이나 근대 독일 관념주의(라이프니쯔·칸트·피히테·쉘링·헤겔·쇼펜하우어)의 근간인데,[16] "물질적 존재보다 관념적 존재가 근원적이라는 것을 긍정한 최초의 인물이 플라톤"이라는 것은[17] 시사하는 바 크다. 관념론은 결코 사물을 역립시키지 않는다(이데아가 사실은 관념이 만들어낸 현실의 그림자가 아닌가). 이데아는 관념·원형이란 의미를 갖지만, 그것은 본질로서 지닌 초감각적, 비물질적인 실재에 기인해서이다. 하지만 동굴의 우화처럼 감각을 통해 받아들인 현실 세계는 처음에는 없었는데 창조로 인해 존재한 것이고 化된 것이다(그림자). 따라서 원형인 본질은 따로 있다. 이런 사실을 플라톤이 애써 강조하였다(이데아설). 동굴 속에 갇힌 죄수는 참상을 볼 수 없는 제한성을 지녔고, 그림자를 통해 정보를 제공받는 상황에서는 그림자가 참상 자리를 대신할 수밖에 없다. 보이는 세계가 전부가 아니고 참된 본질은 인식의 범위 밖에서 엄존하고 있다는 것을 알 때, 관념이 그려낸 세계적 모습은 결코 근거 없는 허상이 아니다. 세계가 분열을 완료할 때까지 참상에 대한 정보를 대신해서 제공했다. 사물의 관념적 실체를 정확하게 초점 잡아야 세계의 유신적 개념을 정초하고 神도 실상을 드러낼 수 있다.

---

16) 『철학의 의미』, 앞의 책, p.245.
17) 『세계관의 역사』, 앞의 책, p.30.

## 2. 정신의 관념 본질

세계의 근원적인 실체가 관념이라고 할 때 그런 관념성을 형성하는 정신 본질이 무엇인가 하는 것은 또 다른 탐구 과제이다. 유물론자들처럼 뇌수로부터 주어진 현상이라고 볼 수도 있지만, 그것은 뇌의 기능적인 작용을 엿본 것이다. 물질은 물질로서, 정신은 정신으로서 차이가 있는 것이 창조된 세계의 특성이다. 산은 산이고 물은 물이다. 물질에서 정신이 파생되었다든지 혹은 정반대인 주장은 큰 비약이다. 물질이 化된 실체라면 정신도 역시 化된 작용력을 가진다.[18] 정신 작용을 통해 발산된 요소들은(마음·의식·인식·직관·관념……) 예외 없이 창조를 일으킨 근원성과 함께한다. 神의 창조 발자취가 여실한 구조를 갖추었다고 할까? 관념이 있다는 것 자체가 창조를 실현한 하나님의 뜻과 연관이 있다. 상상력을 발휘하든 추상력을 가지든 관념성은 세계의 본질성과 연관되어 있다. 천지가 하나님의 뜻에 근거하여 창조되었다. 따라서 어떤 존재도 궁극적 바탕은 창조를 위해 발현된 뜻에 근거한다. 뜻 안에는 하나님의 창조 목적과 계획과 의지와 지혜가 총망라되어 있다. 그래서 지각 여부와 상관없이 만물은 창조 원리를 함축하여 상호 교통된다. 창조를 실현하고자 한 뜻을 가졌기 때문에 인간도 정신 작용으로 관념을 형성할 수 있다. 인간이 사고를 일으키는 뇌를 지닌 것은 창조의 특별한 목적 실현이다. 하나님이 뜻한 창조적 지혜를 뇌가 지닌 작용을 통해 구현시켰다. 따라서 관념은 천지를 창조한 주체적 원동력일 수 없다.

---

18) 정신도 독립적으로 존재하는 실체요 창조된 특성을 드러내는 대상이며 실재하는 것임.

서양의 인식 이론이 한결같이 관념적인 기능을 지닌 것은 주체적인 원동력이 아니기 때문이다. 칸트는 적어도 인식 영역에 한계성을 구분한 관계로 물자체가 존재할 수 있는 여지만큼은 남겨두었다.[19) 버클리는 존재는 지각됨이라고 하였다. 관념의 집합체인 사물은 정신을 떠나서 존재할 수 없다는 뜻인데, 이것은 존재가 지닌 본질 상태를 정확하게 직시한 것이다. 인식 기능과 그로써 형성된 관념은 정신의 상태를 그대로 나타낸다. 그래서 관념이 근원된 이치를 창조한다, 인간의 의식(사고)이 존재를 결정한다, 인간 존재(사회적)가 의식을 결정한다고 한 것은[20) 정신의 본질 영역을 벗어났다. 심리학은 인간의 정신 작용을 다루는 학문인데 심리를 행동을 통해서 연구한 것은[21) 마음과 행동이 뇌의 작용을 통해 연관되어 있다고 보아서이다. 이것은 서양 사상 전체가 지닌 문제점으로서, 정신의 기능적 측면에 너무 치중하다 보니 의식이 존재하는 본질과 직결된 사실을 간과하였다. 심원한 정신 작용인 의식은 엄연한 실체로서 생성하고 있다. 동양인들은 이런 의식 속에 자아를 침투시켜 "궁극적인 실재와의 合一"을 이루고자 하였다.[22) 수행으로 의식을 갈고 닦으면 기력을 자아 속에 쌓을 수 있다. 간절한 뜻과 소망은 본질화된 의지가 축적됨으로써 실현된다. 관념을 사고 영역에만 한정시키면 인식에도 한계가 생긴다. 자아·의식·의지·진선미 같은 가치까지 총합하기 위해서는 의식을 본질화시켜야 한다. 그리해야 관념의 세계적인 작

19) 『현상학의 이해』, 한규숙 저, 민음사, 1984, p.82.

20) 『헤겔의 생애와 철학』, 최재선 저, 이문사, 1980, p.229.

21) 심리학: 1950년대 이후 행동과학으로 구분함. 즉 사람의 행동을 연구하는 학문 분야. 심리학이 행동을 다룬 것은 사람의 마음을 이해하기 위해서는 사람의 행동을 관찰해야 한다는 결론에 의거함-「심리학 개론」, 차재호 교수 강의, 한국방송통신대학.

22) 『서양종교철학 산책』, 황필호 저, 집문당, 1996, p.48.

용성을 밝힐 수 있다. 관념은 존재한 의지력을 확보해야 실체화된다. 헤겔은 "이성은 역사 속에서 절대적인 목표를 향해 끊임없이 전개되는 그 무엇이 있다"라고 하였는데,[23] 그것은 역사를 이끈 주체 의지가 관념을 통해 표출되었다는 뜻이다. 세계를 이끈 힘은 헤겔이 말한 이념보다도 더 심원한 그 무엇이다. 그래서 헤겔은 이런 주체적인 그 무엇을 세계정신{神}이라고 하였다. 인류는 정신 본질로서 투영된 관념성에 대하여 신앙인은 믿음을 통해, 철인들은 사유를 통해 진리성을 확인하였지만, 사실은 의식을 통해 존재한 본질을 자각한 데 불과하다. 이것을 알아야 관념이 세계 본질을 표출시킨 실상인 것을 확인할 수 있다.

## 3. 신의 관념 본질

서양 문화 속에는 도려낼 수 없는 중후한 神에 대한 관념이 사상과 의식과 생활양식 전반에 걸쳐 자리 잡고 있다. 神을 거부한 무신론도 근본적인 원인을 따진다면 神 때문이다. 동서양을 막론하고 神에 대한 관념은 전제된 것이 공통적이다. 그렇다고 해서 이 같은 성향이 그대로 神의 관념적 실상을 뒷받침하는 것은 아니다. 관념적으로는 神을 오히려 철저하게 부정할 수도 있다. 독일 관념론을 유물론으로 바꾼 포이엘 바흐는, "세계와 인류의 운명을 결정하는 자연과 인간으로부터 구별되는 추상적이고 형체를 가지지 않은 神은 존재하지 않는다"고 하였다.[24] 철학의 전통 안에서 절대적인 대상자인

---

23) 『마르크스(생애와 사상)』, 앞의 책, p.20.
24) 『헤겔의 신개념』, 박영지 저, 서광사, 1996, p.156.

神을 순수 사고만으로(정신적, 관념적) 구한 것은(헤겔) 문제가 있다 (神은 본체가 있음).[25] 또한 세계의 본질이 분열을 완료하지 못한 관계로 실상들이 관념화된 것도 원인이 있다.[26] 그렇지만 神에 대한 관념은 결국 근원적인 본질체에 근거한 관계로 언젠가는 참상을 드러낼 수 있다. 그러기에 통념상 神에 대한 관념은 태어나면서부터 주어져 있어 본유적이라는 주장은 설득력이 떨어진다. 한 인간이 쌓아 올린 관념이 어떻게 세계를 형성한 것인지, 혹은 神의 은총이 어떻게 믿음을 이루는 데 관여한 것인지 알 수 있다면 이것은 참신한 것이 되겠지만, 대개는 주관성을 벗어나지 못하였다. 관념을 관념을 통해서만 밝히려고 하는 것은 문제이다. 세계적인 본질이 뒷받침되어야 한다.

神 관념의 선천적인 것, 즉 본유관념설(생득관념)을 최초로 언급한 근세 철학자는 데카르트이다.[27] "神의 관념은 나의 마음에 참으로 명백하게 떠오른다는 것, 관념이 나의 속에 있다는 것, 즉 관념을 갖는 내가 존재한다고 하는 이 하나의 일로 미루어 神도 존재한다는 것과 나의 전 존재는 각 순간마다 神에게 의존한다는 것을 명증적으로 결론지었다."[28] 자신이 생각한 사실을 근거로 자신이 존재한 사실을 확인하는 것처럼 神에 관해서도 같은 논리를 폈다. 하지만 시초부터 神에 대한 관념이 내재한 것은 회피된 것 같다. 정말 확실한

---

25) "헤겔은 절대자는 전체요 이런 절대자는 공허한 전체가 아니라 자연계와 정신계의(사회생활, 역사세계) 만상을 그것의 구성 요소로 삼고 있는 전체이다. 그러므로 인간의 사고는 이런 절대자를 추고(追考)하는 도리밖에 없다는 것"-『헤겔의 생애와 철학』, 앞의 책, p.8.

26) 神이 관념화된 것은 神이란 실체가 무형인 본질체이기 때문임.

27) "기독교 신학은 본유관념설을 부인한다. 교부들은 神 관념은 증명을 필요로 하는 것이 아님을 확언하였다. 사람은 자연적으로, 그리고 필연적으로 神 관념에 이른다."-『개혁주의 신론』, 헤르만 바빙크 저, 이승구 역, 기독교문서선교회, 1992, p.66.

28) 『방법서설(성찰, 세계론)』, 데카르트 저, 권오현 역, 홍신문화사, 1991, p.153.

것은 이것인데, "인간의 정신이 성숙하면 그렇게 관념을 형성하는 자연적인 경향을 가진다"라고 설명하면서 우회하였다."[29][30] 이것은 인식 문제에 있어 지식은 감각에서 나올 수 없다는 견해를 따른 것이다. 감각은 정신이 본유한 능력을 수단으로 하여 개념과 관념을 형성한 기연(機緣)을 제공할 뿐이고, 지식은 자체의 원칙인 본유관념으로부터 나온다.[31] 그러나 그렇게 이해한 본유관념설은 논란의 여지가 다분하다. "神의 관념으로부터는 존재를 분리시킬 수 없는 관계로 神이 필연적으로 존재한다"고 한 주장과 비슷하다.[32] 관념론이 지닌 한계성이랄까? 이런 문제 때문에 영국의 경험론자 로크는 "인간에게 본유관념이 있다는 사상을 극력 변박하고, 정신이 완전히 발달하지 않은 사람에게는 그런 관념이 없다"라고 했다.[33] 일체 관념이 본유적이란 설에 근거한 神 개념은 어떤 형태로 규정하든 관념의 소산물인 상태를 벗어날 수 없다. "神의 관념은 인간의 마음에 각인(刻印)되어 있어 神을 인식하는 능력을 가지지 않은 사람은 아무도 없다"고 하지만,[34] 이런 생각이 다른 사람에게 있어서는 억지처럼 들린다. 『성찰』에서도 언급했듯 "나의 관념 중에는 어떤 것은 본유적이고 또 어떤 것은 획득한 것이며 다른 어떤 것은 내 자신이 고안해 낸 것이다."[35] 상상하거나 묘사된 심상도 있다. 그런데 "사람은

---

29) 『벌코프 조직신학(상)』, 루이스 벌코프 저, 권수경·이상원 역, 크리스천다이제스트, 1998, p.224.

30) 경험하지 않고 배우지 않아도 때가 되면 거의 본능과 같이 저절로 나오게 생겼다는 의미임.

31) 『개혁주의 신론』, 앞의 책, p.63.

32) 『철학과 신』, 에테엔느 질송 저, 김규영 역, 성바오로출판사, 1972, p.105.

33) 『철학과 종교의 대화』, 채필근 저, 대한기독교서회, 1973, p.10.

34) 『데카르트의 철학』, 안쏘니 케니 저, 김성호 역, 서광사, 1991. p.115.

35) 위의 책, p.116.

자연적으로, 그리고 필연적으로 神 관념에 이르도록 되어 있다(교부들)"라고 하여[36] 神에 대한 관념이 정말 선천적이고 본유적인 것이라면, 이에 대한 피할 수 없는 작용 근거를 밝혀야 했다.

즉, 神에 대한 관념이 어떻게 본유적인 것인지를 본의에 입각해서 보면 인류가 추구한 궁극성에 대한 인식 근거는 모두 창조에 있다. 그래서 본의를 알고자 하면 항상 창조된 인간의 존재 상태가 중요하다. 창조는 전체자인 本이 선재된 사실을 곧바로 인정하는 것이다. 그래서 나와 교감된 인격신도 관념적으로 형성될 수 있었다. 일체는 이미 구유된 통합성으로부터 비롯된 것이므로 내면으로부터 일군 깨달음이나 외부에서 발견한 법칙들은 이미 존재한 것들이다. 우리가 구한 진리는 모두 사전에 구비된 통합 본체로부터 인출되었다. 단지 한꺼번에 도출할 수 없기 때문에 데카르트는 경험과 자각을 더하여 神에 대한 관념을 본유적으로 일깨웠다고 했다. 칸트는 선천적인 범주를 세우고 오성 형식인 12범주를 종합·통일하는 것을 순수 오성이라고 하였다(선험적 통각).[37] 선재된 통합 본질이 존재하지 않고서는 성사될 수 없는 인식 작용이다. 神에 대한 관념이 본유적이란 것은 神이 정말 드러났을 때(경험했을 때) 확인할 수 있는데, 잠재된 상태에서도 본유성은 가늠할 수 있다. 의식된 관념은 다분히 직관적인 성향을 지녀 선재된 통합 본질을 엿볼 수 있다. 神에 대한 관념은 결코 상상을 통한 관념물이 아니다. 명백한 근거를 지녔다. "神이란 지극히 완전하여 여하한 결핍과 제한이 있을 수 없는 존재자를 의미한다."[38] 이것이 창조된 세계 안에서 가늠할 수 있는 神에

---

36) 『개혁주의 신론』, 앞의 책, p.66.
37) 『사물의 본질성에 근거한 철학원론』, 김항배 저, 사초출판사, 1986, p.174.

대한 궁극적 존재상이다. 그래서 유일, 영원, 불변, 무한성을 지닌 神은 그렇게 규정한 개념과 같고, 이런 개념은 의식이 도달할 수 있는 창조의 범위를 한정했다. 전지전능한 神에 대한 관념은 통합적인 본질체를 일컫고, 최고로 완전한 존재에 대한 관념은 인간이 창조주에 대해 가진 절대 의식이다. 하나님은 인류가 관념화시킨 존재 특성대로 이 땅 위에 강림하셨다.

---

38) 『절대의 철학』, 신오현 저, 문학과 지성사, 1993, p.373.

# 제19장 신의 관념적 허상

　진상이 밝혀지면 가상은 사라진다. 그동안 神의 모습에 대해 억측이 있었던 것은 하나님이 참상을 드러내지 못한 때문이다. 하나님이 형상화되지 못한 상태에서는 神에 대한 각각의 생각을 막을 수 없다. 어떤 경우에도 인류가 근거 없이 모습을 말하지는 않았다. 일가견을 가졌고 발한 신관이 영향을 끼쳤다. 에피쿠로스는 "인간이 하나님이라는 개념을 창조한 것은 원래 인간이 가진 두려움 때문이다"라고 했는데,[39] 정말 그런 것인지는 의문이다. 그래서 이 연구가 의문을 풀고자 하거니와 그러기 위해서는 인류가 쌓아 올린 허상의 원인도 함께 밝혀야 한다. 인류는 다양한 神을 경배하고 있어[40] 서낭당 귀

---

39) 『종교철학개론』, 앞의 책, p.267.

40) "중동지방에는 사마리아의 이스탈(Ishtar), 테베스의 아몬(Amon), 이스라엘의 여호와, 바빌론의 말둑(Marduk), 희랍의 제우스, 인도의 디아우스(하늘의 神), 바루다(천공의 神), 아그리(불의 神) 등" - 위의 책, pp.201-202.

신도 일종의 神으로 불렸다. 이런 다양성은 고대 부족국가 시대로부터 나타났는데, 神{종교}은 고대 문명을 집결시킨 역할을 하였다. 만일 새를 신상으로 세운다면 아마도 날개가 달린 전능새를 그려내리라.[41] 神에 대한 관념은 사회적, 국가적, 시대적인 요구에 따라 복합적이고,[42] 자연적인 현상을 합리적으로 이해하지 못한데서 나온 미신 같기도 하다. 자연신관에서 비롯된 원시종교 신앙들이 대개 그러한데[43] 마력, 정령숭배(영의 심벌) 등은 살아 있는 생명성(창조력)을 신령한 것으로 인식한 것이다.[44] 중국에서는 이른바 삼황오제(三皇五帝)로 불린 반인반신(半人半神)이 등장하기도 하는데,[45] 이들은 사실 여부와 상관없이 그렇게 상상한 관념의 산물이다.[46] 龍이란 동물은 존재하지 않지만 갑골문에서 보면 끊임없는 변천 과정이 있었고, 연구 결과 최초의 龍 모양은 추상적인 구름무늬였다.[47] 神이란 관념은 자연 형상력을 우상화한 것이 대표적이다. 엄밀히 따지면 자연력은 창조력이라 神의 일부 성향이기는 하지만, 실상은 부분에 속한 것이다. 그럼에도 불구하고 법칙, 道, 로고스 등을 절대화시킨다면 神의 역할을 대신할 수도 있다. 천지를 주재한 능동적인 작용력

---

41) 『기독교의 본질』, 루드비히 포이엘 바흐 저, 박순경 역, 종로서적, p.50.

42) 원시공동체, 혈연적인 씨족사회가 무너지고 부족국가 내지는 왕권국가가 탄생함과 동시에 지배자와 피지배자의 계층적 분열이 시작됨으로써 지배자들이 재래의 민간종교에서 여러 가지 의식과 권위와 의미를 부여하게 되는 것이 곧 神의 개념이 발생한 동기일 수도 있다. ―『종교는 무엇인가』, 최광열 저, 학우사, 1980, p.112.

43) 「동양 천관념의 종교학적 연구」, 정한균 저, 원광대학교대학원 불교학과, 석사논문, 1994, p.2.

44) "자연의 여러 가지 힘을 의인화하는 것에 의하여 최초의 神들이 탄생했다. 산에는 산신령이 있고, 숲에는 숲의 신령이 있고, 물이나 바람이나 불이나 혹은 나무와 풀에도 제각기 신령이 도사리고 있다고 믿는 것이다." ―『세계관의 역사』, 앞의 책, p.13, 14.

45) 『종교는 무엇인가』, 앞의 책, p.116.

46) "중국 고대의 여러 지존의 칭호인 皇, 帝, 后, 天, 神{神明}, 華 등은 모두 태양숭배와(신앙) 관계가 있다." ―『신의 기원』, 하신 저, 홍희 역, 동문선, 1993, p.4, 18.

47) 위의 책, p.104.

은 아니지만 만유를 생성시키는 진리력을 갖추었다. 그래서 神의 그림자를 엿볼 수 있다. 道는 천지를 생성시킨 본질 바탕으로서 神의 역할을 대신한 사례이다. 동양인들이 覺한 진리 인식 형태가 대개 그러하다.

神에 대한 관념들은 근거가 있다고 하지만 한계도 분명하므로 이런 사실을 종합하면 神 관념을 형성시킨 근원이 인간에게로 되돌아올 수도 있다.[48) 피상적인 관념 형성은 인간으로 하여금 神의 모습을 상상하게 만든 빌미를 제공했고, 관념만으로는 통합적인 근원성에 접근할 수 없었다. 존재는 지각된 것이고(버클리), 일체 현상 역시 지각된 것이다. 저기 있는 개체들에 대해서 관념이 어찌할 수는 없다. 흄은 말하길, "존재하는 것은 인간 의식에 반영된 심리적인 지각 덩어리이다"라고 하였다.[49) 하물며 神에 있어서랴? 관념은 실체와의 거리감 때문에 처음부터 한계성을 내포했다. 관념을 도구로 삼아 사상을 펼친 근대적 지성들은 대부분 직업적인 강단철학자들로서 통합적인 창조 본체를 인식할 만한 진리적 조건을 갖추지 못했다. 그러니까 神에 대한 형상을 주관적으로 그려내었고, 급기야는 인간의 상상력이 날조해 낸 허구적 관념이란 오해를 불러일으켰다.[50) 여건상 어려움은 남아 있지만 그렇다고 정말 존재한 참실상까지 망령되게 해서는 안 된다. 형성된 허상으로부터 참실상을 구분해 내어야 한다. 실상이 허상에 가린 문제만 해결하면 神의 관념적 실상이 자연스럽게 드러나리라.

---

48) 포이엘 바흐에 의하면, 하나님은 인간 자신으로부터 추상된 인간의 가장 고차원의 주체임-『철학의 이해』, 한전숙·이정호 저, 한국방송통신대학교출판부, 1996, p.370.

49) 『마르크스(생애와 사상)』, 앞의 책, p.163.

50) 『절대의 철학』, 앞의 책, p.255.

# 제20장 신의 관념적 정의

　神이란 무엇인가? 혹은 누구인가? 이 같은 질문에 대해서 개념상으로는 어느 정도 정리되어 있다. 얼마만큼 실체와 근접되어 있는 것인가는 의문이지만 하나님이라고 부르면서 초인간적, 초자연적인 위력을 가진 존재로서 숭앙하기도 한다. "유대교는 神의 신성한 이름을 발음하는 것을 금했고 이슬람은 눈에 보이는 모습으로 그리는 것을 금했을 정도로 神이라는 실재는 인간의 모든 표현을 초월하는 것을 일깨운 징표였다."[51] 하지만 아무리 神에 대한 개념이 세세하더라도 그런 설명만으로 神의 실체를 실감할 수는 없다. 인간은 과연 이성을 통해 적절한 神 개념을 도출할 수 있는 존재자인가? 비트겐슈타인의 언명처럼 "언어의 한계가 곧 세계의 한계인만큼 神 개념은 인간으로서는 말할 수 없는 것인가?"[52] 神이란 개념을 도출시킨

---

51) 『신의 역사(Ⅰ)』, 카렌 암스트롱 저, 배국원·유지황 역, 동연, 1999, p.24.

근거는 무엇인가? 직접 체득한 것인가? 개념을 종합한 것인가? 지적한 대로 개념과 실체 간에는 차이가 있다. 그렇다면 우리가 개념을 통해서 알 수 있는 것은? 시대와 문화가 다른 데도 "독립적으로 발전된 종교의 다른 개념들과 놀랄 만큼 유사한 공통성이 있다는 사실이다."[53] "서양인이 말한 神이든, 동양인이 말한 자연의 추상적인 상징신이든, 인도인이 말한 관념적인 추상신이든"[54] 철학자가 말한 이념적인 神이든, 한결같이 절대성·초월성·창조성을 내포하였다. 힌두교 철학에 등장하는 절대자인 브라만은 우주 최고의 神에 대한 명칭이다.[55] 헤겔(1770~1831)은 神을 절대 정신으로 표현하였다. 개념의 완성된 형식이 절대 이념을 형성하는데, 이념은 곧 神과 같다고 했다. 神 개념은 헤겔 사상의 혼이고 골격으로서 절대 이념을 관념의 최고 지위에 올려놓았다. 삼라만상 우주를 망라해서 "유일하고 단독적이고 최고의 존재이고 세계의 창조자이고 제일 원인, 원리인 사물의 궁극적 목적이 존재한다면"[56] 우리가 무엇이라고 칭할 것인가? 정말 유일하고 절대적으로 지칭할 만한 분이 있다면? 본질 중의 본질이요 형상 중의 형상이며 절대자, 절대정신, 순수정신이라고 부르기에 합당한, 그분이 바로 창조주 하나님이시다.[57]

신념의 표현 형태로서 "최고의 실재이고 궁극자인 神이라고 보아도 상관없다."[58] 철학과 종교 영역을 넘어서 각자 확보한 교감 루트

---

52) 『서양종교철학 산책』, 앞의 책, p.327.
53) 『신의 역사(Ⅰ)』, 앞의 책, p.25.
54) 『종교는 무엇인가』, 앞의 책, p.36.
55) 『동양의 마음 서양의 영성』, 이기반 저, 큰빛, 1994, p.51.
56) 『철학과 신』, 앞의 책, p.88.
57) 위의 책, p.108.
58) 『신의 역사(Ⅱ)』, 카렌 암스트롱 저, 배국원·유지황 역, 동연, 1999, p.24.

254 관념적 신론-세계의 유신적 개념-

를 통하여 지성들은 절대자에 대해 최상의 유일성 개념을 도출하였다. 남은 과제는 개념과 일치된 실체를 드러내는 것이다. 이전까지는 실체를 감 잡지 못해 관념론에 머물렀지만, 이제는 가능한 조건을 지상 강림 역사로서 마련하였다. 관념적 정의에 합당한 神이 강림하였다면 그 神은 어떤 모습으로 드러날 것인가? 이런 문제를 해결하고자 하는 것이 이 연구가 담당한 과제이다. 성업을 이루어야 강림 사실을 만인이 인정하리라.

# 제21장 신의 관념적 속성

## 1. 개요

　속성은 사물과 비교할 때 사물의 특징 또는 성질을 말하는 것이고, 그것은 본래 갖춘 특성이다. 그래서 제외해 버리면 아예 사물을 생각할 수 없는 조건 내지 징표가 되는데,[59] 이 같은 개념을 神에게 대입시키면 神으로부터 어떤 속성을 추출할 수 있을까? 神의 존재성은 명확하지 못한데 어떻게 부수된 속성과 주체적인 본성을 구분할 수 있는가? 속성조차 판단자에 따라 표현 형태가 다르므로, 이 같은 사정을 감안해야 神의 참모습을 드러낼 수 있다. 하지만 神의 본체가 드러나지 못한 상태라면 神의 속성을 얼마나 나타낼 수 있겠는가? 관건은 어디까지나 현실 가운데 있는데, 세계의 결정성과 유한성이

---

59) 『새국어 사전』, 민병수 감수, 교학사, 1997, 속성 편.

바로 神의 무한한 속성을 가늠할 수 있게 한다. 그렇다면 神의 속성은 현존재가 지닌 속성들의 총합인가? 그렇지만은 않다. 神이 존재하는 한 神은 고유한 본성을 지녔고, 말미암은 성향이 속성화된 것이다. 神 자체의 본성이 아니고 神이 세상 가운데 존재하게 됨으로써 인출된 특성이다. 인간은 사유하는 동물이지만 사유 자체가 인간의 본성은 아니다. 인간으로서 가진 조건 중 한 가지일 뿐……. 중요한 것은 속성과 본성을 구분하는 데 있는 것이 아니라 속성을 밝히지 못한 상태에서 어떻게 본성을 규정할 수 있는가 하는 것이고, 본성이 그렇다면 속성은 또 어떻게 판단할 수 있겠는가? 그래도 기준만큼은 현실 가운데서 일어난 제 현상들일 수밖에 없어, 한정적인 개념으로 한정할 수 없는 神을 한정하게 된 것이 神의 관념적 속성이다. 철학자가 세계를 합리적으로 설명하려고 애쓴 것은 바로 이런 한계 밖의 무한정적인 요소들을 제거하고자 한 작업이다. 그렇게 하여 떨쳐버린 무한정한 요소들을 다시 건져내어 지키고자 한 것이 신앙인들의 노력이다. 그래서 神의 관념적인 속성을 규정하는 데 있어 일관되게 작용한 것은 바로 유한이 무한을 한계 지었다는 사실이다. 곧 무한성을 유한성이란 그릇 속에 담았다. 그것이 관념으로 神을 바라본 특성이고 인식의 전부이다. 무한성을 유한한 거울 속에 비추었다. 神이 무한한 본성자인 것과 상관없이 神은 유한한 인간의 관념으로 규정한 존재 속성이다. 비록 본성과는 차이가 있지만 그렇게 하여 관념적으로 표현한 것이 神의 관념적 속성이다. "안셀무스는 神이상으로 더 큰 것은 생각될 수 없기 때문에 神은 가장 큰 자"라고 하였지만,[60] 그것은 정말 神이 그렇게 큰 분이기 이전에 관념으로 神의 본성을 헤아린 인식적 용량의 전체이다. 유한한 인간의 인식력으로 神의 제반 성질을 규정한 것이 神의 관념적 속성이다.

## 2. 신의 무한·무량·광대성

"하나님은 인간이 이룬 어떤 측정도 범위도 뛰어넘는 분이다. 우주의 어떤 존재도 하나님의 본질에는 도전할 수 없다."[61] 성경은 하나님이 무한한 분인데 대해 이렇게 말하였다. 인간, 만물, 우주가 하나님의 존재 영역권 안에 있다. 우리는 그 범위를 한정할 수 없어 무한하다고 말하지만 하나님은 그런 무한성 전체를 자체 존재 영역 안에 두고 있다. 한정된 인식으로 헤아린 무한성은 神의 본체를 보지 못한 상태에서 인식한 관념성이라 참된 본성이 아니다. 그런데도 神의 본체가 드러난다면 속성으로 판단된 무한성이 일시에 광대하고 무량하여진다. 따라서 神의 속성을 무한성으로 판단한 것은 神의 본체가 드러나지 못한 상태를 입증하는 것이고, 지적한 바 神이 지닌 무한성을 한계지은 것이다.[62] 그런데도 아우구스티누스가 "무한성이야말로 神의 완전성에 대한 표현이다"라고 한[63] 이후부터 神의 무한성에 대한 규정은 이구동성으로 침이 마를 정도이다.[64] 어떤 영역에

---

60) 『철학자의 신』, 발터슐츠 저, 이정복 역, 사랑의 학교, 1995, p.29.

61) 「기독교 세계관과 현대사상」, 제임스사이어, 인터넷자료.

62) 유한이야말로 오히려 무한이 어떤 제한을 받아서 이루어진 것이라고 생각하는 것은 하나의 커다란 역전이다. 그렇다면 이와 같은 가치 전도가 어떻게 일어날 수 있는가?(『유한과 무한』, 다께우찌게이 엮음, 김용준 역, 지식산업사, 1993, p.81) 이것은 오직 창조 역사가 증거되어 무한이란 본질이 규명됨으로써만 해결되는 문제이다.

63) 위의 책, p.83.

64) 神을 처음으로 무한이라고 부른 사람은 알렉산드리아의 유태 사상가 필론(Philon)이라고 한다. 그는 유대교에 신학적 기초를 부여하였고, 후에 기독교 신학에 지대한 영향을 끼친 사람이다. 그에 의해서 희랍에서는 소극적으로 존재 이하의 것으로 취급되었던 무한이 최초로 존재 이상인 神의 속성으로 化했다. ─위의 책, p.81.

서도 "神은 최고, 무한한 善, 大, 영원한 존재, 자체 안에 무한한 완전을 최고도로 소유하고, 어떤 불완전도 갖지 않는 존재……"로서 인정하였다.[65] 어떤 속성에도 인식력이 완전하게 미칠 수 없다. 神을 광대, 불멸, 불가해한 존재로 파악한 것은 神이 정말 그와 같은 본질체라기보다는 인간이 이해한 神과 창조와의 긴밀한 관계성이다. 즉, 神이 무한하다고 생각하는 것 외 우리는 무한한 실체를 달리 표현할 방법이 없다. 하지만 이런 무한성도 창조된 본의를 대입하면 神이 왜 어떻게 무한한 속성을 가진 것인지 알 수 있다. 창조된 세계는 무한한 본질에 근거하고 있어 이성만으로는 시작과 끝을 찾을 수 없다. 빛이 미치지 못하는 곳에는 어둠이 있듯, 창조된 세계에서 그 이전에 존재한 것은 온통 無이다. 하나님이 바로 그렇게 無한 형태로 존재한 분일진대, 이런 하나님을 우리는 어떻게 규정할 것인가? 존재하지만 인식상으로는 달리 방도가 없어 양으로는 무량함으로, 공간적으로는 광대함으로 표현하였다. 시간, 공간, 분열적인 질서로서는 하나님을 담아낼 수 없다. 무한성을 神의 속성으로 표현한 조건을 세계가 결정지었다. 무한대이든 무한소이든 극한은 인식이 불가능한 것이 인간이 처한 실상이다. 이런 조건이 명확하기 때문에 우리는 무한성을 神의 관념적인 속성으로서 규정할 수 있다.[66] 무한은 창조주를 피조체적인 입장에서 규정한 속성이며, 이런 유한성을 근거로 지성들이 神의 무한성을 관념적인 속성으로서 표현하였다.

---

65) 위의 책, p.84.
66) "神의 절대적인 무한성 속에는 만유가 지닌 모든 것이 포섭되어 있음"-위의 책, p.106.

## 3. 신의 부동·불변·영원성

존재가 생성, 소멸, 운동, 변화하는 것은 피조체가 지닌 특성이다. 하지만 神은 영원, 불변, 부동한 실재로서 세상의 존재들과 지극히 대비된 특성이다. 시간도 에너지도 우주도 창조된 존재 영역 안에 있어 가늠하는바 神은 그런 일체를 있게 한 창조주이기 때문에 부동, 불변, 영원성 자체이다. 영원성은 무시무종인 본질 덩어리로서 창조와 동시에 神은 피조체와 대비된 영원한 속성으로 구분되었다. 부동함도 사정은 마찬가지이다. 원래 부동한 神으로부터 부단한 운동성이 시작된 것이다. 운동이 있기 때문에 부동한 神의 속성이 구분된다. 불변성은 어떠한가? 변화가 없다면 불변성도 알 수 없는데, 창조된 만물은 변화하므로 그런 변화를 있게 한 神은 당연히 불변할 수밖에 없다. 부동, 불변, 영원성은 가없는 神의 속성이기 이전에 인간이 관념으로 궁극성을 한계지은 부동, 불변, 영원한 존재이다. 존재하지만 인식할 수 없기 때문에 세상적인 조건으로서는 존재할 수 없는 관념적인 神으로서 규정하였다.

## 4. 신의 편재·초월·내재성

"무소부재(無所不在)하다는 것은 하나님이 어디서도 존재한다는 것을 뜻한다."[67][68] 하지만 이 같은 상태를 확인할 수 있는 길은 세상

---

67) 『기독교의 이해』, 한중식 저, 숭실대학교출판부, 1990, p.187.
68) "성 어거스틴: 神은 무소부재하며, 神이 바로 전체 우주이며, 어디나 다 그분의 중심지이며, 아무 데도 그이에게서 먼 곳이란 없다." -『창조와 진화』, N. D. Newell 저, 장기홍·박순옥 역, 경북대학교출판부, 1990, 머리말.

어디에도 없다. 지구가 둥근 것을 확인하기 위해서는 인공위성을 쏘아 올려야 하듯, 하나님이 시공을 초월하여 전존재자로 참여한 사실을 알기 위해서는 본체가 직접 드러나야 한다. 우리는 개별적인데 하나님은 어떻게 모든 것을 채울 수 있는가? 자체 본체가 참여되지 않고서는 어렵다. 존재 자체를 화신시킴으로써만 만유 위에서 편재, 초월, 내재 상황을 실현할 수 있다. 우리는 이 같은 三性(편재, 초월, 내재성) 상황을 가늠할 수 없다. 그래서 속성을 관념화시켰다. 초월적인 것은 모두 神에게로 의탁해 버렸다는 비판도 있지만, 실질적으로 神은 세상의 다양함을 모두 포함했다. 세계가 이와 같은 초월, 내재, 편재됨을 뒷받침하는 것은 한 본체로부터 말미암은 긴밀한 체제 때문이다. 시간·공간·질서·논리 영역은 무엇도 초월성을 감당할 수 없는데 내재되기까지 하다니? 전체자인 동시에 바탕된 본질체로 존재하므로 가능하다. "神은 원 중심인 동시에 원 둘레이다."[69] "神은 무한대인 동시에 무한소이다."[70] 神은 동해에 존재하고 있으면서 서해에도 존재하고 있다. 그런데 애써 초월과 내재 상황을 구분 짓는 것은 아무런 의미가 없다. 만유가 하나님의 품안에 속해 있다. 三性은 전체를 보지 못했기 때문에 구분된 한계 인식이다. 부수된 관념적 속성에 대한 재확인이라고나 할까?

---

69) 『인간과 신에 대한 파스칼과 노자의 이해』, 조명애 저, 서광사, 1994, p.86.
70) 『유한과 무한』, 앞의 책, p.85.

## 5. 신의 전지·전능·전선성

"성경에서는 하나님이 전지하여 하늘에 있는 헤아릴 수 없는 많은 별들을 알고 이름을 부르는 분이요 머리카락 숫자도 아는 분이라고 소개한다. 마음, 생각까지도……(무소부지). 그리고 전능하여 눈에 보이지 않는 원자·미생물에서부터 거대한 우주에 이르기까지 만물을 만들었다(무소불능)."[71] 한편 전선함이란 우리가 감히 쳐다보기 어려운 거룩함 자체이고, 공의(公義)와 긍휼과 자비가 충만한 사랑으로서 만유 가운데 존재한 가치들이 모두 하나님으로부터 비롯되었다. 그런데도 우리가 三性(전지, 전능, 전선)에 대해 제대로 이해하지 못한 것은 속성을 가늠할 수 있는 본체를 보지 못해서이다. 神이 전능하다면 재채기도 하는가란 물음도 있고, "전능은 의탁된 그리움"이라고도 했다.[72] 세상의 악들이 전선을 위협하고, 전지함은 전능함에 따른 당연한 속성인 것 정도로 이해했다. 하지만 三性은 三性대로 규정한 기준이 있고, 존재한 근거도 명백하다. 기준은 만유 안에 있으며 三性은 창조된 인간이 바라본 하늘이다. 창조가 전지, 전능, 전선함을 창출했다. 일체는 창조된 범위 안에서만 가능하다. 그래서 전능함도 창조된 세계 안에서 주효하다. 그렇다면 전지란? 하나님이기 때문에 창조된 일체를 알고 있다는 뜻이다. 전지는 만유가 창조된 정보를 함유한 상태로서 관통된 뜻을 일컫는다. 이런 전지함은 정말 삼세 간을 관통한 지혜를 통해 확인할 수 있다. 전지는 시공간의 질서를 초월하여 차원적이다. 그래서 인류의 미래에 관해서도 예

---

71) 「기독교 세계관과 현대사상」, 앞의 인터넷자료.
72) 「한스 큉의 신론연구」, 앞의 논문, p.39.

언할 수 있는 것이니, 이것을 일컬어 전지라 한다. 인류가 존재한 일체를 하나님으로부터 구해야 하는 이유이다. 그리해야 지극, 지선하고 그 가치가 궁극적이다. 지선으로 도달한 한계 의식이 인간이 가질 수 있는 최고의 가치이다.

## 6. 신의 유일·절대·자존성

절대는 상대가 없고 어떤 제한도 받지 않으며 일체 현상을 초월한다. 그래서 절대신이 "모든 조건들로부터 자유롭고 모든 관계들로부터 자유로우며 물질과 정신, 존재와 속성, 주체와 객체, 외양과 실체 같은 현상적인 차이와 구별로부터 자유로울진대,"[73] 그런 자유를 가지지 못한 피조체적 속성은 창조된 결과로서 제한된 것이다. 神은 그렇게 결정된 제한성 위에서 존재로서의 궁극적인 근거인 절대적 차원에 설 수 있다(완전, 궁극, 최고). 아울러 절대자는 더 이상 상대성을 양산하는 분열이 없는 하나이자 유일함이다. 창조는 절대성을 한계 짓고 절대성은 유일성을 한계 짓는다. 창조는 무한성을 한정함으로써 존재를 有하게 했다. 그리고 창조는 원인을 낳는데 神은 아예 그런 원인조차 없기 때문에 이런 존재 상태를 일컬어 지성들은 인식상 자존성이란 개념으로 정착시켰다. 의존하지 않고 말미암지 않은 무원인자이므로 이런 존재자를 세상 안에서는 가늠할 수 없지만 개념으로서는 규정할 수 있다. 유한한 인식자인 인간이 초존재자{神}를 가늠할 수는 없더라도 주어진 한계성을 인정할 수만 있다면 오히

---

73) 『벌코프 조직신학(상)』, 앞의 책, p.250.

려 그와 같은 조건을 통하여 神의 유일·절대·자존성을 판단할 수
있는 지혜를 구할 수 있다.

## 7. 신의 원인·알파·진리성

神을 규정한 개념들을 살펴보면 원인, 알파, 진리성이란 공통적인
속성이 있다. 이것은 제반 측면에 있어 그렇게 추출할 수밖에 없게
된 창조주로서의 특성이다. 만유가 지닌 생성 본질은 시작과 끝이
없지만 하나님은 창조주이기 때문에 알파란 속성을 지녔다. 거기에
다 오메가까지 포함하다 보니 만유가 神의 품안에서 끝없이 생성할
수밖에 없다. 그래서 신앙인은 만유를 있게 한 최초 원인이 神이라
고 굳게 믿었다. "라이프니츠는 神은 실체로서 만물의 원인이다"라
고 하였고,[74] "플라톤은 神의 형상을 一者라 보고, 이 一者가 모든 형
상의 원인이다"라고 했다.[75] 어떤 경우에도 근거 없는 원인은 없다.
여기에 그 원인을 포괄한 창조가 있으며, 창조는 시종을 포함하여
원인의 무한소급 문제에 종지부를 찍었다. 창조는 차원적인 원인성
을 함유하고 있는데, 그것이 바로 神이 창조주로서 지닌 속성이다.
만상은 원인과 알파가 필요하지만 神은 그렇지 않다. 한편 神의 진리
적인 속성도 창조로 인해서 化된 특성인 것은 마찬가지인데, 진리는
천지를 통해 엮어 놓은 하나님의 지혜 가닥이다. 하나님의 뜻이 化
로서 표출된 결과물이 진리이다. 진리는 하나님의 존재 본질을 대변
하고 神과 진배없는 속성을 가진다. 진리는 神의 존재 본질을 나타내

---

74) 『철학자의 신』, 앞의 책, p.25.
75) 『기독교 사상』, 김광식 편저, 종로서적, 1984, p.8.

는 가장 중요한 이름이다.76) 동양의 天은 이 같은 神의 속성을 이법적으로 인식한 것인데,77) 원리, 법칙, 지식을 막론하고 이치적인 것은 모두 神의 속성에 대한 표출이다. 이와 같은 이유 때문에 막상 진리를 정의하고자 했을 때는 어려움이 있었다. 그런데도 인류가 근접되게 神의 형상을 표현할 수 있다면 그것은 진리로서 그려낸 형상이다. 진리는 가장 친밀하게 神을 구성하고 있는 존재의 요소이다.

---

76) 『인도사상의 역사』, 早島鏡正·高崎直道 외 저, 정호영 역, 민족사, 1993, p.212.
77) 「공자의 천관에 관한 연구」, 유필종 저, 동국대학교대학원 철학과, 석사논문, 1986, p.17.

# 제22장 신의 관념적 본성

## 1. 개요

칸트는 물자체를 인식할 수 없다고 했지만 정말 지성들이 神의 속성을 제대로 파악했다 해도 그것을 통해 직접 神을 알 수는 없다. 알기 위해서는 神의 속성을 세세하게 분열시키고 그다음 그것을 통합해야 한다. 神이 지닌 속성을 밝혀야 그로부터 본성도 추출할 수 있다. 그래서 이런 본성을 판단하기 위해서는 세계의 핵심된 본질 작용을 함께 밝혀야 했다. 세계의 본질은 神의 속성을 드러내는 근거로서 神이 세계와 함께하지 않으면 아무것도 형성할 수 없다. 함께하기 때문에 이것을 근거로 본성을 결집시킬 수 있다. 이런 뒷받침이 없다면 아무리 미사여구로 치장해도 확인할 길이 묘연하다. 神은 초월적이라고 하지만 세상과 연관시킬 수 없다면 아무 의미가 없고,

고리가 불명확하면 신비의 심연에 쌓여 인간 세계와 동떨어져 불가해한 존재로 비친다.[78] 헤겔이 말한 대로 神이 절대정신이라면 그 정신이 세계 안에서 차지하는 좌표란? 세계의 본질을 밝혀야 그로부터 하나님의 고유한 본성을 근거 지을 수 있다. 이것을 이 연구는 다섯 가지의 본성(五性)으로 집약해서 논거하고자 한다. 五性은 만유를 형성한 근본적인 요소인 동시에 말미암은 속성과 구분된 고유한 본성이다. 오직 하나님만 지닌 특성, 즉 神의 관념적 본성이다.

## 2. 영성

인간은 무엇인가? 존재란? 진리란? 이와 같은 물음과 함께 神이란 무엇인가? 神은 어떻게 정의되는가? 정의할 수는 있는가? 그런데 성경을 살펴보면 합당한 대답이 있다. "하나님은 영이시니 예배하는 자가 신령과 진정으로 예배할지니라."[79] 하나님이란 존재를 성경이 명백하게 규정하였다. 그러나 하나님이 강림하지 못한 상태에서는 이런 규정도 이해할 수 없었다. 영성이 본성인지 속성인지를 구분할 수 없었는데, 결정은 결국 창조를 통해 드러난 속성을 추출해야 한다. 신학에서도 하나님은 육체적으로 존재하지 않는다는 교과서적인 판단 정도, 즉 물체이거나 물질적인 속성을 갖지 않는 무형의 형태란 설명 정도이다. 물체적 속성을 갖지 않은 그것이 영인 것이라면 하나님은 비물질적인 존재자란 규정으로 끝나는가? 결코 그렇지 않다. 핵심된 본질을 끄집어내지 못했다. 물론 하나님＝영성이란 등식

---

78) 『신의 역사(Ⅰ)』, 앞의 책, p.231.
79) 요한복음 4장 24절.

을 이해하기 어려운 것은 아니다. 영성은 물질적인 제약이 없는 것이고(요 4:21), 무형이기 때문에 어떤 물질적인 구속 상황도 초월한다. 그래서 인간은 오감이 아닌 영을 통해 하나님과 교감한다.[80] 결과는 다를 바 없다. 영은 어떤 존재이기에 하나님을 대변하는 본성 중 하나인가? 이것은 하나님이 진리의 성령으로서 강림하였기 때문에 답변할 수 있다. 영성이 하나님의 본성으로서 자리매김되면 하나님이 정말 이 땅에 강림한 것이 증거된다. 영성은 창조된 세계와 구분된 하나님의 고유 본성이다. 하나님은 창조주이기 때문에 반드시 피조물과 구분되는데, 그 기준이 바로 피조체는 형체를 가지고 창조주는 형체가 없다는 데 있다. 무형이라고 해서 실체가 없다는 뜻은 아니다. 우리는 만물이 확실한 실체인 것으로 알지만 오직 참된 실체는 영성뿐이다. 영성이 영원한 실체이다. 영성은 化{창조}를 일으킨 바탕체이다. 질료는 본질의 化된 실체이기 때문에 변화무쌍하여 판단 기준으로서는 자격미달이다. 피조체는 존재하기 위하여 시스템적으로 생멸을 거듭하지만 하나님은 불변한 본체자로서 어떤 질료로서도 구성되지 않는 순수 본질이다. "神은 영원하고 질료가 없고 가장 순수한 형상이고 가장 순수한 능동태이다."[81] 그런데 이런 본성을 개념으로 헤아려서는 어디서도 神의 참모습을 볼 수 없다. 영성이 피조체와 구분된, 창조를 이룬 순수한 본체란 사실을 알아야 하나님도 안다. 하나님은 뜻과 의지와 지혜와 사랑의 집결체이나니, 이런 영성을 기반으로 해야 하나님도 세계 안에서 자유자재한 권능을 발휘할 수 있다.

---

80) 『기독교의 이해』, 앞의 책, p.182.

81) 『서양철학사』, 쿠르트 프리틀라인 저, 강영계 역, 서광사, 1986, p.80.

## 3. 통합성

세계의 핵심 본질을 밝히지 못한 상태에서는 세상 누구도 통합적인 본성을 지닌 하나님을 가늠하기 어렵다. 성경에서는 "하나님은 처음이요 끝이며 알파요 오메가이다"라고 했는데,[82] 이 같은 존재 상태를 이해할 수 있는 근거는 어디서도 찾을 수 없다. 그야말로 神에게만 있고 神만 지닌 본성이다. 철인들은 神에 대해 "다양성의 동일성과 다양성의 통일성을 보장해 주는 종합적인 전체로서" 접근하였지만,[83] 분리하지 않고서는 이해할 수 없는 문제가 있었다. 하지만 통합성은 무엇보다도 피조물과 확연하게 구분되는 특성이기 때문에 참된 神의 본성으로서 인정된다. 만유는 논리, 질서, 인식 면에서 분열 중인 상황을 벗어날 수 없다. 본질이 통합적으로 존재한 것과 달리 만상은 이원, 분리, 대립된 양상으로 존재한다. 覺者들은 통합성에 대해 애써 어려운 논리를 동원하였는데, 그것은 결코 억지가 아니다. 세상 질서로서는 이해할 수 없기 때문에 지혜가 필요했을 뿐이다. "모든 부분들이 전체를 소유하고 있다"는 것을[84] 우리는 도대체 어떻게 이해해야 하는가? 칸토르란 수학자는 '집합'이라는 현상에 대해서 一인 동시에 多인 존재로 이해하였다.[85] 헤겔은 변증법적인 神 개념에서 존재의 대립된 이원성과 분리 상황을 설정하였고,[86]

---

82) 요한계시록 1장 17절.

83) 『인간과 신에 대한 파스칼과 노자의 이해』, 앞의 책, p.83.

84) 위의 책, p.83.

85) 『무한과 유한』, 앞의 책, p.106.

86) 자재성과 운동성, 보편성과 특수성, 초월성과 내재성, 전체성과 개체성, 정신성과 물질성, 이념성과 현실성.

神을 변증법적인 변화 상태를 포괄한 정신으로서 표현하였다. 곧 神은 절대자인 절대지로서의 통일체이다.[87] 그리고 이렇게 개념 지은 통일, 통합체가 정말 천지를 창조한 하나님이다. 분리로서 통일을 이룬 것이라면 분열을 통해 통합성도 보아야 하며, 이를 통해 神의 본성도 판단해야 한다. 만상은 분열을 통해 존재할 수밖에 없지만 (생성) 하나님은 통합적인 본체자로서 만상을 주재한다. 그래서 하나님은 세상 어디서도 자유자재, 무소부재, 일시, 동시, 편만, 하나로 존재한다. 하나님이 시공간을 초월하여 지금 계신 분이 과거에도 계셨고 장차 오실 자로 선언된 것은 통합성인 본성에 근거해서만 가능한 일이다.

## 4. 창조성

동양에서는 道, 太極이 만물을 생성시켰다고 하는 사상이 지배적이다. 하지만 道, 太極이 어떻게 존재하게 되었는가라고 묻는다면 대답이 궁하다. 비슷하지만 神이 만물의 근원이라고 한다면 여기에 대해서도 원하는 답을 들을 수 있을까? 道, 太極보다 神은 더더욱 추적하기 어렵다. 神은 어떻게 존재하는가? 이것은 사실 인간이 존재하고 있기 때문에 던질 수 있는 질문인데, 하나님이란 존재 방식도 알고 보면 크게 다를 바 없다. 그래서 알아야 하는 것이 본성 중 가장 큰 권능인 창조성이다. 인류는 안타깝게도 하나님을 창조주라고 부르면서도 직접 창조를 실현한 메커니즘은 알지 못했다. 일부 주장된

---

87) 『헤겔의 신개념』, 앞의 책, p.168.

설들은 아전인수격인 논리 전개이다. 진화론, 유심론, 유물론, 관념론, 空, 太極, 道, 梵, 일원상 등등 창조성은 하나님이 지닌 가장 하나님다운 본성이다. 성경의 창조론은 믿음으로 유지되어 왔는데 하나님이 강림하면서 본의도 구체화되었다. 일련의 밝힘 과정을 거침으로써 창조성이 하나님의 제일 본성으로 자리 잡았다. 그래서 지금은 하나님의 존재 본체가 창조를 실현하는 데 있어 바탕체로 제공된 사실을 확인할 수 있다. 道, 太極도 알고 보면 이와 같은 바탕 본체를 직시한 진리 형태이다. 본질이 化된 관계로 파악하는 데 시간이 걸렸지만 결국 하나님의 창조 본질이란 사실을 확인할 수 있었다. 이런 사실을 깨닫기까지 인류가 머나먼 진리 역정을 겪었다. 동서양이 일군 지혜가 한결같이 창조성을 하나님의 고유 본성으로서 각인하였다.

## 5. 인격성

포이엘 바흐의 주장처럼 관념적으로 보면 神은 인간 자체의 투영물일 수 있다. 神의 본성에 대해 인격성을 논하는 것도 비슷한 맥락이다. 하지만 이것은 창조된 본의를 이해하지 못했을 때의 판단이고, 이후부터는 인간이 정말 하나님의 인격성을 본받아 형상화된 것을 알 수 있다. 그래서 인간이 지닌 인간성과 달리 神의 인격성은 인간을 포함해서 만유의 제 특성들과 구분된 절대적 본성이면서 동시에 知·情·意 등 다방면을 통해 인간과 영교하는 속성적 본성이다.[88]

---

88) 神의 인격성은 절대적 本이고, 인간의 인격성은 본받은 인격성으로서 化된 인격성임.

하나님은 만유와도 교감하지만 유독 인간과는 구조적으로 격이 맞아 떨어졌다. 불교에서 無我와 空을 앞세운 것은 인격성과 거리가 먼 것이 아니라 인격신으로서 미처 완성되지 못한 상태일 뿐이다. 그래서 그들은 "神과의 인격적인 교제 대신 우주, 자연과의 合一에 목적을 두었다."[89] 그러나 기독교는 인격성을 강조하여 "말씀을 가지고 말을 걸어오고 의와 사랑을 통해 교제한 살아 계신 神이었다."[90] 이런 神의 인격성이 인간의 인격성과 다른 점은 인간이 지향하고자 한 지고한 본성의 완성체라고 할까? 뭇 인간의 본을 이룬 절대적 본성이다.

## 6. 주권성

하나님이 창조주라면 진실로 만유의 주인은 누구이겠는가? 만유를 통일하고 우주와 역사를 지배하고 만상을 호령한 최고의 통치자는? 만물을 주체적으로 다스리는 통치권이 하나님에게 있는데도 존재한 소재조차 불분명하므로 창조 권능을 다양한 주체들이 나서서 대행하였다. 그래서 고유한 천권을 주장할 수 있기까지는 때를 기다려야 했는데, 그때가 바로 지상 강림 역사를 완수한 지금이다. 하나님이 창조주로서 지닌 주권적 본성을 밝히는 것이 그것이다. 하나님은 만유를 구성한 실질적인 바탕체라, 이것이 만유를 주재한 주권적 본성으로 나타났다. 창조 역사는 과거에 이루어진 역사이고, 그를 통해 하나님이 세상에서 행사하게 된 것이 바로 인류 역사를 주

---

89) 『선과 현대철학』, 앞의 책, p.286.

90) 위의 책, p.286.

재한 주권성이다. 그래서 주권성은 피조 세계에 대해 하나님이 가진 고유한 본성이다. 본성 중 마지막에 해당한 주권성은 천권을 회복하는 면에 있어서나 섭리된 소재를 밝히는 면에 있어서 하나님이 강림해야만 성사될 수 있는 성업이었다. 이런 주권성이 인류 앞에서 공인될 수 있다면 그것은 기대한 바 이 땅에서 하나님의 나라를 건설하는 것이다.

PART

# 05

## 신 실체론

覺者들이 깨달았고 애써 호소했는데도 이해하지 못했는데, 본체계의 작용 메커니즘과 존재성을 확인할 수 있게 됨으로써 여기에 근거한 하나님의 모습도 명확해졌다. 천지의 바탕인 본체 작용이 진리를 통해 밝혀짐으로써 하나님도 그 실체성이 드러났다. 인류가 하나님의 참모습을 보고 하나님이 어떤 모습을 갖춘 것인지 알게 되었다. 하나님을 파악할 수 있는 기준 안목이 서고 하나님의 참 형상과 모습을 그려낼 수 있게 되었나니, 이런 일이 가능한 여기에 하나님이 이 땅에 본체자로 강림한 현실 역사가 있다.

- 본문 중에서

# 제23장 개괄(인류가 신을 보지 못한 이유)

神은 존재하는가? 인류가 神을 찾아 헤매고 그 모습을 보기 위해 노력한 것은 어제 오늘의 일이 아니다. 중세 시대의 철학자들은 神이 내린 최고의 능력인 이성을 통해 神이 존재한 사실을 알 수 있다고 했고, 직접 증거하기 위해 노력하였다. 하지만 도달한 결론은? 이성으로 가늠한 어떤 논리로서도 神을 보이지 못했다. 이런 상황은 지금도 달라진 것이 없다. 너무 오랫동안 끌다 보니 상황이 악화되어 神이 존재하지 않는다고 단정한 무신론이 생겼을 정도이다. 하지만 神이 존재한 사실은 예나 지금이나 고유하다. 단지 증거하지 못한 것은 이유가 있어서이므로 이것을 이 연구가 밝히고자 한다. 세상이 어둡고 죄악 가운데 있는 것은 사탄의 권세가 득세하기 때문인가? 하나님이 창조 목적을 미처 완수하지 못했기 때문이다. 태양은 만물을 두루 비출 수 있는데 아직 산마루에서 얼굴을 내밀지 못한 상태라면? 어둠이 잔존할 수밖에 없다. 하나님이 진리를 다 밝히지 못한 상태라면? 우리도 진리를 다 알 수 없다. 본체가 드러나지 못한 상태이므로 누구도 하나님을 볼 수 없었다. 이것이 인류가 神을 보지 못한 주된 이유이다. 神을 제대로 알지 못하여 神을 추적하는 방법도 초점이 어긋났다. 주소가 틀리면 집을 찾을 수 없다. 神을 아류적으로 보아 자가당착에 빠졌다. 중세 시대의 교부인 터툴리아누스는 "불합리하기 때문에 믿을 만하고 불가능하기에 확실하다"고 하였다. 자칫 어폐가 있어 보이지만 다시 살펴보면 의미가 심장하다. 왜 불합리한데 믿을 만한가? 神을 확실하게 믿음에 대한 표현이다. 神이 합리적이라면 오히려 믿을 만한 존재가 될 수 없기 때문이다. 불합리한 것은 결코 神 때문이 아니며, 인간이 지닌 한계, 즉 인식 체제가 지닌 미비 상황을 지적한 것이다. 인간이 神을 인식할 수 있는 능력을 갖추지 못했다면 그와 같은 조건 안에서 神은 불합리하게 비칠 수밖에 없다. 神의 초월성을 역설적으로 지적했다. 神은 현상계를 초월한 본체자인데 인간은 온통 분열적인 인식 질서 안에 있다 보니 神이 존재한 체제와 크게 어긋났다. 당연히 묘연할 수밖에……. 서양은 그리스 시대부터 이성을 진리를 통찰하는 주된 수단으로 삼았는데, 이런 이성은 현상계적인 질서를 통찰하는 사고 능력으로서 초월적인 본체계와는 거리가 있었고, 진리 확인 기능인 논리는 관념상 사전에 의도한 측면이 있어 일체를 가두어버리는 독소를 지녔다. 제논(B.C. 335~263)의 '아킬레우스는 앞서 달리는 거북을 영원히 잡을 수 없다'고 한 역설은 사전에 설정된 조건 때문에 주어진 어쩔 수 없는 한계 인식이다. 운동을 통한 경주의 본질과 관념으로 구성한 논리적 조건(환경)은 질적으로 다르다. 이것이 관념으로 인해 얽

매인 논리상의 맹점이다. 벗어나기 위해서는 아예 처음부터 전제된 조건을 재설정해야 한다. 운동이 지닌 고유한 속성인 속도에 초점을 맞추어야 한다. 제논의 역설은 누가 보아도 상식적인 사실을 궤변으로 얽어맨 것이다. 인류가 벗어나지 못한 세계관, 진리관도 마찬가지이다. 본질과 부합하는 조건을 마련해야 한다. 논리상 제약이 있는 조건을 앞세우면 누구도 더 이상 선을 넘어설 수 없다. 神 역시 잘못 틀 잡은 세계관적 제약, 즉 제논 유의 역설이 가로막고 있어 神을 보지 못했다. 설정된 관념적 독소를 제거해야 인류가 神에게로 나아갈 수 있다. 불완전한 신관, 교리, 신앙, 진리, 세계관이 제논과 같은 역설 조건을 구성하였다. 불가능한 조건을 일소하고 가능한 조건으로 재구성해야 인류가 비로소 神의 모습을 볼 수 있다.

초월성에 초점을 맞추어야 하는데 무조건 불가해하다고 단정한 것은 인류가 神을 제대로 알지 못해서이다. "그는 영원하며 측량할 수 없고 보이지 아니하고 불멸하고 전능하고 완전, 지혜, 의, 선하며, 모든 선을 넘쳐나게 하는 근원이다(벨기에 신앙고백)"고는 하였지만, 1) 얼마나 실감나게 神을 접견하였는가? 초월적인 인식 틀을 구성해야 하는데, 세상 안에서는 온통 분열적인 인식 질서뿐이다. 성경에서는 "하나님은 가까이 할 수 없는 빛에 거하시며, 그를 본 사람이 없고, 그 누구도 그를 볼 수 없다(요 1:18, 6:46. 딤전 6:16). 그는 모든 변화를 초월하고(약 1:27), 시간을 초월하고(계 1:18, 22:13), 공간을 초월하고(행 17:27, 28), 모든 피조물 위에 높이 계신다(행 17:24). 아들과 성령밖에는 누구도 그를 알지 못한다(마 11:27)"라고 기록하

---

1) 『신론(하나님의 계획과 섭리)』, 김규승 저, 신한흥, 2001, p.28.

였다. 神을 神답게 보지 못하여 초래된 결과이므로 神답게 볼 수 있는 안목만 개안시키면 인류는 당연히 神을 볼 수 있다. 이것이 이 연구가 전제한 神은 과연 파악할 수 있는 존재자인가에 대한 대답이다. 지난날 구축된 일체의 인식 틀을 반전시켜야 하므로, 이 연구가 神을 확실하게 파악할 수 있다고 하는 주장은 정말 선천 문명에 대한 대반전이다.

왜 반전인가? 근대의 서구 유럽은 중세의 비합리적인 신권 질서를 탈피하기 위해 합리적인 이성을 내세웠다. 그런데 이 연구가 神 인식에 대한 가능성을 제기했다는 것은 합리성으로 일군 현대 문명 전체에 대한 대혁신이다. 슈펭글러가 서구문명의 몰락을 예견한 이후 그 구체적인 진행 상황이 神을 확실하게 파악할 수 있다는 선언으로 확고해졌다. 왜 그런가? 하나님은 창조주로서 4차원적인 존재자인데, 합리성을 준거로 한 이성적 인식은 3차원적이다.[2] 이것이 서양 문명이 神을 증명하지 못한 필연적 이유이다. 따라서 서양 문명은 끝내 하나님의 나라를 건설할 수 없었다. 서양 문명에게 드리워진 암울한 미래이다.[3] 이 연구가 신앙의 대반전과 역사의 대반전과 문명의 대혁신을 기도하였다. 인식, 질서, 진리, 신관, 문명이 모두 혁신되어야 하나니, 그리하여 하나님의 계시가 완전하게 드러나는 날, 그날이 곧 主의 날이요 여호와의 날이다. 하나님이 언젠가는 만인에게 영을 붓고 모든 진리 가운데로 인도하리라 한 약속의 실현이다. 神의 실체를 파악하는 것은 바로 神이 본체를 나타내는 것이고, 神의 모습도 확고해지는 것이다. 관념이 지닌 일체의 제약 틀을 일소하고

---

2) 神은 4차원적인 존재자인데 서구 문명은 3차원적인 문명으로서 4차원인 神을 배격한 것임.
3) 서구 문명의 종말성에 대한 준엄한 인식적 심판임.

하나님과 함께하게 되나니, 그리해야 그다음 단계인 시온의 영광을
이루리라.

# 제24장 신의 모습

## 1. 신 제거 문명

하나님은 원래부터 존재하였고, 세상 어디서도 동시에 존재하며 (無所不在), "이제도 있고 전에도 있었고 장차 올 자요 전능한 자"로 아는데,[4] 현실적으로는 이 같은 존재를 제대로 파악하지 못하고 있다. 대체적으로 하나님이 어떤 분인가 하는 것은 믿음을 통해 전승된 것일 뿐, 존재 사실을 확인할 수 있는 방안은 구체적으로 강구하지 못했다. 神을 인식, 분별, 파악하는 메커니즘의 미비로 누구도 세상과 함께한 하나님을 볼 수 없었다. 神은 어느 구석에 꼭꼭 숨어 있는 것이 아니다. 여건상으로는 언제든지 소재를 파악할 수 있는데, 돌이켜 보면 역사상 神을 증명하고자 한 성과는 미미하였고, 오히려

---

4) 요한계시록 1장 8절.

神을 거부하고 제거하고자 한 성과는 연면하였다. 특히 서양은 기독교로서 주축을 이룬 문명인데, 神에 대한 부정적인 견해를 앞 다투어 내세웠다. 神 제거 문명이 하나님을 신앙한 서양 문명 속에서 양산된 것은 큰 아이러니이다. 영국의 경험론자 데이비드 흄은 지적하길, "神이 실재하는가의 여부를 우리는 알 수 없다. 설사 실재한다 해도 그 神과 우리와의 사이에 의사소통은 일체 불가능하다(회의론)"라고 했다.[5] 그가 이렇게 단정한 것은 이유가 있겠지만 관건은 고대 그리스에 뿌리를 둔 서양적 사고방식과 그 틀을 벗어나지 못한 기독교 신학에 있다. 서기 313년, 기독교가 로마 제국으로부터 공인된 것은 콘스탄티누스 대제의 정치적 목적과 계산 때문이지 사상적으로 융화를 이룬 기념비적인 역사가 아니다. 이런 문제를 서양 문명이 처음부터 부여안고 출발했다.

동방의 오리엔트로부터 시작된 기독교가 서양 문명 속으로 들어가기는 했지만, 정작 神이란 실체를 뒷받침할 세계관적 틀은 조성되어 있지 못했다. 그러니까 신학도 神을 이해할 수 있는 방도를 제시하지 못했다. 개신교를 대표한 신학자인 캘빈은 "진정한 神 인식은 하나님께 예배하는 동시에 하나님의 선하심을 전적으로 의존하기를 배우는 것이다"라고 했다.[6] 오직 하나님을 경외하고 신뢰하도록 하는 데만 초점을 두어 세계 안에서 존재한 神 파악 문제는 개개인의 신앙 문제로 처리했다. 神을 인식하고 존재 상태를 파악하는 것은 신학이 진리적으로 해결해야 하는 주된 과제인데, 마음에 관한 문제

---

5) 『세계관의 역사』, 고전 구 저, 두레, 1986, p.92.
6) "캘빈에게 있어서 神 인식의 문제는 성령의 조명을 통한 신앙의 문제이다." ─「캘빈의 신론 연구」, 김상수 저, 장로회신학대학교대학원 조직신학전공, 석사논문, 2009, p.11, 23.

로 돌려서 희석시켜 버렸다. 교회에서는 여전히 '보지 않고 믿는 것이 더 큰 믿음'이라고 독려하고 있지만, 인간은 언제나 증거를 보고자 하는 습성이 있다.[7] 神이 실재한다면 증명도 할 수 있어야 하는데, 그 형태가 본체적이다 보니 신앙과 사변적인 접근만으로는 어려움이 있었다. 그들도 "보이지 않는 神의 존재를 과학과 이성의 관점에서 입증하려고 하는 것은 과학적인 지성의 본래적인 관점에서 볼 때 타당하지 않다"는 것을 알았다.[8] 하지만 전통적으로 이어온 사고 구조상 무형적인 神을 가려낼 만한 지적 판단 도구가 그들 문화 안에서는 없었다. 그러니까 서양 신학은 인간이 神과 교감하는 유일한 루트인 계시 역사를 통해서도 하나님을 파악할 수 있는 안목을 제공받지 못했다. 본체적인 특성(존재성)을 종합적으로 통찰해야 하는데 자구를 해석하는 데 그쳤다. 이런 결과는 서양 문명을 이룬 또 하나의 주된 기둥인 그리스식 사고방식에 주된 원인이 있다. 그 전통의 씨할아버지에 해당하는 탈레스는 당시에 만연한 신화적 표현들을 벗겨버리고 우주의 기원과 본성에 대하여 합리적이라고 생각한 단초를 주었다. 즉, 신화적 사고에서 합리적 사고, 혹은 이성적 사고로 전환을 이룬 것은 헬라스 사회에서의 지적 혁명이었다(기원전 6세기, 이오니아 지방). 확보한 이성의 빛을 통해 그들은 인간 정신의 진보를 이끌어 내었다고 자평했다. 이런 전통과 자부심이 이어져 神 제거 문명이 신화성을 극복한 경험을 바탕으로 탄력을 얻었다. 올림포스 神들이 있었던 자리에 배열된 자연(physis)이 원시적인 세계 질

---

7) 『아퀴나스의 신학대전』, 김상현 글, 박태성 그림, 삼성출판사, 2011, p.37.
8) 「과학적 무신론과 신죽음의 사상에 대한 신학적 비판」, 김수한 저, 장로회신학대학교대학원 기독교문화전공, 석사논문, 2010, p.32.

서의 표상이었지만, 아낙시만드로스는 이런 초자연적인 또는 신화적인 특성과 요소를 대담성과 완결성으로 제거시켰다. 종교적이고 마수적인 요소를 폐기시키고 인간이 이성의 빛나는 대기로 한 걸음 더 다가서게 되었다고 생각했다.[9]

중세 시대에는 윌리엄 오컴이 실재론에 대립한 유명론을 세워 새로운 차원으로 끌어올렸다. 그는 제시한 경제성의 원리에 따라 '가설의 수를 불필요하게 늘려서는 안 된다'고 했는데, 이것을 일명 '오컴의 면도날'이라고 한다. 불필요한 보편적 실재는 잘라버려야 한다는 뜻이고, 이런 생각은 이후로 경험주의 철학자들에게 영향을 끼쳤다. 즉, 보편은 기호나 명칭에 지나지 않고 실재하는 것은 오직 개별적 존재뿐이다. 따라서 신앙과 관련된 진리를 얻기 위해서 인간의 이성이 할 수 있는 역할에 대해서는 회의적이었다.[10][11] 근원적인 뿌리를 볼 수 없다고 해서 단칼에 잘라 버린 격인데, 개별적인 존재는 정말 어떻게 존재한 것인가? 전체로부터 파생된 것이 아닌가? 그렇지 않다면 개별이 자체적으로 창조 시스템을 갖추어야 한다(자존체). 이런 중대한 결함을 지녔는데도 불구하고 과학자들은 묻지도 따지지도 않고 편리 위주로 "물리학 이론을 형성할 때는 곧잘 오컴의 면도날을 도용하여 피상적이라고 생각되는 부문은 잘라내었다. 사실은 무엇이 핵심이고 무엇이 쓰레기인가? 서양 과학은 정신이 자연에서 아무런 역할도 하지 않는다는 가정을 처음부터 세웠다. 특히 유물론자들은 오컴의 면도날을 휘둘러 무정신(無情神)인 우주론만 도려내어

9) 『그리스 사유의 기원』, 김재홍 저, 살림, 2012, pp.40~43.

10) 『철학 갤러리』, 김영범 저, 풀로엮은 집, 2009, p.187.

11) 오컴(Occam, William of, 1300?~1349?): 영국의 후기 스콜라 철학자.

서 보물처럼 간직했다. 그래서 물리학자들은 비물리적이고 초자연적인 존재를 뒷받침하는 증거는 세상 가운데 없다"고 했다.[12] 이런 추세를 적극적으로 부추긴 것은 근세에 등장한 독일의 철학자 임마누엘 칸트이다. 그는 "形而上學의 불확실성에 대해 물리학의 확실성을 대비시키고, 形而上學이 인식의 제일 근거에 관한 학문으로서만 머물러야 한다"고 했다.[13] "形而上學은 본래 제한된 영역에 관한 지식이 아니라 보편적 · 전체적 지식을 추구하는 철학 영역으로서, 눈에 보이는 세계 배후에 있는 존재 근거인 영원불멸의 실재를 탐구했다. 形而上學은 고대 그리스의 현인 아리스토텔레스에 의해 확보되었고, 18세기에 칸트가 形而上學이 이론적 학문으로서 가능한가란 회의적 태도를 취한 이후부터 진로가 불투명해져 버렸으며, 1930년대에는 논리학이 부상하면서 철학 안에서 설 자리를 잃어버렸다. 오늘날은 形而上學에 속한 대부분의 명제들이 논리학자들에 의해 무의미한 것으로 치부되어 한낱 조소거리로 전락하고 말았다."[14]

이런 결과 초래는 그 유명한 물자체에 대한 인식 문제 제기 때문이다. 칸트가 세운 선험적 관념론은 "대상을 물자체와 현상으로 구별한 학설로서"[15] "물자체는 현실적이기는 하되 우리에게는 인식되지 않는다"라고 하였다.[16] 이 말은 "우리의 인식은 경험의 영역인

---

12) 『과학과 불교의 실재인식』, 앨런 월리스 저, 홍동선 역, 범양사출판부, 1991, p.136.

13) 『독일 관념철학과 변증법』, 장대석 저, 한길사, 1988, p.30.

14) "그 이유는 비논리적인 사유 체제 때문인데, 입증할 수 없을 뿐만 아니라 언어 과학으로서의 논리적 수순을 밟지 못했기 때문이다. 즉 타당성이 결여된 문법 구조 내에서 전개시킨 사유는 그 의미를 용인 받지 못하는 것이다." -『신을 보여주는 21세기 과학』, 레오 김 저, 김광우 역, 지와 사랑, 2009, p.271.

15) 「칸트의 물자체 개념」, 이재현 저, 철학사상문화, 6호, p.147.

16) 「칸트 인식론에서 물자체 개념에 대한 고찰」, 김민건 저, 고려대학교대학원 철학과, 석사논문, 2007, p.3.

현상계에 한정될 뿐, 결코 초경험적 세계인 물자체의 세계에는 미치지 못한다"는 뜻이다.[17] 그래서 칸트철학의 반대자인 야코비는 "물자체를 가정하지 않고서는 칸트철학에 들어갈 수 없고, 물자체를 가정하고서는 칸트철학에 머물 수 없다"고 비평했다.[18] 칸트는 현상에 대한 인식과 물자체에 대한 인식을 엄중히 구별하여 인간의 유한한 인식을 현상계 안으로 제한했지만, 그러나 우리는 정말 현상계만 인식할 수 있는가에 대해 근본적인 반문을 제기해야 칸트 유의 관념적인 제약을 벗어나 神의 실체를 파악할 수 있다. 칸트는 이성적 기능의 한계를 통찰한 것인데, 그를 추종한 지성들은 여기에 대해 반성은커녕 엄존한 물자체를 진리 세계에서 제거시켜 버린 오판을 하고 말았다. 물자체를 인식할 수 없다면 이유와 원인을 파고들어 방법을 강구해야 했는데, 체념하고 만 것은 자기 꼬리를 남의 꼬리인 양 착각하고 잘라버린 격이다. 서양 문명 안에서 물자체를 인식할 길을 막아버렸다. 동양에서는 일찍부터 물자체에 해당한 본체를 道를 통해 일구었는데 말이다.

서양 문명은 고대 그리스로부터 만연된 신화적 세계관을 탈피하고 만물의 아르케를 찾고자 한 과정을 통해 이성적인 사고의 중요성을 확인하고, 중세를 거쳐 근세에는 다시 합리성에 눈을 떠 천년 동안 쌓은 초월적인 신권 질서를 허물어뜨렸다. 칸트가 이성을 비판하고 헤겔이 절대 정신을 세웠을 때도 이성은 세상적인 이치의 정합성 범주 안에 있었다. 이것이 서양이 끝까지 神의 본체를 파악하지 못하고 문명으로부터 神을 제거시키게 된 이유이다. 서양의 지성들은

---

17) 『칸트철학사상의 이해』, 한단석 저, 양영각, 1983, p.23.
18) 위의 책, p.18.

합리, 분석, 경험, 감지, 지각, 통찰이란 사고 기능을 활성화시켰지만, 사실은 세상 위에 드러난 분열적 질서를 탐구한 것에 불과하다. 그러니까 서양 문명 안에서는 믿음 외 神의 초월성을 엿볼 수 있는 길이 달리 없었다. "근대인들이 파악한 자연과 세계는 물리적 법칙에 따라 움직이는 거대한 기계였을 뿐, 어떤 목적도 가지지 않았다."[19] 인류의 지적 안목이 어떻게 철저히 이토록 퇴보하고 말았는가? 슈펭글러가 예언한 후 서양 문명은 정말 그와 같은 몰락을 향해 치달았다. 기독교 문명은 이성에 기반을 둔 헬레니즘 문명과의 대결에서 패배하고 말아 神의 문명을 재건할 수 있는 여력이 더 이상 없다. 합리적인 문명이 물질 만능 시대를 열어 한창 승리를 구가하고 있는 것처럼 보이지만, 알고 보면 문명의 본체 뿌리에 해당한 神을 제거시킨 그들은 그 뿌리가 파헤쳐져 고사될 때만 기다리고 있다. 하나님이 약속한 시온의 영광과 유토피아적 이상이 도래한 종말 문명과 함께 물거품이 되었다. 그래서 하나님이 약속한 비전과 신앙의 맥을 다시 잇기 위해 동양의 하늘 아래 강림한 것이나니, 그 섭리의 한 중심에 한민족이 가진 지대한 구원 사명이 있다. 서양 문명은 종말을 맞이했지만 동양 문명, 그중에서도 한반도 문명은 강림한 하나님의 본체성을 뒷받침하기 위해 반만 년 동안 예비된 제3의 문명 체제란 사실을 이 연구가 지금까지 증거하였고 앞으로도 지속적으로 지성들 앞에서 확인시켜 나갈 것이다.

---

19) 『철학 갤러리』, 앞의 책, p.202.

## 2. 신의 소재 판단

하나님은 불가해한 존재이다. 욥은 "네가 하나님의 오묘를 어찌
능히 측량하며, 전능자를 어찌 능히 완전히 알겠느냐?"라고 말했
다.[20] 어거스틴(Augustin)은 "이성의 한계를 명확히 하는 표현으로
서, 하나님은 지성적으로(그 전에는 하나님을 사고하는 순수 이념적
인 능력으로 인정했음) 충분히 파악될 수 없기에 어떤 개념으로 정
의되거나 규정되지 못한다"고 하였다.[21] 유한한 인간은 무한한 하나
님을 이해하기 어려우므로 神을 알고자 한 몸부림이 결코 평탄하지
않았다. "하나님은 감추어져 있는 심연 속에 계시기 때문에 인간으
로서는 알 도리가 없지만, 하나님의 영은 우리의 깊은 곳을 찾아낼
수 있다. 그렇더라도 인간이 하나님을 완전히 아는 것은 역시 불가
능한 일이다. 왜냐하면 하나님에 대해 지식을 가지기 위해서는 인간
이 하나님보다 더 위대해져야 하므로"란 이유를 달았다.[22] 아퀴나스
는 "만약 하나님이 인간의 언어가 도달할 수 없는 영역을 초월해 있
어 하나님에 대해 아무것도 말할 수 없다고 한다면 결국 불가지론에
떨어지고 말 것"을 우려했다.[23] 이처럼 우리가 神을 아는 데는 어떤
제약이 있는 것이 틀림없는데, 그렇다고 선현들이 체념했던 것처럼
아예 불가능한 것은 결코 아니다. 하나님을 이성과 논리로서 이해할
수 없었던 것은 여러 가지 이유가 있는데, 그중에는 인간이 神을 잘

---

20) 욥기 11장 7절.

21) 『신론(하나님의 계획과 섭리)』, 앞의 책, p.42.

22) 『기독교 신학개론』, 루이스 벌코프 저, 신복윤 역, 은성문화사, 1980, p.24.

23) 『기독교 사상사』, 길리안 R. 에반스 외 2인 공저, 서영일 역, 기독교문서선교회, 1994, p.128.

못 알고 신비 운운한 경우도 있다. 神을 파악할 수 없는 것은 神이 존재하지 않았을 경우뿐이지 존재하고 있는데 파악하지 못한 경우는 없다. 그렇다면 지난날 神을 파악하지 못한 전적인 이유는 바로 인간 자체가 神을 잘못 알고 있었다는데 있다. 하나님의 존재는 너무나 방대하고 높고 깊고 길고(엡 3:19) 무한하여 쉽게 가까이 갈 수 없고 이해할 수 없다고 말한 것은, 인간 스스로 神에 대하여 둘러친 바리게이트이다. 神이 아니라 인간이 설정한 관념상의 제약이라 이것만 풀면 인간은 무소부재한 하나님을 때와 장소를 가리지 않고 접견할 수 있다. 그렇다면 우리는 우선 하나님이 어디에 계시는지 소재부터 파악해야 한다. 직접 뵙고 모습을 보아야 하나님에 대해 판단할 수 있다. 혹자는 『물리학의 세계에 神의 공간은 없다』란 책을 폈는데,[24] 이것이 바로 인간이 神을 잘못 안 사례이다. 神은 창조주인데 그런 결정자를 창조된 공간에서 찾은 것은 神의 소재를 잘못 안 것이다. 현상적 질서를 통해 神의 소재를 유추할 수는 있지만 그것으로 직접 神을 볼 수는 없다. 창조된 물리적 공간과 창조주인 神은 존재한 차원이 다르다. 우리는 육신을 가졌지만 그 어디서도 육신적인 조건으로서는 마음을 볼 수 없다. 神은 육신 이전이자 물질적 공간 이전인 차원적 본질체이다.

이런 특성을 가진 神을 이해하기 위해서는 神이 세상에서 존재한 바탕성을 파악해야 한다. 이것이 神의 소재를 파악하는 가장 정확한 길이다. 하지만 여기에는 두 가지 상반된 견해가 있다. 즉, 아퀴나스는 "神이 세상과 단일체로 구성되어 있지 않은 것으로 보았다. 그렇

---

24) 빅터 스텐저: 하와이 대학교의 물리학과 천문학 분야의 명예교수-『유신론과 무신론이 만나다』, 필립 존슨·존 마크 레이놀즈 저, 홍병룡 역, 복 있는 사람, 2011, p.79.

다면 神은 세계 안에 있지도 않고, 세계와 더불어 있지도 않다"는 뜻인데,[25] 그렇다면 앞서 정의한 神의 본성과는 어긋난 이율배반이 되어버린다. 이런 문제 때문에 스피노자란 철학자는 "神은 세계 안에 존재하며, 나아가 神은 전체 세계와 궁극적으로 동일한 존재라고 주장하였다(내재론 내지 범신론). 세계가 고스란히 神이란 뜻이므로 아퀴나스적인 견해로서는 허용될 수 없다. 세계는 神의 피조물이고 유한한 관계로 창조주로서 무한하고 영원한 하나님과는 동격이 될 수 없다"고 했다.[26] 아퀴나스는 절대적인 하나님과 창조된 세계 안에서 존재한 하나님을 분간하지 못하여 오직 깊은 신앙심으로 창조주와 피조체의 동격성을 엄격히 배격한 입장인데, 사실은 창조된 본의를 깨닫지 못한 한계 인식일 뿐이다. 이런 이유로 스피노자의 범신론이 이단으로 몰려 배격당하기는 했지만, 미비된 점만 보완하면 일면 타당한 신론으로서 승격될 수 있다. 세계는 한마디로 '神 본체의 화현체'인데, 세계＝神{신즉 자연}이라고 한 것은 일체의 근거가 본체에 있다는 사실을 알지 못한 것이다. 세계가 결국은 한 본질체로부터 창조된 동일체인 것을 확인하지 못했다. 하나님이 태초에 천지를 창조한 원리적인 바탕인 창조 메커니즘을 알지 못했다. 세상이 온통 神에 근거해서 창조된 관계로 神은 우주 전체를 몸으로 한 세계 안에서 無所不在(어떤 곳에도 존재하지 않으면서 동시에 모든 곳에 존재한다)할 수 있다. 본질체이므로 神은 세상 안에서 시간과 공간을 초월한다. 바탕체로서 편재(遍在)되어 있다. 내재된 동시에 초월적으로 운용되어 세계 안에서 창조주다운 권능을 발휘할 수 있었다. 그

---

25) 『아퀴나스의 신학대전』, 앞의 책, p.59.
26) 위의 책, p.59.

렇다면 하나님은 정말 어디에 계시는가? 예수는 이미 답변하였는데 인간이 제대로 이해하지 못했다. 성부 하나님을 보여 달라는 빌립의 요청에 대해 예수는, "나는 아버지 안에 있고 아버지는 내 안에 계신 것을 네가 믿지 아니하느냐? 내가 너희에게 이르는 말이 스스로 하는 것이 아니라 아버지께서 내 안에 계셔 그의 일을 하시는 것이라."[27] 내가 아버지 안에 거하고 아버지가 내 안에 계신 것은 아버지가 나를 이룬 바탕체로 존재한 때문이다. 神이 내 안에 있어 한울님을 내 몸 안에 모셨다고 한 시천주(侍天主) 사상은(천도교) 神의 소재를 정확하게 추적한 신관이다. "神이 내 안에 '본디의 나'로 존재한 관계로, 가장 인간적인 나의 모습은 바로 神의 모습이다."[28] 神은 나를 이룬 바탕체로서 내 안에 존재하고 있는데, 우리는 지금까지 어디서 神을 찾아 헤매었는가? 바리새인들이 하나님의 나라가 언제 임하느냐고 묻자 예수는, "하나님의 나라는 너희 안에 있다."[29] 하나님이 내 안에 있고 함께한 소재를 명확히 했다. 그래서 하나님의 나라는 하나님이 머물고 계신 그곳, 바로 나로부터 건설되고 내 안에서 이루어질 것이다. 하나님의 나라가 무형의 가치인 완성과 심판 과정을 거쳐 인류의 영혼 앞에서 영광된 모습으로 도래할 공산이 크다. 하나님의 소재를 정확하게 파악해야 하나님이 앞으로 이룰 미래 역사에 대해서도 가닥 잡을 수 있다. 하나님이 우리의 일거수일투족을 감찰하듯, 우리도 하나님의 역사 의지를 낱낱이 감지할 수 있는 시대를 맞이하리라.

---

27) 요한복음 14장 10절.
28) 『신을 옹호하다』, 테리 이글턴 저, 강주헌 역, 모멘토, 2010, p.224.
29) 누가복음 17장 21절.

## 3. 신 파악 루트

칸트 철학은 물자체에 대한 인간 이성의 근원적 한계를 인정한 중요한 통찰을 이끌었는데, 이것은 어디까지나 인간을 기준으로 한 판단이다. 神의 본성은 유일, 절대, 하나이라, 이와 같은 본체 상태로서는 세상 가운데서 아예 존재할 수 없다. 神을 단순히 관념적으로 유일, 절대, 하나라고 말하지만 그런 상태로서는 존립 자체가 불가능하기 때문에, 물자체로 간주된 神 인식이 불가능한 것이 인간이 지닌 이성 탓만은 아니다. 그런데도 神을 파악할 수 있는 루트를 찾을 수 있다면 그것은 관념 안에서 존재한 하나님이 아니라 세상 가운데서 역사한 하나님이고, 계시된 하나님이다. 성령으로 함께하는 것은 하나님이 나를 이룬 바탕체로서 존재해서이다. 루터는 숨겨진 하나님 운운하면서 "하나님은 인간의 이성적 판단에 의하여 파악될 수 없는 신비한 존재"라고 했지만,[30] 그런 하나님은 대개 상정한 관념상의 하나님일 공산이 크다. 하지만 세상과 함께하는 한 하나님을 파악할 수 있는 루트는 반드시 드러난다. 단지 세상과 함께한 하나님은 분열적인 질서를 따라야 하므로, 총체적인 본체가 생성하는 질서를 따라 순차적으로 모습을 나타낸다. 그래서 하나님을 파악하기 위해서는 세계가 분열을 완료할 때를 기다려야 했다. 이런 이유로 선천에서는 하나님의 모습을 볼 수 없었고, 神에 대한 모습도 제각각으로 표현하였다.

지난날 수많은 지성들이 진리를 추구하여 법칙과 원리는 발견했

---

30) 『신론(하나님의 계획과 섭리)』, 앞의 책, p.12.

지만 神의 모습을 보지 못한 이유는 어디에 있는가? 존재한 神이라도 세상 가운데서 미처 모습을 완성시키지 못했기 때문이다. 神은 일체를 총괄하고 목적을 완수했을 때 모습을 나타낸다. 기독교를 지탱하는 근간인 삼위일체론은 어떻게 해서 이해하기 어려운가? 관념상으로는 三位가 동격인 하나의 본체이지만 三位를 구성한 세 神 중 성령이 미처 모습을 보이지 못한 관계로 교리적으로 완성될 수 없었다. 성령의 본체가 드러나면 그때 하나님의 모습도 완성된다.[31] 따라서 선천에서는 무엇으로도 神을 파악할 수 없었다. 핵심은 본체의 분열성 여부인데, 분열이 완료되면 능히 이성을 통해서도 하나님을 파악할 수 있다. 세계는 분열, 분화, 생성하지만 때가 되면 극이 전환되는데, 이때 분열된 에너지가 극에 달하여 통합을 위한 에너지로 전환된다. 그래서 만상이 하나인 통합체를 이룬다. 헤겔은 세계 역사 안에서 점철된 神의 뜻을 '절대 정신'이라고 하여 "세계사는 절대 정신의 자기실현 과정이며, 철학의 역사는 절대 정신의 자기 인식 과정"이라고 했다.[32] 창조 의지가 역사를 통해 분열되고, 뜻을 구현시키고자 한 것이 곧 세계사이다. 한 의지와 한 목적과 한 뜻으로 추진된 관계로 이것을 살피면 우리도 언젠가는 하나님의 역사 의지(뜻)를 알 수 있다. 우주본체론→우주발생론→우주생성론→우주구조론→우주본말론을 완수하면 하나님도 모습을 갖추고 목적을 실현한다. 생성을 완료하면 우주의 구조가 드러나고 본말을 파악할 수 있게 되어 하나님이 존재자로서 드러난다. "유대교는 근본적으로 그리스와 달리 철학적인 종교가 아니라 실제적인 종교이다. 그래서 구약은 하

---

31) 三位로 분열된 관계로 三位를 이룬 역사가 완수되면 神의 모습도 완성된다.
32) 『세계관의 역사』, 앞의 책, p.116.

나님을 단도직입적으로 나타내었다. 이스라엘 백성과 함께한 존재자로서 모습을 부각시켰다. 세상을 인도하였고 택한 백성을 보호했으며 율법을 주고 이끌고 벌하고 다시 용서했다. 당시에는 백성들이 하나님의 이름을 모르거나 볼 수 없는 존재가 아니었다. 불가시성 존재가 아니라 그 위엄 때문에 우리들의 시야로부터 숨겨진 분이었다."[33] 성서에 의하면 "하나님은 멀리 계시는 하나님일 뿐 아니라 가까이 계시는 하나님이기도 했다. 임재는 불과 연기의 구름 속에서 보여졌으며(창 15:17. 출 3:2, 19:9 등), 폭풍우 속에서도 보여졌고 (욥 38:1 등), 미풍 속에서도 보여졌다(왕상 19:12)."[34] 단지 특정한 시기에 특정한 민족과 사람들에게 존재적으로 임한 관계로 어디까지나 부분적인 모습일 뿐이었다. 창조된 목적은 주관된 역사가 완수되어야 드러나고, 완수되면 神의 모습도 드러난다. 인류 역사는 하나님의 창조 목적과 의지를 구현시킨 과정이고, 임한 말씀은 하나님이 살아 역사한 존재자인 사실을 실인하게 했다. 말씀은 우주 가운데서 무수한 의미체(뜻)로 존재한 하나님이 세계 안에서 인류와 의사를 소통할 목적으로 메시지화시킨 맞춤형 화현체이다. 말씀으로 임하였기 때문에 하나님은 세상 가운데서 무엇보다 확실한 인식으로 존재한다. 말씀화는 무형의 의지체인 하나님이 세상에서 건재할 수 있는 가장 확실한 존재 형태이다. 말씀은 존재자적인 조건과 구조와 의지를 수반하고 있어 하나님이 곧 말씀이라고 해도 과언이 아니다. 우리는 구약 속에서 다양한 하나님의 모습을 보지만, 세상 위에 임한 가장 결정적인 형태는 결국 말씀이다. 하나님은 계시하는 神이시나

---

33) 『기독교 사상사』, 앞의 책, p.10.
34) 『기독교 신학개론』, 앞의 책, p.33.

니, 계시의 주된 실체는 말씀이다. 말씀은 우주의 운행을 주재한 총체적인 질서 의지를 내포하고 있으므로 이것을 꿰뚫으면 삼세 간을 주관한 뜻을 간파할 수 있다.

하지만 이런 계시 역사도 과거에는 곡해한 부분이 있었는데, 그것은 하나님이 역사한 작용 메커니즘을 밝히지 못해서이다. "하나님의 계시(Revelation)는 특별한 권능을 지닌 선택된 자에게만 나타나고(모세, 여호수아, 다윗, 사무엘, 이사야 등등) 인간이 임의로 들을 수 있는 것이 아니며, 일방적인 말씀으로 나타난다"고 보았다.[35] 성경에서도 확인되고 있기는 하지만 그것보다는 인간 스스로 제약 조건을 달아 하나님이 지닌 존재 특성을 추출할 수 없게 만든 비중이 더 크다. 이런 장애물을 걷어내어야 神人 간에 자유로운 교감 관계를 틀 수 있다. 하나님이 계시로 임하였다면 그것이 어떻게 계시인지 알 수 있는가? 자신이 간구한 기도에 대해 합당한 응답이 주어지면 구조적으로 하나님이 임재하였다는 것을 확인할 수 있다. "성서의 저자는 하나님이 선택한 말씀으로 사상을 기록한 성령의 필기자이다. 자신의 정신활동은 중지되고, 저작의 내용과 형태에는 어느 면에서도 공헌하지 못하였다. 성서의 문체까지도 성령의 문체"라고 하는데,[36] 그렇게 접근해서는 애써 이룬 하나님의 역사가 무의미해져 버린다. 세계적인 공간 안에서 이룬 위대한 주재 역사를 부각시켜야 한다. 일차적으로는 사실적인 역사가 있었고, 그다음은 그것을 기록한 역사가 있으며, 세 번째는 현 시공간 안에서 해석한 역사가 있게 된다. 그런데 문제는 하나님이 성령으로서 이룬 역사 의도를 무시하

---

35) 『기독교성서의 이해』, 김용옥 저, 통나무, 2007, p.308.
36) 『기독교 신학개론』, 앞의 책, pp.40~41.

고 성경 기록을 자구대로만 해석한 데 있다. 여기에서 성경을 대하는 태도 정립이 필요하다. 하나님의 역사에 대한 기록인 것은 틀림 없지만 역사책은 세계 가운데서 일어난 특정한 역사에 대한 기록인 것처럼, 성경은 하나님이 인류 역사를 주재한 역사에 대한 대장정이다. 어디까지나 기록일 뿐 성경이 하나님 자체는 아니다. 하나님에 대한 실존성을 체험하는 것은 역사책과 성경을 통해서가 아니다. 우리가 존재한 현실 안에 있다. 시공간 안에서 말씀의 임재 역사가 수반되므로 주재된 의지를 간파할 수 있다. 하나님을 알기 위해서는 특별한 기준과 지혜가 필요하지 않다. 살아 역사된 주재 의지를 분별할 수 있으면 된다. 애써 알려고 하지 않더라도 성령의 역사는 확실한 깨침으로 뜻을 각인시킨다. 하나님은 확실한 인식으로 존재하며 확실한 말씀으로 역사한다.

"인간이 神에 대해서 가질 수 있는 유일한 경험은 임재한 성령의 역사를 체험하는 것이다. 神적 인식은 너와 내가 세계의 현존과 맺고 있는 관계를 통해 주어진다."[37] 그래서 완수된 정경의 결집 역사는 오늘날 지상 강림 시대를 맞이하여 말씀으로 성령의 역사를 펼칠 수 있는 초석을 다졌다. 성경은 어디까지나 성령의 역사를 뒷받침하는 수단이다. 여기서 역사된 존재 의지를 간파할 수 있는 세계작용적인 메커니즘만 자각하면 누구라도 살아 역사된 뜻을 분간할 수 있다. 말씀은 전달되는 것이지만 그곳에는 반드시 성령의 역사가 동반된다. 누구라도 "종이 위의 형상을 하나님의 말씀이라고 믿는 것은 하나님이 우리 인간에게 허락한 고귀한 능력을 모독하는 것이다."[38]

---

37) 「신은 진리이다」, 신희준 저, 가톨릭대학교신학대학대학원 신학과 종교철학전공, 석사논문, 1998, p.77.

하나님은 시공의 질서와 함께하는데 그렇지 않다면 상상으로 엮어낸 이야기로 전락해 버린다. 말씀은 성령이 역사함으로 인간의 간절한 구함과 일치되는 것이며, 그 순간에 살아 역사한 하나님의 뜻이 전달된다. 그렇게 되면 명민한 이성 작용으로 시공보다 앞서 역사한 하나님의 존재성을 파악할 수 있다. 하나님의 고유 본성인 초월성, 영원성, 진리성, 선재성, 바탕성을 확인할 수 있다. 神의 절대적인 본체는 인식할 수 없지만 세상 질서와 함께한 역사를 경험하면 가능하다. 하나님과 조우할 수 있는 곳은 다름 아닌 우리가 시공간 안에서 지닌 내면의 의식 안에서이다. 하나님의 뜻은 깨닫는 것이고 임재 역사를 분간하는 것이다. 그런데 지성들은 어디서 하나님을 찾았던가? 하나님은 살아 존재한 분이지만 형태는 나와 같은 것이 아니다. 하나님은 우리의 의식 가운데 살아 있어 낱낱이 의지를 감찰한다. 그런데 무신론자들은 어떻게 하나님을 거부하였는가? 자신이 보고 자신이 체험한 神이 아니었다. 역사적으로 곡해된 神을 보고 판단하였다. 하나님의 말씀이 그대로 존재 의지를 대변하고 의지를 표출시킨 것이란 사실만 알면 인류가 하나님에게로 나아갈 수 있는 길은 지천에 깔려 있다. 하나님을 파악할 수 있는 길이 믿음과 말씀과 구원을 이루고자 한 간절한 추구 의지로 열려 있었나니, 하나님과의 조우 역사에 인생 최대의 영광을 이룬 구원이 있으리라.

---

38) 『기독교성서의 이해』, 앞의 책, p.405.

## 4. 신의 참모습

하나님이 세상 가운데 존재한다면 그 하나님은 어디에 있고 모습은 또 어떠한가? 우리가 생각하는 神의 참모습은? 그런데 만약 자신이 가진 사진이 찾는 사람의 얼굴과 다르다면? 인류가 神을 찾아 나섰는데 찾는 神의 모습이 각자 틀리다면? 이런 경우를 불식시킬 수 있는 神의 참모습은? 성경에서는 많은 선지자들이 神을 보았다고 하였는데, 그들은 어떤 神을 본 것인가? 바울이 다메섹으로 가는 길에서 본 예수는 실 모습인가 아니면 환상인가? 본인도 이 연구를 준비하는 과정에서 神의 모습을 구했다. 통상 神하면 상상으로 인간과 같은 모습을 떠올린다. 부족하지만 본인도 여태껏 경험한 神을 형상화시키기 위해 노력하였는데, 고뇌한 영혼 앞에 주어진 바의 결론은 일언지하 바란 요구가 거부되고 말았다. 그렇다면 정말 하나님이 일깨우고자 한 뜻은? 하나님의 모습을 구하고자 했는데 부정적으로 응답된 것은 무슨 뜻인가? 요지인즉 하나님의 방법은 성령이다. 성령이 완전하다. 성령은 우리의 경험과 생각보다 낫다. 자신을 부인하고 성령을 좇아라. 성령이 원하지 않으면 해선 안 된다. 바울은 원했지만 성령이 아시아에서 말씀을 전하지 못하게 하시거늘……(행 16:6). 때로는 성령이 복음도 막았다. 하지만 결과적으로 복음이 유럽에 전파되었고 그곳에 첫 교회가 세워졌다. 바울이 안식일에 기도할 곳이 있을까 물었는데 빌립보성에서는 아는 사람이 없었다. 본인 역시 하나님의 참모습을 구했는데 아무도 보여주는 사람이 없었고 본 사람이 없으며 대답하지 않았다. 하나님만큼은 자체 모습을 계시해 주리라 기대했지만 그런 구함을 끝까지 거부해 무응답으로 응답을 대신하였다. 응답을 회피한 것인가? 아니다. 모습을 구한 발문 자체를 부정한 것은 대역설이다. 그래서 깨닫게 된 하나님의 모습은? 하나님조차 모습을 보일 수 없었다는 사실 자체가 바로 참모습이다. 모습을 보이지 못했다고 해서 하나님이 세상 가운데서 존재하지 않는 것은 아니다. 하나님은 형상이 없다는 사실을 확인함으로써 오히려 세상 가운데 존재한 참실상을 찾아 나설 수 있게 되었다.[39] 얼굴을 알고 주소가 정확하게 일치하며 이름까지 분명하다. 그러고 보면 하나님은 역사상 어디서도 모습을 나타낸 적이 없었다. 우상을 만들지 말라고 한 계시와도 일맥상통한다. 하나님의 실상 모습은 세상 어디서도 볼 수 없었는데 앞으로도 볼 수 없으리라. 이것이 이 연구가 내린 하나님의 모습에 대한 최종 결론이다.

그래서 그려낸 하나님의 모습은 곧 무형적인 형상이다. 그런데도 굳이 세상 가운데서 존재한 모습을 표현한다면 그것은 바로 세상의 질서를 통하여 나타난 모습, 곧 화현된 모습이다. 이런 사실을 깨닫게 됨으로써 이 연구는 정말 하나님의 모습을 그려낼 수 있는 무궁한 지혜를 얻게 되었다. 그것이 무엇인가? 여태껏 교감한 은혜이고 인도된 성령의 역사이다. 하나님은 현상적이고 결정적인 세계의 한 켠 뒤에서 형상 없는 본질체로 존재하셨나니, 이것을 깨닫기 위해서 인류에게는 지혜가 필요하였고, 합당한 방법론으로 의지적인 작용을 감별할 수 있는 안목을 가져야 했다. 제반 현상은 결정된 법칙으로부터 주어진 것인데, 그런 법칙은 그렇다면 어떻게 해서 결정된 것인가? 하나님의 존재 의지가 아닌가? 하나님의 모습을 세상 가운데

---

39) 무형이 참 실상인 이유=창조.

서 구했지만 구한 하나님이 세상 가운데서는 없다는 사실을 통하여 오히려 참모습을 볼 수 있는 길을 열었다. 하나님이 우리와 동일한 존재 조건으로서 볼 수 없다는 것이 확실할진대, 인류도 그동안 그런 특성을 지닌 하나님을 볼 수 있는 안목을 갖추지 못했다. 즉, 하나님은 창조주로서 일체를 결정한 무형자인데, 지성들이 판별한 인식 기준은 드러난 현상 질서와 결정된 법칙뿐이다. "오늘날 우리는 인과적으로 치밀하게 짜인 물리적 환경 속에서 살고 있다. 이미 과학이라는 인과론적 틀 속에서 이성으로 해석된, 법칙적으로 연관된 제일(齊一)적 환경 속에 둘러싸여 있다."[40] 이런 체제를 가진 것은 서양 문명이 지닌 사유적 전통과 무관하지 않다. 그들은 이성적인 사유를 중요하게 여겼고, 이성적으로 사유한다는 것은 미신과 신화를 극복한다는 것과 같은 의미로 통했다. 하지만 문제는 그런 판단 때문에 정말 버려서는 안 될 고유한 본질적 가치마저 남김없이 내다 버렸다는 데 있다. "베이컨과 데카르트로부터 계몽 사상가와 독일 관념론에 이르기까지 펼쳐진 철학사의 전개는 바로 이성 개념에 바탕을 둔 사상적 흐름이었다. 그중에서도 중심인 프랑스 합리론과 영국 경험론은 봉건체제를 물리치고 주술과 인습을 타파하여 이성적인 판단 기준에 따라 생각하고 행동한 시민계급의 논리이고 윤리였다. 그들은 이성을 통해서 종교를 비판하고 주술을 추방하였고 참세계의 인식을 이루어야 한다고 굳게 믿었다."[41] 하지만 이런 이성적 본질도 사실은 창조로 인해 결정된 엄밀한 질서를 이치적으로 따진 사고방식일진대, 결정되고 생성되기 이전인 본질체와 극명하게

---

40) 위의 책, p.11.

41) 「독일 관념론과 실천적 유물론의 사회철학」, 차인석 저, 인문논총, 19집, p.91.

대비된다. 그래서 이성적 기능을 활성화시킨 서양 철학은 추구는 하였지만 神을 인식하는 문제와는 거리가 먼 역사가 되고 말았다. 그런데 동양은 전통적으로 존재 안인 내면의 본질 세계를 탐구했던 관계로 세계 안에서 작용한 무형의 섭리 작용이라든지 존재 의지를 감지하는 문제를 숙고하여 왔다. "유교는 존심양성(存心養性)을 말하고, 불교는 명심견성(明心見性)을 말하며, 도교는 수심연성(修心練性)을 말했는데, 이것은 모두 심성, 곧 마음자리를 탐구한 것과 직결된 것이다."[42] 내심을 일군 수행법은 본질을 직관함으로써 무형의 본체성을 감지하는 데 주효하였다. 드러난 대상(사물, 현상, 존재)은 그것대로 감지할 수 있는 인식 체계가 필요하고, 무형인 대상(진리, 道, 본질, 神)도 주어진 조건은 마찬가지이다. 그래서 법칙성과 원리성을 발견한 자연 탐구는 오감과 이성을 활성화시켜야 했고, 수행으로 의식을 도야한 것은 존재 이면의 본질성을 직시하고 구조를 통찰하는 데 적합했다. 동양의 三敎 중에서도 특히 불교는 깨달음을 구한 전통이 있는데, 이것은 다름 아닌 무형인 본질 세계를 직시하고자 한 노력이다. 그렇게 해서 일군 반야(般若)는 곧 사물의 참 도리를 사무쳐 보는 깊은 지혜이다.[43] 사물의 참 도리는 사물의 참모습으로서 神이 갖춘 참모습과 조건 면에서 대등하다. 반야는 깨달은 결과로 얻는 것인데, 이것이 바로 초월적 지혜이다.[44] 현상계적인 질서(오감)를 초월하여 일체 쏲을 가능한 본체적 질서 인식이다(직관). 이것은 일체 쏲을 볼 수 있는 지혜로서 현상계 너머에 존재한 하나님을 보는 눈과 같다.

---

42) 『탄허록』, 탄허 저, 한겨레출판, 2012, p.12.

43) 『반야심경강의』, 광덕 저, 불광출판사, 1995, p.25.

44) 「후기 중관학파 관점에서 본 반야심경 해석」, 강영철 저, 창원대학교대학원 교육학과, 교육박사논문, 2007, p.97.

하나님은 창조 이전이고 생성 이전으로서 현상계적 질서를 초월해 있다. 따라서 佛陀는 깨달음을 통해 하나님의 참모습을 볼 수 있도록 길을 개척한 선지적 교조이다. 이렇게 트인 길이 있어 오늘날 하나님이 동양의 하늘 아래서 강림할 수 있었다.

그렇다면 사물의 참 도리를 깨우쳐 본 깊은 지혜로 간파한 사물의 참모습은? 불생불멸, 불구부정, 부증불감한 공상(空相)이 그것이다.[45] 생겨나지도 않고 사라지지도 않는다(不生不滅)는 것은 현상계 안에서는 존재할 수 없는 상태이다. 그렇다면? 창조 이전에 하나님이 갖춘 존재 형태이다. 이런 空相을 지혜로서 엿보았다. 다시 강조해 하나님의 참모습은 불생불멸, 불구부정, 부증불감한 본체 상태 자체이다.[46] "열역학 제일법칙에서 열은 에너지의 일종으로 열을 포함한 모든 에너지는 만들거나 없앨 수 없으며, 늘거나 줄어들지 않는다(에너지 보존 법칙)."[47] 어김없이 본체가 지닌 부증불감 특성의 법칙화이다. 화엄의 삼계유심(三界唯心), 천태의 일념삼천(一念三千), 선종의 견성성불(見性成佛)은 선천에서 엿본 절대 본체의 미완수된 인식화이다. 그런데도 하나님의 모습으로까지 연결 짓지 못한 것은 선천 인식의 한계이다. 플라톤이 왜 이데아는 영원불변한 보편적 知의 대상이고 현상계는 知의 대상이 될 수 없다고 했던 것인지 이해할 수 있다. 영정 사진은 정말 그 사람을 대변한 참모습인가? 도대체 이 세상에서 영원한 것은 어디에 있는가? 무엇이 참된 것이고 참된 실체인가? 하

---

45) 不生不滅: 생겨나지도 않고 사라지지도 않는다. 不垢不淨: 더럽지도 않고 깨끗하지도 않는다. 不增不減: 증가하지도 않고 감소하지도 않는다.

46) 하나님은 형상이 없기 때문에 판단 가능한 현실적인 질서 인식을 기준으로 그것을 부정한 방식을 통해 하나님의 모습을 근거지음.

47) 「송대 이기론의 물리학적 탐구」, 심규하 저, 성균관대학교대학원 유학과 유교철학전공, 박사논문, 2007, p.66.

늘 아래 있는 모든 것은 생멸한다. 어제까지 살아 있었던 사람이 가 버리는 이 허망한 현실을 지켜보면서 누구도 그것이 참모습이라고 말할 수는 없다. 그렇다면? 불변(변하지 않는)한 그것이 오직 참모습 이고 유일한 실체이다. 영원한 본질이 의지성과 권능성과 인격성을 갖추면 만인은 비로소 하나님의 참모습을 볼 수 있게 된다. 그런 존 재를 뒷받침한 근본 바탕은 도대체 무엇인가?

> "사리자여, 이 모든 法의 空한 相은 나지도 않고 없어지지도 않고, 더러워지지도 않고 깨끗해지지도 않으며, 늘지도 않고 줄지도 않 느니라"이다(『반야심경』).

육조 혜능은 오도(悟道)하길, "어찌 自性이 본래 스스로 청정함을 알았으며, 어찌 自性이 본래 생멸하지 않는 것임을 알았으며, 어찌 自性이 본래 스스로 구족함을 알았으며, 어찌 自性이 본래 동요가 없 음을 알았으며, 어찌 自性이 능히 만법을 냄을 알았으리까!"[48] 이것 은 하나님의 참모습이 어찌 본래 청정하고 생멸하지 않고 스스로 구 족하고 동요가 없고 능히 만법을 내는 데 있다는 것을 알았겠는가란 물음과 같다. 이전에는 아무도 알 수 없었는데 지상 강림 역사로 묘 연한 본체계의 진리성, 창조성, 존재성이 드러남과 함께 하나님의 참모습도 밝혀지게 되었다. 覺者들이 깨달았고 애써 호소했는데도 이해하지 못했는데, 본체계의 작용 메커니즘과 존재성을 확인할 수 있게 됨으로써 여기에 근거한 하나님의 모습도 명확해졌다. 천지의 바탕인 본체 작용이 진리를 통해 밝혀짐으로써 하나님도 그 실체성

---

48) "何期自性 本自淸淨 何期自性 本不生滅 何期自性 本自具足 何期自性 本無動搖 何期自性 能生 萬法." -『육조단경』.

이 드러났다. 인류가 하나님의 참모습을 보고 하나님이 어떤 모습을 갖춘 것인지 알게 되었다. 하나님을 파악할 수 있는 기준 안목이고, 하나님의 참 형상과 모습을 그려낼 수 있게 되었나니, 이런 일이 정말 가능하다고 보는가? 가능한 여기에 하나님이 이 땅에 본체자로 강림한 현실 역사가 있다.

# 제25장 세계 구조

## 1. 자연을 통한 계시

　하나님을 알고 만나고 파악하기 위해서는 어떻게 해야 하는가? 말씀을 기록한 성경을 살피면 되는가? 사람을 제대로 알기 위해서는 서로 대화하고 경험해야 한다. 신학자, 신앙인, 철학자들이 하나님에 대해 남다른 관심을 가졌는데, 그들이 성경을 읽지 않아 여태껏 하나님을 보지 못하였을 리는 없다. 설사 성경을 다 외울 수 있다 하더라도 하나님은 온전히 파악할 수 없다. 파악할 수 있다고 생각한다면 그것은 하나님을 크게 잘못 안 것이 된다. 태도를 바꾸지 않으면 하나님을 알 기회가 영원히 사라진다. 무엇이 문제인가? 자연 가운데 함축된 거대한 계시 체제를 무시한 것이다. 성경이 전부가 아니고 성경만으로는 神을 모두 알 수 없었다는 뜻이다. 그런데도 착각한 것은 하나님을 피조된 세계와 격리시킨 세계관에 원인이 있다. 이것이 잘못되었다는 것을 깨닫지 못한다면 자연으로부터 하나님을 접할 기회는 다시없다. 그래서 이 연구가 하나님 자체로부터 오는 특별 계시와 자연을 통해 주어지는 일반 계시(자연 계시)를 두루 활성화시키고자 한다. 특별 계시만으로는 어려우므로 일반 계시를 진리계의 전면에 세워야 하는데, 성과가 지지부진하여 논쟁만 분분하였다. "기독교인들은 세상을 창조한 유일신을 믿고, 神의 계시가 성경이라는 책(Book of Bible)에 기록되어 있다고 확신하면서도 神이 자연이라는 책(Book of Nature)도 저술했다고 믿었다. 케플러(Johannes Kepler)와 로버트 보일(Robert Boyle)처럼 17세기 과학 혁명기에 새로운 과학을 주창한 과학자들은 神이 세상을 창조할 때 자연에 법칙을 부여한 관계로 그런 법칙을 찾아내는 것이 과학자의 임무라고 여겼다. 이런 생각은 실제로 여러 법칙을 발견하게끔 이끌었다. 뉴턴은 만유인력이 神의 섭리가 우주라는 공간에 작동하는 방식이라고 보았다. 하지만 알다시피 16~17세기에 일어난 천문학 혁명은 인간이 사는 지구가 태양계 중 일개 행성에 불과하다는 것을 깨우치게 하였고 지질학과 고생물학, 진화론의 발전은 지구의 역사가 성경의 창세기에 쓰인 것과는 다른 과정인 것을 암시하므로 자연과학과 기독교 간의 충돌을 불가피하게 만들었다. 창조주의 역할에 대해 제약을 가하자 기독교는 과학을 억압하고 이룬 성과를 무시하며 창조 과학과 같은 이론을 주창하여 대응했다."[49] 하지만 미봉책에 불과하여 봇물처럼 쏟아진 과학적인 사실들 앞에서 속수무책이었다. '원숭이

---

49) 『붓다와 다윈이 만난다면』, 안성두 외 4인 저, 서울대학교출판문화원, 2011, pp.246~247.

재판'으로 알려진 스코프스 재판(1925)에서 진화론을 옹호한 클러렌스 대로우와(질문) 창조론을 옹호한 윌리엄 제닝스 브러이언(대답) 사이의 심문이 그것이다.

> "태양이 넷째 날에 만들어졌다고 생각하십니까? 그렇습니다. 그렇다면 태양이 없이도 낮과 밤이 있었습니까? 나는 단지 주기를 말할 뿐입니다. 그렇다면 태양이 없이도 네 주기 동안 아침과 저녁이 있었다고 생각합니까? 나는 쓰인 대로의 창조를 믿을 뿐입니다. 그것을 설명할 수 없다면 그냥 받아들일 것입니다."[50]

성경만으로는 하나님을 파악하기 어렵기 때문에 자연 계시도 해석할 수 있어야 하는데, 안타깝지만 창조론자들은 이것을 판단할 기준이 없어 자연에 대한 해석 틀을 마련하지 못했다. 이것은 밝힐 바 만물의 원인과 알파를 만물 안에서는 찾을 수 없었기 때문이다. 色쏘의 본질을 모두 알아야 하므로 자연 속에 함축된 계시를 밝히는 것은 하나님을 알기 위해 풀어야 한 선행 과제이다. 왜 자연과학과 기독교가 충돌하게 되었는가? 창조를 모르고 바탕된 본체를 보지 못했기 때문이다. 형제도 부모를 모르면 대적할 수 있는 것처럼 원인은 단순하다. 그런데도 근대를 이룬 서구의 지성들은 문제를 해결하기 위해 취한 방법이 본질과 크게 어긋났다. 방법 구안이 서양이 이룬 전통 사상 안에서는 불가능하였다. 서구 문명이 지닌 진리적 한계성이다. 길을 잘못 들어선 이상 원점에서 다시 하나하나를 추적해 나가야 한다. 기독교 신학은 하나님의 계시를 통상 "자연 계시(일반 계시)와 초자연 계시(특별 계시)로 나누었는데, 자연 계시는 인간의 구

---

50) 위의 책, p.237.

조와 자연 현상을 통하여 전달하는 계시이고, 초자연 계시는 하나님께서 자연적 과정 속에서 간섭하는 계시로서, 꿈과 구전 같은 자연적 방법을 사용할 때도 초자연적인 방법으로 그것들을 사용하였다."[51] 여기서 초자연 계시는 계시이려니와 "일반 계시는 직접적인 말씀의 전달 형식으로 인간에게 오는 것이 아니다. 자연 현상에서 인간 정신의 일반적 구조에서 경험 혹은 역사의 사실 속에서 볼 수 있는 神적 사상의 구체적인 표현이다."[52] 초자연 계시는 말씀이 있지만 山下가 말을 하는가, 하늘이 말을 하는가, 역사가 말을 하는가? 무언(無言)이기 때문에 함의된, 혹은 주어진 결과를 보고 그것을 해석할 수 있는 세계관적 안목과 통찰이 필요하다. 그런데 기껏 자연 계시에 대해 가능성을 시사한 성경 구절 정도만 찾아내었을 뿐 자연 현상 가운데서 계시를 분별할 수 있는 직접적인 기준 안목은 아무도 제시하지 못하였다. 그래서 자연 계시에 대한 신뢰성이 추락하여 버렸다.

자연 계시와 이것을 뒷받침한 자연 신학은 그동안 많은 철학자와 신학자들에 의해 비판되었다. 영국의 철학자 흄은 원인과 결과 사이에 필연적인 관계성이 있다는 것을 부정하고 자연 계시를 단순한 사변으로 간주했다.[53] 신학자 바르트는 일반 계시와 자연 신학을 모두 거부했다. 오직 예수 그리스도 안에 유일하고 완전한 계시가 있을 따름이라고 했다. 이런 설에 대해 반기를 들고 자연 신학을 변호한 사람은 그의 친구 부룬너였다.[54] 세상 어디에서도 자연을 통해 神을

---

51) 『기독교 신학개론』, 앞의 책, p.25.

52) 위의 책, p.27.

53) 하나님의 존재를 증명하기 위해 제시한 논증 가운데 하나인 '우주론적 논증'은 자연 세계에 대한 관찰로부터 하나님의 존재를 증명하는 것인데, 이 논증을 비판함-「자연신학 논쟁연구」, 이규욱 저, 목원대학교신학대학원 신학과 조직신학전공, 석사논문, 2008, p.37.

54) 위의 논문, p.37.

볼 수 있는 안목이 개안되지 못하였고, 판단할 수 있는 세계관적 틀을 미처 마련하지 못했다는 뜻이다. 하지만 자연 계시를 통해 하나님을 파악할 수 있는 가능성만큼은 열려 있다. 무엇보다도 성경 속에서는 분명하게 하나님이 자연을 통해 주신 자신의 계시에 관해 말씀하였다(시 19편). 특히 바울은 하나님이 만든 만유 안에서 스스로를 증거하는 하나님의 계시가 전 우주에 걸쳐 보편적으로 나타났다고 굳게 믿었다. 즉, "하나님의 영원하신 능력과 신성이 그가 만드신 만물에 분명히 보여 알게 되었다"라고 명시했다.[55] 어떻게? 무엇을 통해? 구체적인 설명은 없지만 언젠가는 알게 되리란 믿음이다. 가톨릭이 바티칸(Vatican) 제1차 공의회에서 자연신학적 인식의 가능성에 대해 문을 열고, 자연을 통하여 인간은 이성 안에서 창조주를 인식할 수 있다고 선언한 것은 인류가 지향해야 할 올바른 방향을 제시한 것이다. 천지자연은 창조되었기 때문에 하나님의 계시가 스며 있다. 피조물 속에는 창조주의 혼이 투영되어 있다. 하나님은 무소부재하므로 자연을 통해서도 확인할 수 있어야 참된 창조주로서 증거된다. '신즉 자연'이다. 神은 창조주이고 자연은 피조물로서 별개일 수 없다. 삼라만상이 神에 근거한 관계로 神은 세계와 함께하고 세계 안에 존재하리란 것은 당연하다. 이것이 일반 계시와 특별 계시가 구분될 수 없는 분명한 근거이다.[56] "인류는 고래로부터 초자연적인 神적 존재를 믿어왔지만 그렇다고 쉽게 인간 이성과 감성의 추구 대상으로 다가오지는 않았다. 파악하기가 어려웠던 것은 지적한 대로 초자연적인 계시만으로는 부족함이 있었기 때문이다. 하나

---

55) 로마서 1장 20절.
56) 자연계시의 근거: ① 신즉 세계(창조) ② 창조주의 혼이 투영됨 ③ 무소부재 ④ 성경 계시.

님은 확실한 인식으로 존재하는데, 그 근거는 오히려 자연 속에 새겨진 계시를 분별했을 때이다. 하나님의 손길이 만물 위에 머물고 있는데, 그 비중은 특별 계시와 하등 차이가 없다. 단지 자연 계시도 자체만으로는 하나님에 대해 정확한 지식을 가질 수 없기 때문에 특별 계시의 도움이 필요하다.[57) 따라서 마련되어야 하는 것이 자연 속에 함의된 계시를 분별할 수 있는 기준 틀이다.

이에 이 연구는 지난날 주재된 창조 역사에 대하여 섭리의 일관성을 입증하였거니와(『세계섭리론』), 이제부터는 자연을 대상으로 하여 하나님의 뜻을 분별할 수 있는 안목도 제시하고자 한다. 이것은 세계가 神적 본질로 구성되어 있다는 관점에 입각하여 세계 안에 가로 놓인 존재 구조와 충족 조건을 판단하는 방식이다. 그렇다면 무엇보다도 창조된 본의에 입각한 세계관적 틀이 필요하다. 들녘에 나가 이삭을 줍는 자는 낱알이 어떻게 생긴 것인지 알아야 한다. 그리해야 온갖 꺼풀들을 가려낼 수 있다. 하나님은 자연 가운데서도 존재하기 때문에 자연 계시는 하나님의 뜻과 존재 의지를 뒷받침하고 하나님을 나타낸다. 자연, 즉 하나님인데도 창조로 인해 자연이 존재 방식 면에서 차원을 달리한 연유만 알아차린다면 만인은 바야흐로 대자연과 우주를 통해서도 하나님의 뜻과 모습을 분간할 수 있는 시대를 맞이하리라.

57) 『신론(하나님의 계획과 섭리)』, 앞의 책, p.93.

## 2. 신 파악 기준

이스라엘 민족은 하나님이 그들을 위해 이룬 역사가 있어 직접 神을 경험하였고, 기독교인은 이성과 신앙을 통해 지적으로 접근했다면, 오늘날은 강림한 보혜사 하나님이 진리의 성령으로서 이룬 성업을 통하여 우주적인 창조 역사를 실인할 수 있다. 지상 강림 역사가 완수되기 이전, 즉 본체가 드러나기 전에는 神{天}에 관한 존재 파악이 불분명하였다. 지성이면 감천이고 자신을 다하면 天을 안다고 했지만(맹자), 누구도 天에 대한 모습을 확실하게 감지할 수 없었다. 하지만 하나님이 본체자로 강림한 이후부터는 상황이 달라졌다. 하나님이 강림하기 위해서는 되어진 바인 존재자로서의 구조가 드러나야 했는데, 본체 강림으로 이 문제를 해결하였다. 어떻게 하여 해결하게 되었는가? 본체가 드러남으로써 色空의 본질이 명백하게 된 것이다. 이전에는 色은 色만으로 空은 空만으로 존재하여 과학이 아무리 자연, 우주, 물질세계를 탐구해도 그런 단일 구조로서는 근원된 본질을 볼 수 없었다. 언급한 바 터툴리아누스는 "불합리하기 때문에 나는 그것{神}을 믿을 만하고, 불가능하기에 확실하다"고 했던 것처럼, 초월적인 神은 파악하기도 어렵지만 당시로서는 세상 어디서도 神의 모습을 판별할 수 있는 기준이 없었다는 뜻이기도 하다. "신앙은 이성과 양립할 수 없다는 생각이 펴져 있었고, 신앙을 갖는 것은 사고의 자유와 합리적 사고방식을 포기함으로써만 가능한 것이라고 믿었는데"[58] 사실은 그렇지 않다. 세계를 통해서도 神을 볼

---

58) 『기독교 신앙의 변증』, 캠벨 몰간 저, 황영철 역, 1988, p.43.

수 있는 길이 창조된 본의를 깨달으면 열리고, 이런 경우에는 오히려 합리적 사고방식이 더욱 긴요하다. 세계 구조를 판별하는 안목이 없었을 때는 신앙에 의존한 한계가 있었지만, 이후는 직접 판단할 수 있는 이성 기능의 활성화가 기대된다.

그렇다면 神을 파악하는 데 왜 세계에 가로 놓인 구조부터 파악해야 하는가? 사물, 세계, 자연, 정신, 우주가 창조와 동시에 구조화되었다는 데 이유가 있다. 세계는 주어진 그대로 神의 모습 자체이다. 세계 구조가 神이 갖춘 존재 구조와 동일하다. 삼라만상은 모두 본질을 가지며, 이 본질은 두루 통할 만큼 공통된 구조를 가진다. 그중 사물은 의식과 정신적인 인식 기능이 없어 외형적인 구조가 그대로 본질적인 특성을 대변하며, 인간은 인식 작용을 가져 존재한 본질 구조를 의식을 분열시켜 추출할 수 있다. 의식이 없다면 인식도 없겠지만, 의식이 있기 때문에 온갖 사물을 인식할 수 있는 의식을 완수 의지로 분열시키면 내면 속에 잠재된 본질을 형상화시킬 수 있다.[59] 본질이 지닌 구조를 파악할 수 있는 구체안이 자체 의식을 분열시킴으로써 세워진다. 그래서 철학 영역도 인식적인 문제를 중점적으로 다루었던 것이고, 그런 노력 덕분에 가일층 궁극성에 대한 접근이 용이해졌다. 가능한 현상인 것은 인식이 바로 의식을 분열시켜 이룬 본질의 투영물이기 때문이다. 지혜와 선정은 동일하고 번뇌와 보리는 둘이 아니다(不二). 현상과 본질이 직결된 사실을 통해 세계의 본질을 가늠할 수 있게 된다. 그리하여 분열된 의식의 완수 과정을 종합하면 존재한 본질의 특성을 구조적으로 파악할 수 있다.

---

59) 인식은 의식이 분열하여 드러난 것이며, 의식은 분열된 인식을 통해 존재한 구조와 궁극적인 본질을 드러냄.

어떻게? 존재한 몸 안은 두루 통하고 한 의지로 관장되며 꿰뚫어지는데, 확인한바 세계의 본질이 바로 그와 같다. 진리가 그러하고 섭리가 그러하며 하나님의 뜻이 그러하다. 이런 구조적인 특성이 바로 세계의 존재화를 증거한다. 분열이 극에 이르면 극이 전환되어 지속적으로 반복, 순환하는 것도 본질이 구조적으로 한 몸 안인 것을 시사한다. 無極에서 생성된 太極은 한번 動하여 生陽하고 陽이 극성하면 生陰하여 靜하니 양의(兩儀)된 음양은 분열 중인 과정에서는 극성이 틀리지만 결국은 한 바탕인 太極이다. 어떻게 형태가 무형인데 존재처럼 구조를 파악할 수 있는 것인가? 극이 전환된다는 것은 시작과 끝이 연결되고, 원인과 결과가 하나란 뜻이다. 일체로서 다른 곳으로는 빠져나갈 문이 없기 때문에 오직 有함만 존재할 수 있게 된 구조이다. 그래서 창조된 세계는 영원하게 생성할 수밖에 없다. 창조는 그냥 이루어진 것이 아니다. 하나님의 영원성을 시스템적으로 구현한 위대한 역사이다. 그래서 세계의 생성은 그대로 우주의 구조가 되고, 고스란히 하나님의 존재 특성을 나타낸다.

　치밀하게 계획된 세계 구조는 누구라도 고도의 지적 설계와 목적성을 추정하게 한다. 문제는 그렇게 지목한 주체가 정말 하나님인가 하는 것인데, 이에 대한 확실한 근거로서는 사전 결정성과 선재성이 있다. 우리는 태초에 이루어진 과거의 창조 역사를 경험할 수 없고, 세계를 창조 이전으로 돌이킬 수 없지만, 창조된 결과로 있게 된 존재의 결정 구조를 살펴보면 창조된 여부를 확인할 수 있다. 창조가 아니라면 진화에 따른 결과인가? 진화된 것이 사실이라면 진리와 법칙은 어떻게 해서 이미 결정적인가? 결정은 결코 경험적일 수 없다. 그렇다면? 선재적이다. 진리는 경험을 통해 추출할 수 있지만 진리가 존재하고 있는 것 자체는 지극히 선재적이다. 아무리 따져보아도 진리는 진화로 인해 생길 수 없다. 만물이 생성하기 이전에 존재해야 한다. 선재란 현 시공간 앞에 존재한다는 뜻인데, 초월은 神이 갖춘 절대 권능이다. 이런 권능을 무시하고 우연과 절로를 내세운 것은 명백한 지적 퇴보일 뿐이다. 그래서 호교론자들은 神을 증명하기 위해 다양한 논증을 세웠다. 즉, "神이 세상을 설계하고 만들었다면 분명한 목적이 있다. 정교한 기계 뒤에는 그것을 만든 엔지니어가 있듯, 정교한 자연 뒤에는 그것을 설계하고 만든 조물주가 있다고 했다(목적론적 논증-기원전 1세기의 키케로)."[60] 그러나 이것은 아쉽게도 神에 대해 초점을 정확하게 잡지 못한 논증이다. 어떤 사람이 잃어버린 물건을 되찾고자 할 때 그것이 확실히 자신의 물건이라는 것을 증명하기 위해서는 마땅한 표적을 지니고 있어야 한다. 구조도 마찬가지이다. 일치가 관건인데 확인하기 위해서는 양쪽 구조를 모두 알고 있어야 한다. 그런 조건 중 대표적인 것 하나는 삼라만상은 만개되어 있어도 본질적인 측면에서는 한 통속이라는 데 있다. 삼라만상은 다양하지만 본질은 하나로서 통하고 꿰뚫어진다. 왜 그런가? 하나인 하나님을 근거로 하여 천지가 창조되어서이다. 서로가 통하는데, 통한다는 것은 구조가 같다는 뜻이다. 구조적으로 일치되기 때문에 만상이 상호간 정보를 공유할 수 있다. 전우주가 유기적인 네트워크를 이루었다. 물은 물고기에 대하여, 물고기는 물에 대하여 서로를 잘 알고 있다(만물일체). 낱개는 물질적인 양으로서는 부분에 불과하지만 본질적으로는 전체에 대한 정보를 공유하고 있

---

60) 『붓다와 다윈이 만난다면』, 앞의 책, p.260.

다. 본질은 내재하였고 형태적으로는 무형이지만 세계를 지속시키기 위해 생성하고 있다.[61] 이런 사실을 밝히기 위해서 대우주가 생성해야 했던 만큼, 지상 강림 역사가 완수된 것은 세계가 본질적으로 대전환점을 맞이했다는 뜻이다.

## 3. 세계의 존재 조건

인류의 지성사는 절로시스템과 작위시스템과의 견해 차이 내지 대결 역사였다고 해도 크게 벗어난 판단이 아니다. 그렇게 여긴 것은 어디까지나 이성을 통해 가늠한 '합리성' 여부인데, 합리적이지 못한 영역이 인간 지성이 미처 개오되지 못하여 저질러진 오판 영역이라면 어떻게 할 것인가? 절로시스템은 아무리 기다려도 대책이 없으니까 딛고 선 합리성의 틀을 깨어버리고 무목적, 무질서, 우연성이란 비진리 세계로 나섰던 것이다. 이런 상황에서 본의에 입각한 세계의 필연적인 존재 조건 제시는 방황된 지성들에게 세계를 전혀 새롭게 판단할 수 있는 명백한 기준이 되리라. 절로시스템의 대표격인 노자 사상에 대해 주를 단 왕필은, "천지는 스스로 그러함에 맡길 뿐 억지로 하거나 만드는 일이 없다. 그런데도 모든 사물은 스스로 서로를 다스리면서 질서를 유지한다. 그러므로 여기에는 인간의 인위적 기준이 끼어들 여지가 없다"고 했다.[62] 천지자연은 인위가 배제된 세계로서 인간이 가진 능력으로서는 조화와 질서를 헤아리기 어렵다고 했지만, 그렇게 여긴 것은 어디까지나 인간적인 판단

---

61) 본질 자체는 불변하지만 만상을 지속시키기 위해 끊임없이 생성함.
62) 『노자주』, 왕필 저, 5장, 왕필집교석, p.13.-『위진철학』, 정세근 저, 예문서원, 2002, p.95.

이고, 왕필에게는 神이란 개념이 전혀 없었다. 절로시스템은 제3의 초월적인 창조 권능을 배제하고 자체적으로 해결할 수 있다고 본 관점으로서, 이런 생각 때문에 神을 보지 못했고 神을 확인할 필요조차 느끼지 못했다. 하지만 세계를 자세히 살펴보라. 세계가 지닌 존재 조건을 두고 보면 필연적으로 神이 존재한다. 이것을 인정해야 동양의 진리 하늘에서도 神이 강림할 수 있다. 절로시스템이 사실은 구축된 창조시스템이란 것을 알면 동양의 영혼들도 하나님을 알고 구원받을 수 있다. 동양인들이 전통적으로 일군 진리관이 하나님의 강림 본체를 뒷받침하여 함께할 수 있는 길을 튼다. 동양의 제민들에게도 神이 필요하나니, 그것은 비단 동양인들뿐 만이겠는가? 온 인류가 하나님의 백성이 되어야 하리라.

그 동인(動因)이 무엇인가? 너와 나, 세계의 현상과 자연 가운데서 절로가 없다(원인이 필요함)는 사실을 확인하는 데 있다. 神은 전지전능하지만 인간에게는 한계가 있다. 왜 한계가 있는가? 절로시스템은 자화(自化) 시스템이기 때문에 정확하게 답할 수 없다. 정답은 창조 동인이 따로 있어서이다. 한계를 지닌 것은 피조체가 지닌 특성이다. 어떤 경우에도 無는 有로 전화될 수 없다. 有와 無는 단절되어 있다.[63] 그런데 현재 有가 존재하고 있다는 것은? 神을 알 수 없었던 곽상은 곧바로 절로시스템을 들이대었다. 즉, "사물은 각각 저절로 생겨나는 것이며, 다른 어떤 것에서 생겨나는 것이 아니다."[64] 만물

---

63) "無가 변화하여 有로 될 수 없을 뿐 아니라 有 역시 변화하여 無가 될 수 없다. 그러므로 有란 것은 비록 천만 가지로 변화하여도 하나의 無가 될 수 없다. 하나도 無가 될 수 없으므로 예로부터 有는 없던 때가 없이 항상 존재하는 것이다."-『장자주』, 지북유, 장자집해, 곽상 저, p.763.

64) 위의 책, 제물론, 장자집주, p.50.

은 오직 홀로, 그리고 저절로 생겨났을 뿐이다. 有는 어떤 원인이 있어 결과적으로 그렇게 된 것이 아니다. 아무 원인 없이 저절로 되었다. 有無에 대한 차원성을 언급한 비범한 곽상이 하늘과 땅 위에 새겨져 있는 법칙을 무시하고 절로시스템을 내세운 것은 일체를 비판 없이 적용시킨 선천 지성 전체의 억측이다. 세계 속에 가로 놓인 당위적 조건을 고려하지 않았다. 그것이 무엇인가? 창조로 인해 있게 된 세계적 동인, 즉 현상계의 구조상 뭇 존재 이전의 최초 질료(바탕체), 최초 질서, 최초 원인(제일 원인), 최초 시작, 최초 운동을 일으킨 부동의 동자가 그것이다. 창조를 시사한 절대적 조건으로서, 이런 요구의 최고 정점에 神이 존재한다. 왜 세계에는 최초란 조건이 필요한가? 최초 일격이 있어야 하는가? 그 이유는 다름 아닌 세계 안에서는 어디에서도 최초의 일격을 찾을 수 없다는 데 있다. 이것은 분명한 구분이고 경계선이며 피조 세계가 지닌 한계성이다. 최초 일격을 구사한 원동력은 피조체 밖에 따로 있었다. 이것은 존재가 지닌 절대적인 조건이고 창조로 인해 결정된 필연적인 존재 구조이다. 객차가 아무리 빠르게 움직여도 객차 자체에는 객차를 움직이게 하는 원동력이 없다. 세계 가운데 주어진 조건도 이와 같다. 기관차는 따로 있다. 객차는 기관차가 끌기 때문인데, 지성들은 어떻게 하여 세계 가운데 가로 놓인 피조적인 조건은 그렇게 보지 못하였는가?[65] 여기에 바로 천지가 창조된 비밀이 있다. 창조된 존재는 현상화된 상태이고, 창조를 이룬 바탕체는 내재되어 있다. 그런데도 현재 드러난 모습만 보고 자동, 자화, 절로시스템으로 판단하였다.

---

65) 세계의 피조성, 즉 세계가 원동력을 지니지 못한 것은 천지가 창조된 사실을 입증함.

존재 조건에 최초의 원인, 최초의 일격이 필요한 것은 그 최초에 해당한 첫 시작과 알파를 세상이 지니지 못했고, 세상 질서 가운데서는 찾을 수 없다는 데 있다. 비단 알파뿐 만이겠는가? 끝도 없다. 그래서 無始無終이다. 천지는 창조되었지만 그렇게 해서 존재한 삼라만상은 구조적으로 입구와 출구가 막혀 있다. 그래서 영원히 생성할 수밖에 없는 시스템, 곧 자화시스템인 것처럼 보였다. 알파와 오메가는 분명히 존재하는데 세상 질서 안에 없는 것은 다른 곳에 따로 존재하고 있어서이고, 세상은 그렇게 봉합된 구조로 되어 있어 창조된 세계가 지극히 有한 본질성을 갖출 수 있었다. 그 알파와 오메가를 神이 장악하였고 통합체로서 본유하고 있었는데, 이것을 깨닫지 못하였다. 지혜롭지 못한 처사이다. 최초 시계의 태엽은 누가 감았는가? 세상이 움직이는 것은 시계가 존재하는 것과도 같은데, 이 같은 당위 조건을 간과하였다. 썬팅 때문에 운전자를 볼 수 없다고 해서 자동차가 스스로 움직이고 있는 것은 아니다. 인공위성이 우주 궤도에 안착하기까지는 지구의 인력권을 뚫기 위한 엄청난 에너지가 소모되었다. 삼라만상과 우주는 결코 절로 운행되고 있는 것이 아닌데 그렇게 보인 것은, 절로 운행되는 것처럼 보일 정도로 완벽하게 구축된 창조시스템 때문이다. 노자가 주장한 무위자연(無爲自然)은 정말 그렇게 해서 운행되고 있는 창조시스템에 대한 인식이다. 노자는 아는지 모르는지 "사람은 땅을 본받고, 땅은 하늘을 본받고, 하늘은 道를 본받고, 道는 스스로 그러함을 본받는다"고 했다.[66] 본받는다는 것은 무위성에 대한 역설적 행위이다. 무신론자가 선호한

---

66) 『노자도덕경』, 25장.

무질서, 무작위적인 절로시스템이 아니다. 하나님의 창조 역사를 찬탄한 범상치 않은 통찰이다. 이와 같은 필연적 조건과 구조를 알아야 하나님의 위대한 창조 역사를 이해할 수 있다.

하나님이 태초에 이룬 경이로운 창조 작업은 결코 신화적이지 않다. 창조주가 지닌 능동성과 피조체가 지닌 수동성 구조는 세상 위에 남겨진 창조의 분명한 흔적이다. 이런 이원화 구조가 지닌 필연성을 인식해야 지성들은 최초의 그 무엇이 왜 있어야 한 것인지 알 수 있다. 세계는 세계만으로 존재하고 있지 않다. 창조주와 피조체로 구성되어 있다. 존재는 반드시 존재를 있게 한 법칙과 동행한다. 원동자가 있어야 하는데, 그것이 곧 천지를 창조한 동인이다. 유교에서는 "우주만물이 우주만물이도록 하는 소이연(所以然)이 있다고 했다. 구체적으로 드러난 '그러한 것은(所然)' 形而下의 氣 차원이고, 추상적으로 내재된 '그렇게 되도록 하는 것(所以然)'은 形而上의 理 차원이다. 所然은 반드시 所以然과 함께하는데, 그것은 피조체로서 갖춘 절대적인 존재 조건이다. 所以然의 理는 氣를 존재하도록 하고, 변화를 일으킨 초월적이고도 비감각적인 形而上의 원인자이다."[67] 철학자 칸트는 확실하게 증명하지는 못했지만 세계가 갖춘 질서와 합목적성이 자연이 가진 작용만으로는 설명할 수 없기 때문에 세계의 근저에 예지(叡知)적인 세계 창조자인 神의 존재를 생각하지 않을 수 없다고 했다.

---

67) 「송대 이기론의 물리학적 탐구」, 앞의 논문, p.71.

"세계에는 어디에나, 즉 형언할 수 없이 다양한 내용 전체에 있어서, 또 무한히 광대한 범위에 있어서나 위대한 지혜에 의하여 일정한 의도에 의해서 완성된 질서의 표시가 분명히 있는데, 이 합목적적인 질서는 세계의 사물들과 전혀 무관한 것이며, 오직 우연히 사물들에 부속된 것에 불과하다. 그러므로 만일 질서를 주는 이성적 원리가 존재하여 근거에 있는 이념에 따라서 선택하고 설계한 것이 아니라면, 세계는 이러한 질서를 갖지 못할 것이다. 따라서 세계에는 지성으로서 자유에 의하여 작용하는 원인이 있지 않으면 안 된다. 이로써 우리는 세계의 근저에 세계의 질서를 준 神의 존재를 생각하지 않으면 안 된다."[68]

피조체가 지닌 특성과 창조주가 지닌 절대 권능을 명확하게 구분할 수 있어야 우리는 피조체 속에 내포된 神의 창조 작업 흔적을 분간해 낼 수 있다. 그것이 무엇인가? 뭇 존재가 지닌 결정적인 존재 조건이다. 이런 조건과 질서와 목적성을 무시하고 세운 진화론은 발견된 유물 가운데서 자연석과 가공석을 분간조차 하지 못하는 어리석음과 같다. 진화론을 입안한 찰스 다윈은 자연에 대하여 神의 특별한 창조물로서 위대한 설계자의 증거라고 믿은 생각을 뒤엎고 자연선택이라고 하는 임의적이고 가혹한 자연 과정의 산물을 내세웠는데,[69] 세상 반응은 예상과 달리 크게 성공적이었다. 자신을 존재하게 한 법칙을 짓밟고 쾌거를 외친 자가당착인 줄도 모른 채…….
"과학자와 철학자는 더 이상 神의 섭리와 설계, 우주의 절대자에 의존하지 않고 자연을 설명할 수 있다고 장담했다. 세상은 필연, 목적, 설계(디자인)가 아니라 우연, 적응, 점진적인 변화와 축적에 따른 새로운 특성으로 설명할 수 있다"고 보았다.[70] 그런데 그런 주장을 지

---

68) 『칸트철학사상의 이해』, 앞의 책, p.208.
69) 『현대과학·종교논쟁』, 앨릭스 벤틀리 엮음, 오수원 역, 2012, p.311.
70) 『붓다와 다윈이 만난다면』, 앞의 책, p.252.

지한 메커니즘은 무작위적인 자연선택과 적자생존 방식이었다. 그것은 어느 모로 보나 천지 우주를 조성한 키워드 실체가 아니다. 만유 위에서 운행되고 있는 공통된 법칙과 바탕된 본질이 아니다. 오히려 우주를 확실한 결정 세계로부터 멀어지게 한 색안경 관점이다. 자연 속에서 일부 관찰된 변화 현상을 보고 우주 법칙으로까지 확대시킨 거대한 착각이다. 그런데도 미국의 철학자 존 듀이는 "이제 진화는 복잡한 대상이나 복잡한 세상을 이해하는 한 가지 마술 열쇠로 탈바꿈했다"고 하면서[71] 긍정 아닌 긍정으로 진화론을 두둔했다. 세계가 물리적인 시공간 안에서 요구하고 있는 존재 조건은 철저하게 무시해 버린 채……

이런 조건은 비단 세상 질서와 법칙에서만 필요한 조건이 아니다. 바탕적인 측면에서도 존재 이전에는 최초의 질료가 있어야 했다. 그리해야 현재 존재하고 있는 조건들을 충족시킬 수 있는데 그것을 찾지 못한 것은, 그런 질료가 우리가 지닌 존재 형태와 같은 것이라고 여긴 데 원인이 있다. 최초 질료는 존재가 지금과 같은 형태로 결정되기 이전이다. 그렇다면? 무형인 본질체이다. 이런 차이가 있어 선천에서는 최초 질료 문제를 전격 창조주의 절대 권능에 맡겨버린 억지가 있었다. 즉, 無로부터의 창조 교리를 근거로 최초의 질료도 神이 아무것도 없는 無로부터 창조한 것으로 몰아붙였다. 혹은 질료는 처음부터 아예 존재한 것으로 기정사실화한 상태에서 이미 존재한 질료를 사용하여 디자인하고 형성한 세계 건설자로 보기도 했다. 하지만 그것은 결코 창조가 아니다. "하나님은 창조주로서의 神이지

---

71) 위의 책, p.252.

건축가로서의 神이 아니다. 창조주는 건축을 위한 재료까지 만드는데 건축가로서의 神은 재료가 이미 주어진 상태에서 변형시킨 것이다."[72] 기독교 신학은 궁금한 최초 질료 문제를 해결해야 했지만 문제를 더 깊은 수렁으로 빠뜨려 버렸다. "神은 처음에 無로부터 가공되지 않은 재료를 만들어내었다"고 말한 것이 그것이다.[73] 창조된 이상 만물은 반드시 최초 질료를 가졌다. 창조되지 않았다면 아예 필요조차 없었겠지만…… 바탕 없는 無를 통해서는 아무것도 창조할 수 없다. 無로부터는 무엇도 존재할 수 없다. 근거가 필요한데 그것이 바로 태초의 창조 이전, 천지 물상이 존재하기 이전에 존재한 분, 바로 창조를 이룬 근원자이다. 형태를 가늠할진대 초월적인 절대자이다.

삼라만상이 존재하기 위해서는 반드시 바탕이 있어야 한다고 생각한 동양인과 神이 있어야 한다고 생각한 기독교인들의 사고와 조건 구조는 사실상 동일하다. 왜 불교에서는 본체와 현상을 구분한 이원적 세계관을 가졌는가? 현상은 현상만으로 존재하지 않고 본체가 따로 존재한다는 생각, 이것이 동양식 창조론, 즉 동양본체론이다. 본체로부터 현상이 생겼다고 하는 생각은 神이 천지를 창조하였다고 하는 것과 같다. 공히 세계가 필요로 하는 최초 질료 요구를 충족시키려고 한 노력 일환이다. 기독교 창조론은 창조 이전의 神은 제대로 설정하였지만 바탕된 근거를 제거하여 버린 관계로 최초 질료를 추적할 수 있는 근거가 차단되어 버렸고, 유교 경전인 『주역』에서는 만물을 생성시킨 음양이 太極으로부터 양의되었다고 하지만,

72)『아퀴나스의 신학대전』, 앞의 책, p.43.
73)『위대한 두 진리』, 데이비드 레이 그리핀 저, 김희헌 역, 동연, 2010. p.95.

太極의 본체성과 창조 권능을 도식화하는 데 치중하여 최초의 질료성 문제를 구체화시키지 못했다. 우주 만상은 예외 없이 움직임을 근간으로 하여 존재하는 만큼(생성), 일련의 움직임 뒤에는 반드시 일체를 움직이게 하면서 자체는 전혀 움직임이 없는 부동의 동자가 존재해야 했다. 이런 조건은 아리스토텔레스가 처음 제시한 것인데, 그가 지목한 '부동의 동자'는 결코 가정된 본체가 아니다. 실재하지만 현존재와 형태가 다른 無적인 본질체로서 삼라만상을 총괄한다. 천지만물이 한 치의 오차도 없이 조화롭게 운행되는 것은 그것을 총괄한 본체가 차원적으로 존재해서이다. 자기 자신은 결코 다른 것에 의해 움직여지지 않으면서 다른 모든 것을 움직이게 한다는 데 대해 그분을 곧 神이라고 한다면 수긍하기 어렵겠지만, 만상이 지닌 존재 조건을 면밀히 살펴보면 부동한 실체가 필연적으로 존재한다는 사실을 알게 된다. 그것은 공식을 통해 산출한 엄밀한 정답과도 같다. 현재 움직임을 있게 한 최초의 원동자는 현존재가 지닌 조건과 같을 수 없다. 부동의 동자는 움직임으로서 존재할 수 있는 세계 안의 존재자가 아니다. 이런 차이를 통하여 우리는 창조주가 정말 존재하고 있다는 사실을 확인할 수 있다. 그런데도 불구하고 이런 부동의 동자를 진리계가 배척하였는데, 그것과 상관없이 神은 영원한 창조주로서 세상과 함께하고 있다.

『노자도덕경』 40장에서는 천하 만물이 有에서 生하고 有는 無에서 生한다고 했다. 최초의 원동자는 창조 이전에 이미 존재한 것이므로 인과율을 벗어난 초월성을 본유했다. 인과율을 벗어나 있어야 인과율을 결정지은 창조주일 수 있다. 서양의 철인들이 부동의 동자를 전제했던 것과 동일한 조건 충족이다. 無는 결정적인 인과율을 벗어나 무한히 자유로운 창조 이전의 본질 상태에 대한 정확한 인식이다. 최초의 일격, 최초의 시작, 제일 원인 역시 인과율이 적용되지 않는 無, 즉 창조 본체를 전제한 것은 마찬가지 조건이다. 그런데도 서양 문명은 선재 본체, 선재 목적, 본유 관념을 인정하지 않은 과오로 인해 세계관적인 종말을 맞이하고 말았다. 세상은 온통 원인에 의해서 발생하고, 한 원인은 그 이전 원인으로 소급되며, 그런 과정은 끝이 없는 것이므로(무한소급), 인과율을 결정한 제일 원인자는 일체의 제약 상황을 초월해야 한다. 그것이 창조주다운 자격이다. 창조란 무엇인가? 통합 본체를 원인과 결과로 나누어 놓은 것이 아닌가? 그래서 창조는 일체 원인을 발생시킨 최초 원인이다. 창조가 없었다면 당연히 어떤 원인도 발생할 수 없다. 원인이 없는데 결과가 있을 리 역시 만무하다. 그래서 존재한 만물은 필연적으로 최초의 시작과 제일 원인을 가졌고, 그 최초 자리에 온갖 인과율을 벗어난 神이 있다. 만유인력을 일으킨 최초의 충격 요구를 神의 개입으로 돌린 것은 결코 제일 원인자를 가정한 가설이 아니다. 창조로 인한 필연적 결정이다. 결정된 인과 법칙을 통해서 우리는 최초 시작(창조)이 없는 운동이 있을 수 없다는 것을 상식으로 여긴다. 그런데도 왜 세상 가운데서는 그 최초 시작(알파)을 찾을 수 없는가? 처음 시작은 과거에 있고 지금은 시작으로부터 경과된 과정 속에 있기 때문이다. 과정은 첫 시작으로부터 출발된 것이므로, 과정 안에서는 첫 시작을 찾을 수 없다. 그래서 지금 과정이 엄존하는 것은 최초에 시작이 있었다는 것을 확실하게 증거한다. 미비된 여건 속에서도 "아리스토텔레스가 확신했던 우주가 영원토록 존재해 왔다는 말을 이해할 수 있고, 가톨릭 신앙이 세계가 시초를 가지고 있다고 가르친 것을 설명할 수 있다."[74] 영원하다는 것은 창조된 만상이 구조적으로 有하게 생성할 수 있도록 시스템화되었기 때문이고, 최초 시작이 과정 밖에 존재한 것은 창조주의 초월성을 시사한다. 시초가 세계 안에서는 없다. 그런데도 현재의 우주가 생성 중이고 삼라만상이 활동하고 있는 것은 태초에 하나님이 일체 과정을 출발시켜서이다. 시초가 주어졌다면 시말도 있을 텐데, 그것을 누구도 확인하지 못한 것은 창조 목적을 미처 완수하지 못해서이다. 합리적인 세계는 반드시 최초 원인을 가지는데, 이것을 무시한 처사는 선천의 지성들이 저지른 억측일 뿐이다.[75] 제일 원인을 끝까지 확인하지 못한 것은 창조를 있게 한 원동자가 분열 중인 현상계의 질서를 초월해 존재해서이다. 생성하는 세계는 반드시 최초를 필요로 하며, 그 최초 자리에 모든 사실을 진리로서 밝힌 하나님이 계시다. 하나님은 세계가 필요로 하는 일체 조건을 충족시킨 근원자이시다.

## 4. 세계의 이원화 구조

천지를 창조한 하나님은 色(물질, 현상계)과 空(본질, 본체계)의 세계를 아우른 전체자이다. 이런 하나님이 오늘날 본체자로 강림하였다는 것은 그동안 해결하지 못한 세계의 이원화 구조, 즉 정신과 물질과의 관계, 음양의 상대 극성 분리, 현상계와 본체계의 차이, 그리고 하나님과 피조체 관계를 밝힐 수 있다는 뜻이다. 하나님을 파악할 수 있다면 창조로 인해 투영된 세상의 제 특성들도 규명할 수 있

---

74) 『토마스 아퀴나스』, 안쏘니 케니 저, 강영계·김익현 역, 서광사, 1984, p.29.
75) 神의 알파 역할을 배격함.

다. 안개 속에 가린 진리 세계가 확연해진다. 하나님이 무엇인가를 세상 가운데 주어진 진리를 통해 설명할 수 있다. 하나님을 하나님에 관한 지식만으로는 해결할 수 없었다는 뜻이다. 세상에는 제일 원인이 필요한데, 그것이 바로 하나님이라고 말하는 것은 무의미하다. 왜 하나님이 제일 원인인가 하는 필연적인 근거를 밝혀야 한다. 하나님을 파악하기 위해서는 하나님과 세상과의 관계를 추적해야 한다. 선천에서는 이에 대한 연결 고리가 끊어져 있어 한계성이 있었고 하나님도 드러날 수 없었다. "칸트는 물자체를 인식할 수 없다고 하였는데, 사물을 인식할 때는 불가피하게 대상이 감각 기관을 통과하면서 비친 현상만 알 수 있게 된 것을 이유"로서 지적했다.76) 물자체는 본체이기 때문에 현상적인 조건을 초월해 있다. 하지만 그런 현상은 어떻게 하여 드러났는가? 물자체로부터가 아닌가? 현상계가 지닌 특성을 추출하면 초월된 물자체도 파악할 수 있다. 그런데도 불가능하다고 여긴 것은 色空 간이 독립된 것이라고 보아서이다. 이성을 수단으로 삼은 문제가 있기는 하지만 핵심은 근원된 하나님과 물자체와의 관계, 즉 천지를 창조한 바탕이 물자체란 사실을 알지 못한 때문이다. 동양에서는 본체와 현상과의 관계, 즉 太極, 道, 空, 梵으로부터 만물이 생성되었다고 하였는데, 칸트는 전혀 이와 같은 관점에서 접근하지 못했다.

칸트가 현상계를 통해 본체계의 존재를 간주한 데 그친 것은 서양 문명이 지닌 사고 특성에 기인한다. 처음에는 形而上學적인 영역에 대해서도 관심을 기울였지만 점차 거리감이 생겼고, 오늘날은 色의

---

76) 『철학 갤러리』, 앞의 책, p.232.

세계에만 탐닉해(물질 문명세계 건설) 세계관적 한계성을 자초했다. 이런 결과를 야기시킨 데 일조한 현대의 "과학은 사물과 사물의 관계를 규명하는 데 주력한 학문 영역이다. 과학적 지식은 어떤 사물이 원인이 되어 다른 사물로서 결과가 나타나는 관계, 곧 인과적 관계에 관한 지식을 양산했다. 원인을 통해 결과를 설명한 것이 곧 과학적 지식이다."[77] 하지만 사물이 지닌 원인과 결과 관계를 아무리 철저히 규명해도 그것만으로 현상계의 본질이 밝혀지지는 않는다. 어떻게 해서 인과 법칙이 결정된 것인지 답할 수 없다. 물론 사물도 사물을 있게 한 본질은 있지만 그것은 사물에 국한된 것이지 전체적인 본질이 아니다. 정신의 본질, 인간의 본질, 진리의 본질 등등 그래서 이런 세계를 아우른 본체계가 존재하는데, 칸트를 필두로 한 서양 사상은 이런 세계에 대해 전혀 정보를 갖지 못했다. 드러난 色만 전부가 아닌데 뿌리를 보지 못하고 전부로 여긴 것이 문제이다. 이런 생각은 본체계를 주축으로 한 동양 문명도 다를 바 없다. 서양이 과학적 지식으로 무장하고 서세 동점한 때 동양인들이 가진 진리관이 대응할 수 없었던 것은 空이 세계를 이룬 전부로 여긴 데 있다. 동서양을 막론하고 色空 간에 가로 놓인 긴밀한 관계성을 모른 것은 선천 문명의 한계이다. 이것이 인류가 오늘날 막다른 한계에 도달한 이유이다. 동양 문명도 진리력을 상실하였는데, 문제는 한창 성세로 착각하고 있는 서양 문명이다. 그들은 한계를 모르기 때문에 더 크게 파멸될 수 있는 요인을 가졌다. 인간 존재의 본질에 대해 탐구하였지만 결론은 "지구 위에 있는 지적 생물체는 상상하기조차 어려운

---

77) 『헤겔의 정신현상학』, 강순전 글, 김양수 그림, 삼성출판사, 2011, p.61.

우연의 산물이다. 은하계나 우주의 다른 곳에서는 일어날 수 없는 천체 물리학적·생화학적 착오이다"라고 뇌까렸다.[78] 어떤 기원도 원리성도 밝히지 못했다. 마치 정신을 찾기 위해 육체를 해부하는 어리석음처럼……. 色은 色으로부터 발생되지 않았는데 色 속에서 기원을 찾으니까 온갖 노력이 헛수고다. 세상은 온통 色으로 구성되어 있는데 色 가운데서 色의 기원을 찾을 수 없다면? 만물을 있게 한 기원이 창조를 이룬 바탕 본체로부터{空} 비롯된 사실을 몰랐다. 色은 空에 기인하였기 때문에 色의 기원은 空이 지녔다. 생명 탄생의 비밀은 모태인 부모가 간직하고 있지 자식에게는 없다. 왜 과학자들은 여태껏 세계의 기원 문제를 밝히지 못했는가? 色의 세계 안에서는 色에 관한 원인 문제를 규명할 수 없기 때문이다. 우주의 기원 문제를 파고 든 빅뱅 이론은 그것을 일으킨 최초 근원을 설명하지 못했다. 그렇다면 어디에서 찾아야 하는가? 空에서 찾아야 하나니, 그것이 태초의 창조 역사가 있게 된 연유이다. 창조된 피조체는 한계가 있는 것이 피조체다운 특성이다. 무슨 한계가 있는가? 창조되었기 때문에 창조된 세계 안에서는 더 이상 창조가 없다. 더 보탤 수도 없고 더 이상 줄 수도 없다. 어떤 창조 작용도 없는데 삼라만상이 계속 존재하고 있는 것은 이미 태초에 창조 역사가 실현되어서이다. 진화론에서는 종의 변화 현상을 설명하기 위해 돌연변이 등 잡다한 이론을 동원하였는데, 핵심된 이유는 이미 일체를 구유한 통합 본체가 분열되고 분화된 데 있다. 진화가 아니다. 창조된 결과로 결정된 세계 안에서는 어떤 보탬도 줆도 창조도 진화도 없다. "에너지 보존

---

78) 『과학과 불교의 실재인식』, 앞의 책, p.141.

법칙에 따르면 고립계 내에서 에너지의 총합은 일정하다."[79] 그렇게 세계가 결정적인 것은 천지가 이미 창조되었다는 뜻이다. 有를 본질로 하면서 有함을 지속시키기 위해 끊임없이 생성하고 있다. 오직 有만 존재하므로 명백히 창조 이전에는 有가 無한 본체{空}에 근거했다. 色이 피조체적인 특성을 지닌 것은 창조되었기 때문이고, 그 근거는 차원이 다른 空이 지녔다.

그렇다면 바탕된 본체계는 어떻게 하면 세상 위로 드러날 수 있는가? 공즉 본체 사실을 확인함으로써 만물이 지닌 일체의 창조 원인을 설명할 수 있고, 空으로부터 말미암은 모든 결과가 空 속에 있지 않다는 사실을 깨닫게 되는 과정 속에 있다. 空 속에 없다면? 色 가운데 있다. 色은 아무리 탐구해도 色인 영역인 것처럼, 空 역시 아무리 궁구해도 空인 특성을 벗어날 수 없다. 覺者가 아무리 크게 깨달아도 그것만으로는 본체계를 증거할 수 없다. 形而上學적인 추구만으로는 끝내 공허할 뿐이다. 空이 이룬 실질적인 생성 결과를 확인할 수 있어야 했는데, 그것을 오늘날 이룬 과학적인 발견들을 통하여 확인할 수 있게 되었다. 이런 결과가 곧 하나님이 창조를 통해 세상 위에 남겨 놓은 구조적 조건이다. 왜 세계는 현상계와 본체계로 나뉘었는가? 창조가 그 정답이다. 세계가 이원화된 것은 천지가 창조된 결과이다, 神은 단일하지만 창조된 세계는 단일할 수 없다. 플라톤은 누구보다 앞서 세계의 이원화 구조(이데아론)를 엿본 선각자이지만, 이원화 속에 내포된 창조 비밀을 풀지 못해 色空이 지닌 관계성을 연결 짓지 못했다.[80] 창조를 모르면 본체계가 존재한 사실을

---

79) "보일의 법칙에 따르면 온도가 일정할 때 기체의 압력과 부피의 곱은 일정하다." -『존재하는 신』, 앤터니 플루 저, 홍종락 역, 청림출판, 2011, p.108.

확인할 수 없고, 그로 인해 드러난 현상계적 질서를 설명할 수 없다. 창조를 알아야 추출한 현상계적 특성을 근거로 삼라만상을 있게 한 하나님을 추적할 수 있다. 현상계는 세상 질서를 통해 드러난 하나님의 또 다른 모습이다. 色은 空의 드러난 모습이다. 空은 단일한 모습이고 色은 만개된 차이가 있을 뿐이다. 단일은 상대가 없는 절대성이므로 인식할 수 없었고, 다양성은 부분으로 구성되어 있어 전체를 볼 수 없었다. 그러나 형태를 달리한 色空이 결국 다르지 않다는 것은 空이 창조화된 것이 色이기 때문이다(色과 空을 창조가 연결시킴). 色은 형태(차원)가 다른 空이나니 "사리자여, 色이 空과 다르지 않고, 空이 色과 다르지 않아 色이 곧 空이며, 空이 곧 色이니 수상행식(受想行識)도 또한 다시 그러하니라(『반야심경』)." "만상은 끊임없이 변화하지만 그런 변화는 법칙의 지배 안에 있다. 법칙은 보이지 않는 초감성적 결정성이다. 감성으로 주어진 현상의 세계가 변화무쌍한 세계라면 법칙의 세계는 불변한 세계이다."[81] 그렇지만 "현상에서 법칙이 나오는 것이므로 법칙은 곧 다양한 현상을 단순한 원리로 바꾸어 표현한 것이다."[82] 空으로부터 창조된 色은 空의 또 다른 표현이다. 그래서 결과적으로 "空은 色과 다르지 않다. 色은 空과 같고 空은 色과 같다."[83]

중국철학에서는 상도(常道)와 만물을 구분하지 않았다. 노자는 말하길, "道와 物은 통합체로서 같은데서 나왔지만 다른 이름으로 부른

---

80) 이데아론이 관념론에 머문 중대 이유임.

81) 『헤겔의 정신현상학』, 앞의 책, p.62.

82) 『철학 갤러리』, 앞의 책, p.246.

83) 『화엄불교의 세계』, 프란시스 쿡 저, 문찬주 역, 불교시대사, 1994, p.188.

다. 방편적으로 구분한 것일 뿐, 양자는 둘이면서 하나이다"라고 했다.[84] 『노자도덕경』 40장에서는 "反者 道之動"이라, 즉 "근원인 道로 되돌아가는 것이 道의 운행 활동이다. 道는 무형의 원리로서 만물의 근원이다. 道에서 만물이 나오고 道의 작용으로 만물이 활동한다"라고 하였다.[85] 道와 物이 가진 지극한 관계를 지적했다. 道의 활동은 순환하여 복귀하는 것이다. 色과 空도 차원은 다르지만 한 통속으로서 상호 호환된다. 그래서 20세기 초에 대두된 양자이론은 물질세계의 본질성을 엿보았고, "과학과 영성의 개념이 융합된 새로운 진실의 새벽을 열었다."[86] "승조(僧肇: 374~414)는 물아일여(物我一如)라고 갈파했다. 物과 나는 하나로서 아무런 간극이 없나니 현상의 세계, 상대의 세계, 본체의 세계, 절대의 세계라는 구별은 무의미하다."[87] 이전에는 이런 유의 각언을 이상하게 보았는데, 色空을 아우른 하나님이 강림한 지금은 해명할 길이 열렸다. 그래서 이 연구도 본체계의 진리성을 부각시키는 것이 곧 하나님의 모습을 보는 것이라고 했다. 현상계만 존재로서 인정하고 있는 것이 대세인데, 세계의 이원화 구조를 밝히는 것이 자칫 데카르트가 주장한 物心二元論을 심화시키는 것이 아닌가 하는 의구심을 가질 수도 있지만, 그것은 결코 세계를 분리시킨 것이 아니다. 바로 통합이다. 천지가 창조되고 생성된 본향을 밝힘으로써 뭇 존재가 생멸 가운데서도 귀환할 수 있는 확실한 방향을 지침하기 위해서이다. 이런 문제를 풀어야 인류가 정

---

84) 「노자의 도에 대한 본체론적 이해비판」, 이신성 저, 성균관대학교대학원 동양철학 동양철학전공, 박사논문, 2009, p.141.

85) 『노자 · 장자』, 장기근 · 이석호 역자, 삼성출판사, 1990, p.126.

86) 『신을 보여주는 21세기 과학』, 앞의 책, p.116.

87) 『화엄의 사상』, 카마타 시게오 저, 한형조 역, 고려원, 1987, p.115.

신적인 고뇌로부터 구원될 수 있다. 하나님은 천지를 창조했기 때문에 다시 천지를 통합할 수 있는 절대 권능자이다. 세계는 色만으로 구성되어 있지 않고 色만으로 이해될 수도 없다. 본체계가 존재하나니, 이원화 구조는 보혜사 하나님이 이 땅에 강림하여 진리의 성령으로서 밝힌 태초의 창조에 입각한 필연적 구조이다.

# 제26장 본체 변증법

## 1. 본체의 존재성

　1945년 대한민국은 일제의 압박으로부터 갑자기 해방되었다. 그러니까 35년간이란 세월 동안 식민 통치를 받은 지성인들 가운데는 해방은 불가능한 것으로 보고 일제에 협조하는 자들이 나타났었다. 마찬가지로 지성들이 지금까지 神을 찾아 나섰는데 확인하지 못한 결과를 두고 神은 존재하지 않는다고 판단하게 되었다. 神은 무소부재하다고 하지만 어디서도 찾을 수 없고, 전지전능하다고 하지만 세상 가운데서는 한계성 투성이다. 현실 가운데서는 무엇도 확인할 수 없는 존재라 神을 보지 못하고 말았다. 관념으로 생각하고 개념으로 규정한 神은 실존하는 神과는 차이가 있다. 그렇다면 판단 기준도 다르게 설정해야 한다. 영원하고 불변한 특성을 근거로 왜 세상 질서가 유한하고 변화하며 국한된 것인지를 알면 神의 본체적인 모습을 분간할 수 있다. 하나님이 강림한 역사적 의미는 본체자로서의 특성을 부각시킨 것이기도 하거니와, 천지 창조도 이런 본체에 근거했다. 하나님은 존재자이지만 인간처럼 육체를 가진 모습은 아니다. 진리적인 특성을 가졌는데, 그것이 곧 본체적인 모습이다. 동양에서는 본체가 곧바로 天卽神으로서 역할을 했지만, 끝내 하나님과 연결 짓지 못한 것은 선천문명이 처한 한계성이다. 세계의 본질이 분열을 완료하지 못하고 창조 목적이 완수되지 못한 것이다. 이런 조건을 충족시키면 본체도 신격적인 권능을 발휘할 것인데, 그때가 곧 지금이다. 여기서 본체를 神으로 승격시키는 중요한 역할을 하는 것이 창조이다. 본체가 지닌 변증성, 불변성, 생성성을 확인하는 것이 하나님의 본성을 파악하는 길이다.

그래서 동양 역사가 전통적으로 본체에 대해 개념을 일군 것은 하나님을 맞이할 수 있는 존재자로서의 바탕성을 예비한 것과 같다. 중국의 철학자 장대연은 본체의 의미를 "첫째, 우주의 시작이라는 뜻, 둘째, 온갖 사물들이 총괄적으로 의존하는 궁극적 하늘의 道{天道}, 셋째, 온갖 사물을 겸비하고 일체를 포괄하여 사물의 중심이 되는 통괄을 뜻하며, 그 특성으로서는 첫째, 온갖 사물이 모두 본체에 의해 생겨나지만 본체는 생겨나지도 않고 의존하는 것도 없으며, 둘째, 모든 사물은 끊임없이 변화해 가지만 본체는 변화함이 없이 언제나 있으며, 셋째, 온갖 사물은 모두 한곳에 치우치며 맺히는 바가 있는데 본체는 치우치지 않고 맺히지도 않으며, 넷째, 형체가 있는 사물들을 형체를 가지도록 주재하지만 본체 스스로는 형체도 없고, 형체를 넘어 선다"고 하였다.[88] 하지만 아무리 상세하게 설명해도 그런 존재가 어떻게 존재하게 되었는지에 대한 근거는 밝히지 못했고, 초월적인 특성을 붙들어 놓을만한 인식적 근거 역시 없다. 그러니까 본체를 각성한 개념들이 관념성에 머물러 적합한 진리로서 인정되지 못했다. 본체는 단지 드러날 수 없었던 것뿐이지 존재하지 않아서인 것은 아니다. 그래서 본체계만 밝히면 하나님의 모습도 함께 볼 수 있다. 이때를 위해 서양은 결정된 법칙 세계를 탐구하기 위해 이성으로 학문 영역을 개척하였고, 동양인들은 제반 법칙을 결정한 이면의 본질 세계를 궁구하기 위해 수행으로 道를 닦았다. 동양의 선현들이 깨달음을 얻기 위해 고투한 것은 무형인 본체계를 엿보기 위한 일대 노력이다. 그중 동양 문명을 이끈 三敎는 본체의 작용성, 실체성, 논리성을 밝히는 데 기여한 정신사적 보고이다. 도가는 道의 작용 관점에서, 불교는 초월적인 실체 인식 관점에서, 유교는 우주론적인 논리 전개 관점에서 기여하였다. 본체는 참으로 묘체라, 인류의 지혜를 총동원해야 윤곽을 잡을 수 있다.

본체는 현상계적 질서와는 차원이 다르다. 비록 형태는 무형이지만 선현들이 일군 각성을 통하면 본체가 지닌 존재 근거를 추적할 수 있다. 본체는 물질적인 존재가 아니므로 감각적 확인은 배제된다. 그렇다면? 지극히 이치적, 지혜적이라 차마 거부할 수 없는 인식적 근거를 지녔다. 그것이 무엇인가? 손을 놓쳐 버렸는데도 낭떠러지에서 떨어지지 않고 있다면 그것은 누군가가 위험에서 구하려고 자신을 붙잡고 있다는 뜻이다. 처음에 존재하지 않았던 만물이 생기게 된 것은 無로부터가 아니라 無한 형태인 본체가 존재했기 때문이다.

88) 「천부경의 '一에' 관한 연구」, 이근철 저, 국제평화대학원대학교 평화학과, 석사논문, 2004, p48.

생한 모든 것은 멸하고 마는데 세계는 어떻게 하여 여전히 장구하기만 한가? 만물은 무수히 멸하지만 본체가 건재해 뭇 존재가 지속되고 있는 것이다. 그래서 세계가 전체적으로는 가감 없이 有한 본질체를 유지한다. 생물의 유전법칙은 有에서 有로 이어진 시스템인 것 같지만 그것은 영원한 본체가 화현된 작위 시스템이다. 무형인 본체가 지혜 시스템으로 유형화되었다. 결정된 유전자를 통해 "생명이 끊임없이 해체되고 다시 조합되어 새 생명으로 이어졌다."[89] 『노자도덕경』14장에서는 "이어지고 이어지니 이름할 수 없다"고 했다.[90] 本體卽道가 지닌 무궁한 역할과 현현(顯現) 현상을 묘사했다.[91] 본체는 현상계 이면에 있지만 우주적인 시간을 모두 포괄하여 十世를 동시에 현현시키고 연기를 이루나니, 이것이 화엄학에서 말한 본체적 시간의 진상이다.[92] 삼세가 동시에 현현하는 것은 현상계 안에서는 있을 수 없는 일이다. 오직 본체적인 세계 안에서만 十世가 이미 존재하여 연기로 현현할 수 있다는 것을 갈파한 우주적 진언이다. 세월에 따라 모습은 변해도 본체적 자아는 변함없이 건재하여 삼세 간에 걸쳐 자체를 현현시킨다. 본체가 존재하기 때문에 우주는 영겁에 걸친 생성에도 불구하고 오늘도 변함없이 운행되고 있다. 따라서 본체가 존재한 세계 질서 안에서 생멸의 의미는 확고할 수밖에 없다. 흔히 고등 종교들은 한결같이 내세를 주장하는데 육체는 사라져도 영혼이 존속한다면 생전에 믿은 신앙은 그대로 유효하다. 불교에서

---

89) 『붓다와 다윈이 만난다면』, 앞의 책, p.111.

90) "繩繩不可名." - 『노자도덕경』, 14장.

91) 「노자의 도에 대한 본체론적 이해비판」, 앞의 논문, p.96.

92) 『화엄의 사상』, 앞의 책, p.122.

는 업보와 윤회, 기독교에서는 천국과 심판을 강조하는데, 그것은 결코 가상이 아니다. 현상계 안에서 생멸하는 것은 형태적인 소멸일 뿐, 본체는 변한 것이 없다. 무시간적인 형태로 존재한 관계로 이와 같은 존재 상태를 인간적인 삶의 모습을 빌어 천당과 지옥으로 표현했다. 그리고 그곳에 영세 간을 뒷받침한 하나님이 계시다. 그래서 유한한 인간은 불변한 하나님과 함께함으로써 영생이 보장되는 것이니, 이와 같은 목표 도달에 인류가 고대한 천국 삶이 있다. 본체의 존재성과 영원한 실존성을 확인하는 순간 인류는 구원되리라. 본체가 존재한 사실이 인류 역사에 끼칠 영향력은 실로 상상을 초월하리라.

## 2. 본체의 변증성

"헤라클레이토스는 이 세계는 영원한 생멸유전(生滅流轉)의 과정이며, 만물의 생멸변화는 대립물의 투쟁이라는 변증법적 운동에 의해서 이루어진다"라고 하였다.[93] "변증법(辨證法)은 원래 그리스 철학에서 타인을 설득하는 대화 방법을 의미했지만, 점차 자연·사회·사고의 보편적인 발전 법칙에 관한 학문을 말하게 되었다. 존재의 발전에 대한 일반적인 법칙과 그것을 연구하는 학문이 변증법이다."[94] 여기서 "有가 無로 되고 無가 有로 되는, 有와 無가 서로 전화(轉化)한다고 본 변증법적 논리학은 모든 개념을 운동 과정에서 본 발전 논리이다."[95] 이 같은 전통과 역사를 가진 변증법이 "칸트 시대까지는

---

93) 『세계철학대사전』, 고려출판사, 1992, p.412.
94) 『독일 관념철학과 변증법』, 앞의 책, p.15.
95) 『세계철학대사전』, 앞의 사전, p.412.

어느 경우에나 진리를 인식하기 위해 직접 또는 간접으로 유효한 기술 내지 방법이란 의미로 통했다. 인식 영역을 넘어 존재에 관한 논리로 생각하게 된 것은 헤겔 때로부터이다. 그는 사물은 正·反·合(정립·반정립·종합)의 3단계를 거치는 과정을 일컬어 변증법이라고 하였다."[96] 헤겔 이후로 변증법은 원리적인 체계가 공고해졌는데, 주목할 것은 헤라클레이토스도 헤겔도 마르크스의 유물변증법에서도 용인한 모순(矛盾)이란 개념이다. 헤겔은 모순을 대립물의 통일로 보고 대립을 내포하지 않은 것은 세상 어디에도 없다고 했다. 그렇다면 모순은 도대체 무엇인가? 동양적 인식으로서는 음양 개념과도 비슷한데, 그런 모순이 세계를 움직이고 변화를 일으킨다고 했다. 즉, 대립의 투쟁 과정을 통해 세계가 통일로 나아간다. 다음은 양의 질로의 변화 인식인데, 사물의 변화는 질과 양의 변화를 통해 이루어진다고 했다. 어떻게? 양의 연속적인 변화가 일정한 단계에 도달하면 점차성이 중단되고 비약적인 질의 변화가 일어난다. 그 외도 부정의 부정, 이론과 실천과의 통일 이론 등이 있거니와,[97] 이 연구도 이런 개념에 근거하여 본체변증법을 펼치고자 한다. 본체가 어떻게 창조, 운동, 생성, 통일되는 것인지, 차원적으로 변화하는 과정을 밝히리라. 전화된 과정이 미묘하고 세상적인 질서를 초월하므로 그 이름을 일컬어 본체변증법이라고 하였다.

본체는 일체의 생성 과정을 일관한다. 만물을 이룬 바탕체인 동시에 생성화와 만물화되기 이전의 근본체인 관계로 '하나{一}' 혹은 '一者'라고도 한다. 하나가 일으킨 조화로운 작용에 대해 한 자리를

---

96) 『동아세계백과대사전』, 동아출판사, 1995, p.248.
97) 『세계백과대사전』, 앞의 사전, p.415.

엿본 자들은 "만유가 비롯되는 현묘(玄妙)한 문이고, 천변만화(千變萬化)가 작용하는 생멸의 문이며, 만물만상이 하나가 되는 진여(眞如)의 문"이라고 하였다.[98] 창조와 생성과 통합이 한 몸 안에서 동시에 일어난다. 이 一者를 플로티노스(Plotinus, A.D. 204~270)는 유일자라고도 했는데, 그는 一者가 모든 대립과 차별을 초월한 유일 절대한 실재로서, 만물의 세계가 이 一者로부터 유출(emanatio)되었다고 하였다. 그런데 관건은 역시 아무리 一者로부터 삼라만상이 유출되었더라도 대립과 차별을 초월한 유일자 자체는 아무런 증감과 변화가 없다고 지적한 데 있다. 어떻게 이런 실체가 존재할 수 있는가? 우리가 지닌 사유와 언어로서는 규정 불가능한, 기술 불가능한 불가사의(不可思議)한 절대자로서,[99] 이 분이 본체를 몸으로 한 하나님이시다. 현실적인 질서자가 아니라 이해하기는 어렵지만, 이치적인 통찰로서 지칭하면 '궁극적인 실재자'로도 불린다. 실재는 곧 본체로서, 본체인 一者는 자체는 결코 생멸하지 않으면서 만유를 생멸케 하고, 자체는 무규정자이면서 만유를 규정하며, 만유 가운데서 편재해 있는 無始無終한 유일자(唯一者)이다.[100] 문제는 선각들이 이런 미묘한 본체를 개념적으로 포착은 하였지만 개인적인 선언에 머문 이유는 무엇인가? 근접해 있었는데도 하나님을 보지 못한 것은 비록 본체가 초월적인 실체인 것은 파악했더라도 그렇게 자각한 것만으로는 한계가 있었기 때문이다. 어떻게 단일한 하나, 一者, 본체, 절대자가 만개, 만화하게 된 것인지 이유와 근거를 설명하지 못했으며, 변화를

---

98)「천부경 연구」, 정수근 저, 원광대학교동양학대학원 동양학과 동양철학전공, 석사논문 , 2012. p.61.

99)『기독교성서의 이해』, 앞의 책, p.93.

100)「천부경의 연구」, 앞의 논문, p.47.

일으킨 주된 메커니즘이 무엇인지 제시하지 못했다. 그래서 一者로부터 만물이 유출되었다는 설은 미비된 창조설로 남겨졌다. 유일자가 세상 가운데서 모습을 나타내기 위해서는 존재한 형태를 달리할 수밖에 없는데, 그 핵심은 어떻게 하나인 본체가 여럿이 되었는가를 아는 데 있다. 그 오묘한 비밀 실마리를 본체가 지니고 있어, 이것을 찾으면 하나님을 뵈올 수 있다. 어떻게 단일, 하나인 유일자가 변증되고 만개되었는가? 창조와 생성에 그 해답이 있다. 본체를 근거로 하여 천지가 창조되었다. 기독교 신학은 하나님의 유일성에만 집착한 관계로 하나님의 창조주다운 권능을 입증할 수 없었다. "神적 본체가 수적으로는 유일이고 내면적, 품질적으로는 단순하여 불가분할(不可分割)이다. 그래서 다신론적 신관과 이원론을 배제한다"고 하지만,101) 이런 유일성이 한편으로는 다양화된 神의 모습을 볼 수 없게도 만들었다. 神 자체는 불가분할인 것이 맞지만 창조를 실현한 神은 그렇지 않다. 창조주이기 때문에 다신론, 이신론, 범신론을 모두 포괄해야 한다. 창조자, 본체자, 통합자로서 세상을 주관한 主인 것을 분명하게 해야 한다.

  一者가 만화된 한 중심에 창조로 인한 생성과 생성으로 인한 변증이 있게 되었는데, 이런 변화의 최종 결점에서 일체의 생성 과정이 생략된(시공의 분열성) 본체 논리가 성립되었다. 즉, 화엄철학의 一即多 多即一, 『반야심경』의 色即是空 空即是色 진언이 그것이다. 一即十인데, 그 속에는 본체가 만물화된 창조 과정과 일체의 생성 과정이 생략되어 있다. 그래서 주목해야 하는 것이 곧 色=空, 一即多라고

---

101) 『신론(하나님의 계획과 섭리)』, 앞의 책, p.211.

한 동일성 인식이다. 一이 多化 과정을 거쳤지만 근본은 하나이다. 이것은 기독교가 하나님과 피조체를 절대적으로 구분한 것과 대조된다. 무엇이 옳은가? 차이를 둔 기독교 신학은 선천의 하늘 안에서 끝내 하나님을 입증하지 못했다. 一과 多는 동일한데 창조로 인해 변증된 차이가 있을 뿐이다. 창조되지 않았다면 변화될 이유 역시 없다. 無極{절대 본체}이 太極화되고 太極{창조 본체}이 만물화됨으로써 그렇게 전화된 원인에 창조와 생성이 있었다. 이런 본체의 창조화 과정을 깨달아야 만인은 하나님이 세상 가운데서 구축한 진정한 모습을 분간하고 만물화된 하나님의 모습을 볼 수 있다. "神과 피조물은 서로를 포함하고 서로에게 포함된다(범신론). 神이 피조물을 일방적으로 포함한 방식이 아니다. 사과 씨앗 안에 사과가 포함되고 사과 안에 사과 씨앗이 포함되듯"[102] 神과 만물은 근거가 동일하다. "神의 단일성은 만유를 포함한 단일성, 즉 만유인 동시에 하나이고 하나인 동시에 만유인 것, 곧 만유인 하나를 의미한다. 고대철학자들은 모든 것이면서 동시에 하나인 것을 一者라고 불렀다."[103] 多卽一 논리와 비슷한데, 이런 특성을 지닌 것이 바로 창조가 낳은 묘법 변증법이다. 창조를 실현한 바탕 본체는 분열하기 이전으로서 단일하다. 하지만 그것만으로는 어떤 의미도 없다. 多를 이룬 하나, 그런 一者를 통해야 우리가 무궁한 지혜를 가늠할 수 있다. 이에 혹자는 (김용옥) "진정한 유일신론은 종교적 문제를 포함한 삼라만상의 다원성을 포용하지 않을 수 없다(一卽多). 진정한 유일신은 오로지 하

---

102) 「신개념의 변천과 신개념이 인류에 끼친 영향」, 원수정 저, 가톨릭대학교 교육대학원 윤리교육전공, 석사논문, 2007, p.32.
103) 『아퀴나스의 신학대전』, 앞의 책, p.54.

나일 수밖에 없고, 오로지 하나인 神은 전체일 수밖에 없다"고 했다.[104] 각자가 다른 근원으로부터 발생한 것이라면 우주가 지닌 조화로운 질서와 유기적인 네트워크 체제는 이루어질 수 없다. 왜 一은 多인가? 그 이유를 선천에서는 알 길 없었다. 불교는 기독교처럼 神은 하나라는 유일신 종교가 아니고, 무량 무수한 부처의 존재를 주장하므로 범신론으로 구분하는데,[105] 이제는 그렇게 구분할 필요가 없다. 이 말도 맞고 저 말도 맞는 말인데, 그 이유를 알기 위해서는 창조로 인해 변증된 비밀을 풀어야 한다. 내가 無한 상태에서 有하게 되었다면 그렇게 존재하게 된 근원은 無가 아닌가? 無가 有하게 된 것이므로 有는 결국 無이다. 有와 無는 별개일 수 없다. 無가 변증된 것이 有이고 有가 변증된 것이 無이다. 하나가 만물화되었어도 만물을 이룬 근본 본체는 다함이 없다(無盡本). 하나가 전체 우주로 화현되었어도 근본은 소모되거나 없어지지 않았다는 것은 무엇을 의미하는가? 만물을 창조한 본체를 시사한다. 그렇다면 창조주와 피조체는 차이가 분명하다. 만물은 神과 구분된 창조물이다. 만물은 시스템화로 神의 본성을 구현한 작위물이다. 왜 만물은 一者로부터 유출되었지만 一者 자체는 증감에 변화가 없는가?[106] 창조된 만물은 증감이 있다는 것인가? 무수한 생멸 현상이 자칫 증감을 일으키는 것처럼 보일 수도 있지만, 다시 보면 생멸 현상은 오히려 무궁한 생성을 촉발시킴을 통해 멸을 보충하고 있고, 神이 영원하듯 만물도 생성 시스템 구축으로 영원하다. 『천부경』은 첫 구절을 "一始無始

104) 『도올의 도마복음 이야기』, 김용옥 저, 통나무, 2011, p.146.
105) 『반야바라밀다심경』, 다카가미 가쿠쇼오 저, 김명우 역, 2002, p.157.
106) 유출과 상관없이 一者는 고유함.

一", 마지막 구절을 "一終無終一"이라고 했다. 만물은 하나{一}에서 시작하지만 그 하나는 시작이 없고…… 하나에서 만물이 시작되었는데 정작 그 하나에 만물의 시작이 없는 것은 만물과 하나 자체와의 차원적인 구분이다.[107] 만물은 분명 하나로부터 시작되었는데 정작 모든 시작을 시작이 없는 하나가 가지다 보니 만물이 창조된 세계 안에서는 無始無終하였다. 시작이 있었지만 이후로는 시작을 빼앗겨 버려 그 시작을 제3의 본체가 가졌다. 그 본체란? 천지를 창조한 하나님이다. 세상 어디서도 천지를 창조한 원동력을 찾을 수 없는데 세계가 완벽하게 운행되고 있는 것은 하나님이 태초에 이룬 창조 작업 결과이다.

이런 연유로 지성들은 비록 각자 도달한 결론은 다를지 몰라도 근본적으로는 一者로부터의 창조설 범주를 크게 벗어나지 않았다. 왜냐하면 본체계든 현상계든 하나로부터 비롯된 多者와의 관계성과 창조성을 밝히는 것이 궁극적인 문제를 푸는 열쇠였기 때문이다. 과학에서는 우주의 기원을 설명하기 위해 빅뱅설을 세웠는데, 우주는 극도로 응취된 동질의 에너지 덩어리가 일순간 폭발한 것이라고 본 학설이다. 이 설이 함의한 기본적인 논조는 아무리 거대한 우주라도 태초에는 혼융한 一元에서 시작되었다는 뜻이다.[108] 다윈이 편 진화론은 一者로부터의 유출설과 배치된 이론인 것 같지만 그 역시 전개된 기본적인 골격은 "인간을 포함한 세상 모든 생명이 태초에 하나

---

107) 만물은 시작이 있는데, 그 시작을 있게 한 하나 자체에 시작이 없다는 것이 만물과 하나와의 더없는 구분선이다. 그 구분선이 무엇인가? 창조이다. 시작은 창조를 상징한다. 즉 시작이 창조를 의미하는 것은 시작된 만물 안에는 시작이 없다는 데 있다. 시작이 없는데 시작이 있는 것은 차원적인 창조밖에 없다.

108) 「송대 이기론의 물리학적 탐구」, 앞의 논문, p.23.

의 생명체로부터 분화되어 나왔다고 설파한 일원론(monism)적 자연 관이다. 우리가 보고 있는 엄청난 생물의 다양성이 지극히 단순한 하나로부터 진화한 것이란 추론에 대해 분자생물학으로 재무장한 현대 진화생물학은 유전자 간의 유연관계를 조사하여 다윈의 설이 절대적으로 옳았음을 확인시키고 있다."[109] 진화론이 종의 변화 상 태를 오판한 것이란 사실은 이 연구가 이미 지적하였다. 그렇다면? 종이 다양한 것은 하나인 본체가 창조로 인해 변증된 것이다. 논조 를 이룬 겉모습은 달라보여도 골격은 같다. 하나가 창조로 인해 만 물화된 변증 이유만 알면 "프로클로스가 깊은 관심을 가졌던 절대자 인 一者의 초월성과 多者 간의 관계를 이해할 수 있다. 그의 주장에 따르면, 모든 존재의 원천은 사유와 존재의 피안에 있는 절대적 一者 로서 우리가 몸담고 있는 多者는 一者에게서 나오고, 또 궁극적으로 는 一者에게로 향한다. 그는 이것을 엄밀한 변증법적 논리로서 전개 했는데 그것은 곧 세 가지 운동 법칙으로서, 만유는 一者{神}로부터 나온 원인으로서 만유가 그 안에 머물고, 一者 밖으로 나감, 一者에 게로 돌아감이 최종 목표이다"라고 하였다.[110][111] 이것은 "만유 위 에 계시고 만유를 통일하시고 만유 가운데 계신다"라고 한[112] 성경 적 신관과는 다른 견해인 것 같지만, 본체가 변증된 측면에서는 공 통된 요소도 있다. 만유 위에 계신 것과 만유가 그것으로부터 나온 원인이라고 한 것은 본체가 지닌 절대성 내지 초월성 측면에서 동일

---

109) 『붓다와 다윈이 만난다면』, 앞의 책, p.105.

110) 『신플라톤주의의 역사』, 전광식 저, 서광사, 2004, p.15.

111) 프로클로스(Proclos, 410경~485): 신플라톤주의 사상을 비잔틴, 이슬람, 로마 세계 구석구석까 지 전파하는 데 이바지한 그리스의 마지막 주요 철학자.

112) 에베소서 4장 6절.

한 것이고, 만유 가운데 계신 것과 만유가 그 안에 머묾은 내재함에 따른 결과로서 같다. 그리고 통일과 향함은 하나님이 본체자이기 때문에 가진 창조적 권능이다.

본체는 어떻게 세상의 다양함을 포괄해서 다시 하나 되게 할 수 있는가? 그 가능성은 오직 만물이 神이란 본체에 근거하여 창조되었기 때문이다. 만개가 하나 되고 만개를 다시 하나 되게 하는 것은 본체변증법의 묘법이다. 하나는 통합체로서 창조→변증→통합이란 조화로운 변증 루트를 주도한다. 一者가 통합체인 것은 하나로부터 만개된 만물이 서로 통하고 호환된다는 데 있다. 무수하게 변화해도 근본이 통하는 것은 만상이 하나로부터 변증된 근거이다. 물질과 정신, 理와 氣, 음과 양은 절대 독립된 이원화 체제가 아니다. 하나인 一者가 세상 가운데서 존재하기 위한 형태상의 변화 일환으로서 二元의 본질은 결국 하나이다. 따라서 만인은 나뉘어 있는 양극성을 통하여 양의되기 이전인 바탕 본체를 볼 수 있어야 하고,[113] 세상 가운데서 도출된 제반 특성을 통해서도 본체의 절대성, 차원성, 영원성, 알파성을 가늠해야 한다. 우주는 태초로부터 엄밀한 운행 질서를 통하여 하나님이 존재한 의미를 무수히 발산하였는데, 그 메시지를 오늘날에 와서 인류가 비로소 알아차리게 되었다. 一者로부터 만물이 유출되었다, 혹은 하나로부터 천지가 창조되었다고 하였는데, 과연 그 유출과 창조 실마리를 누가 가졌는가? 일차적으로는 하나님이 쥐었고 상응한 정보를 세상과 인간도 함께 지녔다. 우리는 태초의 창조 실현으로 인해 이 땅에 존재하게 된 실 당사자이다.

---

113) 피조체는 극이 나뉘어 있음.

## 3. 본체의 불변성

만인은 감각을 통하여 하늘 아래 영원한 것은 하나도 없고 변하지 않는 것 또한 없다는 사실을 알고 있다. 언급한바 그리스의 자연철학자 헤라클레이토스(Herakleitos)는 만물이 유전한다고 하였는데, 이것은 곧 만물이 변화한다는 뜻이다.[114] 즉, 세상 가운데서는 불변한 것이 하나도 없다. 설사 존재하고 있다 하더라도 변화하지 않는다면 인식할 수 없다. 입증할 수 없기 때문에 존재성 여부에 대해 오늘날은 관심조차 거의 소멸된 상태이다. 이 같은 조건을 무릅쓰고 그리스의 철학자 플라톤은 상식적인 사실에 반기를 들었다. 감각적인 사물들이 변화하기는 하지만 그런 사물을 관찰하는 우리들의 감관도 시간과 장소에 따라 다르게 받아들이고 있다는 사실에 주목하고 헤라클레이토스적인 인식과 그의 스승 소크라테스가 보인 절대적인 것에 대한 신념을 감안하여 초월적인 실재를 구상하였는데, 그것이 곧 이데아론이다.[115] 그는 "잡다하게 변화하는 현상계의 배후에 보편적인 불변의 실재가 놓여 있고, 이것은 현상계의 감각적 사물과는 전혀 다른 어떤 것이며, 또한 다른 어떤 곳에 자체적으로 실재하면서 현상계의 근거를 이룬다"라고 하였다.[116] 이 획기적인 새로운 주장의 문제는 어떻게 불변한 이데아가 현상계의 배후에 존재하는지, 어떻게 자체적으로 실재하며 현상계의 근거가 되는 것인지에 대해 설명하지 못했다. 현상계만으로는 현상계를 파악할 수 없으므로 이

---

114) 『반야바라밀다심경』, 앞의 책, p.54.

115) 「플라톤에 있어서 이데아론의 기본구조」, 노정신 저, 전남대학교대학원 철학과 서양철학전공, 석사논문, 1983, p.47.

116) 위의 논문, p.46.

데아계를 설정한 것이겠지만, 현상계와 이데아계를 구분한 것만으로
는 그 무엇도 확실하게 밝혀낸 것이 없다. 이것이 선천 세계관이 지
닌 한계이다. 본체계가 왜 불변하고 현상계가 왜 끊임없이 변화하는
것인지를 알 수 없어 차원적인 변화의 경계선을 벗어나지 못했다.

진화론은 알다시피 세상에 만재된 뭇 종들의 다양성을 뒷받침하
고자 한 이론인데 결과적으로는 세계의 결정성, 불변성, 목적성을
파괴시킨 이론이다. 하지만 만물은 변화하더라도 뭇 종들이 불변한
본질을 지니고 있다는 것을 안다면 그 무엇도 불변한 법칙을 벗어날
수 없다는 것을 깨닫게 된다. 종을 종 되게 한 것은 종을 존재하게
한 결정적인 본질이 있기 때문이다. 종은 본질이 지닌 생성 영역 안
에서는 무궁한 조화(변화)를 일으키지만 질적인 전환은 일어날 수
없다. 창조 법칙을 벗어난다. 그래서 겉모습은 변화하더라도 본질은
불변이다. 온갖 변화가 부처님 손바닥 안에서 맴돌아 변화가 다하면
다시 본래 모습으로 돌아간다. 천지가 변하는 것은 본질이 생성하기
때문이다. 생성의 뿌리는 본체로서 多를 포섭한 하나이다. 생성은 하
나인 본체를 늘어뜨린 운동 과정이라 전체자인 본체가 달라진 것은
하나도 없다. 그래서 불변이다. 삼라만상은 영고성쇠(榮枯盛衰)를 거
듭하지만 변하는 것은 형태뿐이다. 본체는 영원하다. 생멸은 본체로
부터 생성된 만물이 다시 본체로 돌아가는 과정이다. 이것을 파악하
지 못한 선천에서는 본체에 관한 지식이 관념론에 그쳤고, 강림 역
사를 완수한 지금은 새로운 진리 영역을 개척할 수 있게 되었다. 질
문을 다시 한 번 하면 본체는 어떻게 해서 불변이고 현상계는 왜 끊
임없이 변화하는가? 여기에 대해 동서양은 두 가지 뚜렷한 입장을
취했다. "서양철학은 영원을 고정된 불변성으로 보았고, 동양의 노

자는 고정되지 않고 오직 생생불식하여 그치지 않는 영원을 관철시켰다."117) 易에도 불역(不易)이 있고 변역(變易)이 있는데, 변역은 변화 속의 한결같음이다. 동양인은 영원히 道가 있기 위해서는 항상 멈추지 않고 변해야 한다고 보았다.118) 불역적인 본체관도 맞고 변역적인 생성관도 맞지만 문제는 어떻게 이와 같은 구분선이 생겼는가 하는 점이다.

주된 이유는 지적한 대로 창조에 있다. 절대적인 본체, 그리고 불역은 곧 神과 같다. 이런 神이 홀로 존재하였다면 초월, 선재, 절대, 불변, 영원 같은 존재 본성은 아예 부각될 수 없었으리라. 그래서 관건은 역시 창조이다. 태초에 창조 역사가 있었기 때문에 절대 본체가 창조 본체화되었고(無極而太極), 구축된 작위 시스템으로 인해 불역의 化된 형태인 변역이 생기게 되었다. 불역이 본체로서 영원한 것이라면 변역은 생성으로 영원한 것임에, 생멸 현상은 분열하는 현상계 안에서 영원하기 위한 형태상의 존재 시스템 방식이다. 동양의 본체관이 이러할진대 절대자 하나님은 기독교인들만 모신 유일한 창조신이 아니었다. 神은 동양 문화권뿐만 아니라 모든 문화권 안에서도 사유되어 왔다고 볼 수 있다. 관념적으로 격리된 절대자는 세계와 무관하나니, 하나님은 세계 안에서 만인의 영혼과 교감하였는데, 이것을 기독교가 나서서 신앙적, 교리적인 측면을 막론하고 이격시켜 버렸다. 그러니까 神이 그들 앞에서는 강림할 수 없었다. 반면 동양인들이 구한 道는 세계와 함께한 본질체로서 생성 세계를 뒷받침한 근원이다. 이 땅에 강림한 하나님을 안주시킬 수 있는 진리

---

117) 「노자의 도에 대한 본체론적 이해비판」, 앞의 논문, p.95.
118) 위의 논문, p.95.

적 토대를 이루었다. 만물일체와 천인합일을 진리 탐구의 주된 목적으로 삼았다. 동양본체론은 대우주론이자 창조론으로서 강림한 본체성을 뒷받침한 진리적 근거이다. A가 A로서만 존재한 것이 아니고 B화, C화…… 한 것인데, 그런 변화를 있게 한 중심에 창조가 있다. 창조를 경계로 하여 본체가 불역성과 변역성으로 나뉘었다. 세계는 결코 현상계만으로는 존재할 수 없다. 드러난 현상계가 전부라고 여긴 것이 극에 달한 서양의 물질문명이다. 인류는 끝내 맞이하고야만 종말 문명에 대비해야 하며, 그 대안책으로 반드시 동양이 일군 본체 문명에 대한 진리적 진가를 재확인해야 한다.

지성들은 우주와 자연에 관한 뉴턴의 만유인력 법칙과 아인슈타인의 상대성 원리는 깊이 연구하면서 동양의 선각들이 말한 太極설과 理氣설 등은 공염불로 여긴다. "太極이 나뉘어 펼쳐진 것이 음과 양인데"[119] 이것은 복잡한 수학 공식으로 우주의 운행 법칙성을 밝힌 진실이 아니다. 그렇다면? 우주의 생성 근원에 대한 대지혜를 함축시킨 도식이다. 개념은 단순하지만 그 속에는 삼라만상이 존재하게 된 일체 연유가 포함되어 있다. 그리고 그 조화로운 太極 운행의 한 중심에 하나님이 계시다. 太極은 太極만으로 존재하지 않으며, 음양은 절로 그렇게 나뉜 것이 아니다. 太極이 음양화된 필연성의 결과 삼라만상이 창조의 꽃으로 만개되었다. 양의는 하나님이 지혜를 바쳐 구축한 창조의 대운행 체제이다. 영원한 운동, 영원한 존재, 영원한 본질을 세상 가운데서 실현시켰다. 그 가운데 불변한 본체자로 존재한 하나님이 좌정해 계신다.

---

119) 『동양철학 콘서트』, 황광욱 저, 두리미디어, 2010, p.192.

## 4. 본체의 생성성

『노자도덕경』에서는 "도생일, 일생이, 이생삼, 삼생만물"이라 했고,[120] 『주역』에서는 "易에는 太極이 있어 이것이 양의(兩儀)를 낳고, 양의가 사상(四象)을 낳으며, 사상이 팔괘(八卦)를 낳는다"라고 하여[121] 太極·양의·사상·팔괘를 생성적인 도식으로 기술하고, 太極을 그 본원으로 제시하였다.[122] "고대 중국에서는 우주만물에 대한 기본적인 관점을 크게 두 가지로 나누었는데, 하나는 우주만물의 궁극적인 존재 근거를 탐색한 우주본체론(宇宙本體論)이고, 다른 하나는 우주만물의 기원과 구성 및 발생과 변화의 과정을 규명한 우주생성론(宇宙生成論)이다."[123] "생성론은 중국사상사에서 근간을 이룬 것으로서, 존재론에 치우친 서양철학과 확연하게 대비된 동아시아 사상의 핵심적인 특성이다."[124] 서양에서는 성 아우구스티누스를 필두로 "無로부터의 창조를 주장하였고, 이것이 곧 시간의 시작을 의미한다고 보았다. 神은 창조 이전에도 존재하였고, 그렇기 때문에 시간은 창조와 동시에 시작되었다"는 개념이다.[125] 한편 시간이란 개념은 창조와 함께 생성과도 깊은 관련이 있다. 동서양은 공히 만물의 생성 근원에 대해 관심을 가져 사상사에서 주맥을 형성하였는데, 동양은 바탕된 본체와 생성에 대해, 서양은 창조와 존재에 대해 관

---

120) "道生一, 一生二, 二生三, 三生萬物." -『노자도덕경』, 42장.

121) "易有太極, 是生兩儀, 兩儀生四象, 四象生八卦." -『주역』, 계사전.

122) 네이버 블로그, 태극.

123) 『위진철학』, 앞의 책, p.176.

124) 위의 책, p.315.

125) 「신개념의 변천과 신개념이 인류에 끼친 영향」, 앞의 논문, p.37.

심을 쏟았다. 그리하여 본체→창조→생성→존재로 이어진 과정을 통해 세계관이 완성될 때를 기다렸다. 미처 때가 되지 못한 관계로 선천의 지성들은 하나님의 모습을 볼 수 없었다. 하나님이 강림한 것은 이 같은 세계관적 문제를 풀어 창조우주론과 본체창조론을 완성하기 위해서이다. 그중 동양본체론은 우주만물의 궁극적인 존재 근거를 파고들었지만, 설사 엿보았다 하더라도 그것만으로는 부족함이 있어 생성론에 주력했다. 하지만 천지가 창조된 과정을 구체화시키지 못해 답보상태에 있다. 서로가 서로에게 도움을 줄 수 있는 정보를 제공하지 못하여 진척이 없었다. 본의를 알아야 본체는 본체대로, 생성은 생성대로 존재한 이유를 알 수 있다.

창조는 과연 무엇이고 삼라만상은 어떤 과정을 거쳐 창조되었는가? 그것을 소프트웨어로 구성한다면 그 양을 헤아릴 수 없는데, 단도직입적으로 도식화하면 道, 太極을 통해 표현된 생성론처럼 하나, 一元, 一者로부터 말미암았다. 一元은 본체로서 二元화에 적극 관여하였다. 一元{본체}이 지닌 불변성과 달리 만물은 전에 없는 시스템을 갖추었지만 그것은 化된 특성이다. 자식이 태어나면 부모로부터 독립되는 것처럼 창조된 만물도 이와 같다. 그래서 세계는 창조 이전에는 一元인데 창조와 함께 만물화되었다. 一元과 多元이 지닌 차이를 알면 창조 이전에 존재한 본체적 특성과 창조 이후에 발생된 생성적 특성을 분간할 수 있다. 一元은 통상적으로 감지하는 현상계적 질서 안에서는 성립될 수 없는 존재 형태이다. 창조로서 一元이 多元화된 것은 만상이 존재자로서 생성할 수 있는 시스템을 갖춘 것이다. 어떻게? 一元{통극}이 양의됨으로이다. 음과 양으로 갈라졌고 극이 갈라짐으로써 一元인 절대 본체와 달리 창조 본체가 생성을 시작했다. 즉, 一元은 나뉘지 않은 본체이고 多元은 나뉜 결과적 본체이다. 나뉘어서 갈라진 多元이기 때문에 본체는 하나이고 一元이다. 多元이 존재한 근거는 一元이다. 이 기준은 확고한데, 이것을 太極론에서는 양의된 음양이 생성하여 사상, 팔괘를 거쳐 만물을 이루었다고 했다. 생성으로 인해 만개된 것이 삼라만상이라 일체는 一元 안에 포함된다. 全卽一이다. 그리고 그 이면에 太極으로부터 생겨난 창조 비밀이 있다. 만물이 일체인 것은 만물이 一元으로부터 생성 과정을 거쳐 만물화되었기 때문이며, 一元에 근거했기 때문에 天·地·人 合一도 가능하다. 色의 세계는 극이 분열하기 때문에 일체가 논리적, 질서적, 인과적이며, 空의 세계는 모든 분열 과정을 초월해 있기 때문에 色卽空이다. 色의 세계는 천차만별이지만 空의 세계는 하나일 뿐이다. 하나가 곧 전체이고 전체가 곧 하나이다(一卽多, 多卽一-『화엄경』). 생성된 삼라만상을 하나로 뭉뚱거린 도식이다. 一이 창조되고 생성하고 분열하기 이전의 통합성 상태라면 똥막대기에도 있다고 한 道는 세상 가운데서 만물을 있게 한 바탕 본질이다.

그렇다면 우리는 만물이 하나인 본체로부터 창조되었다는 것을 어떻게 알 수 있는가? 창조 본체가 시스템화되고 구조화된 관계로 복잡하게 보이지만 근본은 하나이기 때문에 거대한 우주가 일사불란하게 운행된다. 하나인 본체로부터 나왔고 본래 하나라 역사, 섭리, 만상을 이룬 본질, 하나님의 뜻이 하나로 꿰뚫어진다. 이런 생성적인 특성을 간파해야 시간을 묻지 않으면 잘 알고 있는데 물으면 대답하기 어렵다고 한 문제를 해결할 수 있다(아우구스티누스). 즉, 시간은 존재하는 자라면 누구도 본유하고 있는 관계로 시간에 대해 모르는 자가 없다. 하지만 막상 설명하고자 하면 세계의 생성 본질을 대관해야 하는 엄청난 과제가 따른다. 시간은 어떻게 해서 발생한 것인가? 우리가 존재한 사실만으로도 충분한데 왜 시간이 또 존재하는가? 만약 시간이 없다면? 시간이 없으면 존재도 없다. 시간이無한 것이 죽음이다. 시간은 존재의 有無를 결정하며, 존재의 有無를결정하는 것은 다름 아닌 생성이다. 그래서 존재는 전체적으로 생성시스템 체제라고 보아도 무방하다. 그렇다면 시스템화된 시간의 본질은? 一元인 본질체가 양극화로 인해 생겨난 시공간을 채우기 위해늘어뜨려진 상태이고, 창조와 함께 나뉜 인과가 분열함으로써 생긴생성 공간이다(과정). 극이 나뉜 본질체가 다시 하나 되기 위해 운동하니까 그 가운데서 시간이 흐르는 경과가 있게 되었고, 일체의 질서가 시간의 흐름으로 감지되었다. 뭇 존재가 시스템적으로 운행되고 있어 그 안에서 손에 잡히지 않는 그 무엇을 시간이란 질서 의식으로 인지하고 있다. 시간은 하나인 본질체가 양의됨으로써 발생한본질의 생성 흐름이다. 하나로부터 늘어뜨려진 생성 공간의 엄밀한법칙 질서인 동시에 바탕된 본질의 엄밀한 분열 질서이다. 그래서창조된 세계 안에서는 뭇 존재가 생성을 근간으로 삼았고(有), 생성이 완료됨과 함께 존재의 소멸이(無) 결정되었다. 창조는 당연한 사실이다. 생성이 없다면 어떤 구분도 아예 없다. 창조는 우주의 첫 시작이고 인과의 첫 발생이다. 그래서 세상 안에서는 어디서도 시작된시작과 끝난 끝을 찾을 수 없다. 구조상 一元을 벗어날 수 없어 세상안에서는 어디서도 시종에 대한 출입구를 찾지 못했다. 존재는 유한한 생멸이 있기 때문에 오히려 영원하게 생성할 수 있고,[126] 니이체

---

126) 『철학 갤러리』, 앞의 책, p.277.

의 영원회귀 사상은 작위 시스템으로서 유효한 우주생성론이다. 우주가 시간적으로 영원한 생성만 있다. 그렇다면 끝없는 생성으로 존재한 시간이 도달할 곳은? 시간의 첫 출발이 있었던 하나님의 본체 품안이다. 아리스토텔레스는 사물의 생성 변화를 가능태와 현실태로서의 전화로 파악했는데, 하나님은 그렇게 전화시킨 창조의 대원동력으로서 생성은 창조주가 지닌 권능을 대신하여 뭇 생멸 현상을 주도하였다.

## 5. 본체의 통합성

본체는 천지만물을 창조한 바탕체이고 너와 나를 존재하게 한 근원으로서 하나님을 구성한 무형의 몸이라고 해도 과언이 아닌데, 이런 본성을 뒷받침한 실질적인 개념이 본체의 통합성이다. 통합성은 무엇인가? 선각들도 이 한 자리에 대해 일갈하지 않은바 아니지만 본체가 지닌 창조 작용이 간과된 관계로 사상계에 어필되지 못했다. 하나인 본체로부터 만물이 근거한 만큼 無로부터의 창조라고 하면 이해하기 어렵지만, 통합성으로부터의 창조라고 하면 인식적으로도 접근이 용이하다. 유교의 太極론이 이 사실을 정교하게 도식화하였는데 無極→太極→양의된 과정이 그것이다. 창조 이전에는 하나님이 無極인 상태로 홀로 절대적이었다. 그런데 無極이 太極화로 이행된 것은 하나님이 창조를 뜻함으로써 자체 본체가 변화된 것과 같다. 이것이 언급한바 절대 본체로부터 창조 본체로의 이행 절차이고, 이때 창조를 실현할 수 있도록 준비된 바탕 본체가 곧 통합 본체이다. 통합 본체는 창조를 목적으로 일체를 구유한 상태이지만, 양의되기 이전이라 一元인 상태이다. 一元은 창조를 위해 모든 것이 준비된 스탠바이 상태이고, 命化되기 직전 상태이며, 법륜이 구르기 이전 상태, 생성·분열·분화되지 않아 만물이 세상 가운데 존재하기 전의 상태이다. 통합성은 본체로서 지닌 창조 권능을 모두 간직하고 있다(선재성, 초월성, 창조의 동시성). 철저한 준비 작업을 거쳐 최종적으로 말씀에 의한 命에 따라 준비된 시스템이 가동되었는데, 이것이 하나님의 위대한 창조 역사이다. 무형인 통합적 본질체로부터 유형인 분열적 현상체로 이행되었기 때문에 이런 질적 변화를 일컬어 이연구는 진화 메커니즘과 대비하여 명화(命化)로 칭하였고, 창조된 일체를 化로서 규정하였다. 천지 만물이 통합성인 본체로부터 化되었다. 천체 물리학자들은 우주가 팽창하고 있다는 증거로서 도플러 효과라든지 우주배경복사 등을 내세우는데, 이 연구도 천지가 창조된 명백한 증거로서 만물과 본질과의 질적 차이, 즉 차원적인 존재 시스템을 들었다. 곧 만물은 모든 것이 이미 결정적이라는 사실이 그것이다. 원인과 결과가 통합된 상태로 이미 존재하였다. 그래서 세계가 결정적이다. 원인은 결과 속에, 결과는 원인 속에 다 포함되어 있다. 이것은 근거 없는 주장이 아니다. 파악한 원인이 결과를 낳은 필연적인 인과법칙이 그것이다.

우리는 원인에 따라 결과가 주어지는 것을 당연한 것으로 받아들였을 뿐, 그런 법칙성이 어떻게 주어지게 된 것인가에 대해서는 궁금해하지 않았다. 천지의 시작인 창조를 모르는데 어떻게 끝인들 알 수 있겠는가? 그렇다면 세상 안에서 생멸의 문은 과연 어디에 있는가? 無! 無로부터이다. 그러니까 현상계 안에서는 누구도 그 문을 볼 수 없었다. 그런 無로부터 천지가 '無極→太極→양의'된 절차를 거쳐 창조되었다. 극이 나뉘므로 왕성한 생성 활동을 하다가 완료되면 다시 하나인 통합 본체로 돌아가므로 극이 없어져 無가 된다. 왜 생성을 완료하면 통합성 상태가 되는가 하면, 통합성으로부터 분열된 힘이 축적되어 있다가 다시 통합하는 힘을 발휘하기 때문이다. 분열과 통합이란 두 주축 에너지{氣}가 극을 전환시킴으로써 삼라만상이 영원히 생성할 수 있다. 그래서 왕필은 無를 본체로 보고 無를 道로 여겨 생성자가 '하나'에로 돌아간다고 하면서 그 하나는 결국 없음이라고 하였다. 이것은 노자가 無인 道로부터 有인 만물이 생성한 것이라고 한 것에 대한 해석이다.

> "만물과 만형, 그것은 하나에로 돌아간다. 무엇으로 말미암아 하나에 이르는가? 없음으로 말미암는다. 없으므로 말미암아 이에 하나이다."[127)]

만물과 만형이 하나로 돌아가나니 근본이 없고 창조가 없다면 아예 돌아갈 곳조차 없다. 만물과 만형이 창조된 生의 문을 안다면 멸에 대한 의미 역시 분명해진다. 창조로 인해 化된 존재이므로 언젠가는 다시 근본으로 돌아간다. 객관적인 인식으로서는 본체로, 존재적인 인식으로서는 하나님의 품으로 돌아간다. 통합 본체로부터의 창조, 생성, 복귀 과정에 대해 송대 성리학자들은 理氣설과 太虛설로서 언급하였다. 장횡거는 말하길, 太虛 상태로 존재한 무형인 氣가 모여 응취 상태인 만물이 되었다가 다시금 흩어져 분산 상태인 무형의 氣로 돌아간다고 하였는데,[128)] 그가 개념 잡은 太虛는 창조를 이

---

127) "萬物萬刑, 其歸一也, 何由致一?, 由於無也, 由無乃一, 一何謂無."-『老子周易王弼注校譯』, 樓宇烈, p.117.

룬 근원인 통합 본체와 같다. 太虛가 일체의 생멸 현상을 관장하였다. 생성 이전과 이후를 관장하기 때문에 큰 허공이라고 하였지만 사실은 통합성이다. 太虛를 氣의 본연 상태와 분산 상태로 표현하였지만, 사실은 하나님이 창조를 뜻함으로써 결집된 존재 의지로서, 이처럼 전환된 것을 일컬어 창조 본체 내지 통합 본체라고 했다. 그래서 창조 의지로 결집된 통합성은 氣적으로 고도의 본질 에너지가 응집된 상태이다. 이것이 命化를 통해 일시에 폭발함으로써 천지가 창조되었고 만물을 생성시킨 무궁한 에너지원이 되었다. 장횡거는 만물을 氣의 응취 상태로 太虛를 氣의 분산 상태로 보았지만, 그 이전인 太虛 상태에서 하나님은 사전에 창조를 실현하기 위해 충분한 리허설 과정을 거쳤다. 그래서 만상이 생성, 소멸하는 것은 고스란히 하나님이 자체 본체를 전환시켜 창조를 준비한 절차를 재현한 것과 같다. 그렇다면 천지의 시작은 응취를 이룸으로부터가 아니라 사전에 응취된 통합 본체로부터 분열한 것이 된다. 이런 분열이 극하게 되면 氣가 완전히 흩어져 외형적으로는 극이 소멸되고 無, 즉 멸로 보이지만 사실은 통합 본체를 분열시킨 에너지가 축적되어 분열된 세계를 다시 통합시키는 에너지원이 된다.

이런 본체의 운동 상태를 깊이 있게 통찰한 왕필은 命으로 돌아감(復命)을 상(常)이라고 하였다. 만물이 한 극에 이르면 반드시 되돌아가고, 복명은 곧 상의 길로 이어져 가는 계기가 된다. 즉, 만물이 한 극에 이르면 반드시 되돌아가는데(物極必反), 그렇게 돌아가는 곳이 본래인 근원이다(復歸於無極). 근원으로 돌아가는 것에 대해 스스로

---

128) 위의 논문, p.63.

그러한 질서라고는 하였지만, 천지 운행과 만물의 반복 생성이 무한하다고 본 것은 중국 고대 우주관의 특징이다.[129] 한낱 미물로부터 만물의 영장인 인간에 이르기까지 창조되지 않았다면 돌아갈 근원처도 없다. 문명과 역사도 마찬가지이다. 창조되었기 때문에 만물은 본원 자리로 다시 돌아간다. 그런데 기독교는 아직도 배타성을 버리지 못하고 세상 진리를 이단과 정통으로 편가름한 것은 한때 방편상 이룬 구원 종교이기는 하지만 인류를 통합해서 구원할 본체 문명은 아니란 뜻이다. 한계를 지닌 문명 그릇이기 때문에 인류는 일체를 걸림 없이 수용하여 담아둘 수 있는 제삼의 본체 문명을 재건해야 한다. 세계는 창조되었기 때문에 분열이 있고 극이 나뉘어 있어 대립이 불가피하지만, 통합성인 본체 세계는 극이 합일된 상태이기 때문에 대립될 수 없고, 분열된 삼라만상을 관장한다. 전체성을 장악하고 있어 "한없는 먼 시간이 한 생각이요 한 생각이 한없는 시간이다(의상의 법성게)." 의상이 바로 하나님을 엿보았다. 왜 변증법은 "모순이 대립물의 변화를 통해서 항상 통일되는 관계에 있다고 하였는가?"[130] 극이 나뉘므로 상대화되었지만 때가 되면 다시 합해지며, 합해지면 통합된다. 그래서 생성에 생멸이 있는 것은 그렇게 되어야 만물이 다시 본체 상태로 돌아갈 수 있다. 창조를 이룬 모티브가 생멸, 그러니까 시작과 끝 안에 쥐어져 있기 때문이다. 현상적으로는 생멸하지만 본체적으로는 극이 통하여 필명 복명화된다(통합). 하나님이 지닌 통합적인 본체 바탕에 근거하여 만물은 생성을 다하면 다시 하나님에게로 돌아가는 것은 물론이고, 이런 과정에서 창조 권능

---

129) 「노자의 도에 대한 본체론적 이해비판」, 앞의 논문, p.97.
130) 『독일 관념철학과 변증법』, 앞의 책, p.17.

이 통합 권능으로 전환된다. 현실은 삼분오열되어 있어 통합이란 역사적 성취가 불가능한 것처럼 보인 것은 하나님이 본체자로서 드러나지 못해서인데, 지상 강림 역사로 이런 권능을 구체화할 수 있게 되었다. 곳곳에서 지상 강림 역사가 언급된 것은 이 연구의 전체적인 저술 목적이 하나님이 강림한 역사 사실을 진리적으로 증거하기 위해서이다. 통합 본체로부터 천지가 창조되므로 분열된 세계는 다시 통합될 수 있는 가능성을 지니게 되는 것이니, 그 모든 근거가 곧 하나님이 마련한 본체의 통합성 바탕에 있다.

# 제27장 화신 메커니즘

## 1. 화신의 작용 근원

  화신(化身)불은 삼신불 중 하나로(법신불, 보신불 , 화신불=응신불) 일체중생을 제도하기 위해 佛身으로 화현한 역사적 부처이다.[131] 神은 부처님의 본체처럼 자체로서는 드러날 수 없지만 태초에 천지창조를 실현하다 보니 이것을 근거로 하여 몸된 모습을 드러내었다. 그래서 화신은 직접적인 몸이 아니라 변화된 모습이다. 변화는 있었지만 하나님인 것은 마찬가지인데, 선천에서는 이것을 알지 못했다. 화신된 모습을 분별해야 참모습을 알 수 있나니, 그러기 위해 화신 메커니즘의 역할이 중요하다. 그런 문제를 해결하기 위해서는 하나

---

131) 때와 장소와 중생의 능력이나 소질에 따라 나타나 그들을 구제하는 부처. 석가모니불을 포함한 과거불과 미륵불이 여기에 해당함-네이버 백과사전.

님이 강림해야 했는데 못한 관계로 다양한 신관이 등장하였다. 선현들은 동서를 불문하고 神 내지 본체로부터 어떻게 천지가 창조, 생성, 존재하게 되었는지를 논거하였는데, 핵심은 삼라만상을 발생시킨 최초의 바탕 근원이 무엇인가 하는 데 있다. 기독교를 받아들이기 전 "고대 희랍인들은 성경적 의미의 창조 개념을 가지고 있지 않았다. 세계의 생성에 대해 두 가지 본질을 통하여 생각했는데, 플라톤은 눈에 보이는 세상의 창조는 인간이 자기의 기술로 어떤 물건을 만드는 것과 비슷하다고 보았다. 즉, 창조를 위해서는 최초의 원료가 필요하다. 그래서 도이벨트는 형상－질료동인(形狀-質料動因)이야말로 희랍철학의 배후에서 철학을 전개시킨 원동력이다"라고 하였다.[132] 이원론은 하나님과 물질이 모두 영원하다고 본 관점으로서 물질을 포함해서 하나님의 창조 권능을 절감시켰다. 神을 제대로 파악하지 못한 것이다.

그래서 다시 다른 관점을 내세운 것이 천지를 하나님의 존재 자체로부터 창조했다고 본 단일론이다. 만유를 존재하게 한 최초의 바탕 근원이 하나님에게 있다는 것인데, 이 연구도 기본적으로는 단일적 一者 내지 一元인 본체에 근거한 창조성을 논거할 것인데, 본의를 모르면 누구라도 범신론 내지 이신론으로 오해할 수 있다. 단일론은 기독교적 유신론이 주장한 하나님과 피조계 사이의 절대적 차이를 무시하고 피조계를 하나님에게 흡수시키거나(신플라톤주의, 범신론, 그리고 어떤 동양종교에서처럼) 하나님을 피조물에 흡수시켰다(물질주의, 철학적 자연주의, 세속적 휴머니즘).[133] 이런 주장 중 독일의

---

132) 『기독교인의 세계관』, 엘 깔스 베이끄 저, 황영철 역, 손봉호 감수, 성광문화사, 1992, p.70.
133) 『기독교 세계관』, 아더 홈즈 저, 이승구 역, 엠마오, 1987, p.88.

철학자 셸링은 말하길, "절대적인 무차별과 동일성으로서의 절대자에게서 세상 만물이 생성되어 나왔고, 거기에서 정신과 자연, 주관과 객관이 파생한 관계로, 이들이 그 깊은 중심에서는 다 하나를 이룬다. 동일한 하나에서 파생되었기 때문에 그중 정신적인 것과 물질적인 것 간에는 하등 질적인 차이가 없으며, 일체를 절대자라는 전 실재 안에서 동열적인, 즉 같은 계열에 속한다"고 했다(동일철학).[134] 절대 무차별적인 절대자에게서 만물이 나왔으므로 정신과 물질이 동열적이라는 것은 결과를 두고 보면 맞는 말이지만, 현실적으로 차이가 있는 정신과 물질을 막무가내식으로 동열이라고 말하는 것은 설익은 논조이다. 동열성이라는 주장만으로 세상 만물이 절대자에게서 생성되었다고는 할 수 없다. 최초 바탕이 하나님의 본체인 근거는 어디서도 찾을 수 없다. 정신과 물질은 창조로 인해 특성이 달라지게 되었다. 그렇다면 정신과 물질이 동열이란 논조보다는 대립된 근거를 추적하는 것이 창조를 더 정확하게 증거한다. 세상에서는 어느 것도 하나만으로는 존재할 수 없는데, 그 이유는 천지가 一元으로부터 양의된 때문이다.[135] 그래서 언급한 형상, 질료 동인은 어느 것 하나만 없어도 현상계에서 존재할 수 없다. 양의된 것인데 정신과 물질이 서로의 우선성을 따진 것은 초점이 어긋났다.

한편 범신론의 대표주자격인 스피노자는 '신즉 자연'이란 명제로 자연은 神으로부터 말미암았지만 창조와 동시에 본체가 자연화되어 神의 절대성이 범신화되었다고 한 입장을 세웠다. 자연 안에는 오직 하나인 실체인 神만 존재하고 정신, 신체, 물체 등은 실체가 아닌 양

---

134) 「독일 관념론 연구(2)」, 김종두 저, 논문집, p.14.

135) 분열과 양의로 일관된 세계적 특징은 천지가 창조된 사실을 증거함.

태(樣態, modus)라고 하였다. 그리고 양태는 따로 실체가 변용(變容)된 것이라고 하여, 이 연구가 초점 잡은 화신 메커니즘과 비슷한 논리를 폈지만, 근본이 달라 주장한 목적도 다른 데 있었다. 절대적인 神과 양태화된 실체를 구분하고, 실체는 자신만으로 존재하고 다른 것을 필요로 하지 않지만 양태는 다른 존재자, 즉 실체가 있어야 한다는 사실을 강조하였다. 스피노자는 실체를 그 자체에 의해 이해되는 것, 즉 '자기원인'으로 정의하고, 실체는 神뿐이라고 했지만, 정말 神이 그런 것이라면 지금 존재하고 있는 삼라만상은? 化된 가체라고 말할 만도 한데 거기까지는 미치지 못했다. 양태가 정말 실체로부터 산출되어 변용된 것이라면 神 외에 일체의 다른 양태는 창조된 것과 다름없기 때문에 실체와 양태와의 정확한 관계, 곧 창조주와 피조체가 지닌 차이가 아니라 어떻게 하나뿐인 실체로부터 만물이 생성되었는가에 대한 메커니즘을 밝혀야 했다.[136] 미비점이 있어 "18세기에 이르러서는 이신론(理神論)이 등장하여 하나님과 피조계의 차이를 재확인하고자 하였지만, 자기 계시와 구속에서 역사(役事)한 살아계신 하나님이 이런 사상 그릇 안에서는 거할 수 없는 문제가 있었다."[137] 물론 하나님과 피조물 간의 차이를 포기할 수 없었던 것은 나름대로 이유가 있는 것이므로, 이런 문제는 절대 본체가 창조 본체로 이행된 절차를 통하면 해결할 수 있다. 그런데도 피조체와 하나님 간의 차이에 너무 집착하여 결코 돌아올 수 없는 강을 건너버린 것이 기독교가 세운 '無로부터의 창조' 교리이다. 창조하다(to create)라는 말을 "가장 엄밀한 의미에서 無에서부터 무엇을 산출한다는 것, 기존

---

136) 『철학 갤러리』, 앞의 책, p.213.

137) 『기독교 세계관』, 앞의 책, p.89.

자료를 사용하지 않고 창조한다"로 규정했다.[138] "기독교의 神은 자기의 창조 안에 자신을 두지 않았다. 자기를 그 안에 둔다는 것은 이단이다. 어떤 의미에서 神은 그 안에 포함될 수 있다. 그러나 그는 대왕이 자기의 신하들을 떠나서 머무는 동일한 방식으로 그것으로부터 떠나서 존재한다. 내재성이라는 개념은 대부분의 서구 유일신적 종교들이 혐오하고 좀 더 열등한 종교의 표시로 간주한 범신론의 유령을 상기시킨다."[139] 그들이 왜 이런 입장을 취한 것인가 하는 이유는 다시 밝힐 것이지만, 神을 창조된 세계 안에 두지 않은 것은 하나님과 피조체 간의 관계를 영원히 단절시킨 결과를 초래했다. 피조체의 절대적인 차이를 통해 하나님은 절대자로서 숭상되었지만, 그만큼 인간은 하나님에게로 나아갈 세상적인 발판을 잃어버린 불행을 겪었다. 그렇게 되어서는 하나님의 영광과 구원과 창조 목적이 구현될 수 없다.

세계가 원인 없이 존재할 수 없는 것은 창조되었기 때문이다. 창조는 결정된 것이므로 그 무엇도 어긋날 수 없다. 왜 無로부터는 창조가 불가능한가? 그 이유에 대해 서양은 침묵으로 일관하였지만 동양인들은 지혜로 대처했다. "하나님은 자기 자신을 창조주로서 유일하고 절대적인 근원으로 계시하였는데"[140] 이런 역사가 성경책과 그들이 믿는 신앙 속에서만 머물러 있다고 착각해서는 안 된다. 하나님은 범세계를 창조하였고 범인류적으로 역사하였는데, 이런 섭리 역사를 동양인들이 포착하고 있어 오늘날 하나님이 동양의 하늘 아

---

138) 『신론(하나님의 계획과 섭리)』, 앞의 책, p.297.
139) 『화엄불교의 세계』, 앞의 책, p.196.
140) 『기독교인의 세계관』, 앞의 책, p.72.

래서도 강림할 수 있었다. 어떤 경우에도 無로부터는 有를 창조할 수 없다. 이 원칙은 하나님이 결정한 신성한 창조 법칙이다. 그런데 기독교는 이것을 무시하고 말아 더 이상 하나님이 진리의 성령으로서 역사될 수 없었다. "생겨났다고 하면 없을 수 없고 없다면 생겨날 수 없다. 有와 無는 서로 낳을 수 없다. 그렇다면 有는 무엇으로 말미암아 생겨나는가?"[141] 장잠은 자답하길, 홀연히 절로 생겨난다고 했는데, 그것은 그가 처한 시대의 세계관적 제한 때문이다. 無로부터의 창조가 불가능한 결정성을 강조한 것인데, 그렇다면 천지가 창조되기 이전에는 정말 무엇이 존재했는가? 神이 존재하고 있지 않았는가? 神뿐이기 때문에 천지를 창조한 주체성과 근거는 모두 神에게 있다. 방에 들어간 사람이 한 사람 있는데 그 사람이 나온 이후로 모종의 변화가 있었다면 사건은 모두 그 자가 일으킨 것이다. 無로부터의 창조는 무엇보다도 창조 법칙을 정면으로 위배한 무지막지한 교리이다. 無가 아니라 분명 有로부터의 창조이다. 창조 이전과 이후를 구분할진대 無한 有로부터 有한 有로 형태를 달리한다. 이런 의미에서 동양의 선각들은 서양의 지성인들이 끝내 착안하지 못한 지혜로 지극히 창조적인 사유를 하였다고 볼 수 있다. 노자는 "無名은 천지의 시작이요 有名은 만물의 어미이다"라고 하였다.[142] 이전까지는 이런 말을 이해할 수 없었지만 지금은 즉시 할 수 있다. 창조는 실현되었기 때문에 무엇보다도 명확한 인식 근거를 동반한다. 왜 노자는 無가 有보다 앞선다고 하였는가?[143] 직시는 했지만 이해할 수 없는

---

141) 『열자주』, 「天瑞」, 열자집석, 장잠 저, pp.6~7.
142) "無名天地之始, 有名萬物之母."-『노자도덕경』, 1장.
143) "天下萬物生於有, 有生於無",-『노자도덕경』, 40장.

창조 도식이었는데, 지금은 풀 수 있게 되었다.

왕필은 말하길, "무릇 有는 모두 無에서 시작된다. 그러므로 아직 모양을 갖추지 않고 이름이 없는 때는 만물의 시작이 된다"라고 했다.[144] 현존재가 근원으로부터 생겼고, 존재한 형태도 근원이 다르다고 여긴 것은 본체에 근거한 동양식 창조론이다. 필연 법칙, 인과 법칙, 경과 법칙을 망라한 창조적 사유이다. 하나님의 절대 본체(無한 有)에 근거하여 창조 법칙의 정통성을 이은 有有 창조(창조 본체)에 대한 필연성 인식이다. 고대 그리스의 철학자 파르메니데스 역시 아무것도 없는 것에서 무엇인가가 생겨난다는 것은 불가능하다고 못 박았다. 아크라가스 출신인 엠페도클레스는 이전 철학자들이 생각한 한 가지 요인으로 세상을 설명한 일원론을 벗어나 다원론적인 주장을 펼쳤는데,[145] 정말 아무것도 없는 것에서는 아무것도 생기지 않는 것이라면 삼라만상은 어디로부터 난 것인가? 만물이 존재하기 이전에는 神만 존재했다. 그래서 창조를 이룬 주체, 근거, 시스템 구안이 모두 神에게 있다. 이것은 두말할 것 없이 유일한 하나님이 태초에 천지를 창조한 명백한 근거이다. 일체가 창조되기 이전에 존재한 神으로부터 말미암았다. 현상계적 질서 인식에 젖은 서양의 지성들은 집 일반, 개 일반이란 보편적인 전체자가 이 집, 저 개보다 선재해서 존재한 사실을 인정하지 않았지만, 동양인들이 생각한 최초의 근원은 太極, 道, 梵으로서, 만물이 생성하기 이전부터 일체를 구유한 통합적 본질체이다. 神의 또 다른 모습으로서 창조 권능에 대한 철저한 직시였다.

---

144) 『노자주』, 왕필집교석, 1장, 1쪽. 왕필 저.
145) 『철학 갤러리』, 앞의 책, p.39.

이에 이 연구는 창조주 하나님이 절대, 독립, 단일, 고유한 본성을 지니고 있어 말미암은 피조체와는 차원이 다르지만 어떻게 만상을 이룬 근원으로서 세계와 함께하면서 역사한 것인가를 밝혀야 한다. 그리해야 세계 안에서 만인과 함께한 神의 모습을 분간하고 도출된 다양한 신관을 포괄할 수 있다. 앞서 언급한 기독교 유신론은 無로부터의 창조를 주장해 하나님과 피조물과의 간격을 영원히 이격시켜 버렸고, 범신론은 하나님의 본체를 세계 속에 깊숙이 파묻어 버렸지만, 이 연구는 단일론적인 입장에서 하나님의 존재 자체를 천지를 창조한 근간으로 삼아 수많은 창조 세월에도 불구하고 영원, 불변, 무한한 분이란 입장을 취했다. 이처럼 본체가 근본으로서 확고하게 자리 잡고 있어야 하나님과 동질인 본질을 가졌으면서도 차원을 달리한 창조 본체(창조로 인해 시스템화됨)를 마음껏 추적할 수 있다. "동서양의 모든 철학은 변화하는 것을 추구하는 철학(생성)과 변화하지 않는 것을 추구하는 철학(존재)으로 대별하거니와"146) 그렇게 구분한 근거는 바로 창조로 말미암은 절대 본체가 창조 본체로 이행한 데 있다. 어떻게 절대 본체로부터 창조 본체로 이행한 것인가 하면 천지를 창조하기 위해 하나님이 자체 본체를 근거로 하여 창조 본체를 따로 구축해서이다. 하나님 외에 새로운 존재 체제를 출범시킬 수 없었다면 그것은 창조라 할 수 없다. 이런 의미에서 본다면 삼라만상은 하나님으로부터, 존재는 無한 상태로부터 창조된 것이 맞다. 그래서 창조는 일체를 있게 한 절대 본체를 기준으로 만물을 化로서 규정했다. 그러나 化라고 해서 절대 본체가 근본을 바꾸

---

146) 『위진철학』, 앞의 책, p.29.

어 전격 만물화되었다는 뜻은 아니다. 이것을 『천부경』에서는 "하나가 나뉘어 셋이 되지만 다함이 없는 근본은 그대로이다(一析三極無盡本)"란 말로서 표현하였다. 즉, "一(하나님, 절대 본체)은 아무리 나뉘어도 변함없이 자기 동일성을 유지하고 결코 없어지거나 사라지지 않는다. 아울러 一이 아무리 만물화로 세상 가운데 다양한 모습으로 나타났더라도 근본은 변함이 없다."147) 그렇다면 삼라만상을 있게 한 창조 본체는 극단적으로 보면 절대 본체와는 무관하다고 할 수 있지만, 그럴 수도 있는 가능성 때문에 선천에서는 창조 본체의 본질을 정확하게 밝히지 못하였다. 절대 본체와 창조 본체는 결코 무관하지 않다. 절대 본체를 근간으로 하여 창조 본체가 구축, 독립되었다. 그래서 삼라만상과 함께 공통된 본질을 가진 우리는 하나님이 우리 안에 거하고 우리가 하나님 안에 거한 상호 존재 방식 형태를 취하고 있다. 단지 차이가 있다면 절대 본체는 창조에 대해 능동적인 권능을, 창조 본체는 그와 같은 권능이 없기 때문에 수동성, 즉 피조성을 면할 수 없다. 왜 세계 안에서는 시작과 끝을 찾을 수 없는가? 씨(원인)가 열매(결과)가 되고 열매가 씨가 되는가? 만물 가운데서 알파와 오메가가 사라진 것은 창조를 실현한 원동력이 하나님에게 있기 때문이다. 참으로 하나님은 세계의 알파요 오메가이라, 시작과 끝을 장악한 그것이 바로 창조 권능이다. 인류의 종말성도 하나님이 판단하고 결정하여 선언하리라. 창조 본체는 형태만 다를 뿐, 절대 본체의 불변성을 그대로 이어받았다.

그래서 창조는 질을 달리한 化로 규정할 수 있지만 다시 본받음이

---

147) 「삼일신고 신관연구」, 정춘희 저, 국제뇌교육종합대학원대학교 평화학과, 석사논문, 2008, p.8.

라고도 할 수 있다. 왜 그런가? 절대 본체가 절대 불변한 영속성을 가진 것일진대 창조 본체도 생성 운동을 통해 끝없이 존재성을 유지하고 있다. 그것은 有에서 有로의 지속성이며, 구조화된 지혜 시스템인데, 이런 체제를 일컬어 영원한 생성이라고 한다. 一元인 절대 본체가 세상 가운데서 존재하기 위해 일대 변신을 단행했다. 만물화로 창조를 실현했다. 化되었기 때문에 절대 본체로서의 존재성이 더욱 확고하다. 만물을 말미암게 한 바탕 본체인 空(불교)은 이 연구가 지적한 창조 본체와도 비슷한데, 법장은 『十二門論宗致義記』에서 "空이란 대체 어떤 물건인가? 아무리 空이라 해도 그 배후에는 有가 있어야 하지 않겠는가?"라고 하여[148] 절대 본체의 존재성에 대해 가늠하였다. 절대 본체가 존재한 것은 확고하기 때문에 이것을 보면 창조가 어떻게 이루어졌고, 삼라만상이 어떻게 변화된 것인가를 알 수 있다. 화이트헤드는 "多者가 一者가 되며, 一者가 多者로 되는 것이 바로 창조성의 원리(과정 철학)"라고 하였다.[149] 여기서 一者가 多者화 된 것은 창조 본체의 구축으로 인한 구조화 때문이다. 통합성인 一者가 분열하므로 하나인 극이 늘어졌다. 太極{창조 본체}으로부터 양의된 음양이 다시 사상, 팔괘……로 분화하여 多者화되었다. 주염계는 "우주만물의 근원적 본체를 太極이라 하고, 천지우주는 동질적 실체가 점차 세분화, 다양화되면서 구체적인 만물을 생성시키게 되었다(太極설)"고 하였다.[150] 그의 말대로라면 太極이 세분화, 다양화되어 만물이 된 것처럼 천지 우주가 無極{절대 본체}으로부터 이행

---

148) 『화엄의 사상』, 앞의 책, p.89.

149) 위의 논문, p.3.

150) 「송대 이기론의 물리학적 탐구」, 앞의 논문, p.21.

된 化된 실상은 알 수 없지만, 太極이 분열하여 만물화된 것은 사실상 그 이전에 창조 시스템이 구축되어 있었다는 것이다. 중국 고전에서는 자연(自然)이란 글자가 스스로 그러하다는 의미인데, 세상 가운데서 스스로 그러한 것은 어디에도 없다. 자연은 정말 그렇게 운행되는 것처럼 보일 정도로 완벽한 창조 시스템이다. 그런 체제를 뒷받침한 물리법칙은 化된 체제를 이룬 결정 법칙이다. 본체의 불변성이 창조로 인해 化된 것이 세계의 영원한 생성 체제이다.

생성은 구조적으로 필멸을 안고 있는데, 살펴보면 창조된 존재가 영원하기 위한 일종의 방편이다. "세상에서 변화하지 않는 존재는 없고, 존재하는 모든 것은 변화한다."[151] 본체라면 변화하지 않겠지만 그로부터 창조된 만물은 변화한다. 왜 변화하는가? 통합성으로부터 분열하기 때문에 세계는 변화가 필수적이다. 변화와 불변 사이에 창조가 가로놓여 있다. 선각들은 "본체를 현상과 단절된, 시공간을 초월한 존재로 보았는데, 노자는 道에 대해 시공간 속에서 만물 안에 내재한 그 무엇으로 보았다."[152] 절대 본체와 만물 가운데서 작용한 창조 역사를 알지 못했다. 창조란 가림 막 때문에 지성들은 누구도 삼라만상이 化된 실상을 볼 수 없었다. 화엄학에서는 "부분은 전체를 포함하고, 전체는 부분을 포함한다"라고 하였는데,[153] 이것은 도대체 무슨 뜻인가? 창조 이전에 절대 본체가 있었고, 창조를 위한 바탕이 사전에 마련된 관계로 그 같은 결과가 있게 되었다. 부분은 부분이 아니며 전체를 포함한 부분으로서, 하나인 一者로부터

---

151) 『동양철학 콘서트』, 앞의 책, p.234.
152) 「노자의 도에 대한 본체론적 이해비판」, 앞의 논문, p.3.
153) 『화엄불교의 세계』, 앞의 책, p.138.

동시에 말미암았다. 이렇듯 부분이 부분이면서도 전체를 포함하고 있는 것이 곧 창조된 근거이다. 화신된 창조의 미묘함이 이곳에 도사렸다. 하지만 그보다 더 미묘한 것은 無極으로부터 太極이 차원화되었다는 데 있다. 주돈이가 펼친 無極而太極은 無極＝太極이라는 뜻도 있지만, 無極이 太極화된 창조 과정을 도식화한 측면도 있다. 無極을 太極화시킨 창조 메커니즘이 작용했다. 그렇다면 동서를 막론하고 지성들은 표현은 달라도 결국은 비슷한 사고 구조를 통해 차원화된 창조 본질을 일구었다고 할 수 있다. 절대 본체로부터 창조 본체로의 이행은 차원적인 化로서 차원화를 실현시킨 그것이 곧 창조이다. 하나님의 존재 본체를 本으로 하여 동질인 또 다른 존재 체제를 탄생시킨 것이니, 이런 창조 역사로 하나님도 기대한 자식을 보게 되었고, 보시기에 참으로 흡족한 대우주를 가슴 속에 품었다. 홀로 상대가 없는 본체자로부터 만유의 어버이가 되었다. 차원을 달리한 化는 창조 본질을 구축하고자 한 절대 본체의 필연적 이행 절차이다. 그것이 무엇인가? 차원을 달리함으로써 창조된 존재가 영원하게 생성할 수 있는데, 그것이 곧 無한 有로부터 有한 有로의 이행 절차이다. 창조된 존재는 有하며, 이 有는 구조적으로 온통 無에 둘러싸여 있다. 그렇게 되어야 有한 존재성을 유지한다. 이것을 일컬어 철학자 하이데거는 "현존재를 無 안에 들어 있음"으로 표현했다.[154] 無는 정말 있을 수 없다. 세계는 有밖에 없다. 천지가 온통 창조된 세계인데, 이 같은 사실에도 불구하고 하나님을 보지 못한 것 역시 無로 둘러쳐진 차원의 벽 때문이다. 인식하는 데 제한이 있어 초월적인 지혜

---

154) 『철학자의 신』, 발터 슐츠 저, 이정복 역, 사랑의 학교, 1995, p.77.

가 필요하였다. 그래서 차원적인 化를 인과적인 관점에서 해결하고자 한 것이 서양 철인들이 거론한 궁극적인 실체 개념이다. 즉, "실체란 존재하기 위해 다른 어떤 것도 필요로 하지 않고 독립적으로 존재하는 것이다. 스스로 존재하면서도 완전히 독립적이어야 하는데, 이런 조건에 부합하는 실체는 神뿐이며, 이것을 데카르트는 無한 실체"라고 했다.[155] 실체에 대해 자존적, 독립적인 조건을 단 것은 절대 본체의 고유성을 확립하고자 한 의도인 동시에 지극히 인과적인 원인성을 제거하기 위한 장치이다. 자체 안에 원인이 잔존하여서는 창조주일 수 없다. 실체가 세상 존재와 차원을 달리한 절대자란 사실을 강조하였다.

『천부경』은 "모든 것은 하나에서 시작하지만 그 하나는 시작이 없다(一始無始)"고 하였다. 왜 모든 것이 하나로부터 시작되었는데 정작 그 하나로부터는 시작을 찾을 수 없는가? 시작으로 있게 된 창조물과 차원이 다른 본체성을 구분하였기 때문이다. 無적 존재로서 세상 가운데 있는 원인성을 제거하려고 노력한 서양 철인들의 사고 구조와 비슷하다. 언급한바 왕필은 以無爲本 사상을 펼쳤는데, 이치상 無가 本이 되어야 무한하게 이어지는 원인의 소급 문제가 해결되고, 질을 전환시킨 차원적인 창조를 이룬다. 기독교가 채택한 '無로부터의 창조'도 하나님의 절대성을 강조하고자 한 의도는 알 수 있지만, 문제가 있는 교리이다. 그런데도 군이 이것을 고집한 것은 창조로서의 차원성을 포기할 수 없었기 때문이다. 현상계가 지닌 원인의 뿌리를 제거하기 위해서인데, 결과적으로는 창조를 차원화시킨 것이

---

155) 『철학 갤러리』, 앞의 책, p.205.

아니고 일체 법칙을 무시한 것이 되어버렸다. 노자의 경우도 천하 만물은 有에서 生하고 有는 無에서 生한다고 말하여 有가 지닌 인과 율을 無 속에 파묻어 종결시키고자 한 노력은 이해하지만, 생성된 인과율을 아예 없애버리려고까지 한 것은 잘못이다. 창조의 차원화 를 강조하기 위한 의도인데, 현실적으로 무형인 본질은 그렇다면 어 떻게 물질화될 수 있는가? 하나님의 존재 의지와 뜻과 말씀이 만물 로서 전환되었다. 그런데도 세상적인 이치로서는 無에 맞닿아 있어 창조를 차원을 달리한 化로서 규정했다. 그리고 제한된 인식 문제를 해결하기 위해 개척된 것이 곧 초월적인 직관이고 지혜이다. 질적으 로는 차이가 생겼지만 그렇다고 전격적인 차이는 아니다. 결국은 하 나인 본질체로부터의 전환이므로 色은 空이고 空은 色이다. 물질도 알고 보면 에너지가 결집된 형태이고, 하나님의 존재 의지도 무형인 본질 에너지가 결집된 상태이다. 이것이 命化와 함께 만물화되었다. 질료가 아예 처음부터 존재하였다든지, 無로부터 천지가 창조되었다 는 것은 있을 수 없다. 어디까지나 하나님의 존재 본질을 바탕으로 하여 창조를 실현시켰다. "머무는 바 없이 그 마음을 내라(『금강경 』)"고 함에, 그것은 현상계 안에서는 도무지 불가능한 발심이다. 그 렇다면? 원인 없음에서 원인을 있게 한 본체성, 곧 차원적인 하나님 의 마음을 지적한 것이다. 無와 만물 간에는 창조가 化된 차원을 갈 랐고, 본체와 만물 간에는 命이 변화를 주도하였다. 따라서 無로부터 의 창조는 결코 보이는 것은 보이지 않는 것으로부터의 창조를 의미 하지 않는다.[156] 하나님의 차원적인 창조 역사를 지침한다. 化로서

---

156) "보이는 것은 나타난 것으로 말미암아 된 것이 아니니라." -히브리서 11장 3절.

창조된 본의를 알고 개념을 규정해야 그와 같은 방식으로 창조된 삼라만상의 본질도 밝혀질 것인데, 그렇지 못했기 때문에 선천에서는 세계의 본질을 알 수 없었다. 강림된 본체가 모든 시대를 전환시켜 버렸나니, 그렇게 된 주된 역할에 천지 창조 역사 증거가 있다. 근본을 알아야 제 현상의 본질도 알 수 있다는 것은 만고불변한 이치이다. 선천에서 구축한 세계관이 얼마나 제한적이고 한계성 투성인가를 알 수 있다. 하나님을 세상 가운데서 찾지 못하고 모습을 보지 못한 이유도 여기에 있었는데, 창조주는 존재하지 않아서 진리계에 포착되지 않은 것이 아니다. 조건만 완비되면 가장 확실한 모습으로 세상 위에 등단할 것이나니, 그날이 곧 여호와의 날이요, 시온의 영광을 맞이하는 날이리라.

## 2. 화신의 본질

『천부경』에 기록된 81자는 성경에서 말한 창조 역사를 원리적으로 뒷받침한 대지혜이다. 그중 "一積十鉅 無櫃化三"은 만물이 형성된 낱낱의 과정에 대한 기록이다. "하나{一}에서 만물의 형상을 만들고 그다음에 마음을 만들어 삼라만상이 모두 완전하게 태어났다."[157] 어디로부터 어떻게? 하나인 절대 본체로부터 화현되었다. 여기서 "化三의 化는 되다, 변화하다는 뜻이고, 三은 만물의 기본수로서 만물을 의미하므로 이것을 종합하면 化三은 곧 만물이 '화현된 우주'라는 뜻이다."[158] 결국 창조되었다는 말과 같은 데도 선천에서는 본

---

157) 「천부경의 연구」, 앞의 논문, p.58.
158) 위의 논문, p.58.

의를 몰라 진의가 파묻혀 있었다. 화신 메커니즘을 구체화시키지 못했다. 그렇지만 강림한 하나님으로 인해 본의가 확정됨으로써 인류는 새로운 진리 시대를 맞이하였다. 주관된 역사의 본말은 물론이고 삼라만상의 본질까지 규명하였다. 장님이 코끼리 다리를 만진다는 것은 제한된 인식 수단을 빗댄 것이지만, 시각과 이성까지 동원했는데도 세계 자체가 분열 중이라면 확실하다고 한 판단이 그릇될 수도 있다. 이것이 선천 세계관이 지닌 한계성이다. 존재하는 본체와 생성한 본말이 드러나지 못한 상태에서는 일체 판단을 유보해야 한다. 그런데 확정해 버렸다는 것이 문제이다. 세계와 진리관이 완성되지 못했다. 오직 하나님이 본체자로 강림했을 때만 우주의 본질을 꿰뚫을 수 있다. 그것이 도대체 무엇인가? 세계는 창조{化}된 피조체인 관계로 이와 같은 세계 안에서는 참 본체가 없다. 이런 상황을 확실하게 파악해야 하나님이 창조주인 것을 알 수 있다.

　지성들은 서양 사상의 원류인 플라톤을 관념론의 시조로 인정하는데, 그의 이데아설은 무엇보다도 화현된 우주의 본질을 정확하게 꿰뚫었다. 왜 현실 세계는 그림자에 해당되고 따로 이데아란 참 형상(이상 세계)이 존재한다고 한 것인지 이해하기 어려웠지만 지금은 할 수 있다. 세상이 왜 가상이고 임시이며 化된 실상인가를 밝힐 수 있다. 눈으로 보는 천지가 전부가 아니며, 이것을 있게 한 무형의 본체가 건재하다는 사실을…… 이런 우주적 실상을 리얼하게 직시한 명구로 불교가 펼친 '일체개공(一切皆空)' 사상이 있다.[159] 존재하는

---

159) "이 말은 간단하지만 중요한 진술이며 대승불교의 개념적 토대로서 처음에는 인도에서 완전한 지혜라는 의미의 반야부 경전들의 메시지로 나타났다." -『화엄불교의 세계』, 앞의 책, p.83.

모든 것이 空하다는 뜻인데, 그냥 들으면 이해할 수 없지만 覺하고 나면 화현된 우주적 실상을 통각한 진리이다. 우리가 접하는 것은 모두 실재하는 존재인데 空하다는 것은 대역설이다. 왜 역설인가? 창조되고 화현되어서이다. 확실하다고 본 실상들이 사실은 근본적이고 일차적이지 않다는 뜻이다. 마치 플라톤이 세상의 실재성을 부인하고 절대적인 실체인 '선의 이데아'를 따로 설정했던 것처럼 空도 그러하다. 그렇게 판단한 원인에 태초에 실현된 창조 역사가 있다. 창조 사실과 하나님의 근원성을 인정하는 순간부터 말미암게 된 삼라만상은 부차적인 피조성을 면할 수 없고, 근본을 따져보아도 참 본체는 하나님이 가졌기 때문에 空할 수밖에 없다. 空은 생성상의 有無 개념인 동시에 존재 내인 실상 개념으로서 창조를 실현시킨 통합 본체를 지칭했다. 차라리 無라고 하지 않고 空하다고 함에, 空은 空하면서도 空하지 않는 복합적인 존재 의미이다. 반야부 사상가들은 일체개공을 일컬어 존재하는 것은 아무것도 없다는 뜻으로서도 말하였지만, 생성적으로는 연기적으로 독립적인 존재가 없다는 입장을 취하기도 했다. 空하기 때문에 오히려 천지만물을 태동시킨 근원처로서 용이할 수도 있지만, 부족한 점도 있기 때문에 유교 영역에서 이 부분을 보완하였다.

空한 실상을 연기(緣起)로 보았건 허무로 보았건 결과적으로는 화현된 우주의 피조성을 실감한 것이다. 극단적으로는 "모든 물질적 현상은 있는 듯하지만 실로는 空이다. 마치 환(幻)과 같다. 실로는 없는 것인데 환각을 일으키는 미한 사람만이 이 환이 實인 줄 착각하고 그를 뒤쫓거나 얻으려고 매달리고, 혹은 환에서 벗어나려고 수고로움을 한다"고 생각한다.[160] 그러나 사실인즉 삼라만상이 참 본체로부터 화현된 연결 고리를 찾지 못한 것이다. 구하여 깨달은 자 결국 色이 空과 다르지 않고 空이 色과 다르지 않아 色은 곧 空이요 空이 곧 色인 것을 갈파하였다. 근본을 간과하고 과정을 본 데에는 필경 세계관적으로 한계가 있는데, 佛陀가 깨달은 연기설이 여기에 해당된다. 연기의 본질은 현상계가 지닌 실상으로서, 실상인 것은 맞지만 부분적인 실상이다. 근본에 해당한 알파와 오메가를 보지 못했다. 이것이 佛陀의 길을 따른 수많은 각자들이 우주의 실상을 엿보고서도 하나님을 놓친 이유이다. 그 근거는 연기설을 토대로 한 三法印 중 제법무아(諸法無我)설이다. "佛陀는 바르게 안 자라는 뜻이다. 무엇을 바르게 안 것인가? 선정(禪定)의 주체인 나라는 존재가 연기의 한 고리일 뿐이란 우주의 실상에 대한 깨달음이다. 이 깨달음은 그대로 無我의 증득(證得)으로까지 연결된다."[161] 연기 자체는 생성적인 우주에 대한 실상 관측인데 추리한 것은 독립된 존재, 즉 자아가 없는 것으로 보아 제법무아에 도달하였다. 실로 모든 존재하는 것은 인연생기(因緣生起)에 의하여 상의상존하는 관계로서 독자적으로 존재하는 자성(自性)은 어디도 없다. 이것이 반야 사상에서 무자성(無自性) 사상으로까지 연결되었다.[162] 갈파한바 "관자재보살이 깊은 반야바라밀다를 행할 때 오온이 모두 空한 것을 분명히 알게 되니 일체고액을 소멸하였느니라(현장 역 『반야심경』)." 즉, "空은 모든 현상이 연기로 이루어져 있기 때문에 自性이 없음을 말한다."[163] "스스

---

160) 『반야심경강의』, 앞의 책, p.78.
161) 『기독교성서의 이해』, 앞의 책, p.37.
162) 「후기중관학파 관점에서 본 반야심경 해석」, 앞의 논문, p.3.
163) 위의 논문, p.100.

로의 자아가 없으므로 그것을 無我라 하고, 자아가 없는 無我이므로 그것을 空이라 한다."[164] 하지만 그대로가 전부이다. 無自性은 세상 가운데서는 참 본체가 없다는 뜻으로서 피조성을 강조한 것이다. 도무지 참 본체를 찾을 수 없다는 자각을 긍정적으로 보면 화현된 실상인 것이 맞지만 그 이상에 대해서는 언급하지 못했다는 것이 불교가 처한 현실이다. 연기적인 실상은 말미암은 것이라 그렇게 된 주체적인 원동력을 창조에서 찾아야 하는데, 그 최초 근원이 곧 하나님이 구축한 통합성이고, 지극히 연기적이게 한 창조 본체이다. 연기→無我→空의 이면에 우주의 참 실상인 하나님이 계시다.

## 3. 화신된 하나님

플라톤은 "참된 존재는 神적인 것이며 神적인 것은 언제나 하나인 동시에 여럿이다"라고 하였다.[165] 참된 존재는 神적일 수밖에 없고 神적인 조건은 하나인 동시에 여럿일 수밖에 없다. 神이 神다울 수 있는 제일 조건은 무엇보다도 여럿을 창조할 수 있는 권능이다. 특별한 것이 아니며 객관적인 역할이다. 하나님하면 절대적이고 인격적인 하나님을 연상하지만, 그것은 神이 갖추어야 하는 조건 중 하나일 따름이다. 인격성이 전부가 아니다. 본성적으로 神일 수 있는 조건은 얼마든지 있다. "본질적인 것이란 언제나 변치 않으며(불변), 영원하고 둘로 나눌 수 없는 것, 즉 하나인 동시에 전부인 존재인

---

164) 無我論: 나라는 존재는 실재하는 것이 아니라 오온(五蘊) 또는 오음(五陰)의 집합체에 불과하다. -『붓다와 다윈이 만난다면』, 앞의 책, p.112.

165) 『그리스도교 문명』, 에밀 뿌룬너 저, 김관식 역, 문교부, 1960, p.20.

데"[166] 이런 존재에 대해 기독교적인 잣대로 神이 아니라고 한다면 神은 어떤 존재여야 하는가? 대책 없이 낭떠러지로 떨어지고 말 것이 아닌가? 그런 세계관적인 이해가 잘못되었다는 것을 시인하는 것이 시급하다. 본질적으로 갖춘 것이 무엇보다도 神다운 조건이므로 불멸, 영원, 단일, 전일적인 특성을 지녔다면 그것은 충분히 神으로서 갖는 조건이다. 본질이 지닌 조건만으로도 神 여부를 판단할 수 있다. 이런 기준을 가져야 우리는 세계 가운데서 다양한 이름과 모습과 형태로 화신된 하나님의 모습을 분간하게 된다. 부르는 이름과 이어진 신앙 전통, 기록된 경전이 다르다고 해서 현혹될 필요가 없다. 우리도 같은 존재에 대해 이름은 다르게 부르는 경우가 있지 않은가? 그래도 존재까지 다른 것은 아니듯, 다양한 모습으로 현현되었지만 하나님인 존재 조건은 불변이다. 세인들은 석가모니 부처님이 2,500여 년 전에 인도에서 태어난 불교의 교조로 알고 있는데, 그 부처님도 사실은 세상 가운데서 변화된 화신불일 뿐이다. 수많은 부처들이 삼세 간에 걸쳐 화신하였고 앞으로도 화신할 것인데, 그중 한 분인 "비로자나 부처님은 모든 시간과 공간에 존재하며, 우주 자체가 그의 몸이다."[167] 이런 조건을 갖춘 것이 부처님이라면 그분은 어떤 분인가? 이름이 다른 하나님이 아닌가? 전혀 다른 존재자인 줄 알았는데 갖춘 조건을 살펴보니 어김없이 하나님이다. 어떻게 해서 이런 일이 일어날 수 있는가? 불변한 하나님이 세상 가운데서 화신된 데 비밀이 있다.

화신이란 절대자 하나님이 창조 역사를 단행함에 따라 본체가 존

---

166) 위의 책, p.20.
167) 『화엄불교의 세계』, 앞의 책, p.174.

재 형태를 달리하여 세상 가운데 현현된 모습이다. 아무리 하나님이 전능하더라도 一元, 一者, 하나인 상태로서는 세상 위에 거할 수 없다. 이에 절대 본체가 창조 본체로 전환되었고, 창조된 만물과 함께하게 됨으로써 하나님이 세상적인 모습으로 화신되었다. 당연히 세계가 지닌 존재 조건을 따를 수밖에 없어 절대자도 세계 안에서 존재한 모습을 달리하게 되었다. 하나님의 본래 모습은 완전한 것이지만 세계가 분열 중인 관계로 모습도 분열성을 지녔다. 주전자에 담긴 물은 한 덩어리지만 따르면 이런 그릇에도 담기고 저런 그릇에도 담기듯, 神 역시 본체는 절대적이지만 세상 안에서는 한꺼번에 드러날 수 없어 다양하게 표출되었다. 절대 본체가 창조 본체화되었다는 것은 무엇으로도 化될 수 있게 되었다는 뜻이다. 그래서 하나님은 천지를 창조한 전능성을 획득했다. 이후로 창조 본체가 분열되는 과정을 통하여 선천 역사가 만개되었다. 그래서 一者로 존재한 하나님은 세상 가운데서 존재할 수도 없고 인식도 불가능한데, 창조를 실현했기 때문에 세상적인 모습으로 인식이 가능하게 되었다. 이전처럼 결코 불가능한 일이 아니다. 현상계 안에서 神을 볼 수 있게 되었는데, 이런 가능성을 크게 나누면 선천에서는 神이 통괄적으로 인격적, 존재적, 본질적, 이법적으로 분화된 과정을 거쳤다. 따라서 인격적인 분야는 하나님이 존재적으로 완성되기 위한 하나의 과정에 속하고, 비인격적인 진리 종교도 사실은 하나님의 본체성을 수호해온 역할을 하였다. "플라톤의 이데아, 아리스토텔레스의 형상, 아퀴나스의 존재 자체인 神, 데카르트의 실체, 헤겔의 절대 정신, 주자의 理氣설 등등 전반적으로는 현상계 배후에서 변화하지 않는 본질로서 최고의 사물을 추구한 개념인 것 같이 보이지만"[168] 알고 보면 절대적인 神을 추구한 것이고, 지칭된 개념들은 神의 절대 본성을 대변했다. 분열 중인 세계 안에서는 하나님도 부분적인 모습으로 드러날 것이 당연한 것이라, 그것이 연면한 맥락을 이어 의지적인 기독교 모습, 본체적인 불교 모습, 생성적인 도교 모습, 도식적인 유교 모습으로 발전하였다. 이것은 제약된 여건상 전체자인 하나님을 완전하게 볼 수 없었기 때문에 파악된 부분적인 모습으로, 하나님 자체는 완전한 모습을 드러내기 위해 끊임없이 역사하였다. 헤겔은 세계사를 절대 정신의 자기실현 과정이라고 했는데, 이것을 하나님에게 초점을 맞추면 자체 본체를 부각시키기 위해 인류 역사를 주재하였고 몸된 모습을 완성하기 위해 진리 세계를 각성시킨 것으로 볼 수 있다. 제3位에 해당한 진리의 성령이 태초로부터 인간의 진리 탐구 역사와 함께했다고 할 수 있다. 언급한 바 "셸링(Schelling)은 동일철학을 주장했는데, 그것은 절대자 안에서 모든 것이 하나라고 생각한 철학이다. 삼라만상이 다른 형태와 특성을 가진 실체인 것 같지만 사실은 유일한 절대자의 자아 발현의 과정에 지나지 않는다."169) 하나님이 한꺼번에 드러날 수 없게 된 것과 무관하지 않다. 세계는 하나님의 神적 본질의 표현이며, 하나님이 그대로 만물화된 것이란 범신론적 신관과도 연관이 깊어, "세계에 나타나 있는 피조물 일체는 하나님의 나타남"이라고 해도170) 크게 어긋난 것이 없다. 하나님은 세계를 초월함과 동시에 내재함이므로, 초월적인 하나님만 인정하고 내재적인 하나님을 부정한 신관과 그 반대로 생각한 신관들은 한계

---

168) 『위진철학』, 앞의 책, p.31.
169) 「독일 관념론 연구(2)」, 앞의 논문, p.67.
170) 『교의신학(신론과 인간론)』, 김준삼 저, 총신, 1993, p.19.

성을 극복하지 못했다. 그래서 하나님과 피조 세계는 본질적으로 같은 것인데도(동일철학) 한꺼번에 확인할 수 없었다. 바로 이런 문제를 해결하고자 완수한 것이 지상 강림 역사이다. 역사를 완수했기 때문에 세계가 화신된 神의 모습이고 역사가 화신된 神의 의지란 사실을 알게 되었다. 세계는 온통 神적 본질(창조 본질)로 구성되어 있는데, 세계가 분열 중이다 보니 몸된 모습을 완성시키는 데 수많은 세월이 걸렸다. 化된 질서로서, 혹은 법칙으로서, 혹은 결정성으로서 구조화, 진리화, 시스템화되어 영원성, 불변성, 편재성, 무소부재성……으로 파악되었다.

　기독교의 유일신관에 대해 범신론과 다신론이 생성된 이유도 여기에 있다. 세계가 온통 神적 본질화되어 있는 상태이지만, 본체가 드러나지 못한 상황에서는 누구도 자신이 확인한 진리와 神이 전부이고 절대적이라고 착각할 수 있다. 그렇지만 "일신교가 아무리 세상에 神은 한 분밖에 없고, 이 神은 신도들의 복종을 요구한다"고 확신해도[171] 다신적 상황은 면치 못했다. 만물화로 神적 본질이 편재된 관계로 신관도 다양하게 주장되었다. 이런 진리 환경 안에서는 일신관도 고투를 겪을 것이 당연하다. 왜 그렇겠는가? 신앙은 옳지만 절대 본체가 변증됨으로써 化된 세계 안에서는 진리적인 여건 때문에 실효성을 발휘하기 어려워 본체를 증거할 수 없었기 때문이다. "구약의 야훼는 우주의 유일한 창조주이며 유일한 주님이다. 다른 神은 없다. 이방신은 神이 아니다. 그리고 신약에서는 예수 그리스도 안에서 유일한 하나님"이라고 했지만,[172] 만연된 다신적 문제는 끝

171) 『종교가 뭐예요』, 부르크하르트 바이츠 저, 신홍민 역, 양철북, 2009, p.36.
172) 『신론(하나님의 계획과 섭리)』, 앞의 책, p.163.

까지 해결하지 못했다. 병은 정확한 진단이 우선이듯 창조 본체가
만물화된 이상에는 다신화가 불가피했다. 진리적인 접근마저 어려워
선천 신관이 관념성에 머물렀다. 그렇다면? 유일신관이 아니라 다신
을 포괄한 통합신관을 수립해야 하나님이 창조 권능과 통합 권능과
구원 권능을 아낌없이 발휘할 수 있다. 그런데 기독교가 구축한 일
신관과 배타적 교리 체제는 오히려 神을 볼 수 있는 세계관적인 눈
을 가려 버렸다. 화신된 하나님을 볼 수 없게 했다. 이것이 하나님이
기독교를 통해 구원 역사를 주도하였지만 한계성 때문에 오늘날 동
양의 하늘 아래에서 강림하지 않을 수 없게 된 이유이다. 하나님이
지난 역사에서 다양한 모습으로 현현된 것은 세계가 분열 중인 특성
상 어쩔 수 없는 결과이고, 분열이 극대화된 이면에는 하나님의 본
체성을 통합하기 위한 섭리 뜻도 있었다. 그래서 이 연구가 화신 메
커니즘을 세우게 된 만큼 하나님이 화신된 모습으로 임하게 된 이유
만 안다면 만인은 세상 어디서도 살아 역사한 하나님을 뵈올 수 있
다. 세계가 神적 본질이란 사실과 함께 세계와 神이 차원적으로 이격
된 비밀을 풀 수 있는 열쇠가 化된 메커니즘에 있다. 하나님은 여러
가지 상황과 경우를 통하여 현현, 임재, 역사하였지만, 강림 역사를
기점으로 온전한 존재자로서 모습을 나타내었다. 진리로서의 모습인
데, 그 분이 곧 성부 하나님, 성자 하나님, 성령 하나님을 일체시켜
이 땅에 본체자로 강림한 보혜사 진리의 성령이시다.

## 4. 삼위일체론 완성

"神에 대한 표상은 크게 단일신론(Monotheismus), 다신론(Polytheismus),

범신론(Pantheismus)으로 구분할 수 있다. 대부분의 종교들이 다신론과 범신론을 신봉한 데 반해 유대교, 이슬람교는 단일신론을 고수했다. 이러한 종교 안에서 기독교는 삼위일체론(trinitarianism)이란 특별한 신관을 지녔다. 기독교가 믿는 하나님은 성부·성자·성령의 구별된 세 위격(=인격)으로 존재하면서 동시에 사랑의 사귐, 영원한 자유, 평등한 관계 속에서 일체를 이룬 하나님이다."[173] 기독교의 모태인 유대교가 단일신론인 것처럼, 기독교가 삼위일체 신관을 가진 것은 단일에서 三位로 전환된 계기, 즉 예수가 하나님의 아들로서 등단한 사실 때문이다. "헬레니즘—로마의 다신론적 사회에서 기독교회가 자리 잡으면서부터 유일신이란 배타적 틀을 적용하여 다신론적인 신앙을 멸시한 정치적 행동을 일삼으므로 헬레니즘 사상가들은 예수를 神이라고 부르는 유일신앙도 결국은 다신론이 아닌가 하는 반론을 펼쳤다. 이에 대한 강력한 아폴로지로서 삼위일체론이 세워지게 되었다."[174] 삼위일체론은 예수의 신성을 인정하고 증거하고자 한 기독교의 중심 교리이다.[175] 하지만 이것은 처음 성립될 때부터 반대파와의 지난한 논쟁 과정을 거쳤고, 근세에는 18세기에 유럽의 계몽주의가 확장되면서 기독교의 중심 교리들을 이성의 이름으로 거부하였는데, 그중에서도 삼위일체론은 원시적이고 미신적인 신화의 산물이라고 하여 공격을 받았다.[176] 최근에는 신학계에서 앞장서 삼위일체론을 재조명하고자 한 움직임이 일어나 위르겐 몰트만

---

173) 『삼위일체론(전통과 실천적 삶)』, 곽미숙 저, 대한기독교서회, 2010, p.29.

174) 『기독교성서의 이해』, 앞의 책, p.111.

175) 『변증학』, 코넬리우스 반틸 저, 신국원 역, 기독교문서선교회, 1994, p.25.

176) 「삼위일체론(전통과 실천적 삶)」, 앞의 책, p.96.

(1926~)이 그 중심에 섰다. 그는 20세기 신학사에서 칼 바르트 이래 가장 영향력 있는 신학자로 평가받는데, 삼위일체론이 기독교를 특징짓는 핵심 교리, 기독교 신앙과 신학의 총괄일 정도로 중요한 교리인데도 바르게 정착되지 못한 점을 개선하고자, 성서적이고 기독교적인 삼위일체론을 전개하는 견인차 역할을 하였다.[177] 문제의식을 가지고 삼위일체론을 다시 정립하려고 하였지만 세상 가운데서 하나님을 볼 수 있었는가? 예수의 신성을 진리적으로 증거하였는가? 삼위일체론을 본체적으로 완성시켰는가? 三位가 일체라고 함에 정말 그렇게 일체를 이룬 실상을 확인하였는가 하는 점이다. 하나님이 어떻게 성부와 성자와 성령으로 나뉜 것인지, 하나님이 나뉜 것이라면 언젠가는 일체가 되어야 하는데 안타깝지만 논리적으로만 이해하는 데 급급했다.

"삼위일체의 三位는 본질상 동일하다. 어느 한 位가 다른 어떤 한 位, 또는 다른 두 位로부터 유래한 것이 아니다. 단일성 속에서도 각기 다른 三位가 존재한다. 다수성과 동일성이 똑같이 어디서부터 파생된 것 없이 본래적이다."[178] 왜 본질상 동일하다는 것을 먼저 강조해야 한 것인지, 三位가 유래되지도 파생되지도 않았다고 한 것인지 이유는 오직 한 가지, 삼위일체론을 예수의 신성을 증거하는 데 초점을 맞춘 데 있다. 잘못된 것인가? 큰 잘못은 아니지만 三位를 일체시켜 본체를 완성시킨 하나님을 등한시한 점이다. 그렇다면 고쳐야 할 것은? 성부도 성자도 성령도 아닌 三位를 세상 가운데 존재하게 한 절대자 하나님에게 초점을 맞추는 것이다. 그렇게 하는 데 화

---

177) 위의 책, p.101.
178) 위의 책, p.25.

신 메커니즘의 역할이 있다. 어떤 화신체보다도 三位로 일체를 이룬 하나님이 기독교의 정통성을 잇는 것이 가장 완성된 모습이다. 인류가 지난날 이룬 역사와 이 연구가 거둔 성업을 바탕으로 삼위일체론을 완성하고 본체를 세상 가운데 드러내리라. 인류 역사는 하나님이 본체를 세상 가운데 드러내기 위해 이룬 과정이라고 해도 과언이 아니다. 그렇게 해서 드러난 화신 형태가 곧 성부와 성자와 성령을 통한 역사 과정이다. 이런 관점에서 보면 三位는 하나님의 본체가 변화, 변신, 변증되어 구성된 화신체이다. 三位를 있게 한 절대 본체를 알 수 없었던 선천에서는 삼위일체론을 논거해도 이해할 수 없었다. 이것이 선천 신관이 지닌 한계성이다. 지성들이 아무리 노력해도 삼위일체론을 완성시키지 못한 이유이다. 세상 위에 존재하는 것은 어김없이 창조화된 화신체인데, 하나님도 예외는 없다.

이런 사실을 다시 요약한다면 우리와는 차원이 다른 하나님이 어떻게 인간 세상에 모습을 나타내고 임하여 뜻을 전달할 수 있는가 하는 것이다. 인간과 인간과의 관계가 아니다. 하나님과 인간 사이인데, 하나님 위주라면 인간은 神을 알 수 없다. 그래서 하나님이 인간을 위하여 인간 차원으로 말씀화되어 임한 것이다. 계시는 차원이 다른 하나님이 그 뜻을 전달하기 위하여 인간이 알아차릴 수 있게 역사한 것이다. 이로써 인간도 하나님이 임재한 사실을 알고 뜻을 전달받게 되었다. 하나님은 존재 이전의 존재자이고 존재 이후의 내재자이며 무형인 본체자이라, 뜻을 가지고 의지를 발하면 그렇게 역사된 과정은 전능한 지혜로 수놓아진다. 그것이 곧 성령의 역사인데 하나님의 절대 본체가 화신된 관계로 모습을 제대로 분간하지 못했다. 인간은 능력이 없지만 하나님은 일체 과정을 의도, 기획, 주도할 수 있기 때문에 그렇게 역사된 의지가 고스란히 뜻으로 새겨졌다. 절대 본체의 창조 본체화 일환이며 존재화, 만물화, 인격화, 성육화가 모두 그러하다. 진리화, 지혜화, 구조화, 시스템화인들 이루어내지 못했겠는가? 절대자인 하나님이라 가능했고 창조 역사 실현으로 구체화되었다. 통상 三位는 성부, 성자, 성령으로 나뉘고, "본질에 있어서는 하나이며, 인격에 있어서는 셋인 하나님이 삼위일체의 역사적인 공식이다. 이것은 신비롭고 역설적이기는 하지만 절대로 모순된 것이 아니다"라고 변명하였다.[179] 왜 변명인가? 신비롭고 역설적인 상황을 끝내 해명하지 못해서이다. 해결하기 위해서는 인격에 있어서 셋인 하나님을 지금까지 이룬 역사 형태를 근거로 모습이 다른 하나님인 것을 분간해야 한다. 즉, 과거 역사를 통해 성부는 성부이고 예수는 예수이며 성령은 성령이었다. 三位는 화신체로서 절대자인 하나님은 어떤 변화도 없다. 이런 본체 모습은 차라리 『천부경』의 '一'에 대한 사상이 더 잘 설명하고 있다.

> "一은 아무라 나누어져도 변함없는 자기 동일성을 유지하고 있으며, 결코 없어지거나 사라지지 않는다. 또한 一은 아무리 다양한 모습으로 나타난다고 하여도 근본은 변함이 없다(一析三極無盡本)."

한민족이 전승시킨 놀라운 경전인 『천부경』이 밝힌 一의 절대적인 역할에 대해 주시하라. 一이 가진 불변성은 온갖 변화에 대해 초월적이다. 그런데 이스라엘 민족이 전승시킨 구약의 하나님은 『천부경』에서 말한 一과 같은 역할 자리를 차지하지 못했다. 민족신의 형

---

179) 『신론(하나님의 계획과 섭리)』, 앞의 책, p.183.

태를 탈피하지 못한 화신체이다. 一卽神은 성부와 성자와 성령을 통한 역사가 있기 이전에 존재한 하나님이다. 그래서 성부로 부각된 "구약 성경에 등장한 神, 즉 모세의 하나님은 권위적이고 질투가 많은 존재였다. 자기 명령을 잘 따르면 기뻐하고 상을 주지만, 어기면 크게 화를 내며 벌을 준다. 자신을 섬기지 않는 사람들이나 사회에 대해선 아예 어떤 사회인가 어떤 사람인가와 무관하게 차갑고 잔혹하다. 오죽하면 모세의 하나님이라고까지 불렀을까만, 그 神은 자신들이 神과 맺은 유일한 백성이라는 선민의식에 젖은 이스라엘 사람들의 배타적인 민족신일 뿐이었다."180) 그러면서도 인간과 함께하고 인간을 위해, 인간 때문에 희로애락을 표한 인격신으로 化하여 존재자로서의 기반을 다지는 데 역할을 다한 성부 하나님이다. 이런 구약 속의 하나님이 인류에게 보인 모습은 철두철미 유일무이(唯一無二)한 하나님에 대한 신앙 강조이다. 야훼는 한 분이고 유일한 분이란 고백은 구약성서의 계시와 이스라엘 민족의 신앙고백 중 핵심이다. 이런 신앙 특징은 「신명기」에서 결정적으로 나타났다.

> "이스라엘아 들으라. 우리 하나님 여호와는 오직 하나인 여호와시니, 너는 마음을 다하고 성품을 다하고 힘을 다하여 네 하나님 여호와를 사랑하라."181)

그러나 여기서 유일하다는 것은 단순히 일원론적 의미에서 개별적 개체라는 것이 아니다. 세상에서 둘도 없는 참된 神이란 사실을 천명한 것이다. 그렇게 강조한 것은 이스라엘의 이방민족들이 신봉

---

180) 『신을 옹호하다』, 앞의 책, p.223.
181) 신명기 6장 4~6절.

한 다신론이 이스라엘 민족에게 영향력을 행사하는 것을 막고, 그들과 명백히 구별된 이스라엘의 독특한 신앙을 지키기 위해서이다. 이스라엘은 이집트, 그러니까 우상숭배가 성행한 다신교적 상황을 탈출하면서부터 하나님으로부터 선택된 민족적, 종교적인 정체성을 확립하였는데, 당시 영도자인 모세는 백성들에게 다신교적 상황 속에서 오직 하나님만 섬기라는 명령을 대언하였다.[182] 그래서 십계명 중 첫 계명인 "나는 나 외에는 다른 神들을 네게 있게 말지니라"에 대해[183] 하나님부터 여러 다른 神들을 인정한 것이란 해석도 있다. 정황상 유일신 신앙은 주변 민족의 다신교적 상황 속에서 이스라엘 민족의 독특한 신앙을 엄격히 구별한 것이다.

> "나는 여호와라. 나 외에 다른 이가 없나니, 나밖에 神이 없느니라
> …… 해 뜨는 곳에서든지 지는 곳에서든지 나밖에 다른 이가 없는
> 줄을 무리로 알게 하리라."[184]

그러나 유일신 신앙이 수립된 것과 달리 화신 메커니즘을 통해서 보면 하나님이 『천부경』에서 말한 하나, 즉 一이 지닌 절대 본체와 같은 역할을 하게 됨으로써 하나로부터 나뉜 三位를 다시 통합하는 유일신 신앙을 재정립할 수 있다. 이 말은 하나님이 세상과 역사 속에서 어떤 형태로 역사하든 모든 것은 오직 변함없는 하나님, 다른 이가 아닌 나 여호와가 이룬 역사란 뜻이다. 나밖에 神이 없으니 이 사실을 인류가 유념해야 한다는 다짐이다. 삼위일체를 있게 한 근간

---

182) 『세계화 시대의 기독교신학』, 장윤재 저, 이화여자대학교출판부, 2009, p.45.
183) 출애굽기 20장 3절.
184) 이사야 45장 5~6절.

으로서 삼위일체론을 완성시킬 수 있는 핵심 천명이다. 다른 말이 아니다. 성부, 성자, 성령을 통해 이룬 기독교 6천 년 역사가 다른 역사이고 다른 하나님이 아니며, 하나뿐인 유일신 하나님이 이룬 역사 상황이다. 성부 하나님, 성자 하나님, 성령 하나님이 각각 이룬 역사일 수 없다. 보혜사 하나님이 진리의 성령으로서 이룬 이 연구의 성업도 상황은 다를 바 없다. 다른 이름을 가지고 역사하였지만 강림한 하나님은 모세의 하나님, 예수란 하나님과 함께 화신된 보혜사 하나님이다. 성부 하나님, 곧 이스라엘 백성을 통해 역사한 하나님이 그러하였듯, 헬레니즘 사회를 통해 역사한 예수도 예수란 이름으로 역사된 성자 하나님이다. 결과는 같은데 문제는 맞추어진 초점에 있다. 성자는 化된 하나님인데도 중요한 본질을 보지 못하여 성자 자체를 독립된 神으로 승격시켜 버렸다. 어긋난 초점을 바로 잡고 보면 실로 이천 년 동안 이룬 기독교 역사가 송두리째 날아가 버린다. 사실인데도 불구하고 결과는 결코 그렇게 될 수 없다. 하나님의 절대적인 권능을 확인시킬 뿐이다. 기독교 역사의 시종은 하나님이 장악하고 계시나니, 그 같은 권능을 지닌 분이 三位의 본체자로 계신 절대 하나님이다. 예수가 어떻게 神인가? 인간이 아닌가? 이런 생각은 삼위일체론이 거론될 당시부터 반대파들에 의해 제기되었다. 하나님의 절대적 본성을 예수의 신성에 적용해 보라. 神을 바라본 각도가 다르므로 신관에도 차이가 있게 되었다. 인간이 神을 바라보는 각도가 있고 神이 인간을 내려다보는 각도가 있는데, 인간은 먼저 神적인 각도에서 접근해야 한다. 하나님이 강림하기 이전에는 불가능했는데 강림 이후로는 정말 가능해졌다. 성육신의 신학적 근거를 화신 메커니즘으로 밝힐 수 있게 된 것이다. 예수를 하나님 각도에서 증거해야 진정한 하나님의 아들로서 인준된다. 아타나시우스가 한 주장에 대해 대립 각을 세운 아리우스는 예수의 수육(受肉) 문제에 대하여, "예수는 우리 군중들의 삶 속에서 살아 움직인 변화의 주체이다. 만약 이러한 인간의 형상을 한 인격의 주체를 또 하나의 완벽한 하나님이라고 한다면 그것은 유일 절대신을 신앙하는 기독교 원리와 어긋난다. 神을 둘 인정하는 것이며, 그렇다면 기독교는 그리스—로마 전통에서 신봉된 것과도 같은 다신론의 한 형태가 되어버린다. 성부와 성자의 관계에 있어서 오직 성부만이 유일 절대의 하나님이며, 성자는 결코 성부와 동일한 동격의 신성을 가질 수 없다. 성자는 성부에게 종속될 수밖에 없다."[185] 이런 생각은 거듭된 종교 회의를 통해 이단으로 정죄되고 말았지만, 어떻게 진리적으로 해결해야 하는 문제가 회의를 통해 제거되고 말았는가? 아리우스가 무덤에선들 이런 결과에 승복하고 가진 신념을 꺾었겠는가? 그가 하나님에 대해 가진 절대성에 대한 신념은 그때나 지금이나 변한 것이 없다. "하나님이 절대 유일하다는 것은 창조(생산)될 수 없다는 것을 뜻한다. 어느 타자로부터 유래될 수 없다. 시공을 초월하는 것이지, 시공의 변화 속에 있지 않다. 시공의 변화를 주도할 수는 있어도 시공의 변화를 통해 창조되거나 생산할 수는 없다."[186] 하나님의 절대 유일성은 어떤 경우에도 허물어지지 않는다. 그렇다면? 아리우스가 하나님의 본체가 수육화된 메커니즘 체제를 이해하지 못한 것뿐이다. 요한복음 1장에서는 다음과 같이 기록되었다.

---

185) 『기독교성서의 이해』, 앞의 책, p.96.
186) 위의 책, p.96.

"태초에 말씀이 계시니라. 이 말씀이 하나님과 함께 계셨으니 이 말씀은 곧 하나님이시니라."

내가 한 말은 곧 나를 대신하는 것처럼, 말씀 즉 하나님이란 것은 절대 본체가 창조 본체화된 첫 변증 결과이다. 하나님은 말씀을 통하여(命化) 창조 역사의 첫 시동을 걸었다. 그래서 말씀은 뜻과 함께 존재 의지를 결집시킨 하나님의 화현체이다. "태초에 하나님이 천지를 창조하시니라."[187] 어떻게? "하나님이 가라사대 빛이 있으라 하시매 빛이 있었고……."[188] 말씀으로 천지를 창조하므로 창조는 말씀의 만물화와 같다. 말씀을 통한 계시 역사는 세상을 통해 역사하기 위해 변화된(화신) 하나님이므로, 성육신도 그런 말씀을 통한 창조 과정에 속해 있는 지극히 일반적인 역사이다. 말씀의 육신화 과정에서 우리도 예외 없이 하나님의 창조 본질{神性}을 부여받았는데 (하나님의 자녀, 양자될 자격), 성육신 사건이 특별한 것은 하나님이 세상 가운데서 역사하기 위해 뜻을 집중시키고 "이는 내 사랑하는 아들이요 내 기뻐하는 자"라고 밝힌 데 있다.[189] 화신 메커니즘에 근거하면 어떻게 인간이 하나님이 될 수 있는가 한 수육 문제를 일시에 풀 수 있다. 하나님이 성령으로서 역사하여 예수가 아들인 사실을 지목한 역사가 중요할 뿐이다. 하나님의 말씀으로 육화(肉化)된 것이므로, 그것은 지적한 바대로 하나님 자체의 화신인 것이 맞다. 그렇다면 우려되는바 예수란 원래 본체는 시공밖에 실재적인 근거가 있게 되어 역사적 지평 위에서 육화된 예수 그리스도는 가현(假

---

187) 창세기 1장 1절.
188) 창세기 1장 3절.
189) 마태복음 3장 17절.

顯)적 허상이 될 수도 있다.[190] 이런 문제가 생기기 때문에 하나님이 밝힌 뜻이 절대적으로 중요하다. 성육화됨으로써 가현적인 하나님이기는 하지만 세상 가운데서 현신된 말씀이 성육화된 예수와 함께하였기 때문에 三位 본질의 동격성을 뒷받침한다. 예수는 化된 하나님이지만 결국은 예수가 그대로 하나님이다. 화신 메커니즘은 인간의 神적 본질화와 예수의 하나님화를 모두 실현했다. "창조로부터 시작된 하나님의 자기 계시 역사(말씀을 통한 역사)가 완전한 로고스(말씀)로 성육화된 예수 그리스도의 사건을 통해 완성되었다."[191] 아울러 성육신 사건은 천지가 말씀으로 창조된 사실도 입증한다. 예수가 온전하게 성육화된 것은 태초의 창조 역사에 버금갈 만큼 세계 안에서 하나님이 실현시킨 주재 권능이다. 이런 과정에서 주된 역할을 한 것은 역사 의지로 실체성을 부각시킨 성령이다. 말씀의 성육화는 하나님의 창조 본체를 만물화시킨 창조 역사의 일환으로서, 이것은 송대의 성리학이 밝힌 인간 본성이 곧 우주의 이치라고 한 '性卽理' 설과도 같은 맥락이다. 性卽理설도 알고 보면 말씀으로부터 만물화된 화신 메커니즘을 뒷받침하는 고차원적인 창조 도식이다. 작용 메커니즘을 구체화시키지 못한 것만 제외하면 理의 化가 人이라고 한 것과 같고, 말씀의 성육신과도 동일한 인식 구조이다. 이런 창조 도식으로 동양의 유학은 천인합일과 만물일체 경지에 도달하였고, 예수는 하나님을 아버지라고 한 인격신 개념을 공고히 다져 인류가 하나님에게로 나갈 수 있는 길을 텄다. 하나님이 만유를 주재한 어버이로서 구원의 주체자란 사실을 분명히 하였다. "神에게 아버지와

---

190) 『기독교성서의 이해』, 앞의 책, p.310.
191) 『신론(하나님의 계획과 섭리)』, 앞의 책, p.40.

같은 인격성을 부여하면 그런 인격성으로 인하여 神이 제약될 수밖에 없다"192)는 어리석은 염려는 할 필요가 없다. 하나님이 어떤 형태로 화신되더라도 본체는 불변이다. 예수가 하나님을 아버지라고 함으로써 하나님과 인간 간의 격차가 허물어져 함께할 수 있는 교감 관계가 확대되었다.

따라서 이 연구는 예수 그리스의 신성을 입증하기 위해 구약 시대에서 신약 시대로의 이행 과정에서 성립된 삼위일체론의 미비점을 보완하여 하나님의 본체성을 완성시키고자 한다. 삼위일체론은 더 이상 손댈 부분이 없을 정도로 완벽한 이론인 것 같지만, 화신 메커니즘에 입각하면 근간이 뒤흔들릴 정도이다. 그 핵심적인 문제점 제기는 삼위일체의 주체는 하나님인데 기독교적인 진리 환경 안에서는 오직 예수에게만 초점을 두고 있다는 데 있다. 이런 이유로 수많은 세월이 흘렀지만 삼위일체론이 달성해야 할 하나님의 본체 부각은 요원하기만 하다. 끝내 실체를 드러내지 못하여 관념적인 신관 테두리 안에 머물러 있다. 그리고 또 한 가지 중요한 이유는 화신된 성부와 성자는 역사 위에서 존재 본질이 모두 드러난 상태인데, 성령은 그 모습을 아직 부각시키지 못했다. 그래서 이 연구가 이런 문제를 적극적으로 해결하여 지상 강림 역사를 증거함으로써 바야흐로 성령의 역사 시대를 개막하게 되었다. 그래서 도래하게 된 성부, 성자에 이은 성령의 시대를 주도할 하나님은 명실상부하게 삼위일체론을 완성시킨 보혜사 진리의 성령이다. 강림한 하나님은 진리의 성령답게 산적된 진리적 문제, 그중에서도 삼위일체론을 완성시키는

---

192) 『기독교성서의 이해』, 앞의 책, p.111.

것이 권능적인 역할이다. 진리적인 해결은 보혜사 하나님이 진리의 성령인 것을 증거하는 것이고, 성령으로서 지닌 본체를 완성시킴으로써 명실상부하게 三位를 일체시킨 하나님으로서 역사 위에 등단하는 것이다.

　예수에게 초점을 맞춘 과거의 삼위일체론으로서는 아무리 하나됨과 일체성을 주장해도 이해할 수 없었다. 즉, 성부와 성자와 성령, 삼위일체 하나님의 세 위격은 영원한 사랑의 사귐 속에서 서로 안에 내주하나니, "나와 아버지는 하나이니라(요 10:30)." "나를 본 자는 아버지를 보았거늘……(요 14:9)." "내가 아버지 안에 있고 아버지께서 내 안에 계심을 믿으라(요 14:11)." "내가 아버지 안에 …… 있는 것을 너희가 알리라(요 14:20)." "아버지께서 내 안에, 내가 아버지 안에 있는 것 같이……(요 17:21)."193) 왜 하나인가? 왜 일체인가? 아버지를 보았거늘……. 왜? 왜? 선천에서는 무수한 선언만 했을 뿐, 그렇게 된 구체적인 작용 메커니즘은 밝히지 못했다. 화신된 성부 하나님을 삼위일체론의 중심에 둠으로써 三位 간 상대화가 불가피해졌다. 성부 하나님이 三位를 통괄한 통합 본체로서의 역할을 대신함으로써 논리상 하자가 발생했다. 즉, 성부는 성자와 성령 안에 내주하신다. 성자는 성부와 성령 안에 내주하시며, 성령은 성부와 성자 안에 내주하신다. 하나님의 세 위격들은 서로와 함께, 서로를 위해, 그리고 서로 안에서 너무나 친밀하게 내주하시기 때문에 완전히 일체를 이룬다. 三位가 각자의 位 안에서 내주되므로 한 본체로부터 말미암게 된 본질이 동일하다는 조건은 충족되었지만, 내주한 것만으

---

193) 『삼위일체론(전통과 실천적 삶)』, 앞의 책, p.139.

로는 三位를 있게 하고 실질적으로 일체된 하나님의 본체적인 모습은 볼 수 없다. 三位를 각각 분리시키는 데는 성공했지만, 분리 이전의 하나님과 분리 이후로 일체된 하나님의 모습은 어디서도 오리무중이다. 그래서 삼위일체론도 언젠가는 때가 되면 온전한 완성이 필요하였다. 그들은 하나님의 세 위격이 한 본체를 이룬다는 생각을 가지고 어떻게 세 위격이 하나의 실체를 이루는가에 대해 "성부 안에는 성자와 성령이, 성자 안에는 성부와 성령이, 성령 안에는 성부와 성령이 완전하고도 총체적으로 내주한다는 것을 확신하고 세 위격이 서로 안에 내주하되 결코 상호 흡수나 혼합이 일어나지 않는다"고 말한 것은,[194] 애써 세운 내주를 통한 일체성 논리를 다시 허물어뜨려 버린 격이다. 그러니까 삼위일체론을 이해하기 어려웠다. 큰 그릇에 있는 물을 억지로 작은 그릇에 옮겨 두려고 한 것과 같다. 문제점을 해결하기 위해서는 어떻게 세 위격이 하나의 실체를 이루는가가 아니라 어떻게 하나인 실체(본체)가 세 위격으로 나뉘었는가에 대해 철저히 궁구해야 했다. 그 하나에 바로 본체가 지닌 선재성, 통합성, 불변성이 있다. 거꾸로 파고드니까 답을 찾지 못하고 끝까지 해결하지 못했다. 논거 과정에서 불필요한 것까지 언급하게 되어, "성부는 성자가 아니고, 성자는 성부가 아니며, 성령은 성부와 성자가 아니다. 성부는 출생하지도 않고 발생하지 않은 분이고, 성자는 성부로부터 영원히 유일하게 출생 또는 독특하게 발생하는 분이며, 성령은 성부로부터 영원히 발출하는 분이라고 하여 세 위격을 상호 구별했다(캅바도키아 교부들)."[195] 내주, 일체라고 하면서도 비출생

---

194) 위의 책, p.78.
195) 위의 책, p.77.

과 출생, 발출에 대한 사실성을 따진 것은 절대 본체자인 하나님의 본체성을 훼손했다. 본체는 순서와 발출 문제를 따지기 이전의 근본 체인데, 化한 三位로 잘못 이해한 것이 논리적으로 모순을 범했다.『요한복음』17장에 의하면, "예수께서는 이미 창세전에 아버지와 함께 영화를 가졌으며(5절), 아버지께서 아들 안에, 아들은 아버지 안에 거함으로써(21절) 아버지와 아들이 '하나'가 되었다"고 하였다.196) 화신됨으로 인해 세상적인 조건으로서는 순서가 있어야 하지만, 본체적으로는 이미 三位가 일체인 하나님이다. 시공을 초월해 계신데 三位로 화신되어 존재하게 되었다고 해서 세상의 분열적인 질서 인식으로 접근하면 모순이 유발된다. 성부 하나님과 성자 하나님은 동등하게 절대 하나님으로부터 화신된 신성을 소유한 神으로서, 화신된 근거는 성경에서도 명확하게 명시했다. "말씀이 육신이 되어 우리 가운데 거하시매 우리가 그의 영광을 보니 아버지의 독생자의 영광이요 은혜와 진리가 충만하더라(요 1:14)." 말씀이 육신이 되어 우리 가운데 거하므로 비록 화신되기는 했지만, 독생자가 영광과 은혜로 충만한 것은 하나님과 같다는 뜻이다.

비록 예수의 신성을 입증해야 한 필요성 때문에 삼위일체론이 정립되기는 했지만, 기독교 역사에서 예수 그리스도의 신성을 부인한 기류는 초기 기독교 때도 드러난 현상이었고, 최근까지도 심각한 양상들이 나타났다. 하나님은 그리스도 없이 파악될 수 없고, 그리스도는 하나님 없이 이해될 수 없다. 예수가 하나님의 그리스도로 고백되는 여기에 기독교 신앙이 있다고197) 굳은 배수진을 쳤지만, 현

---

196) 위의 책, p.52.
197) 위의 책, p.30.

대의 합리적인 지식으로 무장한 지성들 앞에서 터져버린 의심의 봇물은 누구도 더 이상 막을 수 없게 되었다. 그래서 이 연구가 화신 메커니즘을 세워 삼위일체론이 지닌 문제점을 지적하고 본질성을 확정지으려 한다. 즉, 통합체인 하나님의 절대 본체가 역사상 三位의 모습으로 등장하여 인류 구원을 이끈 것은 생성하는 세계가 지닌 당연한 질서를 따른 것이다. 하나님이 성부와 성자와 성령이란 위격으로 나누어 역사한 것은 태초에 하나님이 천지를 창조한 법칙 원리를 따른 것이다. 결정적인 창조 법칙이라고 할까? 하나님은 우주 만물을 어느 하나도 획일적으로 무미건조하게 만들지 않고, 각자 독특하고 다양한 모양과 특성을 부여하였다. 무엇보다도 중요한 것은 만물을 각각으로 다양하게, 서로 구별되게 창조한 하나님께서 모든 것이 "보시기에 좋았더라"고 자평했다는 데 있다.[198] 창조 역사의 원활한 목적 실현을 인정했다. 마찬가지로 하나님이 三位의 형태로 구원 역사를 이끌었던 것은 사실상 분열하는 세계 안에서 하나님의 불변한 본체성을 지속시키고 태초에 세운 창조 목적을 이 땅에서 실현하기 위해서이다. 역사상으로 드러난 성부 하나님과 성자 하나님을 이 연구가 가현체로 규정한 것은 지금까지 지켜온 전통적인 신앙 체제를 뿌리째 흔드는 것이 아니다. 하나님의 창조 목적을 구현할 보다 실질적인 세계를 마련하기 위해서이고, 새로운 예수를 맞이하기 위해서이며(재림), 바야흐로 보혜사 하나님이 주도할 성령의 시대, 곧 새로운 영성 문명, 통합 문명, 구원 문명을 창출하기 위해서이다. 한 톨의 씨앗이 그대로 있다면 언젠가는 썩어 없어져 버리고 만다. 땅

---

198) 창세기 1장 4절.

에 뿌려져야 새로운 생명을 움틔울 수 있고 종을 지속시킬 수 있는 것처럼, 선천 문명이 처한 종말적 현실도 마찬가지이다. 기독교와 서양 문명, 더 나아가서는 인류가 쌓아 올린 모든 것이 해당된다. 헤어날 수도 없고 벗어날 수도 없다. 하지만 가체는 소멸해도 절대 본체는 항존하나니, 인류가 여태껏 굳게 믿었고 경배한 하나님이 가체이고 방편상 화신된 하나님이라고 해서 달라지는 것은 하나도 없다. 가지는 꺾여도 뿌리가 남아 있으면 다시 싹을 틔운다. 그리해야 三位로 나뉜 성부 하나님과 성자 하나님과 성령 하나님도 일체된 모습으로 다시 등단할 수 있다. 선천에서는 각 位로 나뉜 하나님을 실체로 보고 하나인 하나님을 가체로 보았지만, 이제부터는 정반대로 실체 역할을 한 三位 하나님을 역사 위에서 퇴위시키고 三位로 일체를 이룬 실질적인 하나님이 등단함에 따라(지상 강림 역사 완수) 온 인류가 통합적인 차원에 선 새로운 문명 역사 시대를 맞이하게 되었다. 예수는 "시공을 초월한 절대적 타자인 하나님 말씀의 구현체임에"[199] 그런 창조주로부터 입안된 뜻은 언젠가는 이 땅에서 실현된다. 그래서 3位에 해당한 보혜사 진리의 성령이 성부와 성자의 역사 형태를 일치시킨 통합령으로 강림함으로써 이전 역사와는 차원이 다른 새로운 문명 역사를 펼치리라. 삼위일체론이 론과 부합한 본체 모습을 드러내지 못한 관계로 形而上學적으로 사변화, 철학화되어 현실적 삶과 괴리된 교리로 전락해 버린 실정에서[200] 인류 역사를 주도할 수 있는 실질적인 신관으로 거듭나기 위해서는 본체적인 모습을 완성시켜 하나님의 참된 실상을 인류 앞에 보여야 한다. 통합신

---

199) 『기독교성서의 이해』, 앞의 책, p.313.

200) 『삼위일체론(전통과 실천적 삶)』, 앞의 책, p.19.

으로서 발휘한 절대 권능 역사를 확인시켜야 한다.

"특별히 다종교, 다문화, 다가치, 다변화, 다원화, 글로벌화된(지구촌화) 21세기적 시대 상황 속에서 소통과 상생이 그 어느 때보다 강조되는 이때 하나님의 세 위격인 성부, 성자, 성령께서 사람의 사귐과 영원한 자유, 평등한 관계 속에서 일체를 이루는 것은(삼위일체론 완성)"[201] 분열될 대로 분열된 인류 사회를 하나 되게 하는 세계 원리적인 바탕으로 기치 역할을 담당하리라. 전 시대를 통합하고 전 진리를 일치시키는 대세계 통합의 本으로서 온 인류가 하나님과 함께할 수 있는 초석을 이루리라. 희망찬 미래를 설계하고 꿈꾸는 것은 강조하고 또 강조해도 부족함이 있는 것이니, 희망을 지속적으로 각인하고 추구하면 三位의 완성된 본체 모습으로 강림한 보혜사 하나님을 세상 가운데서 직접 뵈올 수 있다. 하나님이 천지를 창조한 본체자로 확인되는 그날이 온전한 여호와의 날이요, 하나님의 나라의 도래이며, 시온의 영광을 맞이하는 날이 되리라.

---

201) 위의 책, p.9.

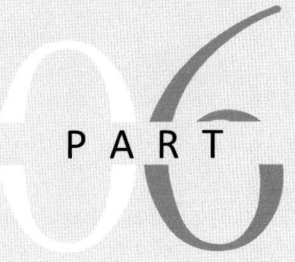

PART

결론

선각들이 일군 어떤 진리와 지혜를 동원했어도 하나님의 참모습을 구할 수 없었는데, 삼위로 나뉜 하나님을 가체로 규정한 삼위일체의 본질을 엿본 결과 드디어 하나님의 참모습을 삼위를 일체시킨 절대 본체자로서 인류의 역사 위에 부각시킬 수 있었다.

# 본체 문명, 동양 문명, 신의 문명 부활

"기독교인들은 하나님을 우주만물의 창조주요 주재자이고, 구원자요 완성자라고 고백한다. 이런 하나님에 대한 믿음이 기독교 신앙의 기반을 형성하고 있다."[1] 이런 신앙 체제는 곧 선천에서 하나님의 존재성을 뒷받침한 큰 기둥이다. 그리고 이제 이 연구가 지상 강림 역사를 증거한 것은 하나님이 명실상부하게 우주만물의 창조주요 주재자이고, 구원자요 완성자란 사실을 입증할 수 있게 되었다는 뜻이다. 이런 사실을 확인시키고자 하는 것이 지상 강림 역사 증거 이후 이루어야 할 저술 과제이다. 하나님을 파악할 수 있는 길을 튼 이 연구는 지난날 난무했던 무신론과 사신 신학을 일소하고 神의 존재 사실을 기정사실화 하리라. 선천은 극이 미분화된 상태이므로 대

---

1) 「19세기 무신론과 20세기 사신론의 신관 비교연구」, 양윤희 저, 이화여자대학교대학원 기독교학과, 석사논문, 1993, p.1.

립과 모순이 불가피했고, 무엇 하나 근원을 밝혀 본질을 정의내리지 못했다. 진리, 가치, 세계관이 고착화되어 있어, 이런 선천 세계가 지닌 모순을 극복하고 혁신하리라.

하나님이 우주만물의 창조주요 주재자이고, 구원자요 완성자란 주장은 결코 헛된 것이 아니다. 하지만 선천에서는 진리, 학문, 문화, 제도, 종교, 사상, 역사 등등 어떤 영역도 완성된 모습을 보이지 못했다. 그 원인이 어디에 있는가? 하나님이 존재하지 않아서인가? 단한 가지, 하나님이 본체자로 강림하지 못해서이다. 그 무엇을 통해서도 자체만으로는 세계를 완성시킬 수 없다. 오직 하나님만 진리와 세계와 역사와 존재를 완성시킬 수 있다. 그래서 하나님이 태초 이래로 주재된 섭리 역사를 완수하였고, 세계의 神적 본질과 문명 역사의 본말을 밝혔으며, 形而上學적인 추구로 形而上과 形而下를 일치시켜 하나님을 온전하게 파악할 수 있는 길을 열었다. 神은 세계의 알파, 오메가, 초월성, 존재성, 종말성을 두루 관장한다. 선천의 대립 구도와 인류의 정신적 고뇌를 해결하는 대심판 기능을 담당하리라. 선천에서는 다양하게 가능성을 타진하였지만 온갖 억측도 함께 허용하였다. 그러나 지상 강림 역사가 완수된 지금은 매듭을 이루고 결정지어야 한다. 진화론, 범신론, 유물론, 무신론, 자연발생론 등등 이전에는 어디서도 기준이 없어 유야무야했지만 이제는 명백하다.

"범신론은 모든 만물 안에 神적인 본성이 내재한다고 봄으로써 만물이 神적인 존재가 될 수 있다고 한 신론인데"[2] 여기에 대한 진리성 여부는 어떻게 판단할 것인가? 창조가 기준이다. 창조가 결여되

---

2) 『삼위일체론(전통과 실천적 삶』, 곽미숙 저, 대한기독교서회, 2010, p.29.

면 틀린 것이 되고 본의를 알면 진리인 것으로 인정된다. 관점 하나 차이로 진위 여부가 달라진다. 범신론도 창조적 관점에서 보면 삼라만상 우주와 만진리, 만사상, 만종교를 하나님의 품 안에 둘 수 있는 세계관적 틀이다. 이것이 지성들이 미심쩍어 했던 범신론에 대한 진리적 해명이다. 과학자들은 대개 진화론을 신봉한 상태이지만, 세상 가운데 존재한 원리와 법칙은 진화 메커니즘으로 세워지지 않았다. 우리는 세계를 통해 결정적인 것을 구하는데, 진화를 통해서는 어떤 결정성도 찾을 수 없다. 일체를 우연적인 소산으로 여긴 것은 진리를 탐구하는 자들에게 있어 커다란 이율배반이다. 그 무엇도 기대할 것이 없다. 결정적인 것은 곧 창조적인 것이므로 결정적인 그 무엇으로부터 만인은 비로소 신뢰할 수 있는 진리를 구할 수 있다. 세계를 결정한 근거와 진리성을 판단하는 최종 기준을 창조가 모두 쥐었다. 심판은 자초지종, 전체를 통괄해야 단행할 수 있다. 선천에서는 제한이 있어 각자가 자체 진리만 보았고, 그것이 전부인 것으로 알았다.

空도 色도 다 세계를 구성한 요소인데, 선천에서는 色이면 色, 空이면 空적 특성만 인정하고 애써 차이를 구분시킨 것이 주된 탐구 목적이었다. 그러나 지상 강림 역사가 완수된 이후부터는 제 영역을 하나, 일치, 합일시키는 것이 주된 목적이다. 이전에는 신즉 자연, 色即是空, 性即理, 하나님즉 말씀, 梵我一如, 만물일체, 天·地·人 합일 사상을 이상하게 여겼지만, 이제는 실질적으로 일치시킬 수 있다. 불교와 기독교가 다르지 않고, 과학과 종교 영역이 일치될 수 있다.

기독교의 인격적 신관은 하나님을 대변하지만 그것이 유일하다고 여긴다면 하나님이 지닌 무한한 본성을 드러내는 데 장애물이 된다.

하나님은 본체를 드러내기 위하여 세상의 진리들을 최대한 확보하고자 했던 것이 주된 역사 방향이었다. 이런 뜻을 깨닫지 못하고 계속 저지한다면 기독교의 미래에는 더 이상 희망이 없다. 하나님은 창조주이므로 능히 세계의 진리, 세계의 사상, 세계의 본질을 포괄할 수 있다. 그래서 종교다원주의가 태동된 것인데, 그 틀마저 미진하여 새로운 통합 신관 정립이 필요하다. 성부의 시대에는 하나님이 주신 말씀을 통해, 성자의 시대에는 예수 그리스도가 이룬 사역을 통해 뜻이 전달되었다면, 하나님이 본체자로 강림한 지금은 강림된 본체성을 통해 지혜로 판단할 수 있다.

종교(宗敎)는 세계의 뿌리 영역을 담당한 가르침으로서 "궁극적으로는 통합 문명의 기초"[3]를 다지는 데 그 중심 역할을 해야 한다. 인류는 이제 모두가 하나님의 참모습을 보아야 하고 선천 문명이 처한 대립과 모순을 극복할 차원적인 문명을 건설해야 한다. 인류가 추진해야 할 이와 같은 역사 원동력에 본체 문명, 동양 문명, 神의 문명 부활이 있다. 부활은 완전한 죽음 이후 다시 이어지는 새로운 삶의 전개 역사인데, 현재 도달한 선천 문명의 종말적인 여건이 그러하다. 테두리 안에 속한 서양 문명, 기독교 문명은 물론이고, 동양의 본체 문명도 상황은 비슷하다. 그중 창조된 결과 영역을 담당한 서양은 지체 문명으로서 神을 온전히 담아내지 못한 그릇으로 판명되었기 때문에, 대안책으로 뿌리 문명에 해당한 본체 문명이 다시 부활해야 한다. 이것이 인류가 동양 문명을 재건하여 강림한 하나님의 본체성을 뒷받침해야 하는 시대적 사명이다. 동양 문명이 세계관

---

3) 『기독교성서의 이해』, 김용옥 저, 통나무, 2007, p.330.

적인 그릇을 마련해야 하는데, 강림하였다면 인류의 마지막 남은 자들까지 구원되는 것은 물론이고, 인류가 하나님과 함께한 지상 천국을 건설할 수 있을 것이다.

하나님은 여태껏 창조주로서 만인류를 다 구원하리라고 약속하였지만 그 약속을 역사적으로 이룬 사례는 아직 없다. 언급한바 기독교는 팔레스타인에서 시작되어 그 발전은 헬라 문명을 배경으로 한 지중해 연안이었다. 그로부터 발전을 거듭한 기독교 문명은 노력했지만 아직 인류 영혼을 절반도 구원하지 못했다. 이것이 기독교가 복음을 세상의 땅 끝까지 전파하라고 한 그리스도의 승천 유지에 대한 선교 결과이다. 그래서 종말을 맞이한 지금은 인류의 마지막 남은 자들인 동양의 제민들까지 구원하기 위해 전통적으로 계승한 본체 문명을 근거로 하여 새로운 동양식 기독교를 일으켜야 한다. 그것이 본체 문명, 동양 문명을 통해 이루고자 하는 강림한 하나님의 대부활 의지이다. 이 땅에서 神의 문명이 부활되어야 하는 대의명분이고 건설되어야 하는 문명 형태이다.

그렇다고 이것이 결코 동양의 제민들에게만 해당된 구원 과제인 것은 아니다. 본체 문명은 태초로부터 인류 문명을 일으킨 바탕 문명이다. 본체 문명이 활성화되어야만 동서를 아우른 전체 인류가 구원될 수 있다. 이것이 기독교가 성취해야 하는 역사의 목표이고, 거부할 수 없는 천명이다. 이 연구가 감히 인류 역사의 추진 방향과 섭리 맥을 진단할진대, 인류가 본체 문명과 동양 문명을 부활시키는 것은 하나님이 태초에 뜻한 神의 문명, 그러니까 지상 천국을 건설할 수 있는 초석 다짐이다.

돌이켜보면 기독교는 어느 모로 보나 온전하게 인류를 구원한 역사적 사명을 수행하지 못했다. 하나님은 구원자이신데, 이런 믿음이 무색할 정도이다. "기독교는 공인 이전에 박해받은 것보다 공인 이후에 이교도와 이단과 신비주의자를 박해한 역사가 몇 천 배 몇 만 배 잔혹하다는 매우 정직한 사실을 인정한 이후에야 비로소 초기 기독교사의 진실에 접근할 수 있다."[4] "지난 3,000년 동안 수억 명의 사람들이 유대교와 기독교와 이슬람교 神의 이름 때문에 죽음을 당했다는 사실이고, 종교 간 갈등은 오늘날에도 중동과 북아프리카, 인도, 말레이시아, 북아일랜드, 미국 전역의 고립된 곳에서 계속되고 있다."[5] 성자 예수를 중심으로 한 기독교 문명은 인류 사회를 규합할 진정한 구원 문명의 중심에 서지 못하고 배타적인 곁가지 역할에 그쳐버렸다. 그 결과 말단 문명인 물질문명에 휘둘려서 세계의 종말성을 초래했다. 르네상스를 거친 근대에 이르러서는 포이엘 바흐가 나타나 이런 추세를 더욱 부추겼는데, 그는 기독교적인 신앙에 대해 반기를 들고 유물적인 관점에서 획기적인 신관을 제기하여 전통적인 신권 질서를 허물어뜨렸다. 그러나 그렇게 허물기는 했지만, 그 터전 위에서 누가 다시 새로운 질서를 세웠는가? 서양 문명 전체가 신권 질서를 허무는 데 일조한 장본인들이라 그들이 취한 문명 안에서는 더 이상 하나님의 질서 부활을 기대할 수 없게 되었다. 서양이 건설한 물질문명은 자연을 개척하므로 인류에게 물질적인 풍족함은 안겼지만, 반대급부로 정신의 황폐화를 가속화시켰다. 그렇다면 인류가 앞으로 취해야 할 문명 건설 형태는 정신 문명, 영성 문명, 그 중에서도 최상인 신권 문명을 부활시키는 것 외 다른 대안이 없다.

---

4) 위의 책, p.77.
5) 『현대과학·종교논쟁』, 앨릭스 벤틀리 엮음, 오수원 역, 2012, p.114.

이런 과거 역사의 반전으로 하나님은 인류를 온전하게 구원할 수 있는 기회를 마련하기 위해 동양의 하늘 아래서 강림했고, 동양 문명을 통해 역사한 기치를 높이 세웠다. 그리고 그런 문명의 한 중심에 있는 한민족 문명은 반만 년 동안 축적시킨 통합 사상을 바탕으로 인류를 진리로서 구원할 만반의 준비를 갖추었다. 물질적인 조건을 충족시키는 것만으로는 선현들이 기대한 이 땅에서의 이상 천국 건설은 기대할 수 없다. 하나님이 천지를 창조한 목적이 지상 천국을 건설하는 데 있는데, 인간이 神과 범접할 수 없게 격리시킨 기독교는 한계성을 드러낸 신관이다. 언젠가는 神과 인간이 하나 되고 함께할 수 있어야 하는데 그 역할을 주도할 神의 문명 부활은 필연적이다.

하나님은 거룩하시며, 하나님은 존엄하시며, 하나님은 위대하시며, 하나님은 두려우시며, 하나님은 경건하시며, 하나님은 공의로우시며, 하나님은 평화로우시며, 하나님은 자비로우시며, 하나님은 광대무변하시며, 하나님은 전지전능하시며, 하나님은 지혜로우시며, 하나님은 무소부재하시며, 하나님은 절대적인 권능자이시며, 하나님은 태초부터 인류 역사를 주재한 유일한 神이시며, 하나님은 삼세간을 초월한 본체자로서 무한, 자존, 불변, 영원한 분이시며, 하나님은 오늘날 만인류를 구원하기 위해 이 땅에 모습을 드러낸 보혜사 진리의 성령이시다. 그래서 인류가 이 땅에 강림한 하나님을 뵈옵는 것은 자체가 거룩한 구원 역사이고 더할 나위 없는 영광이다. 세계는 어떤 경우에도 단독으로서는 존재할 수 없나니, 하나님이 존재하므로 만물이 존재하였고, 하나님이 건재하므로 인류가 건재하였으며, 하나님이 불멸하므로 세계의 영속성은 보장되었다. 우주의 대진리는 바로 나의 아버지이시며 나를 생명되게 한 젖줄이시라. 우리는 이 속에서 났고 이 품안에서 살고 있으며 영광된 구원으로 이 품안에서 영원히 잠들리라.

인류여! 그대들은 우주로부터 살아 계신 아버지의 음성을 듣느뇨? 하나님이 간구에 응답해 주신 저 찬란한 무지개를 보느뇨? 하나님은 눈앞에서 보이지 않지만 하나님은 나의 모든 것을 감싸 안고 계시니, 우리가 하나님의 살아 계심을 확인하고 그 영광을 보는 날, 만인은 하나님이 인류의 아버지인 사실에 감격하고 세계가 일시에 태고 때부터 섭리된 뜻을 드러내리라.

아 아, 무변광대한 진리의 세계여! 왜 그대는 그 모습 드러냄을 더디 하였느뇨? 인류사의 피눈물 난 노력은 바로 하나님의 참다운 모습을 보기 위함이 아니었더뇨? 이제 때가 다다름에 하나님이 분열될 대로 분열되어 멸망될 수밖에 없는 세계를 구원하기 위해 웅대한 진리로서의 모습과 지혜자로 강림하셨나니 은혜로우신 하나님, 저희를 불쌍히 여기시고 아버지를 거부한 죄 많은 인류를 용서하소서! 끝까지 진노를 더디 하소서! 시온의 영광을 밝히소서! 새로운 神의 역사, 神의 영광, 神의 권능을 이루시리로다.

## 염기식(廉基植)

1957년 경남 진주에서 태어났다. 경상대학교 사범대학 체육교육과를 졸업하고 서남대학교 교육대학원을 마쳤다. 1984년 교직에 첫발을 내딛고 현재 교사로 재직 중이다. 자아와 세계에 대해 눈떴을 때부터 세상의 분파된 진리에 대해 의문을 품고 '길은 어디에 있는가'란 명제 하나로 현재까지 탐구하고 있다.

저서로는 『길을 위하여』(1985), 『세계통합론』(1995), 『세계본질론』(1997), 『세계창조론 서설』(1998), 『가르침』(2008), 『통합가치론』(2008), 『인간의 본성 탐구』(2009), 『선재우주론』(2009), 『수행의 완성도론』(2009), 『세계의 종말 선언』(2010), 『미륵탄강론』(2010), 『용화설법론』(2010), 『성령의 시대 개막』(2011), 『역사의 본질 탐구』(2012), 『세계의 섭리 역사』(2012), 『문명 역사의 본말』(2012), 『세계의 신적 본질』(2013), 『지상강림 역사』(2014), 『인식적 신론』(2014) 등 다수가 있다.

― 세계의 유신적 개념 ―

# 관념적 신론

초판인쇄   2015년 7월 24일
초판발행   2015년 7월 24일

지은이   염기식
펴낸이   채종준
펴낸곳   한국학술정보㈜
주소   경기도 파주시 회동길 230(문발동)
전화   031) 908-3181(대표)
팩스   031) 908-3189
홈페이지   http://ebook.kstudy.com
전자우편   출판사업부   publish@kstudy.com
등록   제일산-115호(2000. 6. 19)

ISBN   978-89-268-7012-9  03230

이 책은 한국학술정보㈜와 저작자의 지적 재산으로서 무단 전재와 복제를 금합니다.
책에 대한 더 나은 생각, 끊임없는 고민, 독자를 생각하는 마음으로 보다 좋은 책을 만들어갑니다.